淡江大學中國文學研究所主編

文學與美學

第五集

文史哲出版社印行

國立中央圖書館出版品預行編目資料

文學與美學　第五集／淡江大學中國文學研究所主編.--初版.--臺北市：文史哲，民 84
面；　公分
ISBN 957-547-973-4(平裝)

1.文學－論文，講詞等　2.美學－論文，講詞等

810.7　　84009698

文學與美學 第五集

主編者：淡江大學中國文學研究所
出版者：文史哲出版社
登記證字號：行政院新聞局局版臺業字五三三七號
發行人：彭正雄
發行所：文史哲出版社
印刷者：文史哲出版社
台北市羅斯福路一段七十二巷四號
郵撥〇五一二八八一二彭正雄帳戶
電話：三五一一〇二八

實價新台幣六〇〇元

中華民國八十四年九月初版

ISBN 957-547-973-4

序

傳統是重要的，沒有歷史，我們便喪失了理解意義與創造意義的存在根據，這不但使創造性大爲枯竭，也會使我們的生命缺乏永恆性的縱深。「文學與美學」會議的召開是淡江中文系所的傳統，是我們以文會友的表現，也是不斷創新的根源動力。我們不只是爲淡江中文系所努力，而更是爲了文學與美學而不斷奮鬥。

美是生命的根本內容，沒有一個深刻的靈魂不是對美有著迷戀般的嚮往。問題是，吾人的生命是如此的豐富，美固然是生命的根本內容，並引發吾人對美的無限嚮往，但是道德、智慧、知識又何嘗不是生命的根本內容？因此，美做爲生命的根本內容，其特殊的意義又安在呢？或許我們可以說，美做爲生命根本內容之特殊意義，即在其是生命中最自然的存在，它直接使吾人有忘我以及與物合一的感動。這樣的說法不能說不具意義，但是似乎也不必是不可詳的結論。蓋無論是道德或知識，它都是我們生命中極其自然的表現，而且二者也都能使人有忘我以及與物合一之感。而當吾人由此忘我與合一中驚醒之時，也正是美學、倫理學與知識論的起點了。此外，我們或許可以說，美之特殊性其有別於道德與知識，就在其不限定在特殊之關係與對象上，美不像道德專注在人我之關係以及個人之自覺上，美也不似知識著力於能知與所知的對待關係上，也因此，美能直接提供吾人一種空靈的心靈，使人不但能欣賞美的存在，同時也使吾人能有更大的可能進行一種後設的、開放的反省與自覺。

即使如此，我們也不當忘記，道德與知識在其最終意義上，不也正是要逼顯出心靈的執著與盲點，從而使吾人能開放其心靈以進行其後設性的反省與辯證嗎？正是在此意義下，道德、知識與美三者乃有其共通之處，至於其對象亦儘可以相同。例如，文學、藝術、自然、人格，它們不但可以是美的對象，也可以是道德與知識的對象，它們都只是吾人在回到開放心靈自身時，所不得不借用的形式或過程罷了。更確實地說，則凡是生命中的所有內容都可以成爲美、道德或知識的對象，這是「有」的層次，「表象」的層式，也是「形式」的層次。當我們從這些有、表象、形式中開始面對自我之時，便是眞正進入形上學、知識論與美學之時了。

根據以上所論，則本次會議的論文，無論是由文學、藝術、思想、文化等不同角度，對唯美主義進行研討，其實都是在通過形式以尋求最根源的美學心靈，此所謂「即用見體」者是也。我們相信唯有美學心靈的眞實掌握，才是美學研究最終的目的。誠如周彥文教授在會議主題說明中所指出的，我們並不只是在發表個人的研究成果而已，而更是希望在討論中逼顯出更深刻而有意義的論題。即就本次會議看來，其成果應該不會令大家失望。

本次會議由計劃的提出、經費的籌措、人員的調度、會議的進行，以至於本論文集的出版，都是由周彥文教授一手促成的，沒有他也就沒有這次會議，這裏要特別感謝周教授。此外，本系的助教們以及研究生同學，也都表現出十足的工作熱忱與學術興趣，這都是十分可佩的與可喜的現象。當然，更要感謝所有與會人士的參與，各位的熱情與智慧，無疑是爲中國美學的發展，提供了重要的貢獻，而教育部、文建會以及趙廷箴文教基金會的全力支援，也必須在此深致敬意與謝忱。

最後，願此論文集能爲中國美學的研究與發展，提供不可或缺的奠基工作。

淡江大學中文研究所所長**高柏園**序於淡江中研所中華民國八十四年六月廿一日

文學與美學 第五集 目次

主題說明

在中國文學史的研究領域中我們時常可以見到「唯美」兩字，例如：劉大杰的《中國文學發展史》第十五章中說：『後人不善於學習他的（按指李商隱）徒有外貌，無其精神，很容易產生形式主義、唯美主義的偏向。』（華正書局一九八七年版頁五三二）葉慶炳《中國文學史》第十二講中說：『元嘉體已盡形式之美，永明體兼盡聲韻、節奏之美，南朝唯美文學於是臻於極盛。』（學生書局一九八七年版頁二一〇）游國恩的《新編中國文學史》《第五篇第二章中說：『（王禹偁）是宋初唯美文學主義狂瀾裏的中流砥柱：表示了對偉大現實主義詩人的景仰和繼承他們的決心。』（文復書店一九八三年版頁四一五）

這樣的例子隨機散在各種文學史的著作中，同時也被談論文學史的人率意徵引，但是，仔細考索這個名辭，它的指涉完全是未經界定的，就如同中國傳統的印象式批評一樣，論述者可以通過自由心證來使用所有的名辭，而不必負起任何定義上的責任。

我們如果規納所有論及「唯美」的文學論述，可以得到一個印象式的結論：所謂「唯美」文學，就是追求形式美的文學，但是這是否就是「唯美」一辭的眞正定義？我們是否可以輕率的將注意形式的文學作品稱作「唯美」，甚至，「唯美文學」或「唯美主義」這樣的名辭是否眞的可以成立？它的概念與講求形式的文學作品是否有必然的關聯性？

這麼多年的文學史研究，從來沒有人正視過這些名辭的使用，影響所及，是我們對一大批或許具有共通特色的文學作品只停留於模糊概念甚或誤解，在當前對研究態度日趨精密的要求下，這種模糊現象豈非我們首當注意及化解的？

因此，我們想藉這個會議，從文字或美學的角度，來凝聚大家對「唯美」的解析和認識，由於「唯美」是一種文學概念，可以以各種不同的文學類型來表現。因此，我們這次的討論會將廣範的攝取各種文學類型中的「唯美」認知，藉以產生多元化的對談。

由於這次討論會的精神，在於開發一門新的認知領域，而非以往的在已知領域中的論述性質，所以，本次會議將在會議開始時，先舉行一場解題式的座談，並在會議結束時做一場愼重的總結報告。

我們的目的，不在「統一」所有的觀點，而是希望這種專有名辭被模糊使用的現象被大家重視，並付諸嚴肅的討論，進而提昇文學研究的精密度。

從禪悟的角度看王維自然詩中空寂的美感經驗

蕭麗華

一、王維詩的三種主調

偉大的詩人應具有他當世的時代性與後世永恆性的「美典」（註一）通過詩歌歷史的考察往往失去其當世的時代性，只留存後世共同認同的美學範式，杜詩在後世有其「不廢江河萬古流」的地位，在唐代當世卻未傳盛名，獨王維既獨步當世，又垂典後世，他所營塑的美典是最耐人尋味的。

許總《唐詩史》是第一部能從當世與後世不同尺標標示出不同美典評價的詩歌歷史，其上冊第三編指出：「在文學史的接受視域中，王維比不上李杜那樣的煊赫地位與深遠影響，但在當時以都城爲中心的開元詩壇，王維卻是最重要的核心人物。」（註二）這段話如果輔以唐人對王維的評賞觀點，如殷璠〈河岳英靈集序〉以王維與王昌齡併儲光羲爲開元詩壇代表人物（註三），獨孤及〈左補闕安定皇甫公集序〉認爲沈宋之後的大詩人當推王維與崔顥（註四）等等，便可知道王維在當世的地位。

唐代宗李豫批答王縉〈進王右丞集表〉的手敕形容得最具體：

敕卿之伯氏，天下文宗，位歷先朝，名高希代，抗行周雅，長揖楚辭，調六氣於終編，正五音于逸韻，泉飛藻思，雲散襟情，詩家者流，時論歸美。（註五）

代宗所謂「天下文宗」正是王維作爲當世詞客典型的最佳寫照，杜甫詩云：「最傳秀句寰區滿，未絕風流相國能」（〈解悶〉），司空圖云：「澄澹精緻，格在其中」（〈與李生論詩書〉），唐世時人推許王維的重點在「逸韻」、「藻思」、「襟情」、「秀句」、「澄澹」等等，以此爲開元盛世唐音典型，其所表徵的或許是王維特有的淵雅風貌，與其詩畫融合的秀句清流，這中間仍很難脫離唐世所構築的「都城文化」美感，也就是許總結論的：「時人著重於其秀雅的語言表達方式，乃在於以都城爲中心的詩壇所形成的濃郁清雅的文化氛圍中，對雄整高華的藝術情趣的普遍追求的總體趨向」（註六），簡單的說，盛唐美典的集體趨向是具有進取性的、積極性的都城文化認同，也就是「唐型文化」（註七）特有的藝術表徵，這種時代性尺標所測度的王維詩歌美典與後世推許的王維詩是有很大的不同。

至於後世對王維詩評價的角度，可分兩方面來看，一部份如馬端臨《文獻通考》指出「維詩清逸，追逼陶謝」（註八）陸時雍《詩鏡總論》所謂「摩詰寫色清微，已望陶謝之藩矣」（註九）者，他們對王維退入山林，寫出自然清逸之情的作品情有獨鍾，因此譽爲「詩道之正傳」、「詩之爲用」（註一〇），這明顯是與進取性的都城文化美感對舉的另一種退隱式的蕭散閒逸的美感，以《峴傭說詩》之語言之，則是「有高華一體，有清遠一體」（註一一）的不同風調，也就是張戒《歲寒堂詩話》「其詩於富貴山林，兩得其趣」（註一二）之謂，我認爲這種評賞都只得王維二貌，王維另一可貴卻難以言宣的美典是在「趣味澄敻」、「清深閒淡」內裡所透顯的「如秋水芙蕖，倚風自笑」（註一三）之美，這是《瀛奎律髓》所謂「窮幽入元」，阮亭《唐賢三昧集》所謂「入禪妙境」（註一四）的作品。清趙殿最〈王右丞集箋注序〉認爲「唐之詩家稱正宗者，必推王右丞」（註一五），這應是針對王維通過富貴山林二美所圓彰融顯的這一味——「空寂萬有」之美。這比都城文化美典與山林清音美典都有更進一層不同的勝境。

因此，王維詩的主調可以「都城文化」、「山林清音」、「空寂萬有」三者貫串起來，如以詩人出處的態度爲喻，則爲「仕」的表徵、「隱」的類型與「仕隱兼融」的「吏隱」特質三種，這三種主調正好也包含王維早年懷抱功業願望與昂揚精神的〈燕支行〉、〈隴西行〉、〈從軍行〉、〈隴頭吟〉、〈出塞〉、〈使至塞上〉、〈渭城曲〉、〈觀獵〉等佳作；及佛道兼修時期的〈新晴野望〉、〈積雨輞川莊作〉、〈偶然作〉等田園逸趣，而最終指向的卻是以〈輞川二十景〉爲主的空寂之美，這種空寂之美是超乎時空而具有永恆境域而又靈動萬有的「妙」境，品賞這種滋味需有如王維入禪之趣才能出入之，因此本文借「禪悟」角度勉強傳示之。

禪是一種難以言傳的主體精神意識甚或無意識，與詩歌美學有對應思考的價值，對中國詩歌藝術的影響極深，王維無疑是最佳的體現者，本文的目標以欣賞分析王維所體現的禪悟美感爲主，關於王維學佛的因緣與內涵、關於禪的美感經驗與詩歌美感經驗之關連等，都是必須先行了解的部份，因此我在全文的脈絡便從盛唐美典說起，其後藉王維學禪內涵、禪學與詩學關係等進入所謂王維詩中「空寂」的美感之論，期望能把這難以言宣的美感勉強傳達出來。

二、王維「以禪入詩」的因緣與內涵

近代學人著作中，杜松柏《禪學與唐宋詩學》是率先有詩禪合論，涉及詩歌作品與詩學理論而較具系統的一部，其中把詩與禪的關係分「以詩寓禪」及「以禪入詩」兩大範疇，其云：「禪祖師以詩寓禪之後，詩人即以禪入詩」（註一六）由此我們可以把詩禪之間因作者身份釐判分殊為二，王維以文人涉禪，研究王維詩禪之關係便應以「以禪入詩」的角度來看。杜先生又以「禪理詩」、「禪典詩」、「禪跡詩」、「禪趣詩」分析唐宋禪詩類別，我在此雖襲其「以禪入詩」的語義，但並不打算採行其分類，因為對王維詩來說，此四類考求必然都可徵驗，比較重要的是如何傳示出其中不見得具禪語、禪典、禪跡、禪理卻具有豐足趣味的作品，也就是「空寂」之美的作品。沈德潛《說詩晬語》云：「王右丞詩，不用禪語，時得禪理」，詩人語不涉禪，讀者卻可以得其禪理，語文中隱微曖昧的趣味很難以「理」求之，在今日邏輯思辯縝密的語言中，沈德潛此言與本文主旨一樣恍惚迷離，因此，我在此先以王維傳記行跡及禪學修養的內容為前導來考求其微。

唐苑咸〈酬王維序〉云：「當代詩匠，又精禪理」，明胡應麟《詩藪》指其「卻入禪宗」，清徐增《而庵詩話》云：「摩詰精大雄氏之學」，從這些歷代共同的認知裡，我們都可以確定王維與佛教有關，然而王維的佛學門徑如何？源脈內涵如何？修養如何？卻少有人論證，葉嘉瑩、盧桂霞等人曾就王維詩考之，認爲王維之禪乃小乘辟支果禪（註一七），楊文雄、杜松柏氏曾指出王維兼涉南北禪，對其禪學內容亦未深入揭示（註一八）這對王維禪詩中的思維理路或不落言筌的美感經驗仍杳無可求，我在拙作〈試論王維之宦隱與大乘般若空性的關係〉一文中曾從王維事蹟與詩文，考察王維學佛的路徑、往來之禪師、濡染之禪典以明王維之禪乃南北禪之「心」法（註一九），此再撮述其要，並增益「心」法要旨，以進一步作爲說明王維詩的依據。

王維（七〇一—七六一）生活在盛唐時代，正是處在中國佛教發展的鼎盛階段，這一時期禪宗傳播迅速，「南能北秀」有互爭正統的問題存在，是唐中葉思想領域的一件大事，對當時知識份子的精神面貌產生很大的影響。王維在十宗分立的唐代社會中與禪宗關涉尤深，往來僧侶都爲南北禪系統下的禪師，這與唐代佛教分佈的地理與流傳時間有關。（註二〇）雖然有學者考察王維皈依的道光禪師應爲華嚴宗（註二一），實際上以南禪融和華嚴的情形來看，我們仍可肯定道光爲南禪導師（註二二）。

王維佛學修養最初因其母崔氏師事北禪領袖普寂而始，〈請施莊爲寺表〉云：

> 臣亡母，故博陵縣君崔氏，師事大照禪師三十餘歲，褐衣素食，持戒安禪，樂住山林，志求寂靜。（《王摩詰全集箋注》卷十七）

在這篇表文中，我們一方面可以確定王維早年與北禪大照禪師的關係，一方面可以省察王維了解的禪法內容。大照禪師即北宗神秀首座弟子，舊唐書方伎傳曾載「神秀卒，天下好釋者咸師事之」，唐中宗特制「令普寂代神秀統其法衆」，王維因母親奉佛，從襁褓之齡（註二三）即與北宗結緣，其後有代撰〈爲舜闍黎謝御題大通大照和尙塔額表〉之作，從塔額表云：「入三解脫門，過九次第定」，施莊表云：「持戒安禪、樂住山林，志求寂靜」，我們都可看出王維習靜求禪，以北宗禪法「戒禪合一」「住心看淨」（註二四）爲主的觀念。「九次第定」依趙殿成注云：「涅槃經所謂九次第定，四禪四空及滅盡定三昧。大般若經云何名爲九次第定，謂有一類離欲惡不善法，有尋有伺，離生喜樂，初靜慮具足住，是爲第一，復有一類尋伺寂靜內，等淨心一趣性，無尋無伺，定生喜樂，第二靜慮具足住，是爲第二，……」（註二五）禪宗內求寂靜之禪法，北漸南頓，北禪有次第法，印順導師《中國禪宗史》指出：「北宋的開法方便，也是戒禪合一的」，「以《淨心》爲目標，以離念爲方便的北宗禪」，「學者在平時當然不用問答，只是先念一回佛，然後攝心看淨。初學到盡虛空看，也還有次第方便。」（註二六）王維〈過盧員外宅看飯僧共題〉云：「身逐因緣法，心過次第禪。」〈遊悟眞寺〉云：「愁猿學四禪」，都可以看出受這種看淨的次第修法所影響。

王維與北宗禪師的往來除「普寂」外尙有「義福」、「淨覺」、「道璿」、「慧澄」、「元崇」等（註二七），「義福」與普寂同爲神秀四大弟子之一，北禪四位重要傳法人王維已得參其二，而「淨覺」乃弘忍門下玄賾的門人，也是神秀的再傳弟子，著有《楞伽師資記》以弘神秀一系的北宗禪法正統，「道璿」則爲普寂弟子。凡此，可以看出王維前期與北禪系統的關涉頗爲密切。

據印順導師綜言神秀禪法有「五方便門」，即「淨心」（離念門）、「開智慧」（不動門）、「不思議門」、「諸法正性門」、「了無異門」（或作「自然無礙解脫道」），其修證內容所引經論分別爲《大乘起信論》、《法華經》、《維摩詰經》、《思益經》、《華嚴經》，第二門有時也引用《金剛經》、《大般涅槃經》，印順導師並指出「五方便」門中的「不動門」尤爲神秀北禪的特色，「淨」字是北禪的要訣。（註二八）由此，我們更肯定王維修習的禪法中有九住徵心、四禪八定等次第過程的嘗試與體驗，其通過禪坐不動，以攝心入禪也是必然有的工夫。

然而王維眞正皈依的禪師卻是南禪系統。開元十八年王維喪妻之後，正式依從曾蒙五台寶鑑禪師「密授頓教，得解脫知見」的道光禪師，王維「十年座下，俯伏受教」，對南禪禪師之「舍空不域，既動無眹，不觀攝見，順有離覺」頗有所會心，認爲是「不可得法」（註二九）。

王維與南禪的關係雖始依道光，但他對南禪思想的大醒豁卻得自神會。神會於開元十八年到洛陽弘法，廣傳慧能傳衣一事，與北宗禪師論定禪宗法統，後爲肅宗迎入荷澤寺供養，使南宗慧能的宗風獨尊天下，神會本身也開展「荷澤宗」風，成爲禪宗七祖。王維在開元廿八年知南選到南陽時才得識神會，問「住心看淨」之外是否另有解脫之道。神會答以「衆生本自心淨，更欲起心有修，即是妄心」，王維因此大奇，嘆「有佛法甚不可思議」（註三〇），〈能禪師碑銘〉因盛讚神會「利智逾於宿學」，可見他對南禪頗爲心儀，其後與瑗上人、燕子龕師、道一（疑爲馬祖道一）等往來，亦多有南禪契會之論，甚至可以看出綰合南北禪的痕跡（註三一）。

印順導師《中國禪宗史》對慧能禪法的歸納是以《六祖壇經》爲主的「定慧爲本」──「無念爲宗」「無相爲體」「無住爲本」，不重宗教儀式，不重看心、看淨，只重視德性的清淨，「將深徹的悟入，安立在平常的德行上」（註三二）。神會發揚慧能禪法，也是採取這種「直了見性」「無念爲宗」的說法。呂澂《中國佛學源流略講》云：「（北宗）所說的心體離念是指不起念，根本在消滅念，而神會認爲『妄念本空，不待消滅』，這是南宗不同於北宗的一點。其次，所謂無念是指無妄念，不是一切念都無，正念是眞如之用，就不可無。如果否認了正念，即墜入斷滅頑空。這是南宗不同於北宗的又一點。……神會認爲由『無念』可以達到『定慧一體，平等雙修』，最後的結論爲：『見即是性』。」（註三三）由此可見南禪頓悟的主張，自神會始與北禪有清楚的分立。

神會的言論今傳有〈南陽和上頓教解脫禪門直了性壇語〉、〈頓悟無生般若頌〉等等，其壇語云：

> 一切衆生心本無相，所言相者，並是妄心。何者是妄？所作意住心、取空、取淨，乃至起心求證菩提涅槃，並屬虛妄。
>
> 但自知本體寂靜，空無所有，亦無住著，等同虛空，無處不通，即是諸佛眞如心，眞如是無念之體，以是義故，立無念爲宗。（註三四）

神會發揚六祖「無念」、「無相」、「無住」之學，予「住心看淨」的北禪工夫以新的境界，予王維禪修的內涵也有新的啓發，王維〈能禪師碑銘〉云：

> 無有可捨，是達有源，無空可住，是知空本。離寂非動，乘化用常。法本不生，因心起見，見

無可取，法則常如。

又云：

根塵不滅，非色滅空，行願無成，即凡成聖。（註三五）

在此碑銘中王維充份顯露他對南禪「無住」、「本空」的認識及「即凡成聖」之頓門的掌握。〈薦福寺光師房花藥詩序〉亦云：「心舍於有無，眼界於色空，皆幻也。離亦幻也。」〈燕子龕禪師〉詩云：「救世多慈悲，即心無行作」（註三六）正是神會所示之「不作意，心無有起，是眞無念」的本體寂靜觀。

由上，我們可以了知王維習禪的因緣與其所習之內容，主要在南北禪「趨空」、「性空」的禪法，在契入本體寂靜，返本還源的努力上，王維著實下了不少工夫，他在詩文中不斷提到他對此「空寂」的體味，從言語的辯證到生活的實踐，到心地的體驗等等都有。〈胡居士臥病遺米因贈〉詩云：

了觀四大因，根性何所有，妄計苟不生，是身孰休咎。色聲何謂客，陰界復誰守。徒言蓮花目，豈惡楊枝肘，既飽香積飯，不醉聲聞酒，有無斷常見，生滅幻夢受，即病即實相，趨空定狂走。（卷三）

此詩中王維因胡居士臥病悟四大根性本空，妄計生滅致幻夢苦受，以「趨空」與胡居士共勉。又〈與胡居士皆病寄此詩兼示學人二首〉云：「礙有固爲主，趣空寧捨賓」「色聲非彼妄，浮幻即吾眞」「空虛花聚散，煩惱樹稀稠，滅想成無記，生心坐有求」，這些詩句中都明顯以禪入詩，用禪理面對生命眞實的病咎患難。

〈藍田山石門精舍〉中則記載王維與「老僧四五人，逍遙蔭松柏，朝梵林未曙，夜禪山更寂」「焚香臥瑤席」的禪修梵行。〈飯覆釜山僧〉云：「藉草飯松屑，焚香看道書，燃燈晝欲盡，鳴磬夜方初，已悟寂爲樂，此生閒有餘，思歸何必深，身世猶空虛」，也可以看出王維禪修徹夜，齋蔬焚香的生活與喜悅。〈謁璿上人〉詩中王維「誓從斷葷血」「夙從大導師，焚香此瞻仰」，有誓心從師，學無生法要的表示（註三七）。〈同比部楊員外十五夜游有懷靜者季〉對「獨有仙郎心寂寞，卻將宴坐爲行樂」的靜者表示「共往來」、「同舍甘藜藿」的同修之樂與期賞。（註三八）

王維在禪寂的努力中確實有過「坐禪」的經驗，這是北宗禪法對他影響的痕跡，雖然他中歲好道，契入南禪，但靜坐寂求的工夫一直維繫到晚年，劉昫唐書本傳說他：

在京師日飯十數名僧，以玄談爲樂，齋中無所有，唯茶鐺藥臼，經案繩床而已。退朝之後，焚香獨坐，以禪誦爲事，妻亡不再娶，三十年孤居一室，屏絕塵累。（註三九）

這種焚香靜坐的工夫在王維詩中屢現，如〈過福禪師蘭若〉云：「欲知禪坐久，行路長春芳」，〈黎拾遺昕裴迪見過秋夜對雨之作〉云：「塞燈坐高館，秋雨聞疏鐘」，〈過感化寺曇興上人山院〉云：「夜坐空林寂，松風直似秋」〈登辨覺寺〉云：「軟草承趺坐，長松響梵聲。」〈春日上方即事〉云：「北窗桃李下，閒坐但焚香」（註四〇）等等，儘管在這種閒坐虛室的詩裡，王維偶有佛道融合的表現，但這種「趣空」的努力本身即是內證的經驗，這也正是其詩歌能顯出「空寂」之美的生命原泉。〈秋夜獨坐〉中云：

獨坐悲雙鬢，空堂欲二更，雨中山果落，燈下草蟲鳴，白髮終難變，黃金不可成，欲知除老病，惟有學無生。（卷九）

「獨坐」究竟是禪是道，王維也有他最終的觀點，「白髮終難變，黃金不可成」，他獨坐是爲了「學無生」，禪法「無念」「無相」「無住生心」，本即是無生，王維受北禪影響，以禪坐趣空來掌握「無生」是可以肯定的。

當然契悟自性的工夫不一定得通過禪坐的次第，六祖慧能偈云：「生來坐不臥，死去臥不坐，元是臭骨頭，何爲立功課。」（《六祖壇經。頓漸品》），當神秀的弟子志誠告訴慧能，神秀的教法：「住心觀淨，長坐不臥」，而慧能卻批評：「住心觀淨是病非禪，長坐拘身於理何益。」顯然南禪是不重枯坐的。然而王維之「坐」，姑不論其能否證悟，其中已透顯南北禪遞變的痕跡，純就詩歌美感也顯示出許多因禪坐次第而具有的「閒寂」中的「繽紛」滋味。

除禪坐外，面對人生出處或生死等問題，王維也有入禪理的實修體味，〈資聖寺送甘二〉云：「浮生信如寄，薄宦夫何有」（卷四），〈偶然作〉中忽而嘆「世網嬰我故」、「沉吟未能去」忽而興「愛染日已薄，禪寂日已固。」（卷五）在離欲不染的修行道路，世塵何可驟去，王維因此也難免矛盾之情（註四二）。然而〈與魏居士書〉中卻已看出他對仕隱的調和，不以「仕」爲纓世網，不以「隱」爲清節，有他即凡即聖的看法：

雖方丈盈前，而蔬食菜羹，雖高門甲第，而畢竟空寂。人莫不相愛而觀身如聚沫，人莫不自厚而視財若浮雲。……（卷十八）

他認爲甲第高門中一樣可離欲不染，不一定要避居山林方能清淨。對於許由洗耳，王維認爲「耳非駐聲之地，聲無染耳之跡，惡外者垢內，病物者自我，此尚不能至于曠士。」而嵇康之「頓纓狂顧」亦是「維縶」，無法等同虛空，對於王維曾炙愛詠歌的陶潛，此時王維也認爲是「忘大守小」，顯然他此時的修養以佛家入道，凡聖一情的角度，不主張擇地而蹈的孤高，因此他說：「苟身心相離，理事俱如，則何往而不適。」這也就是「吏隱」、「朝隱」、「宦隱」的主張（註四二），不僅王維如此，這種仕隱調和之論也正是唐代文士在魏晉以來長期融合儒道釋三教的思想反映，唐代文士現世價值的認同普遍在這種吏隱的風潮下，齊山林與魏闕之心。王維也從他的矛盾中走向這種融合。

佛家視身如聚沫，四大假有，實則空虛，面對死生大事，王維也常常出現這種觀照，如〈哭褚司馬〉云：「妄識皆心累，浮生定死媒」（卷十二）〈哭殷遙〉：「憶昔君在時，問我學無生，勸君苦不早，令君無所成」對未勸殷遙學禪，還頗有歎惋之情，可見王維內心世界終是：「一生幾許傷心事，不向空門何處銷」（卷十五〈歎白髮〉），以禪爲終生依止。

綜觀王維一生誦禪經、習禪法，力行齋戒禪坐與生活實修，晚年飯僧、布施、捨宅，以佛事爲活國濟民與生命自贖之事，他所修養的內涵不離禪宗，雖有〈讚佛文〉〈西方變畫讚〉〈繡如意輪像讚〉等文，但內涵也不離「心法」，譬如〈西方變畫讚〉云：「法身無對，非東西也，淨土無所，離空有也。」

「心王自在，萬有皆如，頂法眞空，一乘不立」（卷廿），與《六祖壇經》論淨土無西東「心淨則佛土淨」（疑問品第三）如出一轍，王維對一念之淨的禪法應有相當的契入工夫。

三、禪的美感經驗與詩的美感經驗

中國詩歌一直以其象外象、味外旨、言有盡而意無窮的詩旨意境爲主，因此在詩論上有「妙悟」說、「神韻派」等等，從唐代詩禪相滲以來，就有不少以禪喻詩或詩法受禪法影響之論，近人多以「意境」說起於唐，多半與佛學有關（註四三）宋人更大量以參禪之法參詩法（註四四），可見詩禪關係之一斑。杜松柏《禪學與唐宋詩學》一書中直接肯定「唐詩之佳妙別有原因」，除了帝王倡導，以詩取士、詩體進化之外，佛禪之影響是其重要因素之一（註四五），這眞是深入禪學歷史背景與唐代文化思潮的卓見。

因此我們如以杜氏「影響唐代詩之意境與風俗，當爲佛禪，而尤以禪宗爲盛」的結論來說詩，詩禪結合的關鍵何在？禪對詩思的助益何在？是直接關係著領悟王維詩歌的鎖鑰。

葉朗《中國美學的發端》指：「唐代美學中『境』這個範疇是唐代審美意識的理論結晶。」（註四六），我們可以直截地以「意境」之開創作爲唐詩創作之美感經驗的上乘，換言之，唐詩能超躍六朝而更具美學價値之處在於「意境」開創上的成就。這點在唐代重要詩論如王昌齡《詩格》、皎然《詩式》與司空圖《詩品》中已見其端倪。王昌齡《詩格》云：

夫置意作詩，即須凝心，目擊其物便以心擊之，深穿其境。

王昌齡以「凝心」爲擊物穿境的依據，又提出「物境」、「情境」、「意境」的對照來顯出「意境，亦張之於意而思之於心，則得其眞矣」，顯然此「意境」是內心意識的境界，與禪境有相似之處。（註四七）

皎然《詩式》有「取境」一節：「取境之時，須至難至險，始見奇句，成篇之後，觀其氣貌，有似等閒，不思而得，此高手也。」，其〈秋日遙和盧使君遊何山寺宿揚上人房論涅槃經義〉詩云：「詩情緣境發」，也是把詩的審美情感集中到「境」上，對於這個「境」，葉朗舉劉禹錫〈董氏武陵集記〉之「境生於象外」來詮釋它，認爲「境不是一草一木一花一果，而是元氣流動的造化自然」（註四八）。葉朗之說顯然比較偏重用莊子來了解皎然及唐人「意境」說，未免有失。如依黃景進對意境的考察，他注意到皎然在「意境」之外以「作用」一詞作爲輔助，而「作用」實來自佛家。《俱舍論疏記》卷四云：

《論》：「思謂能令心有造作」。《正理論》云：「令心造作善、不善、無記。成妙、劣、中性說名爲思。由有思故令心於境有動作用。猶如磁石勢力能令鐵有動用。」

由是看來，皎然詩論源於佛家的內涵不能否認（註四九）。

司空圖廿四詩品在王、皎之後提出「思與境偕」，思與境偕是詩人的藝術靈感和藝術想像與客體之「境」的契合，廿四品中有一中心思想，乃詩的意境必須體現宇宙本體和生命（註五〇）。

綜合以上「意境」論，我們可以確知唐詩藝術的高峰在意境的開創上。體察王維詩歌的美感也正在意境上見眞章。然而詩之「意境」說與禪佛之「境界」高下等等，有其妙合之處，通過禪佛之境界觀照，可以深化詩歌意境美是一個値得注意的問題。丁福保《佛學大辭典》對「境」及「境界」有一簡略的說明：

〔境〕心之所游履攀緣者謂之境。如色爲眼識所游履，謂之色境，乃至法爲意識所游履，謂之法境。《俱舍頌疏》曰：色等五境爲境性，是境界故。眼等五根名有境性，有境界故。

〔境界〕自家勢力所及之境土。又，我得之果報界域，謂之境界。

佛教認爲一切現象均不離「根」、「境」、「識」三類，由之構成十八界，《壇經》云：「悟無念法者，具諸佛境界。」《法苑珠林》卷八云：「諸天種種境界，悉皆殊妙」，由之可見修道者內在的層次。禪者本身指向三界之外自性空寂，然禪定功夫高下不同，攝心入禪的過程便有諸多境界，唐僧普光《俱舍論記》卷二云：

若元彼色等境，此眼耳等有見聞等取境功能，即說彼色等爲此眼等境。功能所託名爲境界。如人於彼有勝功能，便說彼爲我之境界。

唐僧法寶《俱舍論疏》卷二亦云：

有見聞等遊履功能名爲境界。

心因六根六識與色塵世界之間的作用「遊履」而成境界，於詩乃司空圖所謂「思與境偕」，是禪者自我內在的體驗。《成唯識論》卷五云：

云何爲定，於所觀境，會心專注不散爲性，依斯便有抉擇智生。

「定」是爲了趣空，返回自性，境不可攀緣，游履諸境則是自心作用，因此險象環生者有之，怪奇蹤忽者有之，內在經驗世界於是萬端紛紜，有助詩人深思。皎然《詩式》曾批評謝康樂：「性穎神徹，及通內典，心地更精，故所作詩，發皆造極，得非空王之道助邪！」便是肯定禪思精微對詩思的助益。我們如進一步從禪法上理解更可得其妙。智顗《修習止觀坐禪法要》「正修行第六」云：

所言境者，謂六塵境，一、眼對色；二、耳對聲；三、鼻對香；四、舌對味；五、身對觸；六、意對法。

《說無垢稱經》「觀有情品」云：

菩薩觀諸有情，如幻師觀所幻事，如觀水中月，觀境中象，觀芭蕉心。

唐圭峰宗密禪師《禪源諸詮集都序》上之二闡述「密意破相顯性教」云：

且心不孤起，托境方生，境不自生，由心故現，心空即境謝，境滅即心空，未有無境之心，曾無無心之境。

有關禪法，資料龐雜不遑贅舉，我們謹以此檢證，即可知道定之與心意識作用之間的關係。在禪宗看來，心外之境是「塵境」是虛妄相，只有體認塵境虛妄，才能頓悟自性，解縛解纏，得大自在，其方法是「對境觀心」或「背境觀心」，北禪是「背境觀心」，離境不染，南禪六祖云：「對境心數起，菩提作麼長」，自性不染。有情衆生，六根之間，目耳鼻舌身意，無不縛於色、聲、香、味、觸、法六塵，凝心寂照，很容易細密地體察（尋伺）到塵境幻事，詩人在此境花水月之幻境中，心之起落轉爲藝術思維，心相相映的意境於焉而現。唐代詩人多有表示過這種禪思與詩思的結合者，如王昌齡〈同王維集青龍寺曇壁上人兄院五韻〉：

本來清淨所，竹樓引幽陰，檐外含山翠，人間出世心。圓通無有象，聖境不能侵。眞是吾兄法，何妨友弟深，天香自然會，靈異識鐘音。

周裕鍇《中國禪宗與詩歌》認爲王昌齡此詩「性情幽遠，基本風格屬於王、孟派」，也就是「王孟詩派的觀照、構思方式」（註五一），這是推考王維詩構思方式與禪法有關的好線索。梁肅〈心印銘〉云：

心遷境遷，心曠境曠，物無定心，心無定象。

李華〈潤州鶴林寺故徑山大師碑銘〉：

境因心寂，道與人隨。

劉禹錫〈秋日過鴻舉法師院便送歸江陵引〉：

能離欲則方寸地虛，虛而萬景入，……因空而得境，故翛然以清；由而遣辭，故粹然以麗。

這與王昌齡「凝心穿境」，皎然「取境」說都有一致的構思方式，也就是攝心寂照的功夫。然而這種攝心寂照的功夫本身具有親驗性，無法由經驗轉爲知識說解，是「如人飲水冷暖自知」，且是「說是一物即不中」的，因此引起後人大量以禪喻詩來比附說明。

郭紹虞考唐戴叔倫〈送道虔上人遊方詩〉是最早以禪喻詩的文字（註五二），其詩云：

律儀通外學，詩思入禪關；煙景隨緣到，風姿與道閒。（《全唐詩》卷二七三）

此詩中以禪學與詩學合觀，詩思入禪關則可隨緣觸景，所得詩歌的風姿應是閒遠的。入宋以後這種詩禪合論或以禪喻詩的詩論普遍傳流，杜松柏以為其重心在「法」與「悟」兩點（註五三），詩法講「活法」、「妙悟」都緣於此。如曾幾〈讀呂居仁舊詩有懷〉：「學詩如參禪，愼勿參死句」「居仁說活法，大意欲人悟」，葛天民〈謦楊誠齋〉云：「參禪學詩無兩法，死蛇解弄活鱍鱍。」趙蕃〈和吳可學詩〉詩云：「學詩渾似學參禪，要保心傳與耳傳，秋菊春蘭寧易地，清風明月本同天。」戴復古〈論詩十絕〉云：「欲參詩律似參禪，妙趣不由文字傳。」楊夢信〈題亞愚江浙紀行集句詩〉云：「學詩元不離參禪，萬象森羅總現前。」

詩家由「活法」到「無法」，故法的問題不必贅論，「悟」倒是詩禪相喻的關鍵（註五四），嚴羽「妙悟」說已成精闢之見，為後代詩家樂道者，嚴羽提出「透徹之悟」，所謂「不涉理路，不落言筌者上也」「盛唐詩人惟在興趣，羚羊掛角，無跡可求。故其妙處透徹玲瓏，不可湊泊，如空中之音，相中之色，水中之月，鏡中之象，言有盡而意無窮。」（《滄浪詩話》詩辨）盛唐詩人的妙處在此第一義中。

以禪喻詩的是非得失是綿亙到明清的大問題，本文無意涉入，只權借其綰合重心，以解析王維詩之妙處。至此我們已可得其梗概。詩之妙如禪之妙，禪之妙可助詩之妙，通過禪悟入詩，興象夐迥，虛實有無動靜之間有微妙的變化。我們可以進一步借禪宗美學來掌握其趣。鈴木大拙的「禪」觀有許多值得參考的美學理念，他說：

．坐禪是表示「坐在瞑想裡」的意思。

．禪是神祕性、綜合性、直觀性的。

．在東方心性的作用裡面，似有一種「柔和」的東西，和有一種「靜性」的「默然」的「平然」的東西，常在眺望著「永遠」。

．「靜寂」……是埋葬了一切的對立，一切的地位的「永遠深淵」的寂靜，同時，它自己是默然坐在「唯一絕對」和「十全之座」沉潛在觀照著過去、現在、未來的自己的作用的「神」的「靜寂」。（註五五）

鈴木在此不斷提到「永遠」「靜寂」「默然」「十全」等展現出禪宗美學的第一義特徵——「空寂」，此空寂絕非偏枯朽腐，而是活潑萬有，禪坐的瞑想可一窺其美，是直觀的，神祕的精神意識之變化。近人對禪宗美學有許多嘗試性的分析與歸納。如崔元和〈禪宗美學的基本特徵〉一文指出「擺脫羈絆的精神解放、超越概念的直覺思維、物我同一的審美境界」（註五六）。李世傑〈禪的哲學〉則指出「禪的形而上學之最顯著的特色是『空』」，這個「空」的奧義具六種性質：「無一物性、虛空性、即心性、自己性、自在性、創造性」，由於空，故對客體的認識從「無我」出發，「了了常知」，是

「直觀」的行爲，由之，時間和空間都沒有意義，過去未來都被包在現在之中，眞的現在是一刹那的瞬間一切萬有，動靜一如（註五七）。太虛大師論〈唐代禪宗與現代思潮〉時特別提到「全體融美之精神」，他形容這種圓融無礙之美云：「空谷塞巖，活潑潑水流花放；名場利市，冷湫湫潭淨月明。」（註五八）金丹元分析「佛陀和意境」指出禪展現一種「凝重的孤獨感」（即寂、靜、默、空），而詩文藝術的「意境」說中的孤獨（空）意識是「禪意精神深刻之所在」，他同時指出此中「超越的時空觀」及「靈動的無我之境」，而這無我之境是「現量」的活用與發揮，現量即藝術思維中之直覺。當他提到唐宋神韻與化境時，特別指出「動定一體」的概念（註五九）凡此都只是勾勒出禪意的側影，作爲藝術知解之用。

這種詩禪之間的結合，本身既是難以言宣的體驗，同時又是無窮無盡超越時空的，因此當六祖示道時，只是說：

世界虛空，能含萬物色象，日月星宿，山河大地，泉源溪澗，草木叢林……總在空中。（《六祖壇經．般若品》）

道安《安般守意經》序也只能舉形象化的語言指月：

得斯寂者，舉足而大千震，揮手而日月捫，疾吹而鐵圍飛，微噓而須彌舞，斯皆乘四禪之妙止，御大息之大辯者也。

對於「空寂」之美，禪者只有借色界形象出之，禪與詩同樣在色空之間將經驗世界轉化爲心靈世界，皎然〈禪思〉詩云：「空何妨色在，妙豈廢身存，寂滅本非寂，喧嘩曾未喧」（《皎然集》卷六），對「空寂」之美詮釋得恰得其趣。

禪與詩的思維方式都非分析性的，語言的表達也都非邏輯性的，它們同時指向肯定的主觀的心性（註六〇），同以「空寂」爲境界，同樣都是直觀的、心物一體、色空一元的，且融合動靜、喧寂、虛實、素彩、有無爲一的，剎那間的永恆。

四、王維山水田園詩中空寂的美感

我們以禪喻詩來了解王維詩作並不泛指王維各類詩作，而是專指具「禪悟」美感的作品，王維符合這個標準的作品多半是山水田園詩中取境自然的作品，有些作品運用禪語，顯出禪坐痕跡，但大部份都未涉禪語、禪典，也無禪坐痕跡，完全是不落言筌的自然意境，作者在其中顯出閒淡幽遠的禪趣，是淡泊寂靜中又能群動萬有的空寂，這是王維通過自身「身心相離，理事俱如」（〈與魏居士書〉）的努力，所發顯的物我交融、生機橫溢、和諧安逸的「空寂」之美（註六一）。

葛兆光論禪宗的人生哲學與士大夫的審美情趣時，指出禪使文人走向「幽深清遠的林下風流」，這是「中國士大夫追求內心寧靜、清淨恬淡、超塵脫俗」，「自我精神解脫」的表徵，這種禪意人生使士大夫的審美情趣趨向於「清、幽、寒、靜」，「自然適意、不加修飾、渾然天成、平淡幽遠的閒適之情是士大夫追求的最高藝術境界」，這段話雖非專指王維詩，但已肯定王維對展現這種走向內心細膩思維的精緻美感的貢獻，葛兆光並進一步分析「幽深清遠」乃「寧靜的無人之境」、「恬淡的色彩」、「含蓄的感情」之境（註六一）這也正是上節論詩禪共同的美感之一。我在這節中將以王維詩作實際檢視。爲了讓「空寂」之美易於感知，本節將王維詩分兩部份，一部份是詩中顯出禪跡者，一部份是詩中未顯出禪跡者，前者有跡可溯，後者無跡可尋。

〈藍田山石門精舍〉是王維「有意在自然山水中尋求與自己心靈相協調的境界」，「有意在自然觀照中尋找『安心』、『淨心』的門徑」（註六二）詩云：

落日山水好，漾舟信歸風，玩奇不覺遠，因以緣源窮。遙愛雲木秀，初疑路不同，安知清流轉，偶與前山通。捨舟理輕策，果然愜所適，老僧四五人，逍遙蔭松柏。朝梵林未曙，夜禪山更寂，道心及牧童，世事問樵客。暝宿長林下，焚香臥瑤席，澗芳襲人衣，山月映石壁。再尋畏迷誤，明發更登歷，笑謝桃源人，花紅復來覿。（卷三）

此詩表面看來是在山水中尋津問路，玩奇訪幽，實際上也可看作自然山水與內心世界的交融之作，山水之「好」之「遙」之幽「窮」轉「通」，正是禪悟之跡的映現，捨舟以前與捨舟之後境界自有不同，通首詩指向夜禪山寂，捨舟後不再尋伺流轉，自可林宿瑤臥，任他澗芳襲人，山月映壁，其間的自得與禪悅是可以會心的。〈終南別業〉一詩在表現禪宗理趣方面也頗値得注意：

中歲頗好道，晚家南山陲，興來每獨往，勝事空自知。行到水窮處，坐看雲起時，偶然値林叟，談笑無還期。

此詩以「好道」言筌，「勝事空自知」是禪者內證功夫的美好滋味，與入山林之勝內外交融，是主客體相契，心物一元的表徵，而此「禪悟」之跡正在「行道」一聯，清徐增云：「行到是大死，坐看是得活，偶然是任運，此眞好道人行履。」（《唐詩解讀》卷五），這種手法與禪宗公案貴參活句如出一轍，其中，「空寂」的滋味由「窮」而「起」，生機無窮。又如〈飯覆釜山僧〉云：

> 晚知清靜理，日與人群疏，將候遠山僧，先期掃敝廬，果從雲峰裡，顧我蓬蒿居，藉草飯松屑，焚香看道書，燃燈晝欲盡，鳴磬夜方初，已悟寂爲樂，此生閒有餘，思歸何必深，身世猶空虛。
>
> （卷三）

這首詩與前二詩相較，禪跡更明顯，顯出王維刻意疏離人群求靜，「焚香」、「鳴磬」可以看出他禪修入夜，此中寂樂清閒之美是在言語文字間流露，較少形象化語言，比起來〈過香積寺〉的形象效果更佳：

> 不知香積寺，數里入雲峰，古木無人徑，深山何處鐘，泉聲咽危石，日色冷青松，薄暮空潭曲，安禪制毒龍。

「毒龍」語出《涅槃經》，指內心妄念。全詩從「不知」寫來，在窕冥幽深處，有無之間，鐘聲醒豁，泉咽日冷，這原是王維一番內證境域與香積寺實景的對照融合。〈投道一師蘭若宿〉也有形象化的禪境：

> 一公棲太白，高頂出雲煙，梵流諸壑遍，花雨一峰偏，……
>
> 洞房隱深竹，清夜聞遙泉，向是雲霞裡，今成枕席前，……

王維對道一（疑爲馬祖道一）之道以「梵流諸壑」、「花雨一峰」，形象化表意，而「隱深」、「閒遙」，「枕席」生「雲霞」，更具虛實蹤忽之妙。

在這一類語涉禪跡的作品中，王維雖展現空寂之境，仍如「尾巴子」過不了窗櫺的水牯牛一般，拖泥帶水，但倒也頗能展現禪悟思維增益詩境之空闊與靈動處，其廣大如「山河天眼裏，世界法身中」（卷七〈夏日過青龍寺謁操禪師〉），其精微如「頹然居一室，覆載紛萬象」（卷三〈謁璿上人〉），全都是身世寄虛空的紛紜萬象，因此〈謁璿上人〉中的「高柳早鶯」、「長廊春雨」、「床下」、「窗前」，皆是目擊穿境，是王維身在陋室，心在雲端的心法之跡。故而王維寫〈送權二〉道友能得「芳草空隱處，白雲餘故岑」，〈送韋大夫東京留守〉能云：「人外遺世慮，空端結遐心」，寫〈新晴晚望〉能用：「新晴原野曠，極目無氛垢」，寫〈奉寄韋太守陟〉則云：「荒城自蕭索，萬里山河空」，詩文中不經意地著一「空」字多達九十餘次，且以「空」與「世慮」、「氛垢」、「蕭索」對照而出。此外，這類著跡之作也常顯出「獨坐」、「閉關」等刻意求靜的痕跡，如〈秋夜獨坐懷內弟崔興宗〉因獨坐而有「夜靜群動息，蟪蛄聲悠悠」的細密體察，顯出「靜息」與「聲」響之間的趣味。〈答張五弟〉詩「終年無客長閉關，終日無心長自閒」，因閉關而得閒逸，〈歸嵩山作〉之「清川帶長薄，車馬去閒閒」下也是「歸來且閉關」，〈歸輞川作〉不僅「悃悵掩柴扉」而且是「獨向白雲歸」，〈淇上即事田園〉云：「靜者亦何事，荊扉乘晝關」，〈過感化寺曇興上人山院〉云：「夜坐空林寂，松風直似秋」，〈秋夜獨坐〉能感知「雨中山果落，燈下草蟲鳴」等等，都是刻意求靜、獨坐（宴坐禪寂)、閉關之下所能體會的山河大地之美,是靜寂之下的喧嘩群動。蘇軾〈送參寥詩〉云:「頗怪浮屠人,視身如丘井,頹然寄淡泊,誰與發豪猛,細思乃不然,眞巧非幻影。欲令詩語妙,無厭空且靜,靜故了群動,空故納萬境,閱世走人間,觀身臥雲嶺。……」此說眞可貼切形容王維詩中在空端結遐心,在雲嶺藏身,靜中體動,淡泊中寄紛紜的手法。王維對這種趺坐禪寂下的觀照力相當肯定而且親驗實踐,其〈青龍寺曇壁上人兄院集〉序中已云:

吾兄大開,蔭中明,徹物外,以定力勝啓,以惠用解嚴,深居僧坊,傍俯人里,高原陸地,下芙蓉之池;竹林果園,中秀菩提之樹。八極氛霽,萬里塵息。太虛寥廓,南山爲之端倪,皇州蒼茫,渭水貫於天地。經行之後,趺坐而閑。升堂梵筵,餌客香飯,不起而游覽,不風而清涼,得世界於蓮花,記文章於貝葉。

王維對曇壁上人的境界以「大開」形容之,認爲他禪定力能徹物明蔭,「不起而游覽,不風而清涼」,因此其詩云「坐看南陌騎,下聽秦城雞,渺渺孤煙起,芊芊遠樹齊」(卷十一),這完全是定中所見之境。也間接可證明王維許多視野迥絕,聽動入微的作品,得禪坐之助是可以肯定的。

王維另一類不用禪語、禪典,不露修禪痕跡的作品,其契入空寂之美大有過於前者,也就是前引鈴木大拙所謂「十全之座」,此一「十全」,杜松柏別有「大全」一語,他解釋說:

此一「大全」就時間言,從無始以來,即已具有,「有物先天地」,不計新舊,不落古今有無之中;就空間言,無有邊畔,無有方圓大小,其大無外,其小無內;就形相言,無形無相,非大非小，不青不黃，無方無圓，無有上下長短；就主動存在言，能生萬法，不生不滅，本自具足，泯絕對待，本不動搖；藁藁就空有心物而言，非心非物而合心合物，非空非有而亦空亦有。（註六四）

這種「一即一切，一切即一」的萬有靈動的色空一體的美感，在王維許多形象化的對句聯語中可以境臨身切地感受到，如：

竹喧歸浣女，蓮動下漁舟。（卷七〈山居秋暝〉）

嫩竹含新粉，紅蓮落故衣。（卷七〈山居即事〉）

白雲迴望合，青靄入看無。（卷七〈終南山〉）

野花藂發好，谷鳥一聲幽。（卷七〈過感化寺曇興上人山院〉）

泉聲咽危石，日色冷青松。（卷七〈過香積寺〉）

樹色分揚子，潮聲滿富春。（卷七〈送李判官赴江東〉）

山臨青塞斷，江向白雲平。（卷八〈送嚴秀才還蜀〉）

塞闊山河淨，天長雲樹微。（卷八〈送崔興宗〉）

江流天地外，山色有無中。（卷八〈漢江臨汎〉）

窗中三楚盡，林上九江平。（卷八〈登辨覺寺〉）

大漠孤煙直，長河落日圓。（卷九〈使至塞上〉）

雨中草色綠堪染，水上桃花紅欲然。（卷十〈輞川別業〉）

漠漠水田飛白鷺，陰陰夏木囀黃鸝。（卷十〈積雨輞川莊作〉）

這些景象鮮活，色澤潤麗的形象語，本身具有豐足的意涵，前人多以「詩中有畫，畫中有詩」賞玩之，但如能以禪喻詩，更能別具隻眼。柯慶明分析王維詩中常見的技巧，發現「王維詩中的自然不是三度空間之自然，而是浸漬在時間之內的四度空間之自然。自然在此不是靜態的被刻鏤而是動態的被感受而把握。光影、音響、水、鳥、雲、雨等都再三的被用來完成這種效果，因而構成了王維詩中普遍存在的時間意識的主題。」（註六五）這段話如果我們對應李世傑分析禪的特質來看：「時間在剎那的現在中，有空間化的方面，把時間來空間化，把空間來時間化的東西就是『自由的行爲』。『自由的行爲』是般若直觀的大行爲。」（註六六）這裡我們可以用「剎那間的永恆」「一境中的萬有」來看王維在境中所融塑的時間性，及其靜中的動態感，也就能了解柯氏所謂「四度空間之自然」。高友工認爲：「王維把握了一個動作到另一動作間毫不費力也不刻意安排的轉換，但每個動作在整體經驗中都恰如其分，世界是即自完滿的，並且其中每一刻都充滿意義。事件在時間之流中的無心性（Cosualness），及人的視野在空間延展中的完整性（completeness）很容易和律詩既有的美典結合在一起。獨立詩聯的並列造成一種偶然的連續性，而每一偶聯的自足性可以用來表現完滿世界的一刻。」（註六七）這段話眞是精微地切合詩入禪思在時間與空間之間的創造性，一切都幻化無跡，又極自然豐足。

王夫之《夕堂永日緒論》對這種語意自足，境界現前的詩句曾用佛家比量、現量來分析它：

若即景會心，則或推或敲，必居其一，因景因情，自然靈妙，何勞擬議哉？「長河落日圓」初無定景，「隔水問樵夫」初非想得：則禪家所謂現量也。（內編第五條）

又云：

禪家有三量，唯現量發光，爲依佛性，比量稍有不審，便入非量。（內篇）

現量是「直觀」的美感，是自性之發露，不假修飾，不思不議的，王維詩句圓悟自然，具足「目擊」、「當下」之直觀性，可爲現量之美。王夫之並王藉〈入若耶溪〉之「蟬噪林逾靜，鳥鳴山更幽」爲比較，認爲王藉詩著「逾」、「更」二字，終只是比量而已。《因明入正理論》說：「能立與能破，及似唯悟他，現量與比量，及似唯自悟」，禪者悟否，唯現量可知，比量已成分別，有「能」、「所」相對量，唯現量能所俱泯，方是眞知，這原是佛家因明學範疇，是一種嚴密的思維方式，現量的直觀美是正智于色，也就是色空一體的，是正念與世界之圓融，也是無我之境。王夫之以之來看王維詩，頗能傳釋出不可言說的由自性現露的直覺美。

王維「空寂」之美最高的體現在輞川系列的自然山水詩中達到高峰。明胡應麟《詩藪》認爲：

右丞卻入禪宗，如人閒桂花落，夜靜春山空，月出驚山鳥，時鳴春澗中。木末芙蓉花，山中發紅萼，澗戶寂無人，紛紛開且落。讀之身世兩忘，萬念皆寂，不謂聲律之中，有此妙詮。（內篇下）

清王士禎《帶經堂詩話》云：

嚴滄浪以禪喻詩，余深契其說，而五言尤爲近之，如王裴輞川絕句，字字入禪。他如「雨中山果落，燈下草蟲鳴」，「明月松間照，清泉石上流」，……妙諦微言，與世尊拈花，迦葉微笑，等無差別。

胡王二人把王維妙悟之美共同指向輞川絕句，王士禎還論到上述已陳的寫景現自足世界的聯語，認爲與禪宗源頭靈山法會上世尊示法，拈花微笑的剎那等無差別。詩家舍筏登岸後，禪境已成詩中化境，王維輞川山水絕句，不僅傳達這種圓融活化的機趣，也具足直觀的美感，這種美感在靜寂趣空的閒逸中有萬般滋味。正是我所謂的「空寂」之美。

空山不見人，但聞人語響，返景入深林，復照青苔上。（〈鹿柴〉）

獨坐深林裡，彈琴復長嘯，深林人不知，明月來相照。（〈竹里館〉）

人閒桂花落，夜靜春山空，月出驚山鳥，時鳴春澗中。（〈鳥鳴澗〉）

木末芙蓉花，山中發紅萼，澗戶寂無人，紛紛開且落。（〈辛夷塢〉）

這些詩中都有「空山」、「深林」、「寂無人」等共同的特徵──「空寂」之美，也都具有「獨坐」、「人閒」、「靜」的況味，但靜寂中又有人語，不知中又有明月，山空下又有鳥鳴，花開水流，兀自存在。鹿柴中的「空山不見人」，卻聞人語響，〈竹里館〉中的「幽」「嘯」，一靜一喧。在空寂的世界裡有光影游移，在深林覆密的幽微裡有明月如恆，王維充份掌握了虛空中的萬象變化，與瞬息間的永恆感受。〈鳥鳴澗〉在人閒山空的靜寂之境忽生萬有，月出鳥鳴，機趣洋溢，〈辛夷塢〉中澗戶無人，山花紛紛開落，現其紛然萬象，都顯出靜中群動，剎那萬有的一即一切，一切即一之間的統合。禪者「一瞬超於累劫」、「心融物外」，自能呈現這種境界。清黃周星《唐詩快》卷十四云：「此何境界也，對此有不令人生道心者乎！」就是對這種空寂之美的讚嘆。

孫昌武《佛教與中國文學》一書對此妙悟境界有三說解：一、渾然一體的，二、生動活潑的，三、情景交融的。（註六八）這對王維輞川詩之美也可傳示一、二，我們可輔以王維為後人稱道的許多作品來看。釋惠洪《冷齋夜話》盛讚王維〈山中〉詩以為詩得天趣，只能會意，不能言傳：

荊溪白石出，天寒紅葉稀，山路元無雨，空翠濕人衣。

杜松柏以前二句「謂象窮道現，體由用顯」，後二句乃「道無形質」（註六九），在溪水清處白石自現，在天寒時窮紅葉獨生，正合象窮道現之旨，而無雨濕衣，則依違在有無之間，無跡可尋。〈木蘭柴〉也是展現寂斂之餘紛藉活潑的趣味：

秋山斂餘照，飛鳥逐前侶，彩翠時分明，夕嵐無處所。

秋山既斂，又滿山彩翠，其色斑斕，無處不在，正是色空一體，道無形質的自然流轉。〈楞伽經〉偈云：「彩色本無文，非筆亦非素，為悅眾生故，綺錯繪衆象。」筆素之間多元色相本是空無而生，王維此詩正是色空不二的寫照。

清趙殿成在〈王右丞集箋注序〉云：「右丞通於禪理，故語無背觸，甜徹中邊，空外之音也。」（註七〇）近人釋道元認為：「在這些詩裡，自然景物都變成演說佛法的依據，閃耀出禪光佛影，使人領悟到『眞如佛性』存在於宇宙萬物之中」（註七一），王維詩中空寂之美，當如是觀。

姜光斗〈王維輞川詩與南宗禪〉一文指出輞川詩中受南禪禪理影響，留下四種類型的詩：「一是直接寫詩人參禪活動的詩，二是直接闡述禪理的詩，三是景物描寫中滲透禪趣的詩，四是體現頓悟審美方式的詩」（註七二），如以這種分法來看，王維輞川詩具足的「空寂」美感應不在參禪活動的描述或直接闡述禪理上，應屬於窕無形跡，不落言筌的契道之美，也就是姜氏的三、四兩類。黃叔燦《唐詩箋注》云：「輞川諸詩，皆妙絕天成，不涉色相。」俞陛雲《詩境淺說續編》云：「輞川集中如孟城坳、欒家瀨諸作，皆閒靜而有深湛之思。」又云：「東坡《羅漢贊》：『空山無人，水流花開』，世稱妙悟，亦即此詩之意境。」胡應麟《詩藪》云：「右丞輞川諸作，卻是自出機軸，名言兩忘，色相俱泯。」（註七三），凡此都是指向王維這種「空寂」之美的高妙處而論。

五、結　論

王維詩中「空寂」之美在「不立文字不著言語」的禪風中演出，在禪修宴坐中體察精微，超象物外，在身心相離中「任性」「無念」地顯出幽深清遠的林下風流（《竹坡詩話》評禪詩語），「空寂」的世界是澄淨的、靈動的，是王維心靈深處的境象外顯，是眞空萬有色空融合的直觀顯露。不管是「以禪喻詩」或「以禪入詩」，其間已趨「詩禪一致」而無形無執。（註七四）這種詩禪交融的效果在唐詩「意境」開創上走向高峰，在王維詩中的「空寂」之美顯出勝義，是嚴羽所謂「第一義詩」之流，是司空圖所謂「澄澹精致」「韻外之致」「味外之旨」的最高典型。蘇東坡詩云：「溪聲便是廣長舌，山色豈非清淨身。」也許以禪喻詩或詩禪一致論容易造成漫汗過泛之病，但用在詩佛王維身上，不正顯出「詩爲禪客添花錦」「禪爲詩家切玉刀」的雙重效果，王維詩正是詩歌美感經驗與禪之美感經驗的正法眼藏。

【附註】

註一　意即美學典範，借高友工氏語。見氏著〈律詩的美典〉，中外文學十八卷二期。

註二　許總《唐詩史》上冊，頁五〇九，江蘇教育出版社八三年版。

註三　殷璠語收於趙殿成《王摩詰全集箋注》卷末附錄，世界書局本，頁三八六。

註四　同上書，頁三八六。

註五　同上書，卷首，頁一。

註六　許總《唐詩史》頁五一一。

註七　「唐型文化」以盛唐之進取性、開創性爲表徵，是一種廣闊的胸襟與壯盛的氣象，與「宋型文化」之幽靜閑雅、內斂哲思有很大的不同，二者譬如牡丹與梅花、酒與茶、三彩與青瓷，這種分野已爲唐宋文化研究者所定論，如傅樂成〈唐型文化與宋型文化〉，收於《漢唐史論集》，聯經六六年版，頁三三九樫八三二。羅聯添〈從兩觀點試釋唐宋文化的精神差異〉，收於《唐代文學論集》，學生書局七八年版，頁二三一—二五〇等等。

註　八　見收於《王摩詰全集箋注》頁三八六。

註　九　此條收於台靜農《百種詩話類編》頁七九。

註一〇　同註六。

註一一　同上書頁八一。

註一二　同上書頁七六。

註一三　見《詩人玉屑》臞翁評詩。收於《王摩詰全集箋注》卷末，頁三八七。

註一四　李重華《貞一齋詩話》卷七引阮亭謂王維「五言有入禪妙境」。

註一五　見《王摩詰全集箋注》序。

註一六　見氏著《禪學與唐宋詩學》頁二九九，黎明文化六十五年版。

註一七　參考葉嘉瑩《迦陵談詩》頁一六四，三民書局版。盧桂霞〈王維詩中的佛家思想〉，載於《古今談》一〇〇期。

註一八　見楊文雄《詩佛王維研究》頁二〇五—二三九。文史哲出版社七十七年版。杜松柏《禪學與唐宋詩學》頁三〇二。其中楊文雄書因專論王維故曾以「般若空觀」與「無住、無相」論王維佛學的中心思想。

註一九　拙作見《台大中文學報》第六期，其中頁二三五—二四七專考「從王維學佛的路徑看王維之禪」。

註二〇　嚴耕望〈唐代佛教之地理分佈〉一文曾詳述唐南北各地佛教發展狀況云：「自武后至玄宗，法相、華嚴漸衰，而神秀之北派禪宗大盛於京洛及北方。安史亂後，北禪衰微，而慧能之南派禪宗大盛於江南，融合華嚴，侵逼天台，爲佛學之正宗。」王維生長在武后玄宗階段正好躬逢盛事。此文收於張曼濤主編現代佛教學術叢刊《中國佛教史論集》，大乘文化出版社六八年版。

註二一　陳允吉《唐音佛教辨思錄》收〈王維與華嚴宗詩僧道光〉一文，曾憑〈大薦福寺大德道光禪師塔銘〉中「密授頓教」語考定「頓教」即「華嚴宗」，這個說法略嫌牽強，我在此仍依舊說如莊申、楊文雄氏所考，以「頓教」爲南禪。見氏著《唐音佛教辨思錄》上海古籍出版社七七年版，頁四〇、莊申《王維研究》萬有圖書公司，頁四一、楊文雄《詩佛王維研究》文史哲七七年版，頁二二一。

註二二　參楊文雄氏所考，《詩佛王維研究》頁二二二。

註二三　同上。

註二四　詳見印順導師《中國禪宗史》頁一三八—一四三。

註二五　詳注見趙殿成《王摩詰全集箋注》卷十七，頁二四四。

註二六　同上。

註二七　參看楊文雄《詩佛王維研究》頁二二一—二二七。陳允吉《唐音佛教辨思錄》頁五一—五五。二人對南北禪師的判認稍有出入。

註二八　印順導師《中國禪宗史》頁一四〇—一四八。

註二九　引文見〈大薦福寺大德道光禪師塔銘〉，見《王摩詰全集箋注》卷廿五，世界書局本頁三五九。

註三〇　以上見《神會語錄》第一殘卷所載。考王維與神會相遇時間如楊文雄、陳允吉皆認爲是開元廿八年事。王維〈能禪師碑〉文中亦有「遇師於晚景，聞道於中年」語。

註三一　見楊文雄《詩佛王維研究》頁二一七。

註三二　見印順導師《中國禪宗史》頁一三二—一三五。

註三三　見呂徵《中國佛學源流略講》頁二四二，里仁書局版。

註三四　以上二資料見胡適編《荷澤大師神會遺集》兩種，胡適紀念館版。

註三五　見《王摩詰全集箋注》卷廿五，世界書局本頁三四八。

註三六　分見前書卷十九，頁二七九；卷五，頁六三。

註三七　以上引詩分見全集箋注之卷三，頁廿六、卅、卅一。

註三八　同上書卷六，頁八二。

註三九　見《舊唐書》王維本傳，收入《王摩詰全集箋注》卷首，頁二。

註四〇　以上引詩見《王摩詰全集箋注》卷七頁九九、頁一〇〇、卷八頁一一七、卷九，頁一二九。〈春日上方即事〉詩王維用「好讀高僧傳，時看辟穀方」，顯見他佛、道兼修的痕跡。

註四一　柯慶明〈試論王維詩中的世界〉一文對王維仕隱之間的矛盾闡釋極精微，見《文學美綜論》頁三四一，長安出版社七十二年版。

註四二　唐人有關「吏隱」「朝隱」「中隱」「大隱朝市」的觀念普遍出現，這是承繼葛洪《抱朴子》「修之於朝隱，蓋有餘力故也，何必修於山林，盡廢生民之事」（〈內篇釋滯卷第八〉）而來的仕隱融合觀，錢起「大隱心何遠」（〈過王舍人宅〉），楊炯「大隱朝市」（〈李舍人山亭詩序〉）白居易「莫遣是非分作界，須教吏隱合爲心」（〈郘西亭偶詠〉）「不如作中隱，隱在留司官」（〈中隱〉）等等，有關這方面的論述請參考侯迺慧《唐代文人的園林生活》頁四七九—四八七，東大出版社、葛曉音《山水田園詩派研究》「朝隱和待時之隱」一節，頁一八〇—一九三，遼寧大學出版社八五年版。筆者〈試論王隱宦隱與大乘般若空性的關係〉一文亦有分析，台大中文學報第六期。

註四三　如周裕鍇《中國禪宗與詩歌》認爲「唐代意境理論的形成也主要得力於禪宗，無論是王昌齡的《詩格》、皎然的《詩式》等著作，還是司空圖的《廿四詩品》，都閃現著禪宗思維方式的影子」。（上海人民出版社八二年版，頁一二八。）謝思煒《禪宗與中國文學》云：「運用現象學的方法而終於達到對詩本體的一種新的領悟和認識，這正是在禪宗思想影響下，在中晚唐文學批評中，在皎然《詩式》和司空圖《詩品》中所完成的過程。」（中國社會科學院八二年版，頁二二六）謝氏以西洋「現象學」比論唐代文學批評雖然有些不倫不類，但他指出皎然與司空圖之詩論乃「形式」與「本體世界」之契合的意境（境界），這點是頗可參究的。除此之外，李淼《禪宗與中國古代詩歌藝術》、覃名文《中國詩歌美學概論》等等，不少學者都主此說。

註四四　參考郭紹虞〈神韻與格調〉一文所臚列嚴羽以前之詩禪說就有李之儀、曾幾、葛天民、趙蕃、戴復古、楊夢信、徐瑞、范溫、張鎡等等，見《照隅室古典文學論集》頁一七三—一七八。丹青圖書公司七四年版。

註四五　見杜松柏《禪學與唐宋詩學》頁一一七。

註四六　見葉朗《中國美學的發端》頁十一，金楓出版社七六年版。

註四七　關於王昌齡《詩格》保存在日本弘法大師《文鏡祕府論》，王景進及王夢鷗先生對其眞僞內容多有考察，詳見王景進〈唐代意境論初探〉，淡江《文學與美學》第二集及王夢鷗《中國古典文學論探索》。王景進更認爲：「王昌齡將設『境』作爲『思』的對象，顯然是應用佛家認識論的觀念，且將詩境歸納爲物境情境意境等三境，亦似佛家所謂六境。」

註四八　見葉朗《中國美學的開展》頁一五六，金楓七六年版。

註四九　見王景進《唐代意境論初探》，淡江大學《文學與美學》第二集頁一五八。

註五〇　參考葉朗《中國美學的開展》頁一五七—一六二。

註五一　參考周裕鍇《中國禪宗與詩歌》頁一三〇。

註五二　參考郭紹虞《照隅室古典文學論集》頁一七四。丹青圖書公司七四年版。

註五三　見杜松柏〈佛禪「法」「悟」於詩論的影響〉一文，中華文化復興月刊廿三卷十二期、十三期。

註五四　同註五二，頁一七七。

註五五　參考鈴木大拙著、李世傑譯《禪佛教入門》頁六、七、八。協志工業叢書五九年版。

註五六 見崔元和〈禪宗美學的基本特徵〉，五台山研究一九九一年四月五日—九月廿五日。

註五七 見李世傑〈禪的哲學〉，收於《禪宗思想與歷史》頁一—十六。大乘文化出版社六七年版。

註五八 見太虛大師〈唐代禪宗與現代思潮〉一文，收於《禪學論文集》頁二七八。大乘文化出版社六七年版。

註五九 參考金丹元《禪意與化境》頁六六—九七、頁一六五等，上海文藝出版社八二年版。

註六〇 參考周裕鍇《中國禪宗與詩歌》第九章「詩禪相通的內在機制」，上海人民出版社八一年版。

註六一 孫昌武《詩與禪》指出王維的詩「多表現物我交融、和諧安逸的境界，一切人生苦難都消融於其中了。」頁一〇三，東大出版社八三年版。

註六二 參考葛兆光《禪宗與中國文化》頁一二七—一四〇，天宇出版社七七年版。

註六三 謝思煒《禪宗與中國文學》頁四七，中國社會科學出版社八二年版。

註六四 見杜松柏《禪學與唐宋詩學》，頁八九—九〇。

註六五 參考柯慶明〈試論王維詩中常見的一些技巧和象徵〉，收在《境界的探求》頁二四〇，聯經六六年版。

註六六 參考李世傑〈禪的哲學〉，《禪宗思想與歷史》頁一二。

註六七 參考高友工〈律詩的美典〉下，中外文學十八卷第三期。

註六八 見氏著《佛教與中國文學》頁一〇七，上海人民出版社七七年版。

註六九　見氏著《禪學與唐宋詩學》頁三三六。

註七〇　見《王右丞集箋注》世界書局本頁一。

註七一　見道元〈談「詩佛」—王維〉，內明一九六期。

註七二　此文收於《中國首屆唐宋詩詞國際學術討論會論文集》中，江蘇教育出版社八三年版。

註七三　以上資料收於《千首唐人絕句》集評中，見頁一一七、一一八，上海古籍出版社，八四年版。

註七四　以禪喻詩是詩法妙悟論，以禪入詩是禪思想在詩中的顯現，王維二者兼得。孫昌武《詩與禪》認爲「詩禪一致」比「以禪喻詩」更進一境。（其書頁三三）

臺閣文學的集大成

——論楚望樓駢文屬對之技巧

陳慶煌

壹 前言

自中原鼎沸，樞府遷臺，吟詠之風，雖然仍持續不斷，但對於駢文一藝，（註一）求其文備衆體，無所不宜，蘊積涵厚，拳拳忠愛，字裡行間，時時流露故國喬木之思者，則非陽新成惕軒先生莫屬。（註二）其一生所作駢文，數逾三百，嘗選錄二一五篇，名爲：《楚望樓駢體文》，分成內篇、外篇及續編三輯，刊行於世。民國八十年七月文史哲出版社發行的《成惕軒先生紀念集》，在翰墨遺著類，有駢文十七篇；而臺灣新生報《傳統詩苑》合訂本，又有駢文序一篇，共計留存二三三篇。

先生駢文係綆汲千載，牢籠百家，不宗一體，不法一派，講求寫作技巧，重視時代精神，無論形式、內容，並見充實。於是六朝渾厚之氣、三唐蘊藉之風、兩宋澹雅之致，兼而有之。更且所作必經月鍛季煉，未嘗輕發，故能一字不可移易。值此白話文學當道，固有國粹日微之秋，個人不敢奢言提倡，但實有加以研究的必要。

夷考駢文是一種文藝而兼音樂的特殊文體，其特徵凡五：一是裁對，即多用對句，便於記誦，易啓人感。二是隸事，即鋪張典故。三是敷藻，即力求文辭的華美。四是和聲，即協諧音律；其句中通常係雙平雙仄相間，句與句間必爲「仄平平仄」或「平仄仄平」的馬蹄韻，（註三）因而氣韻曼妙，搖曳生姿。五是調句，即靈動句法；以四言與六言的句調作基本。由於屬對係駢文構成的第一要件，因爲一篇駢文必由許多聯對組合而成，故聯對乃是駢文的芻形。換言之，欲學駢文必先從屬對開始；而屬對之際，又必須同時兼顧到：聯對本身所使用的典故、辭采、句型及聲調，甚至還要講究段與段間的貫串、聯繫等。那麼就以屬對爲重心，然後再兼及其他，試圖對楚望樓駢文作一全面的擘探。

貳　駢文屬對之方法與特色

駢文必須屬對，屬對又稱裁對，或對仗、對句、對偶，以及排偶等；（註四）無對仗則不足以言駢文。然而散文有時也須藉對偶來強化語氣，使其筆力靖凝，滋味曲包。不過散文對仗的方法與駢文有別。在修辭學上，凡是用字數相等、句法相似的兩個句子，成雙作對、排列成功的，即稱爲對仗。駢文的對仗，限制較嚴，舉凡意義、聲調、詞性、物性、數目、虛實等均須相對纔合規格。而散文的對仗就沒這麼多的限制，它在聲調、詞性、物性、數目、虛實等方面，均不必細究，祇要意義相對即可。至於所謂意義相對，並非兩句意義一定要相反；有時兩句意義相同亦可，甚至兩句不足以達意，又益以三句、四句、五句……而成排比句法，亦無不可。（註五）

駢文的屬對是與一般聯語有所分別的，通常聯語都是出句以仄聲收韻，對句以平聲收韻；而成「平仄仄平」的收韻方式。駢文除了採行這種方式之外，更有上比以平聲收韻，下比以仄聲收韻；而爲「仄平平仄」的馬蹄韻行文。似此平仄相間、聲調諧暢、音響絕妙的一種文藝而兼音樂之特殊文體，確實具有莫大的吸引力與可讀性。

又：駢文家因深受齊梁以後四六文「字協平仄，音調馬蹄」規格的限制，所以雙行的意念特別牢固，所作文章，大抵編字不隻，鍾句皆雙，修短取均，偶語充牣。故應該一言就可以說明白的，往往增爲二言；祇需兩句話行文的，必分成四句。而且排比屬對，也儘可能地求其工穩貼切，予人在視覺上的美感，此即駢文最大的特色。（註六）

叁　楚望樓駢文屬對之技巧

楚望樓駢文，對仗精工、排偶穩切，隸事必雙、使典皆偶，藻飾儷辭、靈動有致，調成偶句、平仄相對，段落綰統、遙相對應，可謂冠冕一代。迴環雒誦，則異彩紛呈，聲調鏗鏘，情思奔湧，眞是神乎其技矣。茲分別論述之：

一、對仗精工．排偶穩切

劉勰《文心雕龍．麗辭篇》曾列出四種對偶的名稱，並舉例說明「言對」爲易，「事對」爲難，「反對」爲優，「正對」爲劣的對仗原則。六朝以降，藝事日精，對仗的方法，愈衍愈多，初唐上官儀有六對之說，釋皎然有八對之論，而日僧空海《文鏡祕府論》且擴充爲二十九種，可謂洋洋大觀矣。茲參酌衆家之說，臚列十九種共二十六類的對仗方法，並舉楚望樓駢文中的偶句爲例證如次：（註七）

㈠**單句對**（又名單對，即單句相對。）

奮熊羆之多士；
殪蛇豕於中原。（還都頌）

合彼蒼兕之軍；
還我黃龍之府。（同右）

振鰲龍於巨壑；
躍怒馬於芳郊。（金門頌）

菴蔰堅不死之心；
松柏葆後凋之操。（薪夢廬詩文稿序）

邁九萬里之鵬摶；

睨百二城如蟻聚。（美槎探月記）

㈡**當句對**（又名本句對、句中對、連環對或四柱對，即每邊各自爲對。）

鉦鼙盡息，龍堆雁磧之濱；

棨戟遙臨，鳥道蠶叢以外。（嵩海頌）

短衣匹馬，平生念蜀道之游；

斗酒隻雞，何日酹橋公之墓。（纕蘅詩鈔序）

韓潮蘇海，才固難齊；

島瘦郊寒，詣多獨造。（楚望樓詩自序）

成己成物，道貴躬行；

佩韋佩弦，人期自厲。（重印五種遺規序）

黃沙白草，委駿骨於窮郊；

碧海青天，印蟾心於永夜。（太岳詩草序）

天荒地老，葆龍性以難馴；

雨晦風瀟，效雞鳴之靡已。（同右）

酒香茶熟，知故事之爭傳；

露白葭蒼，喜伊人之宛在。（古春風樓瑣記序）

殷盤周誥，爛熟於胸中；
宋豔班香，紛羅於腕底。（曲學例釋）

附宋攀唐，直倚鄰家之門戶；
摹韓襲杜，何殊優孟之衣冠。（蒼海吟草序）

曲屏團扇，時驚舞鶴之姿；
尺楮寸縑，總愜籠鵝之賞。（王愷和書法選集序）

西薇東菊，孤芳未合移栽；
後海先河，一脈寧容倒注。（讀清史儒林傳）

層楹星列，發矞采於東箭南金；
多士雲興，垂麻光於千齡萬代。（淡江大學創立三十二周年頌辭跋）

㈢**隔句對**（又名雙句對、偶句對、偶對，即第一句與第三句對，第二句與第四句對。）

禮堂寫定，勝藏平仲之千楹；
文苑傳觀，知貴洛陽之萬紙。（薪夢廬詩文稿序）

山川能說，志常切於中興；
藻墨初傳，名已驚夫四座。（荔莊吟稿序）

子孟不學，前史曾聞；

絳侯無文，曩賢所歎。（棲霞集序）

寒生月窟，俄沈皎兔之光；
淚濺冰綃，竟化啼鵑之血。（薛玉松遺詩序）

祕窺鴻寶，罄名山大小酉之藏；
清擁皋比，袪橫舍二三子之惑。（離騷箋義序）

代異麻姑，清淺閱蓬萊之水；
人希道韞，妍華賡柳絮之吟。（茶蓼集序）

譬九霄之鸞鳳，翩爾多姿；
如初日之芙蓉，自然可愛。（近體詩發凡序）

貯源頭之活水，方寸皆春；
過眼底之浮雲，纖微不滓。（蕭寺秋遊記）

誰遺晶盤出海，盛淚遙年；
但期銀漢分潮，洗兵來日。（山房對月記）

凱風阜物，載鼓南薰之琴；
喜雨名亭，宜續東坡之記。（臺員喜雨記）

崇實袪浮，此木有丹心嚮日；

含華擢秀，他年應直幹干雲。（校園雙桂記）

丞相祠堂，永蜀西之謳慕；
洛陽園囿，驗天下之盛衰。（張文襄治鄂記跋）

弘宣忠愛，曾堅劍外收薊北之心；
重省煙塵，誰續樽前望江南之曲。（星軺小紀跋）

側身何處芳洲？採將蘭芷；
屈指晚來花事，開到荼蘼。（潔園展禊圖跋）

雨絲風片，新成粵秀之篇；
水驛山程，差比吳船之錄。（南冥集跋）

端居故國，既紓僑壓之憂；
回睇神州，當切陸沈之痛。（與日本木下周南教授書）

干戈操於比室，取鑑前車；
風雨奮其同舟，誕登彼岸。（同右）

柳骨顏筋，盡入書林之選；
曹衣吳帶，並生畫苑之輝。（台灣詩壇為賈韜園八秩生日展覽書畫啓）

珠崖之捐，或移漢幟；

龜陰之復，終返魯田。（爲人徵詩書畫祝嘏啓）
雞鳴風雨，願君著祖逖之鞭；
龍臥塵沙，何處乏豐城之劍？（憐才好善篇）
如花雪大，遙經鳥鼠之山；
吹草風低，誰睇牛羊之野？（吳忠信先生七秩壽序）
五侯上客，釋恩牛怨李之嫌；
一日長安，得走馬看花之快。（同右）
作傅相之鹽梅，坐調玉鼎；
洗漢家之兵馬，高挽銀河。（同右）
碧血黃花，悵九原之不作；
青天白日，矢萬刼而弗渝。（于右任先生八秩壽序）
孟嘗居郡，人還合浦之珠；
陸績去官，舟載鬱林之石。（賈景德先生八秩壽序）
溫公之入相府，四夷問其起居；
永叔之在翰林，多士想其風采。（張群先生八秩壽序）
神威懾遠，極遐荒鳥鼠之山；

茂績超群，冠今代麒麟之閣。（何應欽先生八秩壽序）

嫖姚志在漠北，雖甲第而可辭；

武惠身入江南，直秋毫之無犯。（同右）

登高作賦，別寫螺峰之畫圖；

餞歲裁詩，添紀鯤溟之雲物。（張維翰先生八秩壽序）

井疆必復，行消玉壘之浮雲；

車騎重來，且話巴山之舊雨。（賀國光先生七秩壽序）

相如理勝，終負信平君之荊；

交趾事平，爰立新息侯之柱。（余漢謀先生六秩壽序）

牛羊如見，疑敕勒之穹廬；

鴻雁不來，等蘇卿之雪窖。（黃杰先生六秩壽序）

遊何將軍山林，多存野趣；

觀薛少保書畫，特表高風。（蕁漚詩稿序）

蟲沙幻化，哀夏甸之胥淪；

鱸膾遲歸，悵秋風之又起。（春人詩選序）

視宋廣平之賦，別具新裁；

賡何水部之吟，定多佳製。（梅花詩專輯序）

世其家學，伯魚衍詩禮之傳；
少無宦情，元龍具湖海之氣。（瀛邊片羽序）

澄波不滓，宛瞻叔度之清標；
好句如珠，宜入茝林之叢話。（跋張佛千壽黃達雲將軍聯語）

小隱桃源，謝人間之雞犬；
遠遊蓬嶠，狎海上之蛟鼉。（徐谷庵畫展啓）

心存漢臘，歷劫而一德不移；
身下董帷，學書則三冬足用。（彭蘚青先生八秩壽序）

瑤箋錄夢，存平生菽水之歡；
翠墨流光，增歷劫松楸之色。（致籌印介壽專輯諸君小簡）

桓景遘災，竟乏囊萸之效；
山陽重過，但聞鄰笛之聲。（悼盧聲伯教授）

丹心炯若，豈惟江漢之來朝；
元首康哉，定與嵩衡而並壽。（總統蔣公七秩晉七壽頌）

丹毫翠管，競輸多士心聲；

蜀錦吳縑，齊介吉人眉壽。（總統蔣公八秩晉二嵩慶全國民眾團體致敬文）
願諸君爭挽強弓，直射扶桑之日窟；
聽此刻喧騰爆竹，如揚大漢之天聲。（獻歲辭）

㈣正名對（又名正對、切對、的名對、同類對、合璧對，即同類之物相對。）

龍虎失其踞盤；
犬羊據爲窟宅。（還都頌）
宣尼刪述，不廢桑中；
正則離騷，特標香草。（李商隱評論序）
懍茲秦厄，切生民水火之憂；
弘我漢聲，作壯士風雲之氣。（薪夢廬詩文稿序）
伯溫瑰意，時寓賣柑之言；
廣平石心，無礙賦梅之興。（姜著我生一抹序）
奉先林壑，曾傳工部之吟；
香積雲峰，宜入右丞之畫。（法藏寺題記）
風塵涕淚，杜少陵無此亂離；
詞賦江關，庾子山同其蕭瑟。（南冥集跋）

文山拒北庭，口啣腦子；
秀夫報南宋，身伍波臣。（梧泉略傳）
牆東息影，君公以儈牛自存；
濠上忘機，子休得觀魚之樂。（胡康民先生傳）
德宗倚敬輿爲內相；
子陵是光武之故人。（吳忠信先生七秩壽序）
日月光華，仍臨虎踞龍蟠之地；
陰陽燮理，共樂鳶飛魚躍之天。（同右）
峻嶽峙層雲之表，力障橫流；
威弧懸皦日之中，光昭率土。（總統蔣公七秩晉七壽頌）

(五) 反對

1. 有無

固窮有道，君子樂其簞瓢；
逸居無教，蚩氓比於鹿豕。（重印五種遺規序）
多重有形之生聚；
或遺無相之裁成。（古代中國文化與中國知識份子序）

一言徵引，無獺祭之嫌，
萬卷搜羅；有燕談之助。（瓊臺札記序）
蔆蟾有怨；
靈鵲無憑。（晚悔樓詞序）
注源頭之活水，潤物無聲；
溥域內之甘霖，舞雩有慶。（臺員喜雨記）
永叔知舉，幸馬首之無華；
太素登科，喜龍頭之有屬。（現職銓定資格考試及格人員名錄題記）
沙蟲無數，遙憫乎人寰；
鐘魚有聲，上澈於天宇。（法藏寺題記）
荒村虎過，則巷柝無聲；
寒夜烏啼，則橋霜有跡。（星軺小紀跋）
無敵惟仁，願樹大同之鵠的；
有朋自遠，試賡小雅之鶯求。（議設中韓文化協會啓）
五花染翰，將軍號曹霸無雙；
千騎傳神，知己問孫陽有幾？（葉醉白畫馬題辭）

借馬無人，禮疏於縞紵；
飲羊有術，利競於錙銖。（憐才好善篇）
道南有宅，與公瑾爲同鄉；
天下無雙，疑文強之再世。（黃伯度先生八秩壽序）
洗兵有雨；
揚海無波。（許曉初先生七秩壽序）
無范少伯千金之產；
有晏平仲卅年之裘。（李敬齋先生七秩壽序）
草廬無三顧之雅，既愧武侯；
相門有再上之書，卻羞韓愈。（致某君書）

2.同異

越國則六千君子，志切同仇；
田橫則五百壯夫，義無反顧。（樂章集序）
楚豔漢侈，本風格之互異；
頸閎說麗，殆運會所使然。（中國文學史研究序）
事殊嘉橘之踰淮；

義等他山之攻玉。（考銓文彙初編序）

博望之通西域，異此鴻猷；

仲升之護北庭，侔其駿烈。（吳忠信先生七秩壽序）

攢眉赴約，曾同枰外之觀棋；

拜手摛辭，何異佛頭之著糞。（春人詩選序）

3.內外

橋霜店月，人間憐倦旅千程；

荔雨蕉風，域外紀新聲百首。（天池曲序）

杜鵑枝外，咽笳吹於三更；

銅馬聲中，莽關河其萬里。（山房對月記）

英姿未改，何殊沙場馳騁之中；

俊賞相期，是在牝牡驪黃以外。（葉醉白畫馬題辭）

牙旗小駐，碧雞金馬之間；

漢幟高揚，瘴雨蠻煙以外。（黃杰先生六秩壽序）

參主客於圖中；

寄酸鹹於味外。（不足畏齋詩序）

域外槎遙，博望多未經之境；
懷中筆在，文通有不盡之才。（談藝雜錄序）

4.大小

託小隊於郊坰；
生大風於閶闔。（葉醉白畫馬題辭）
占大有以年豐；
喜小陽之春好。（鍾主計長時益七秩雙壽序）

5.高下

維嵩比峻，祥開武嶺之雲；
如海能容，清挹剡川之水。（嵩海頌）
掣鯨魚於碧海，力抗千鈞；
奮鵬鶚於層霄，氣凌八表。（韜園續集序）
上乖黃鵠之遠志；
下寒白鷗之舊盟。（寄兩兒書）

6.新舊

借風詩舊格；

寫時代新聲。（澹園詩序）

草長鶯飛，念江南兮故國；

雨餘驢背，成劍外之新吟。（潔園展禊圖跋）

岱宗含未了之青，山川依舊；

冬日頌長留之愛，條教猶新。（沈鴻烈先生七秩壽序）

7.時空

渺矣黃壚，嗟九原之不作；

汗諸青簡，歷千載以如新。（聖水聞見錄序）

萬里麻鞋，幸脫虎狼之窟；

廿年槐市，懶隨鵷鷺之班。（晚悔樓詞序）

顏曰可風，萬古並江河不廢；

成之不日，一堂與嶽麓同尊。（可風堂記）

六十年間，波雲萬變；

八千里外，人月雙圓。（張知本先生七秩晉三暨重游泮水紀念序）

8.人我

閔叔居晉，肯令豬肝累人；

惠施相梁，毋以鵷吻嚇我。（玄廬賸稿序）
結知千載，誰同敬禮之定文；
取例三都，我愧士安之作序。（南溟雜稿序）
海客得探驪之妙，實獲我心；
庖丁示解牛之方，請觀其目。（歷代詞話敘錄序）
接人境以弗喧；
望吾廬而增愛。（壺樓記）
鳳曆書年，人文益進；
鵬溟應運，吾道非孤。（南雍今昔記）
翦取吳淞江水，作我湯池；
忍令華夏衣冠，同其左衽。（黃杰先生六秩壽序）
上希古人；
中有眞我。（俠廬詩序）

㈥**異名對**（又稱異類對、平頭對、普通平對，即不同類之物相對。）

烽銷故國，重盟汾水之凫鷗；
運啓明時，更補唐風之蟋蟀。（韜園續集序）

避災乏桓景之方；嗚咽動秦淮之水。（纕蘅詩鈔序）

城登安定，寄欲迴天地之心；友哭劉蕡，灑一問乾坤之淚。（李商隱評論序）

(七) 虛字對

蒞葵丘以主盟；儆棘門之兒戲。（還都頌）

春秋佳日，則握蘭與佩萸；亭館清游，或浮瓜而沈李。（纕蘅詩鈔序）

覓素心於千載；問青眼以何人？（李商隱評論序）

恥爭春豔，松被雪以彌蒼；甘抱冬心，橘踰淮而不化。（荔莊吟稿序）

舉能擢秀，周官之舊典昭然；對策分科，唐代之弘規遠矣。（考銓文彙初編序）

鶯飛草長，惜京驛之餘春；

鶻沒天低，攬中原於一髮。（天池曲序）

焚膏繼晷，靡間於三餘；
含英咀華，直破乎萬卷。（藝文掌故續談序）

端木之器，豈貨殖所能量；
于公之門，以陰德而始大。（懷德樓詩草序）

賸堤柳以棲鴉，淒其隋苑；
撫煙蘿而駐馬，別矣吳山。（山房對月記）

（八）**數字對**（又名數目對。）

復九世之國仇，高揚漢幟；
蘇萬方之民困，再睹堯天。（還都頌）

妖氛蔽宇，續慧照以千燈；
洚水襄陵，峙中流之一柱。（嵩海頌）

爲山九仞，已奠厥基；
嘗海一勺，足知其味。（纕蘅詩鈔序）

削曼倩三千之牘，總涉詼啁；
賡虞初九百之篇，率歸夸誕。（聖水聞見錄序）

桐生鳳巘，一成徵海上之祥；
草長鶯飛，萬里動江南之憶。（瀛海同聲選集序）
以百鍊之吟身；
作萬家之生佛。（玄廬賸稿序）
對兩戒之山河；
寫萬家之哀樂。（荔莊吟稿序）
發五千年之祕奧，攝廿四史之菁華；
積二三載之專攻，成百萬言之鉅製。（古代中國文化與中國知識份子序）
舉頭明月，懷美人兮一方；
回首中原，悵河山之兩戒。（廣臺灣詩乘序）
千百世之劫，不廢篇章；
一二士之心，能回天地。（同右）
負笈童年，早涉十六州之遠；
專城壯歲，爭誇二千石之良。（瓊臺札記序）
萬言倚馬，爭看李白之再生；
一曲援琴，竊喜成連爲同調。（魚千里齋隨筆序）

含英咀華，插架得五千卷；
闡理述事，操觚逾四十年。（南溟雜稿序）
五陵裘馬，不乏同學之少年；
四海萍鷗，更多遠來之今雨。（靜園聯草序）
清源自濬，滋活水於一泓；
綵筆常新，絢層雲之五色。（一霞室詩稿序）
豹管窺一斑之祕，且式前修；
鴻篇吐萬丈之芒，還期並世。（三蘇文選序）
平生三徑之約，幸無愧於羊求；
他年五嶽之遊，還共期於禽尙。（蕭寺秋遊記）
攬二分之月色，不減揚州；
對萬點之花光，渾疑杜曲。（壺樓記）
纖雲乍捲，一點兩點之螢；
清風徐來，千竿萬竿之竹。（螢橋納涼記）
芳菲不絕於四時；
紅紫每交於一角。（咫園記）

如七寶樓臺，彈指而即現；
如九天閶闔，因風而洞開。（美槎探月記）
伐暴則祖龍死，九州滌秦網之苛；
助順而天馬徠，一德新漢家之運。（履端三願記）
攜二三子同游，信學海有如煙海；
拓千萬間廣廈，從蓬山更到鍾山。（南雍今昔記）
已中棟樑，數六朝之松古；
載栽桃李，比一縣之花多。（同右）
寫東絹百千萬本，上契騷心；
爲南離七十二峰，新添黛色。（儀孝堂詩跋）
數廿四番風信；
盡九十日春光。（潔園展禊圖跋）
九歌九辯，寫楚客之騷心；
三吏三別，鑄杜陵之詩史。（與日本木下周南教授書）
滄瀛在望，欣一葦之可杭；
吟榼紛攜，想萬櫻之如海。（同右）

釭韝千里，淹荊楚之歲時，衣帶一江，隔巴渝之歌舞。（棠溪築道啓）

瀛東遠泛，曾親訪百廿國之寶書；硯北珍儲，有足支三十年之妙墨。（宗敬之書展啓）

歷塊過都，驊騮曾躍於千里；生天成佛，鸞鳳遽翔於九霄。（哭李漁叔教授文）

率六千之君子，負弩前驅；撼百二之關河，援桴互應。（吳忠信先生七秩壽序）

萬家霖雨，定消劫裡之紅羊；一舸春風，待指磯頭之黃鵠。（張知本先生七秩晉三暨重游泮水紀念序）

名高涑水，作生佛千百萬家；位極汾陽，歷中書二十四考。（于右任先生八秩壽序）

百年人健，長吟官閣之梅花；萬里春回，更種天山之楊柳。（莫德惠先生七秩晉五壽序）

掉三寸舌，於韓報五世之仇，封萬戶侯；為漢決千里之勝。（張群先生八秩壽序）

一沐三握，好賢有類於周公；
一裘卅年，習儉幾同夫晏子。（同右）
廣廿四番之風信，剛綻榴花；
紀三千度之春光，且徵桃實。（黃伯度先生八秩壽序）
笛聲變徵，落五月之梅花；
兵氣浮春，滋九皐之蔓草。（萬耀煌先生七秩壽序）
萬騎雷喧，壯中興之鼓吹；
九衢日麗，輝上將之旌旗。（黃杰先生六秩壽序）
光生四壁，晴霄起夭矯之龍。
力掃千軍，天岸躍開張之馬。（閼漢騫先生七秩壽序）
伴隨春好，待歸溢浦之千帆；
壽與山齊，遙揖匡廬之五老。（李泉蓀先生七秩壽序）
域內慰昭蘇之望，萬象俱新；
瀛湄申愛戴之忱，六鼇爭抃。（總統蔣公連任第五任總統頌辭）
三千人唯一心，卜王師之必勝；
三十年爲一世，紀邦命之方新。（蔣總統經國先生生日賀辭）

泰平有象，遞承十六字心傳；
德爵俱崇，定卜千百年眉壽。（嚴前總統靜波先生八秩壽頌）
皜日九霄，仰鯤溟之溥照；
驚雷五夜，痛龍馭之遐升。（公祭總統蔣公文）
研幾窮理，直賡十六字心傳；
溫故知新，重振五千年文化。（同右）
邊烽三月，稽尺鯉之家書；
秋水一方，送征鴻於客路。（故山別母圖題詠序）
一沙喻乎千界；
萬法根于寸心。（藝海微瀾序）
翰舒初日，何殊五色之鳳毛；
紙貴來朝，竊比千金之駿骨。（不足畏齋詩序）
老驥伏櫪，不忘千里；
蒼鷹奮翮，直翔九霄。（俠廬詩序）
誦詩三百，斯弘椠槃和會之功；
沽酒十千，且訂煙柳白門之約。（望海樓詩集序）

鳳雛屈百里之才；
鴈澤閔千家之困。（盧白室詩序）
酒旗歌扇，五陵識裘馬少年；
畫舫珠簾，三月添鶯花新詠。（瀛邊片羽序）
三宿隨緣，塵累漸空於桑下；
一流嚮盡，雅音獨步於花間。（同右）
續虞初之九百，境界新開；
寫弱水之三千，波瀾不歇。（跋張佛千題贈高陽詞幅）
靈芝不老，宜追八百歲之彭鏗；
瑞麥方秋，共醉萬千觴於閬苑。（彭薛青先生八秩壽序）
豫章挺千尋之木，大廈能支；
匡廬秀五老之峰，維嵩比峻。（劉經扶先生七秩壽序）
分九派潯陽之水，盡洗兵塵；
移百年蓬島之春，弘開壽域。（同右）
數從龍二十八將，合畫英姿；
指回雁七十二峰，特鍾間氣。（黃達雲上將八秩壽頌）

華堂戲綵，方添萬千鶴算之籌；明歲稱觴，定指七二鴈峰之麓。（鍾主計長時益七秩雙壽序）

花帶愁看，萬點濺櫻鵑之淚；梗常秋泛，一廛興蓴鱠之思。（告皇考皇妣文）

德本財末，騰口說者數萬言；人危道微，闡心傳者十六字。（孔孟學會襃賢贈語）

存告朔餼羊之禮，一脈能延；振鳴岐威鳳之聲，群囂頓息。（同右）

八載安攘，曾掣長鯨於海上；十年教聚，誓驅銅馬於江南。（總統蔣公七秩晉七壽頌）

良宵翹首，欣瞻極婺之雙輝；來歲介眉，更頌河山之一統。（總統蔣公八秩晉四壽頌）

昏夜卻金，楊公懍四知之戒；養堂封鮓，陶母馳萬里之書。（軍需學校第八、九、十各期學生合刊同學錄序）

彎百石弓，直射扶桑之日；磨十萬劍，爭屠東海之鯨。（致前方將士電）

迎九霄之旭日，岐鳳曾鳴；
被五月之薰風，渤鰲爭抃。（慶祝蔣經國先生當選第七屆總統頌辭）

楊柳春旗，萬馬厲風雲之氣；
蒹葭秋水，雙魚通縞紵之情。（楚望樓駢體文自序）

(九)**假借對**（又名借對或假對，分借義與借音兩類。）

銀蟾無恙，定溥清暉於億萬斯年；
綠螘堪邀，且尋舊約於三五之夜。（美槎探月記）

按：此借「銀」色之「白」，與「綠」字相對，屬借義對。

桑麻綠野，不聞匕鬯之驚；
燈火珠橋，重睹昇平之樂。（余漢謀先生六秩壽序）

按：此借「珠」爲「朱」，與「綠」字相對，屬借音對。

歷歷書聲，難忘青燈於舊館；
迢迢鄉夢，遂成雪鬢之孤兒。（告皇考皇妣文）

按：此借「雪」色之「白」，與「青」字相對，屬借義對。

(十)**連珠對**（又名疊字對。）

鏗鏗鈴鐸，韻流紅紙之廊；

鬱鬱梗柟，秀挺紫金之麓。（介壽堂頌）

遼東之鶴已逝，莽莽窮邊；汝南之雞不鳴，漫漫長夜。（荔莊吟稿序）

拳拳以忠愛爲歸，字字自肺腑流出。（樂章集序）

鶯飛草長，惓惓增故國之思；鼯鬥榛崩，字字抒蕪城之感。（歷代駢文選序）

榆錢易散，罷颸習習之風；梅子初黃，飽聽瀟瀟之雨。（亦徑詞序）

離離彼黍，閔多難於宗邦；菁菁者莪，寄孤懷於髦俊。（太岳詩草序）

折衷於先聖後聖，歷歷薪傳；繼此而千期萬期，蒸蒸日上。（古今文選序）

鉤沈索隱，頻抽乙乙之絲；推故出新，迴異陳陳之粟。（藝文掌故續談序）

拳拳宗社，杜陵之忠悃彌深；

粲粲篇章，淮海之詞華未滅。（春雷詞稿序）

空空玉斧，伐丹桂以何從？

穆穆金波，問素娥其安在？（美槎探月記）

離離石乳，結爲山門；

琅琅天風，自來戶牖。（三遊洞記）

英姿並曜，昂昂千里之駒；

彩翼齊飛，翽翽九霄之鳳。（許曉初先生七秩壽序）

多多益善，將才初驗於淮陰；

嶽嶽不群，英發寧慚於公瑾。（吳忠信先生七秩壽序）

密密手中之線，縫已經年；

迢迢夢裡之山，歸疑隔夕。（故山別母圖題詠序）

對齊煙之點點，未免愁生；

聽杜宇之聲聲，不如歸去。（不足畏齋詩序）

王恭之姿儀濯濯，迥異稠人；

阮瑀則書記翩翩，尊爲上客。（紅並樓詩序）

因喬木而念故家，依依陵闕；

對大風而思猛士，眷眷關河。（虎嘯龍吟集題辭）

㈩雙擬對

非花非霧，連章入錦瑟春鵑；
疑雨疑雲，累紙堆香車寶馬。（樂章集序）
龍門之桐，半死半生；
鯤海之月，一圓一缺。（茶蓼集序）
東海西海，要令四海以相親；
車同書同，定卜大同之非遠。（孟都中山學院記）
三公卜世，蓺王氏之三槐；
五斗辭官，種陶氏之五柳。（校園雙桂記）
己飢己溺，每切於先憂；
吾土吾民，期登於郅治。（總統蔣公連任第五任總統頌辭）
會稽毫素，巨匠有義之獻之；
成紀丹青，將軍曰大李小李。（紅並樓詩序）
梅號國花，愛花毋忘於愛國；
經傳詩教，昌教莫善於昌詩。（梅花詩專輯序）

一枝一葉，不減不增；
一飛一鳴，維妙維肖。（徐谷庵畫展啓）

㈢**錯綜對**（又名蹉對、顚倒對、交股對或犄角對；蓋欲相錯成文，以求語勢的矯健，聲調的鏗鏘。）

光昭玄夜，塔中遙射之燈；
砥柱橫流，海上不沈之艦。（金門頌）

按：此對亦可作「塔中遙射之燈，光昭玄夜；海上不沈之艦，砥柱橫流。」惟顚倒其次序，語勢更爲矯健，而聲調亦美聽。

白雲深處，歌陟屺以慕慈親；
碧血堆中，奮登舟而依國父。（嵩海頌）

按：下比「堆中」，必須顚倒，始能與上比相對；但因語順之故，祇好將就。

攜將片石，儻容天補媧皇；
拾得丸泥，豈但關封函谷。（美樣探月記）

按：此對末句依語順應作「媧皇補天」、「函谷封關」，其所以顚倒爲之者，除了協諧平仄格律外，主要在求語勢的矯健。

無可奈何，正逢花落；
不如歸去，又聽鵑啼。（漻園展禊圖跋）

按：下比依語順當作「又聽鵑啼不如歸去」，故意顚倒其句，與上比相對，語勢更爲激梟，庶免音滑意平之累。

漭纓濯足，毋須水取滄浪；

沉李浮瓜，即此泉開趵突。（鑿井啓）

按：此對末句依語順當作「取滄浪水」、「開趵突泉」，其所以顚倒爲之者，除了協諧平仄格律外，主要在求語勢的矯健，詞意的新奇。

㈢彩色對

日暖朱旗，拂鳴騶於道左；

春融碧野，長芳草於江南。（還都頌）

戢影蓬廬，拋臥龍之白羽；

聞歌荻渚，溼司馬之青衫。（荔莊吟稿序）

賡朱鷺之曲；

續白鷗之盟。（同右）

歌紅兒於座上，情有難禁；

揣黃祖之腹中，辭無不達。（士萱遺稿序）

代移蒙兀，空寄黃雲絕塞之思；

僕本楚人，願聆白雪陽春之奏。（曲學例釋序）

湖鄰青草；
圃接黃花。（蕭寺秋游記）

青排戶闥，頻添物外之吟情；
綠滿階除，便足眼前之生意。（咫園記）

天開玄圃，訝紅塵之不飛；
客醒邯鄲，任黃粱其未熟。（遊指南宮記）

塵封蓋篋，非興黃鵠之歌；
海幻桑田，親歷紅羊之劫。（可風堂記）

鏟千畦之鶯粟，黃稼鋪雲；
夷九曲之羊腸，青槐表道。（吳忠信先生七秩壽序）

碧疏池沼，一寸兩寸之魚；
綠養園林，千頭萬頭之橘。（莫德惠先生七秩晉五壽序）

白袷青春，猶及江南之盛；
紅蕖綠水，倍添邗上之華。（宗孝忱先生七秩壽序）

頌毋忘在莒之訓，白日同懸；

矢不共戴天之仇，赤氛必掃。（總統蔣公連任第五任總統頌辭）

碧海丹心，誓脫兆民於桎梏；
青天白日，看騰萬丈之光芒。（春人詩選序）

仙才靡忝，上追唐代之青蓮；
正學相承，近擬惠家之紅豆。（紅並樓詩序）

黃鐘不毀，昌吾道於灰劫之餘；
白露方滋，眷伊人於秋江之上。（崇華百詠序）

雪笠煙笻，指青山而獨往；
河聲嶽色，眷白水以中興。（退齋詩存序）

梅子黃時之雨，秀句頻賡；
蕉陰綠處之天，清源自濬。（瀛邊片羽序）

歎阮公長逝，難忘偕飲於黃壚；
歌大漢中興，冀祓不祥於白水。（記碧潭禊集）

謝朓青山，時來紙上；
裴公綠野，並入毫端。（楚望樓駢體文自序）

㈣方位對

星拱北辰；
馬來西極。（還都頌）
無南與北，壹袍澤以同仇；
自西徂東，紛梯航其畢至。（金門頌）
斬棘披荊，首躍東征之馬；
滌瑕蕩穢，旋揮北向之戈。（嵩海頌）
東閣之梅乍放；
北海之樽不空。（聖水聞見錄序）
前身弘景，慣聽閣上之松風；
異代文通，重拾夢中之花筆。（瀛海同聲選集序）
求諸冀北，已告空群；
眷此斗南，宜推獨步。（魚千里齋隨筆序）
此夕過道南之宅，幸親公瑾醇醪；
何年看浙西之山，歸和老坡佳句。（澹盧詩序）
賣盧龍於塞上，強虜天驕；
墮紅羊之劫中，生人道盡。（翁著紀事詩題句小序）

鯨氛漸戢，橫戈記逐北之年；
鵬路新開，攬轡奮圖南之業。（南泉吟讌記）
東君戒行，綠螘且餞於今夕；
西園攬勝，黃鸝待請於明年。（潔園展禊圖跋）
潤南山之霧，玄豹將蔚厥英姿；
汲西江之流，涸鮒亦沾其惠澤。（鑿井啓）
層霄奮翮，看騰海上之鵬雲；
來歲稱觴，歸趁江南之蠶月。（李壽雍先生六秩壽序）
振翮圖南，早歷千夫之長；
揮戈逐北，宜封萬里之侯。（黃杰先生七秩壽序）
海上蘇卿，聲爭馳於絕域；
禁中李牧，威更懾於強鄰。（同右）
西京奏凱，行添朱鷺之鐃歌；
南園賦歸，重攬翠螺之山色。（尊漚詩稿序）
輕重得體，如黃祖腹中之欲言；
咄嗟立成，豈孫郎帳下所能及。（紅並樓詩序）

慈烏南國，低回遊子之心；
鐵馬西風，慷慨征夫之淚。（退齋詩存序）
引東山之霖雨，
種南國之甘棠。（跋張佛千賀謝式冰于歸聯語）

(十五) **流水對**（又名串對、走馬對或順接對，凡上下聯意義相貫串，如流水而不可分割者屬之。以下所列者，係從寬認定。）

自來圓嶠；
即接清輝。（棲霞集序）
遂絕如絲之命；
用全不字之貞。（呂姑祠記）
借紙上驍騰之氣；
寫胸中鬱勃之情。（葉醉白畫馬題辭）
以可退則退之身；
成求仁得仁之志。（梧泉略傳）
推不忍人之心；
行期無刑之政。（張知本先生七秩晉三暨重游泮水紀念序）

揮五色之筆；
纂一家之言。（同右）
雖火牛之保即墨，未遂初心；
而雪窖之歸子卿，同昭勁節。（賀國光先生七秩壽序）
落萬紙之雲煙；
成一家之機杼。（闕漢騫先生七秩壽序）
當世局萬歧之會；
堅中流一柱之心。（慈庵頌）
將策貔貅於左海；
重收錦繡之中原。（同右）
本漢賊不兩立之言；
張春秋大一統之義。（孫院長運璿先生七秩晉一雙壽序）

㈥錦屏對

寰瀛萬邦之所矚目；
中原萬姓之所嚮心，
臺員萬家之所託命。（金門頌）

雄邁以發其情，
雄直以張其氣，
雄麗以聘其辭。（俠盧詩序）

按錦屏對又名鼎足對或扇面對，即三句成一對。此在曲中較爲常見。在駢文中，則屬排比句法。

楚望樓駢文中亦有四句成一對的排比句子，如：

可以適獨飲，
可以寄微吟，
可以恣冥搜，
可以縱遐眺。（壺樓記）

㈦**聯綿對**（此蓋指聯綴成義的聯綿字之對仗而言。）

關河蕭瑟，難禁宋玉之秋；
兒女綢繆，空繫鄜州之月。（晚悔樓詞序）
麻鞋赴闕，淒涼同谷之歌；
椎髻浮家，蕭瑟小園之賦。（紅並樓詩序）
絳霄寥廓，送無盡之鐘聲；
嘉樹扶疏，添有情之畫本。（蕭寺秋游記）

嚮時鄰笛，都成慷慨之聲；

落月屋樑，但見淒涼之色。（哭李漁叔教授文）

㈥**疊韻對**（凡字之韻母相同者爲疊韻。）

倚浩淼之滄溟；

跨穹窿之懸磴。（澎湖跨海大橋落成紀念碑）

按：「浩淼」疊韻，「穹窿」疊韻。

㈨**雙聲疊韻對**

秋風鷗鷺，馬東籬慷慨之情；

暮雨蟬蛩，董西廂纏綿之意。（迴波閣曲稿序）

按：「慷慨」雙聲，「纏綿」疊韻。

楚望樓駢文屬對，精工穩切，變化多方，頗難歸類；以上純屬筆者興之所至，隨手摘錄而已。雖大海一瀾，未窮涯涘；然所列皆字斟句酌，百鍊千錘，氣韻天成，絕無蕪累之瑕；觀賞則有璧合珠聯之采，諷誦則有敲金戛玉之聲，眞不愧是一代作手。

二、隸事必雙·使典皆偶

徵引典籍故實以比附今事，爲駢文屬對的要件之一；（註八）其作用在於藉簡潔的文字表達豐富的內涵，使作品充滿著神秘性、象徵性與趣味性，以增加讀者在心靈方面的美感，從而提高其藝術價值。成惕軒先生在《中國文學裡的用典問題》文中，曾提出：用典可以減少文字上的累贅，為議論找根據，便於比況和寄託，藉以充足文氣而增高雅之美。其見解可謂闡幽抉隱，屈曲洞達。成先生又說：「凡用某一典故，必先洞悉其內容，明瞭其意義，絕對不可一知半解，稍涉粗疏，或者張冠李戴，妄加引用。」「凡以故事擬人，必須雅稱其人的行誼與身分。若擬於不倫，聚非其類，即可構成文中極大的瑕疵。」「稱人才學之高，動曰『五車』、『八斗』，繩人詩文之美，動曰『繡虎』、『雕龍』；不惟浮泛不切，夸飾失常，且已變成『人云亦云』的陳腔濫調。」（註九）若非深體有得，何克言此？茲舉其作品以為例證：

毀家紓難，爭輸卜式之財；

報國請纓，甘化萇弘之血。（還都頌）

按：此對上比出自《左氏．莊公三十年傳》：「鬥穀於菟為令尹，自毀其家，以紓楚國之難。」及《史記．平準書》：「卜式者，河南人也，以田畜為事。……入山牧（羊）十餘歲，羊致千餘頭，買田宅。……是時漢方數使將擊匈奴，卜式上書，願輸家之半縣官助邊。」下比出自《漢書．終軍傳》：「軍自請，願受長纓，必羈南越王而致之闕下。」與《莊子．外物篇》：「萇弘死於蜀，藏其血，三年而化為碧。」成玄英《疏》：「萇弘遭譖，被放歸蜀；自恨忠而遭譖，遂刳腸而死。蜀人感之，以匱盛其血，三年而化為碧玉，乃精誠之至也。」

識舊時之雞犬，定比新豐；

數開國之魚鳧，無忘蜀道。（還都頌）

按：此對上比出自劉歆《西京雜記》：「太上皇徙長安，居深宮，悽愴不樂，高祖竊因左右問其故。以平生所好皆屠販少年，酤酒賣餅，鬥雞蹴踘，以此爲懽，今皆無此，故以不樂。高祖乃作新豐，移諸故人實之，太上皇乃悅。故新豐多無賴，無衣冠子弟故也。高祖少時，常祭枌榆之社，及移新豐，亦還立焉。高帝既作新豐，並移舊社，衢巷棟宇，物色惟舊，士女老幼，相攜路首，各知其室，放犬羊雞鴨於通塗，亦競識其家，其匠人胡寬所營也。」下比出自《華陽國志》：「蜀先稱王有蠶叢，次王曰柏灌，次王曰魚鳧。魚鳧王田於湔山，忽得仙道，蜀人思之，爲立祠。」及李白《蜀道難》古樂府：「噫吁嚱，危乎高哉！蜀道之難，難於上青天。蠶叢及魚鳧，開國何茫然！」

一彈丸地，而嚴樹夷夏之防；

一衣帶水，而顯分涇渭之界。（金門頌）

按：此對上比出自庾信《哀江南賦》：「城猶彈丸。」及《孔子家語・相魯篇》：「裔不謀夏，夷不亂華。」下比出自《南史・陳後主紀》：「隋文帝……曰：『我爲百姓父母，豈可限一衣帶水不拯之乎？』」與《魏書・蕭寶夤傳》：「寶夤上表曰：『……涇渭同波，薰蕕共器。』」

樓船密布，水犀盛習流之軍；

雲陣橫開，天馬多行空之將。（金門頌）

按：此對上比出自《史記．平準書》：「大修昆明池，……治樓船，高十餘丈，旗幟加其上，甚壯。」與《國語．越語》：「句踐致其衆而誓之曰：『今夫差衣水犀之甲者億有三千，不患其志行之少恥也，而患其衆之不足也。』」以及《史記．越世家》：「勾踐……發習流二千人伐吳。」下比出自徐陵〈關山月〉詩：「星旗映疏勒，雲陣上祁連。」與《史記．樂書》：「（武帝）伐大宛，得千里馬，馬名蒲梢次，作以爲歌，歌詩曰：『天馬來兮從西極，經萬里兮歸有德，承靈威兮降外國，涉流沙兮四夷服。』」

此際籌添海屋，正看旗翼之雙明；

來年甲洗天河，更頌車書之一統。（嵩海頌）

按：此對上比出自《東坡志林》：「有三老人相遇問年，一曰：『海水變桑田，吾輒下一籌，今滿十籌矣。』」與《荀子．富國篇》：「安於磐石，壽於旗、翼。」下比出自杜甫〈洗兵馬行〉：「安得壯士挽天河？淨洗甲兵長不用。」與《中庸》：「今天下車同軌，書同文，行同倫。」朱子《中庸章句》：「三者皆同，言天下一統也。」

彌天騰鼓角之聲；

大地碎山河之影。（山房對月記）

按：此對從杜甫〈閣夜〉詩頷聯：「五更鼓角聲悲壯，三峽星河影動搖。」蛻化而來。而杜詩又暗用《後漢書．文苑傳》：「（禰）衡方爲漁陽參撾，蹀躩而前，容態有異，聲節悲壯，聽者莫不慷慨。」及

《漢武故事》：「星辰搖動，東方朔謂民勞之應。」可謂渾成之至，有如羚羊挂角，無跡可求。

門容駟馬，于公以陰德著稱；

堂報三鱣，楊氏之清風足式。（來鳳簃記）

按：此對上比出自《漢書．于定國傳》：「其父于公爲縣獄史，郡決曹，決獄平，羅文法者于公所決皆不恨，郡中爲之生立祠，號曰于公祠。……其閭門壞，父老方共治之，于公謂曰：『少高大閭門，令容駟馬高蓋車。我治獄多陰德，未嘗有所冤，子孫必有興者。』至子定國爲丞相，封侯傳世云。」下比出自《後漢書．楊震列傳》：「震……明經博覽，無不窮究。諸儒爲之語曰：『關西孔子楊伯起。』常客居於湖，不荅州郡禮命數十年，衆人謂之晚暮，而震志愈篤。後有冠雀銜三鱣魚飛集講堂前，都講取魚進曰：『蛇鱣者，卿大夫服之象也；數三者，法三台也。先生自此升矣。』年五十，乃始仕州郡。……爲太尉。」

雞犬相狎，聲聞於比鄰；

牛羊下來，影交於日夕。（遊指南宮記）

按：此對上比出自《老子》：「雞犬相聞。」與杜甫〈將赴成都草堂途中有作先寄嚴鄭公〉詩：「休怪兒童延俗客，不教鵝鴨惱比鄰。」下比出自《詩經．王風．君子于役》：「日之夕矣，牛羊下來。」

鍾來間氣，是重耳之山川；

博極群書，本長頭之冑裔。（臺灣詩壇爲賈韜園八秩生日展覽書畫啓）

按：此對用典精切工巧，不僅切合籍貫，也切合姓氏。由於賈景德先生乃山西間世一出的人才，而該地即晉國的舊壤，因此上比就提出：「是重耳之山川。」又以其學識淹通，遂舉東漢大儒賈逵相媲美。賈逵既是他的先宗，而且因身長八尺二寸，少游太學，諸儒皆爲之語曰：「問事不休賈長頭。」用「長頭」來對「重耳」，眞是天造地設，完全吻合，確屬絕妙的巧對。

黃侃《文心雕龍札記．麗辭篇》主張：「引言用事，以達意切情爲宗。」今觀上列楚望樓駢文諸對，或用事、或用詞、或事詞合用，無不機神獨運，妙造毫巔；且復出以典雅之筆，抒精密之思、誠摯之情，句無虛語，語無冗字，眞可以轢轢百代，令人歎爲觀止。

三、藻飾儷辭．靈動有致

《禮記．表記》說：「情欲信，辭欲巧。」駢文既是唯美文學的一種，屬對自然不可不講究藻采的妍麗芬華，予人在視覺與嗅覺方面的美感。楚望樓駢文多半係鏤思銶膽之作，因而讀者纔能獲得視覺與嗅覺甚至觸覺等的多重美感。茲遴舉數例，以覘其概：

丸泥函谷，一夫便足當關；
天塹長江，千騎不容飛渡。（還都頌）

按：此對上比出自《後漢書．隗囂傳》：「囂將王元……說囂曰：『……今天水完富，士馬最強，……元請以一丸泥爲大王東封函谷關，此萬世一時也。』」與《魏書．崔浩傳》：「函谷關號曰天險，一人荷戈，萬夫不得進。」及李白〈蜀道難〉古樂府：「劍閣崢嶸而崔嵬，一夫當關萬夫莫開。」下比則出自《南史·孔範傳》：「隋師將濟江，群官請爲備防，後主未決。範奏曰：『長江天塹，古來限隔南北，虜軍豈能飛度。』」妙在成先生將「泥」、「塹」二個名詞變成動詞來使用，整個句子就顯得生動有致。而「便足」與「不容」二語，也對得極爲穩切自然。

夢裡金焦，橫青峰之兩點；

樽前溟渤，湧碧浪以千層。（蕭寺秋遊記）

按：此聯蓋以金山、焦山與溟海、渤海相對仗，由於作者隨政府退處臺瀛，所以樽前即可面對千層碧浪在洶湧；至於金、焦呢？祇能在夢中依稀浮現兩點青青峰巒罷了。因爲能緊緊抓住兩個不同環境的地理特徵，再靈巧地用「夢裡」和「樽前」襯托出今昔之感，鄉愁自然就逼人而來了。

涇螢與墜露爭飛；

澤雁共寒蘆一色。（山房對月記）

按：此對蓋仿照庾信〈馬射賦〉：「落花與芝蓋齊飛，楊柳共春旗一色。」和王勃〈秋日登洪府滕王閣餞別序〉：「落霞與孤鶩齊飛，秋水共長天一色」而作的。孔廣森〈與朱滄湄書〉謂王勃之句：「若刪去『與』、『共』字，便成俗響。」頗有見地。原句的美，正是靠「與」、「共」兩虛字旋轉其間，文氣纔暢，曼聲吟哦，更饒佳趣，如果刪去這二個虛字，韻味就全失了，何止「俗響」而已。因爲文章的聲調，有時是以激越爲美，有時卻以疏宕爲佳；這二句的美，完全在疏宕。

龍蟠虎踞，盛開一代風雲；

草長鶯飛，消盡六朝金粉。（山房對月記）

按：此對上比出自張敦頤《六朝事跡》：「諸葛亮論金陵地形云：『鍾阜龍蟠，石城虎踞，眞帝王之宅也。』」及《後漢書．耿純傳》：「因說（李）軼曰：『以龍虎之姿，遭風雲之時，奮迅拔起，期月之間，兄弟稱王。』」下比出自：《文選．丘遲與陳伯之書》：「暮春三月，江南草長，雜花生樹，群鶯亂飛。」與王實甫《西廂記》：「香消了六朝金粉，清減了三楚精神。」及洪亮吉〈冬青樹樂府序〉：「江山半壁，非仙人劫外之棋；金粉六朝，盡才子傷心之賦。」由於作者的深厚學養，寥寥數語，就將南都今昔之感，盛衰之異，概括無遺。

朱絃翠袖，歌垂楊曉岸之詞；

綠醑華燈，度玉樹後庭之曲。（山房對月記）

按：此對上比出自俞文豹《吹劍錄》：「東坡在玉堂日，有幕士善歌，因問：『我詞何如柳七？』對曰：『柳郎中詞，祇合十七、八女郎，執紅牙板，歌楊柳岸曉風殘月。……』」下比出自《隋書．五行志》：「禎明初，後主作新歌，辭甚哀怨，令後宮美人習而歌之。其辭曰：『玉樹後庭花，花開不復久。』時人以為歌讖，此其不久兆也。」成先生藉此二典來寫抗日勝利後，其在滬、杭二地中秋對月所感。柔情綺膩，無限動人。

竹露密綴於簷際，墮地彌清；

蕉雲半捲於牆陰，黏天亦綠。（壺樓記）

按：此對除下比有取秦觀〈滿庭芳〉：「山抹微雲，天黏衰草」外，餘皆自出機杼。將顆顆密綴在壺樓簷際的竹露，以及朵朵半捲在壺樓牆陰的蕉雲，纂組得相當別緻。尤其是分別接上：「墮地彌清」、「黏天亦綠」之句，使整個畫面頓時呈現了生命的動感。其體物之工，刻鏤之細，摛辭之美，可謂不讓前賢。

成先生治學嚴謹，其文稿未經長期經營，絕不輕易付梓。由於捐館後，治喪委員會曾將他的遺稿編入紀念集中，纔得一睹其爐錘的過程，茲舉數例以明之：

狂遏赤潮，萬丈峙中流之柱；

輝增白日，兩間張正義之旗。（總統蔣公八秩晉二嵩慶全國民眾團體呈獻書畫祝嘏致敬文）

輝增白日，兩間揚正義之旗；

力障狂瀾，萬丈峙中流之柱。（公祭總統蔣公文）

按：後聯用「揚」字，較前聯的「張」字更進一層，有旗正飄飄的動感。用「力障狂瀾」與「輝增白日」相對，也較原來的「狂遏赤潮」穩當。又將上下聯互調位置，使馬蹄韻由「平仄仄平」變成「仄平平仄」，更覺聲調鏗鏘有力。

鷹揚尙父，開成周八百載之昌期；

鳳皦崑岡，振中華五千年之文化。（總統蔣公八秩晉二嵩慶全國民眾團體呈獻書畫祝嘏致敬文）

鷹揚牧野，樹成周八百載邦基；

鳳噦崑岡，振華夏五千年文化。（總統蔣公八秩晉四壽頌）

按：後聯將前聯「尚父」改為「牧野」，「昌期」易成「邦基」，較能切合蔣公一生起義、東征、北伐、抗戰、建國的革命志業；將「中華」換成「華夏」，纔合於平仄格律；省去兩個「之」字，更覺緊湊有力。

綜正德利用厚生於一貫，精闡聖言；

揭倫理民主科學之三端，篤行遺教。（總統蔣公連任第五任總統頌辭）

闡正德利用厚生之要義，心物無偏；

揭倫理民主科學之宏綱，知行並重。（公祭總統蔣公文）

按：後聯將前聯的「精闡聖言，篤行遺教。」改成「心物無偏，知行並重。」更顯得具體而明切。

天無二日，識漢家正統之歸；

春在三臺，繫禹域來蘇之望。（蔣總統經國先生生日賀辭）

天無二日，羲輪弘繼照之光；

春在三臺，禹域切來蘇之望。（慶祝蔣經國先生當選第七任總統頌辭）

按：後聯將前聯原本為賀總統生日，代國立政治大學同學會而寫的：「識漢家正統之歸」，改為：「羲輪弘繼照之光」，較適合用來作為慶祝經國先生蟬聯總統的頌辭。而將下比：「繫禹域來蘇之望」，機動地調整爲：「禹域切來蘇之望」，足證其爐錘工夫的精湛。

庭聞聖學；

天授雄才。（蔣總統經國先生生日賀辭）

庭聞聖學，爲兆姓張四維；

天授雄才，以一誠御萬變。（慶祝蔣經國先生當選第七任總統頌辭）

按：後聯係就前聯原有的基礎上，另外又各加上：「爲兆姓張四維」及「以一誠御萬變」之句，不僅聲律諧美，而文意也更加的完整了。

輕車蒞止，種隨地之甘棠；

曉陌巡行，觀大田之多稼。（蔣總統經國先生生日賀辭）

曉陌巡行，觀大田之多稼；

輕車蒞止，種隨地之甘棠。（慶祝蔣經國先生當選第七任總統頌辭）

按：後聯雖祇將前聯的上下比互調位置，但就整個詞序而言，反更覺得順遂。尤其以「甘棠」句爲結語，更能凸顯出經國先生的德政來。

威弧待展，定勒河山還我之銘；

壽宇同登，且賡棫樸作人之詠。（蔣總統經國先生生日賀辭）

鴻樞闡化，同歌棫樸之作人；

鳳曆徵祥，定紀河山之還我。（慶祝蔣經國先生當選第七任總統頌辭）

按：後聯係就原本爲賀總統生日而作的前聯：「威弧待展，壽宇同登。」改爲：「鴻樞闡化，鳳曆徵祥。」如此纔可作爲慶祝當選總統的頌辭。至於其下所接的句子，因爲平仄關係，祇好上下比互調位置，由於各減去一字，經過些許的錘鍊，句子反而更加緊湊；尤其是將「定紀河山之還我」，安插在後結處，益發覺得意義深遠。

四、調成偶句．平仄相對

駢文到了六朝末葉，遂漸漸地衍化而爲四六句型；及初唐四傑出，乃確然大定。從此作四六文的人愈來愈多，似乎有取代之勢。所以論駢文的句型，實際上即四六文的句型。

四六文的句型相當多，不過歷代名家所通用的，大概七、八十種而已。由於一篇四六文係由許多聯對組合而成，因而其句型實際上即爲對聯的句型。一篇之中，或單對、或偶對，單偶參用，流宕有致。今擇楚望樓駢文中各種不同句型的對偶，分別列舉如次，並在重要字眼的右側註明其平仄聲，凡字旁有「。」者爲平韻，有「·」者爲仄韻，有「△」者爲拗韻。

(一)三言句型

蕩赤氛；

拯黔首。（金門頌）

(二)四言句型

四門清穆；萬象昭蘇。（公祭總統蔣公文）

(三)五言句型

勾踐之會稽；田單之即墨。（金門頌）

(四)六言句型

屹立武夷山外；屏障太平洋西。（金門頌）

(五)七言句型

料羅遠通夫萬舶；太武高矗於九霄。（金門頌）

(六)八言句型

一本溫柔敦厚之旨；務中興觀群怨之情。（蓴漚詩稿序）

(七)九言句型

本希文先憂後樂之懷；

負禹稷己溺己飢之任。（軍需學校第八、九、十各期學生合刊同學錄序）

(八)十一言句型

奉三民五權爲建國之宏規；

揭四維八德作樹人之恆準。（蔣經國先生當選第六任總統頌辭）

(九)四四句型

日興日革，唯善是從；

自北自南，無思不服。（公祭總統蔣公文）

(十)四五句型

澄江鼓枻，快馬當之風；

太學談經，指雞鳴之埭。（故山別母圖題詠序）

(土)四六句型

羿弓射日，驚烏行見西沈；

羲網橫江，巨鯨豈容東遁。（上委座電）

(三)四七句型

建軍黃埔，六花清夏甸之塵；

懸法白門，萬柳壯春旗之色。（公祭總統蔣公文）

㈢四八句型

君其命駕，試觀米家書畫之船；我爲操觚，竊比杜子丹青之引。（吳翼予畫展啓）

㈣四九句型

星槎上漢，毋令張博望獨步於前；人境結廬，且俟黃公度歸來之後。（劬盧續稿序）

㈤四十句型

血淚九州，極凶殘於古炮烙刑之外；河山兩戒，區仁暴於一衣帶水之間。（春人詩選序）

㈥五四句型

五百年名世，實應昌期；八千歲爲春，剛臨吉旦。（總統蔣公七秩晉七壽頌）

㈦五五句型

或郊塞島瘦，相角於兩雄；或鮑逸庾清，各工夫一體。（玄盧賸稿序）

(十八)五六句型

望五雲天際，煥南極之一星；

過群玉山頭，壽大椿以千歲。（總統蔣公七秩晉七壽頌）

(十九)六四句型

蔚三春之桃李，絳帳增華；

滋九畹以蘭荃，青衿嚮化。（薪夢盧詩文稿序）

(廿)六五句型

倚門倚閭之狀，盡入於鮫綃；

陟屺陟岵之情，畢宣於繭紙。（故山別母圖題詠序）

(廿一)六六句型

正喜雲霞出海，曜越甲之五千；

還看日月經天，賡堯年於億萬。（蔣經國先生當選第六任總統頌辭）

(廿二)六七句型

范公爲秀才日，便能先天下之憂；

班生當傭書時，即有通西域之志。（獻歲辭）

(廿三)六八句型

希文舉秀才日，早存萬家憂樂之心；
孟博任按察時，便矢四海澄清之願。（許曉初先生七秩壽序）

(二四)七四句型

當禹域艱難之會，薪膽曾甘；
秉堯階揖讓之風，羹牆宛在。（嚴前總統靜波先生八秩壽頌）

(二五)七六句型

擬元結中興之頌，圓山即是浯溪；
賡王融禊飲之篇，曲水何如瀛海。（蓴漚詩稿序）

(二六)七七句型

五千年黃魂弗墜，爲匹夫匹婦復仇；
三萬里赤縣其蘇，看好水好山還我。（金門頌）

(二七)八四句型

或奏秦王七德之舞，以揚夏聲；
或展韋偃雙松之圖，以滌塵慮。（臺中圖書館落成紀念碑）

(二八)八八句型

回首虎踞龍盤之勝，竟成狗偷鼠竊之場；

屈指東遷南渡以來，更深北狄西戎之難。（獻歲辭）

(廿九)九四句型

公劉於干戈啓行之際，爰裹餱糧；

管子於榮辱知勉之先，必實倉廩。（獻歲辭）

(卅)九七句型

讀詩未有劉長卿一句，已呼阮籍爲老兵；

筆語未有駱賓王一字，已罵宋玉爲罪人。（歷代駢文選序）

按：此四句係《全唐詩話》所載皇甫湜語，因屬排比句子，故韻未調馬蹄。

(卅一)九八句型

當世局盤錯紛拏之會，非砥柱無以遏橫流；

値國家否泰剝復之交，必雄才始能開新運。（蔣經國先生當選第六任總統頌辭）

(卅二)十四句型

闡正德利用厚生之要義，心物無偏；

揭倫理民主科學之宏綱，知行並重。（公祭總統蔣公文）

(卅三)三三七句型

百夫長，千夫長，披荊程屨試之能；

東面征，南面征，破竹壯先登之勢。（闕漢騫先生七秩壽序）

(卅四)四四五句型

其爲文也，楚豔漢侈，綜美於前修；

其爲詩也，庾清韓豪，兼工於衆體。（魚千里齋隨筆序）

(卅五)四四八句型

寰球棣通，梯航輻湊，而國際貿易之局開；

城市星羅，舟車日利，而域內懋遷之途盛。（獻歲辭）

(卅六)四五八句型

時當禦侮，則歌傳出塞，如聞金戈鐵馬之聲；

地屬興戎，則望切收京，恥隕紫陌銅駝之涕（韜園續集序）

(卅七)五四六句型

愛人兼愛樹，勿翦勿伐，義早炳於歌詩；

樹木同樹人，十年百年，時僅分乎久暫。（校園雙桂記）

(卅八)七五四句型

弗養子輿之浩氣，則淫辭詖行，莫格其非；

既聞柳下之高風，則鄙士薄夫，克新其德。（古代中國文化與中國知識份子序）

在成先生的三十八種句型中，最常用的，完全同於六朝名家的有四、五、六、七、四四、四六、四七、六四、六六等九種句型；間也頗參初唐以後駢文家所習用的四五、五四、五六、六五、六七、七四、七六等七種，遂成楚望樓駢文十六種標準對仗句法。以此交錯運用，故文章形式極富變化，靈動有致，能予人在聽覺方面的美感。讀之，不覺情爲之移，神爲之往，手舞足蹈猶其餘事也。至於其他二十二種句法，則是仿宋人筆法，語氣較爲和緩；因爲成先生乃駢文大家，須備衆體，行文所需，故不得不多方嘗試，終能成其大。在此謹將〈慈庵頌〉採駢文模式的新式排列法刊出，以見其全篇既饒奇偶變化之美，更有一氣呵成之妙：

〈慈庵頌〉

敬姜無逸，徽懋績於魯卿；
周室肇興，紀徽音於文母。
夷考治平之往跡，
多資聖善之良規。
是以——
萱背寫憂，恩懷罔極；
柏舟茹苦，節表靡他。
嗚機託之畫圖，

陟屺增其詠歎。
必使——
化齊民於至孝，
推錫類之大仁；
乃爲——
無忝所生，
善繼其志——焉。
我總統 蔣公——
少侍萱幃，
恭承荻畫。
本夫後樂先憂之志，
濟以經文緯武之才；
任仵有莘，
功軼微管。
當世局萬歧之會，
堅中流一柱之心；

越膽能甘，
湯銘愈奮。
揆其所自，蓋得賢母王太夫人之督厲爲多。
懿教深濡，
終身永慕；
持以冰淵之戒慎，
見諸胞與之施爲。
迄今——
六府咸修，
兩京待復；
將策貔貅於左海，
重收錦繡之中原。
是太夫人之——
貽謀奕葉，
垂範寰區。
其有造於邦家者，正未有艾也。

月之吉日，實爲太夫人百歲冥誕——

緬壼儀之宛在，

歷塵劫以彌昭；

鳳麓靈鍾，

龍湫澤衍。

企慈雲之起千仞，護我神皋；

書彤管以告萬方，樹茲人極。

按此係民國五十三年冬，成先生爲總統　蔣母王太夫人百歲誕辰紀念而作的駢文。讀後，覺屬對工穩，句型嚴整，音調鏗鏘，用典明切，辭采華美，愜於人情，眞乃爲深具六朝遺風，唯美而不失至情至性之文學也。

五、段落綰統．遙相對應

抑有晉者，楚望樓駢文除了表現在句與句間的屬對技巧外，甚至段與段之間，也每常藉對仗來綰統，結上生下，聯絡貫串，遙遙呼應；使文勢不斷，益發顯得整齊有致，而且層次井然，眉目清楚。諸如：

〈山房對月記〉二至六段的末句，依次爲：

此漢皋之月也。

此南都之月也。

此巴山之月也。

此滬杭之月也。

此蓬壺之月也。

〈紅並樓詩序〉二至四段的末句，依次爲：

此鄉邦文獻之足以拓其詩境者。

此家學涵濡之足以厚其詩力者。

此世途涉歷之足以肆其詩才者。

〈論文德〉二、三段的末句，依次爲：

此文之德足以制心者。

此文之德足以激義者。

〈于右任先生八秩壽序〉首段末尾提出：「請擷數端，用詔當世。」而二至九段的末句，則依次爲：

是曰魁儒之特識。

是曰革命之耆勳。

是曰靖國之元戎。

是曰樞垣之憲長。
是曰鄉治之前驅。
是曰報壇之先進。
是曰書林之巨擘。
是曰吟社之詩豪。

〈獻歲辭〉二至六段的末句，依次爲：

是有望於將士之奮發者一。
是有望於農業之發展者二。
是有望於工業之振興者三。
是有望於商業之改進者四。
是有望於學子之努力者五。

民初文士林紓在《畏廬論文》曾提及：「爲人重晚節，行文看結穴。」上舉五篇駢文，每段的收尾，幾乎都用一冷雋之筆，閒閒點醒，即深得此法。尤其是完全以對仗或排比的方式出之，綰統之妙，屬對之工，眞可謂爲慧心獨運，別開生面了。

肆 結 論

綜上當不難理解楚望樓駢文屬對的苦心孤詣，其卓越獨特的技巧，長久以來能爲朝野賢達所共仰，蓋良有以也。惟嘗鼎一臠，難概其餘；欲窺宗廟之美，百官之富，還是直接研讀其全集纔好。最後略抒些許心得，藉爲本文之殿：

一、成先生少時曾在武昌黃土坡問字於羅田大儒王葆心季薌舉人，王氏淹通義理、考據、詞章之學，成《晦堂叢書》若干種，而《古文辭通義》尤其著焉。成先生駢文之所以能凝重而流美，典奧而疏逸，極縱橫開闔之變化，不受浙派影響而直追六朝本源，蓋得力於此。

二、成先生原欲運籌帷幄，爲國家決勝千里之外，不以文人自限，觀其少時在《時事新報》等報章雜誌所發表的〈實邊芻議〉、〈漢唐兵制之研討〉，復任職於國防最高委員會，當不難想像。

三、成先生窮研載籍，發爲文章，主要在於正人心，敦世道。讀其在民國二十六年所作的〈獻歲辭〉：「群策群力，無取新黨、舊黨之爭；同氣同聲，永弭清流、濁流之禍。」即可了然。

四、成先生每篇駢文皆有一、二警策的偶句，或是一段千古不磨之見，絕無時下一般文人的酸腐語。明代歸有光曾說：「文章非識不足以厚其本，非才不足以利其用；才識俱備，文字自會高人。」才情與識力二者，就成先生而言，應該是兼而有之。

五、成先生雖然擅長四六唯美文學，但卻言之有物，言之有序，絕不以辭害義。爲此甚至可以不顧音律的是否協諧，或是對仗的是否精工。（註一〇）

六、成先生由於文名遠播，（註一一）因此求品題者極多，甚至連長者也都冀望得其一序，以便紙貴洛城，流芳不朽。不過成先生爲人撰書序，一定要先讀完該書原稿，方肯下筆。對於介眉文字，向來標有三不應：一是名節有玷之人，二是爲富不仁之徒，三是曲學阿世之士。既應，則必多方考證其實據，然後纔敢遣辭綴句。即此，可見其治學態度的嚴謹。

七、成先生駢文雖然不使僻典，不摒新詞，期無悖於「文貴因時」之義；但由於夙負有爲風雅傳統而寫駢文的歷史使命感，故而不降格以求賞音。另一方面，因駢文拘限的條件很多，應用的範圍卻小，所以他也不責創作於青年。

八、成先生由於歷經家國的盛衰亂離，因而有刊於重慶都郵街紀念碑上的〈還都頌〉，以及渡海後所撰的〈金門頌〉、〈山房對月記〉等偉作。四十年來，中樞如有大制作，幾乎都倚仗其如椽之筆。一生所作，應以民國六十四年，也就是他六十五歲時，爲嚴總統而撰的〈公祭總統 蔣公文〉，最具代表性，已達四六唯美文學的極峰，可以說是歷史上最後一位臺閣文學的集大成者。

九、

成先生自幼即負范仲淹悲天憫人的胸懷，因此遂有〈災黎賦〉之作。及司校士掄才之任，又以韓、歐自期；見人有一善足採，一藝稱工，無不加以拔擢，助其日進。高明仲華先生曾說：一個人有才情並不難，六朝文人擅長駢文的大都才情很好，而品德也好的就寥寥無幾。像成先生這樣才情與品德並茂的，充分地表現出中國傳統文化的忠孝仁愛的精神，眞是萬中難以得一。（註一二）於是更加相信，成先生之所以被尊爲一代文宗，良非偶然。

十、

成先生被公認爲長厚正派君子，其詩文從不作輕佻語。安本分、盡本職，鞠躬盡瘁，死而後已。清代中興名臣胡文忠公林翼奏疏有言：「得才士百，不若得醇士一；庶幾觀感奮興，廉頑懦立。」若當局舊日能更加禮遇此曠世難逢的醇士，使其教化得以風行天下，或許今日的政壇及社會風氣不致敗壞如斯。

【附　註】

註　一　駢文義本唐柳宗元〈乞巧文〉：「駢四儷六，錦心繡口」一語。清曾燠輯《國朝駢體正宗》十二卷，以駢體名文，蓋昉此。至於李商隱自定其所撰的駢文爲：《樊南四六甲乙集》，應該算是最早以四六命名的了。

註　二　成先生原名笛仙，後改曰惕軒，字康廬，號楚望；湖北省陽新縣龍港鎮人。民前一年生，民國七十八年卒，享壽七十九歲。總統特榮褒先生：「器識沈毅，志慮貞純；篤學善文，聲華早著。歷任國防最高委員會簡任秘書，考試院、總統府參事，並連任四屆考試委員。奉公給事，勞瘁弗辭；典試衡文，甄拔多士。公餘都講上庠，潛心著作；潤色鴻業，永挹清芬。茲聞溘逝，軫悼良深；應予明令褒揚，以彰曩績。」

註　三　所謂馬蹄韻，即上聯末句與下聯首句的句腳，其平仄皆重複以相黏，使文氣聲律有疾徐高下，抑揚抗墜之節，一如馬蹄在騁躍時的踩踏方式般。

註　四　按：對仗的「仗」字，其意義蓋自「儀仗」而來，儀仗爲兩兩相對，給人視覺上的美感；故兩兩相對的辭句稱爲對仗，也叫作對句。又因其是排比的偶句，所以又名排偶。

註　五　參見張仁青博士《駢文學》頁三五，文史哲出版社民國七十三年三月初版。又張氏謂：排比與對偶的分別有三：一、對偶必須字數相等，排比不拘；二、對偶必須兩兩相對，排比亦不拘；三、對偶力避字同意同，排比則以字同意同爲常態。

註　六　參見註五所揭書頁一七五。

註　七　按：以下所錄的聯句凡二百九十對，其中有三分之二皆採「仄平平仄」的馬蹄韻，足見此爲成先生最擅長的格式。茲爲方便讀者檢索其原典出處及注釋，悉依《楚望樓駢體文》內篇、外篇、續編及《成惕軒先生紀念集》的目錄編列。唯一美中不足的是：成先生每篇駢文的末尾，原都標有寫作年月的；在裒成專集時，卻完全刪除了。深盼林茂雄兄早日編成老師的年譜，並能將其作品繫年。

註　八　按：凡行文不用一典而純以白描出之者，通常被視爲駢文中的別裁、別體，而非正統。如陸贄的駢文不收於陳均編的《唐駢體文鈔》與王志堅纂的《四六法海》，即爲明證。

註　九　見臺灣商務印書館《東方雜誌》復刊第一卷第十一期。後又收入成先生所著的《汲古新議》中。

註一〇　如〈瀛洲校士記〉：「燕趙慷慨悲歌之氣，祇作秋聲；賈生長治久安之策，徒供流涕。」「策」字拗律。

註一一　按：先生自幼資稟優異，穎慧絕倫，早擅江夏無雙之譽。湖北文化初級中學唐祖培校長素重其文章，特轉介於國立武漢大學唐大圓教授，後由大圓教授再介於太虛上人。其在二十一歲時所寫的〈災黎賦〉，被軍需學校校長張孝仲將軍賞爲國學奇才，即委以上尉編譯官；高考獲雋，擢升少校。以蔣委員長亟需大制作，又蒙陳布雷先生特達之知，逾格超遷，一躍而爲國防最高委員會同少將簡任秘書。潘重規先生曾說：「早在大陸時，便聽先師黃季剛先生提到鄉人中成惕軒文筆高妙。」又說他在武昌任教時讀其〈災黎賦〉，已覺健筆不讓汪容甫〈哀鹽船文〉。足證成先生在二十一歲時，已聲名大噪。到了三十六歲時，所作〈還都頌〉，由重慶市參議會議長胡子昂代表陪都百萬市民面對蔣委員長逐字恭讀，委員長頻頻頷首，以示贊許。可見其文章已如中天之麗日，名滿天下矣。

註一二　見高先生所撰〈我對惕軒的懷念〉，文收《成惕軒先生紀念集》頁三〇六。又前註所引潘重規先生撰〈悼念成惕軒兄〉，文見紀念集頁二九九。

傣族敘事詩中的顏色

鹿憶鹿

一

從典籍中，可以看到神話中帝王的尚色情形。伏羲尚青，黃帝尚黃，神農炎帝尚赤，少昊尚白，顓頊尚黑。往後各朝，皆重服色。當然這是緣由先秦陰陽家的陰陽五行說法，黃帝是土德尚黃，夏是木德尚黑，商是金德尚白；而秦代周就是水剋火，尚黑，漢代秦是土剋水，尚黃。後來的唐宋元明清也各有其服色。學者甚至將先秦所重服色與圖騰結合，認爲尚色實因爲圖騰崇拜。（註一）和陰陽五行有關而衍生出的服飾是否與圖騰有關，似乎尚需進一步探討，而這並非本文討論重點，故略去不談。

有學者認爲，中華民族的色彩審美傾向接近於無色彩，因爲無色彩本身的惰性色具有較強的寧靜感和中和效果，而其抽象性和僞裝性適於國民不願直接面對的心態，其普遍性、適應性容易成爲全體社會成員的自覺選擇。（註二）不管這種說法是否中肯，我們都可肯定大部分少數民族不適用這種論點，少數民族對色彩的偏愛都是極其明顯的，從各民族鮮豔華麗而色彩繽紛的服裝可見一斑。例如，苗族的姓氏服色都用五色分類，有白苗、黑苗、花苗、青苗、綠苗，而瑤族以色彩區分的支系更多，紅瑤、黃籠瑤、白瑤、花衣瑤、白褲瑤、青衣瑤、斑衣瑤、繡瑤、靛瑤等，而傈僳、德昂族也依服色各有紅、黑、花之分，傣族穿藍衣黑裙、白衣黑裙、淺衣花裙也各屬不同支系。色彩既跟服飾有關，當然各民族也都各有崇尚的顏色，如白族、普米、藏族尚白，彝族、怒族尚黑，（註三）而維吾爾族、回族則喜愛黃、綠色。（註四）

傣族與其他族群一樣，在生活和服飾上各有崇尚的顏色，然而表現在敘事詩中的色彩卻更明顯。成書於傣曆九七六年（西元一六一五）的《論傣族詩歌》就說，比喻的手法是傣族長詩的最大特點，傣族爲什麼會以花草、動物、星月、風雲、山水來比喻？「主要原因是因爲我們傣族的祖先，在森林和芭蕉林裡誕生，是鳥雀和水送給我們的歌。傣族的歌一出世，花草樹葉是衣服，星雲日月是裝飾品，麂子馬鹿和雀鳥是伙伴，所以傣歌永遠離不開它們。」（註五）說明用自然界所見物象來比喻的同時，我們了解傣族敘事詩溶合了大自然中的各種瑰麗色彩。因此，書中也說，比喻的特點，像金色的彩雲，把敘事詩裝扮得無比絢麗多姿；又像鮮豔的花朵，把這絢麗多姿的敘事詩打扮得五彩繽紛、芳香四溢。而大自然一切的美，紅紅綠綠的色彩都集中在敘事詩裡了。（註六）

馮壽軒先生說，傣族地處動植物豐富的亞熱帶地區，村寨依山傍水，他們與自然爲友，生活在色彩繽紛的自然環境中，大自然陶冶了他們的性情，賦予他們各種色彩美。色彩觀念與自然環境密切相聯，傣族人的色彩意識帶有很強的自然性。（註七）

馮壽軒先生並將傣族敘事詩分爲封建領主前、中、後三期。第一期有《蘭嘎西賀》、《九顆珍珠》、

《召樹屯》、《三隻鸚哥》、《相勐》等敘事詩，主要描寫神力發揮、天神降臨、寶刀相救等，具有一種神奇瑰麗色彩的神話，以純色爲主，如黑、紅、藍、青，黑、白、紅尤其重要。第二期則有《紅寶石》、《三牙象》、《松帕敏與嘎西納》、《婻波冠》、《一百零一朵花》《朗鯨布》等敘事詩，除黑、白、紅外，黃、綠、藍也成系統色調。第三期的作品有《月罕佐與冒弄養》、《緬桂花》、《線秀》、《蘇文納和她的兒子》、《娥并與桑洛》、《葫蘆信》等，使用紅色較前、中期少，色彩主要綠、白、黑、青、藍、黃等，以中性和冷色調爲主。（註八）

不知道傣族敘事詩分封建領主前、中、後三期的依據爲何？也不知它的用色是否各期都有變化？可以確定的是，傣族敘事詩的確是帶有色彩繽紛的亞熱帶情調。

傣族敘事詩善於運用各種色彩來表現其藝術性，而其對色彩的運用是和比喻手法結合的。因此我們要從兩個方面來看傣族敘事詩的色彩表現，初期以比喻手法爲主的大自然繽紛色彩，接著才大量用實際的顏色。

二

傣族敘事詩十分喜愛用色彩來比喻，而色彩的運用上都連接著實物，尤其善用傣族地區習見的花草鳥獸。

敘事詩《婻妙》描寫少女生下的是一隻小貓，小貓幻化成美人。詩中的比喻色彩十分豐富。女主人公依拉香的心比金子更純淨更光輝，身材比鳳尾竹更多姿，眼珠比木炭還黑，皮膚並不淨白，但只有太陽能塗上這種顏色。敘事詩中又寫「火把似的攀枝花變白了，又穿上了鮮紅的衣裳。心像玻璃似的依拉香，紅潤的臉色漸黃。」（註九）

而姑娘們髮髻上插著銀梳，手腕戴上明亮的金鐲，身上穿著絢麗的筒裙，口裡嚼著鮮紅的檳榔果，唱著動人的歌：「椰樹般挺拔的兼達哥，你的皮膚像黃金、銀鍍，你端正的臉孔宛如睜眼的月亮，你心地善良好像森林中的金鹿。」（註一〇）詩中喜用金銀來比喻。「象背上的金塔閃閃發亮，像河水和森林塗上金光。而召兼達像金筍般英俊。」（註一一）

《婻妙》中還用檳榔、芭蕉心、烏鴉翅膀來形容紅、白、黑三色。「公主身材均勻健美，水汪汪的眼睛比星星還亮，眼皮薄得像蜻蜓翅膀。紅潤的嘴唇像塗上檳榔，嫩白手臂像芭蕉心，黝黑的頭髮猶如烏鴉的翅膀。凸起的胸部像豐滿的雁兒一樣，太陽一般的臉孔宛如湖中的荷花開放。她的容貌迸發出的光輝，十二種顏色合在一起也比不上。」（註一二）

《秀批秀滾》描寫人和鬼交朋友，應該是較早期的敘事詩，其中年輕的皇后美麗得像一朵金色的荷花，身邊的宮女像一隻隻彩蝶，爲伺候她而奔忙。（註一三）

《金螺姑娘》中神奇的金螺，像一顆珍珠亮晶晶，又像一隻熟睡的金鹿，還像一朵金色的彩雲。（註一四）金色常出現在敘事詩中。

《金殼烏龜》中描寫夫妻像比翼雙飛的金鳳凰。皇后生下的王子有又圓又白的臉蛋，比十五的月亮更迷人；一雙烏黑水靈的眼珠，像黑寶石閃閃發光。而蘇婉娜的身材像鳳尾竹一樣苗條，腰肢像蜂皇一樣纖細，皮膚像芭蕉心那樣潔白，臉像荷花那樣俊俏鮮麗。（註一五）

馮先生認為傣族後期敘事詩的色彩偏淡，而在淡色之中，出人意外地出現金色，增添作品的亮度，產生不同凡響的效果。固然，在被歸為後期的《緬桂花》、《葫蘆信》中有金塔、金傘、金龍、金扇的描寫，而在被歸為早期、中期的作品中也屢見不鮮，到處出現金鹿、金鳳凰、金筍、金銀橋，甚至金棺材的字眼。金色實際上是傣族敘事詩慣用的比喻，代表高貴、吉祥，也有佛教影響的痕跡。因為佛寺、佛像中慣用的金塔、金箔、金粉就是傣族敘事詩中最習見的素材。

在被歸為早期的《蘭嘎西賀》就是以顏色來比喻最好的代表作品。（註一六）詩中處處可見金銀寶石的描寫。綠色的都城像金塔終日發亮，「處處賣著金鼓和銀鑼，處處賣著金盆和銀碗，水井亮得像銀汁，穀穗黃得像金子。」而城裡有金筍一般的寶塔，宮殿柱子鍍著黃金，宮頂鑲著紅紅綠綠的珠寶，珠寶安嵌在荷花似的金瓣裡。王后的肉色像棉花一樣淨白，胸脯像雁兒那樣豐滿，明亮的眼珠像閃光的黑寶石，紅潤的臉孔像要墜下金團。（註一七）

寫公主則是屬相如金鳳一樣理想，肉色比棉花淨白，體態優美像孔雀。公主住的塔樓的黃瓦閃耀著金光，白天遠看像太陽，晚上潔白像月亮。公主生下三個王子，老大是十頭王，頭連在一起像一節節的金塔，「潔白齊整的牙齒，像純淨的白象牙鑄成，寬圓紅潤的臉龐，像少女的圓鏡，豐滿紅潤的面頰，像飽盛著陽光的金瓜。」而他的眼珠像黑寶石那樣烏亮。二王子的肉色黑得像一隻烏鴉。三王子的肉色則像金芒果，又像剛剛出爐的金水，「他的兩眼像水晶寶石，他的臉頰像天神的金粉。」王子的父親身上的肉色像太陽一樣光彩，臉孔像月亮一樣潔白。（註一八）敘事詩中常出現太陽、月亮來形容光彩、潔白，肉色則似棉花的白，烏鴉的黑，或金芒果、金水的亮，眼珠則以黑寶石、水晶寶石來比喻。傣族常用如烏鴉的黑色來比喻皮膚或頭髮，形容其黑亮，然而，如烏鴉的黑色有時是否定的，詩中也出現「一身妖氣黑得像烏鴉」的句子。（註一九）

敘事詩中形容三個后妃，菩提樹芽般的第一王后，說話像蜂汁一樣甜蜜，聽她說話的人，彷彿口中倒進一碗糖水，她的肉色像金子一樣亮。浪花一樣白淨的二王妃，潤紅的肉色比得上黃金，眼珠比藍天上的星星明亮。小王妃肉色粉紅光彩，臉龐像荷花開放。（註二〇）

傣族十分喜愛以荷花來比喻女人，在形容《蘭嘎西賀》的女主人公西拉時也是一樣。於金棺材中漂流的嬰兒，「身子白嫩柔軟像棉花，圓圓的小臉像一面鏡子，兩支手臂像蓮藕，紅潤的顏色像荷花。」而長成少女的西拉，像溫湖裡的荷花，迎著太陽越開越鮮豔，她像搭在欄杆上的彩綢，白天肉色像彩虹，晚上潔白像月亮。她頭髮不梳也像青苔一樣光滑，不打扮也像花朵一樣鮮，細細的腰肢像黃蜂，柔軟的身材像孔雀。（註二一）

有時也會以荷花形容男人，如敘事詩《婻倪罕》中寫「王子像月亮落在地上，他的手腳好比荷花一樣，又鮮又豔又嫩逗人愛」。（註二二）

《婻妙》中形容兼達像金筍一樣英俊。在《蘭嘎西賀》中也常用金筍來比喻，向天神求子說是「

求金筍玉苗」，國王「有金筍般的三個外孫」，又有「金筍般的孩兒」、「金筍般的天神」，（註二三）而主人翁是「金筍般的兒子朗瑪」。（註二四）敘事詩《帕罕》中形容國王的七個妻妾像「七根竹筍一樣嬌嫩潔白」，六個王子則「像筍尖一樣又白又嫩」，而阿鑾有「寶石般透明的心，竹筍般白嫩的手臂」。（註二五）《阿鑾莫協罕》中比喻美麗的京亞麗「頭髮黑得像木炭，衣衫有八種顏色，裙子有八道彩光，嘴唇像筍片般又薄又嫩。」（註二六）

傣族喜用金筍、筍子比喻，除了傣族地區產金銀，以金銀爲貴，習慣用金銀爲飾外，西雙版納的筍塔有名，帶有佛教色彩，所以在佛教影響下的敘事詩常以金筍來比喻珍貴是可以理解的。而竹筍又是傣族人喜歡的食物，以竹筍象徵白嫩就更順理成章了。

傣族也會以其他的東西來比喻珍貴，如「菩提樹般的三個外孫」、「寶石般的三個兒子」，或「金荷花一樣的姑娘」。（註二七）

傣族以大自然的顏色來比喻，而比喻的幾乎是人，形容男人、女人的善良、英俊或美麗、幸福，敘事詩中很少用顏色比喻的手法來描述醜陋或不幸。

敘事詩《召西納》中寫七仙女的美麗，「清悠悠的湖水，像一面大鏡子，照著她們花一樣的臉龐，照著她們蘆葦一樣的脖子。她們跳進湖裡，像七朵花掉進碧水，像七顆玉石掉進絨毯，像七隻孔雀跳進草坪，跳蚤在她們身上站不住，因爲她們的皮膚多麼白嫩。」詩中描述西納和最小的仙女戀愛的幸福，「在一棵金傘一般的大樹，在一塊地毯一般的草地，他倆停了下來，像兩棵金竹靠在一起。瞌睡蟲站在他倆疲眼上，兩支眼皮像兩扇門，不知不覺地關上了，草地變成了鬆軟的床，晚霞像彩色的被子，暖呼呼地蓋在他倆身上。」（註二八）

我們看看傣族敘事詩中幾位傣族人較熟悉的主人公，詩中描述的手法幾乎大同小異。《召樹屯》中比喻樹屯王子，「他的容貌像熔金般閃光，他的心腸像麂子般善良。」有時則說他的心像金鹿一般善良，「椰子樹沒有他英俊，十五的月亮比不上他的眼睛，菠蘿的滋味，也比不上他的歌聲。」描述七仙女則是「像蓮花一樣發出清香」。（註二九）《九顆珍珠》中比喻卞亞干塔，「眼睛像星星一樣明亮，手臂像竹筍一樣細嫩，頭髮像黑漆一樣閃光，臉龐像明月一樣清新。」（註三〇）《娥并與桑洛》中寫剛出生的桑洛，「皮膚白得像水晶，臉兒團團像月亮，小嘴紅得像紫椒。」而娥并長得荷花，「比棉花還要潔白，比雲彩還要柔和。手指像竹筍，聲音像口弦。」她洗頭的時候，「像一朵初開的荷花，手臂像兩隻象牙。」桑洛稱讚娥并：「你像春天發芽的樹葉，又嫩又綠，你像河邊的金竹子，又直又細。」（註三一）

敘事詩《三牙象》比喻姑娘「長得像荷花般豔麗，白嫩得像水裡的蓮藕一樣，圓圓的臉兒像皎潔的明月。」（註三二）

從比喻的顏色來觀察，我們發現傣族最喜用金色和黑、白、紅等純色，而這些顏色是從黑烏鴉、黑寶石、月亮、棉花、荷花和檳榔汁來的。傣族是從大自然中獲得運用顏色技巧的。

三

除了自然的色彩美，傣族當然也大量地使用顏色來營造敘事詩中的藝術氛圍，只不過詩中出現的顏色幾乎都是純色。

翻檢了所能見到的傣族敘事詩，顏色字眼出現最頻繁的仍屬《蘭嘎西賀》，而色彩較鮮明的應該也是所謂早期的幾本敘事詩，被認爲中期或晚期的敘事詩，使用色彩的情形不再那麼普遍。《蘭嘎西賀》描述塔樓，「四壁都畫上了花卉，有金黃的占巴花，有鮮紅的糯東花，有白色的糯斤菱花，有淡黃的傣哼花。……綠雀在葉下扇翼，黃鸝叫著在花樹下飛繞。」「阿爹身上的肉色，是紅還是黑，是白還是紫？」而人間的猿猴，有白猴、紅猴和灰猴。（註三三）

敘事詩中除了紅、白、黑、灰外，金色簡直是屢見不鮮。詩中描述國王出宮，象隊馬隊金光閃閃、五彩繽紛，「象牙要鍍上黃金，象尾要掛上珠鏈，象頭要安上金玻，象身要安上銀片。……那匹叫聲很高的黑馬，要配上紅花白轡繩，那匹昂頭豎耳的灰白馬……還有那些銀灰色、棕色的戰馬，都要套上金鞍彩帶，把一串串銀鈴掛給他們。」而王后送給公主的的禮物，筒裙上面織有金鳳含花朵，包巾是金線織成的，絲綢做的被面和墊單也都用金線織成的，有青煙色花布捅巴，上面繡著鳳凰的尾羽，「還有珍貴的金銀器：有黃金做的耳環，有紅金做的簪子，有純銀做的腰帶，有價値三條大象的金手鐲，還有鑲著珠寶的戒指。」十頭王繼位用一個金子和玻璃製成的花盤，花盤「像盛開的荷花，花瓣用純金，花蕊用白銀，純金鑲著綠玉，白銀嵌著瑪瑙，金銀珠玉和瑪瑙，構成宗補（地球）珍貴的花盤。」（註三四）王子們向西拉求婚時，「用大象馱來珍貴的禮品：有耳杜玉簪和腰帶，有金戒銀鐲和項鏈，有金盤金碗和金筷。」王子們「頭戴著塔形金帽，穿上鑲著金瓣的衣裳，他們的帕擺罕（用金線織成的金披毯），金片銀片晃晃閃閃。」而他們坐的是大象拉的金車。（註三五）

《九顆珍珠》中金、黃、紅、綠、白用得最多，「白玉石砌成的城墻……金柱上雕著奔跑的大象，玉墻上畫著飛騰的彩鳳。」「金孔雀飛出了竹籠，棕櫚樹扇動一把把綠扇……鳳凰樹搖動著珠紅色的花瓣。」描述京城則金壁輝煌，「三千根金柱雕著飛龍，三千根鐵柱刻著金鳳。王宮像座雄偉的金塔，金的屋頂金的墻。」詩中又常出現白銀、珍珠和大青樹、黃果子等。（註三六）

《金殼烏龜》描述景色，金綠色的菩提樹和金湖水遙遙相對，菩提樹上結滿金黃色的無花果。（註三七）綠、黃和金結合，成了金綠、金黃。

《三牙象》吉達公瑪尋找三顆紅牙的大象，要越渡七山七水，各層湖水中各開了紅荷花、紫荷花、金荷花、銀荷花、藍荷花、綠荷花。（註三八）藍、紫色的出現是其他敘事詩少見的。

敘事詩《沙里》中寫黑沉沉的大山，草木閃著金色的光芒，密林中有白色的大象、白鷴、黑熊，沙里「掐一片嫩葉子吹起來，贊美山間泉水的清澈碧藍，驚起了一對綠色的斑鳩。」森林中還有金鹿在身邊奔跑。（註三九）

《窩拉翁與召烘罕》中描述美麗的勐沾巴地方有青磚砌成的城墻，「池塘中有荷花和水葫蘆比美，田野上有杜鵑花和紫槿綻笑，寨頭有白玫瑰和金鍾花吐蕾，竹樓旁有夜來香和蛋黃花暗暗飄香。」而宮墻上塗著金粉和紅漆，菩提樹茂盛柳樹嫩綠，懷抱著披金掛銀的宮殿。（註四〇）《阿鑾莫協罕》王子公主的降生，「水粉色的戒指兩個，分戴在各自的食指上。左腕戴銀鐲，右腕戴金鐲，神子天女要到人間，把寶石含在口裡，同年同月同日同落到地上。」國王爲公主取名字時，苦苦思想，「望遍了綠葉紅花，望遍了青山綠水。」（註四一）金銀、綠葉紅花、青山綠水，這些顏色似乎是傣族敘事詩自然的顏色。

在敘事詩《一百零一朵花》中傣族則將所有的顏色全用上了，描述一百零一個娃娃變成一百零一朵花，有綠花、黃花、白花、紅花、藍花、黑花、灰花、紫花，還形容有的花一路黃一路白，有的花中間紅周圍黑，有的花一瓣紅一瓣紫一瓣藍等等。金色仍偶爾出現，善良的娃娃有一口金箱，金箱閃著紅光，他們還有一隻紅冠子的花雞；而黑心腸的國王則有一隻黑雞，黑色是惡的象徵，金、紅則代表吉祥。詩中唯一的女娃娃穿一件有黃花的白衣裳，被陷害的王后夢見一百個男孩和一個姑娘，男孩送她一朵藍杜鵑，姑娘送她一朵紅牡丹。（註四二）在這兒黃、白、藍、紅似乎全是表良善的。

《緬桂花》被認爲是後期的敘事詩，色彩很清新，詩中充滿了歡樂的幸福。月罕姑娘穿著梅紅色的筒裙，「黑色的長髮盤在頭上，白色的短衣鑲著　嫩紅色的邊，淡黃色的披巾緊緊貼著嘴唇。」她拿著一片翠綠色的菩提樹葉，用樹葉蘸著藍色的流泉。月罕在路上看到的是，白孔雀站在綠色的草地，棕櫚樹刺破了藍藍的天，紅太陽才剛剛爬上天邊。尚堂是個和尚，他披著黃色的袈裟，騎著棗紅色馬去尋月罕，路上有金絲猴、白天鵝，他來到銀樺樹下，灰色的貓頭鷹栖在樹椏，他來到黃色的山岩下，有黑貓熊搖頭擺尾。詩中描述景致，大青樹發出了淡黃色的嫩芽，映山紅開在傣家人的山寨，翠綠色的竹樓粉紅色的花。（註四三）我們見到詩中的用色幾乎全是梅紅、嫩紅、棗紅、淡黃、翠綠，這是早期敘事詩所罕見的。

詩中描述二少爺挑剔，全用色彩形容，「黃柚子他說不能當水喝，傣族的白布他嫌織不好，漢族的藍布他說布太薄，灰色的綢子他說不好看，黑色的緞子他說把手戳。白色的涼鞋他說不避雨，淡黃色的包頭他嫌不夠軟。」而月罕和尙堂的婚禮則是吉祥幸福的色彩，綠豆雀放聲高唱，「小青魚飄游在綠色的水面，欣賞這詩情畫意的藍天。……黑色的蚊帳高高卷起，大紅色的毛毯鋪在樓上。月罕姑娘穿著珠紅色的長裙，淡黃色的短衫蓋住了手心……尙堂甩掉了黃色的袈裟，淺藍色的長褲穿在身上。」婚禮的歌唱著：「小青蛙最喜歡夏天清唱，白糯穀總是秋天低頭成熟。……孔雀最喜歡歇在綠色的草坪，黑天鵝最喜歡飄在靜靜的水面，鴿子最喜歡高飛在藍色的天空。」（註四四）我們可以看到傣族並不特別用那一個顏色來說明美醜善惡，有時只是不經意的。黃柚子、白布、藍布、灰、黑、淡黃，無一不好，而代表吉祥幸福的也有各種顏色，綠豆雀、小青魚、藍天、黑蚊帳、紅毛毯、綠草坪、黑天鵝等，全是讓人賞心悅目的。

《葫蘆信》中寫結婚的情形也是顏色強烈，黑、紅、黃、白並列，「黑緞子筒裙繡金線，紅綢子衣衫鑲銀片，黃金做面盆，白銀做鍋盞，青銅做茶壺，紅木做茶碗。」（註四五）強烈的顏色凸顯了婚禮的熱鬧喜氣。

四

從以上的敘述，可以歸納出傣族在敘事詩中對顏色運用的幾個特點：

㈠傣族敘事詩在比喻運用上，不求形象的肖似，而注重比喻物的顏色精神，通過比喻物，凸顯民族地方特色。敘事詩中很容易看到竹子、檳榔樹、大青樹、椰子樹、木棉樹、荷花、白象、孔雀、貓頭鷹、金鹿、麂子、鸚哥等，彷彿一幅亞熱帶風光景象。其他的民族所用的比喻物，顯然和傣族是不同的，如彝族長詩喜用小水牛、青松、桂花、尖刀草、蕎葉、猴子、癩蛤蟆等，栗傈族常用犁杖、青竹葉、弩機、鵝卵石作比喻，景頗族則用野草、芝麻葉、京桑鳥、芋頭葉、勒姜花、紅木樹等(註四六)。我們發現傣族幾乎將日常所能見到的放進敘事詩中，白棉花、白象或白芭蕉心，紅色荷花、紅色檳榔，黑烏鴉、黑木炭，代表黃色的更多了，金鹿、金塔、金線、金橋、金鐲等，綠色也用得很普遍，這跟傣族地處亞熱帶有關，放眼盡是綠意。

㈡傣族在敘事詩中紅、白、黑色用得最強烈，《蘭嘎西賀》是代表作品。紅、黑或白、黑有時是對比衝突的，如《蘭嘎西賀》中十頭王做的夢，白鷹和黑鷹搏鬥，黑鷹被折斷了翅膀，代表白色的正義戰勝了邪惡。《一百零一朵花》中娃娃的紅冠子花雞和國王的黑雞比鬥，黑雞敗了，也是正義戰勝邪惡。黑色並不總是象徵邪惡，因為黑烏鴉、黑炭、黑寶石、黑珍珠常用來比喻晶瑩黑亮的眼珠，而那樣的眼珠是善良人才有的。傣族中年女人的裝扮是黑筒裙、黑頭巾，黑色是莊重的。傣族用顏色表示反面是很少見的，有些學者認爲藏族、蒙古族厭惡黑色。（註四七）政大張駿逸教授也告知藏族談六道輪迴中以黑色表無知，紅色表貪婪，綠象徵仇恨嫉妒，卻不知根據爲何？

㈢金色是傣族特別鍾愛的顏色，連敘事詩的名稱也常加金字，《金牙象》、《金殼烏龜》、《金螺姑娘》、《金岩石帕罕》、《金岩羊尼罕》等。詩中屢屢出現金鹿、金鳳凰、金孔雀、金芒果、金筍、金荷花、金緬桂、金竹子、金湖水、金棺材、金繩、金傘、金箱、金塔等。傣族習慣在各種名物前加上一金字，代表吉祥珍貴。我們可以說傣族是崇尚金色的。

馮壽軒先生將傣族敘事詩色彩的表現分爲兩類，《緬桂花》、《葫蘆信》、《線秀》、《召樹屯》、《娥并與桑洛》、《婻窩尼》、《婻波冠》、《月罕佐與冒弄養》等色調純樸自然、恬靜細膩、莊重雅致，體現一種秀麗清雅之美。另一類作品，《蘭嘎西賀》、《紅寶石》、《九顆珍珠》、《松帕敏與嘎西娜》、《三牙象》、《三隻鸚哥》、《相勐》、《一百零一朵花》等，衆多紛紜的色彩自然組合，顯得五光十色，金碧輝煌，色彩濃而不豔、奇特大膽，在異樣的色調中閃爍著神奇而又具有理想主義的光輝。（註四八）

不論傣族敘事詩的色彩表現是否可以分類，我們都肯定傣族敘事詩的用色是渾然天成的，而這樣的色彩表現是他族所罕見，是令人嘆爲觀止的。傣族敘事詩對顏色的大膽獨特運用體現了民族的活潑熱情，是漢族文學中少有的。

【附註】

註一　朱淨宇、李家泉：《少數民族色彩語言揭秘》（昆明：雲南人民出版社，一九九三年八月），頁一七〇—一七六。

註二　馮立：〈中華民族無色彩偏愛的文化特徵——文化心態與色彩〉，《民俗研究》（濟南：山東大學）一九九〇年三期，頁十三—十四。

註三　同註一，頁一四〇。

註四　伊爾．趙榮璋：〈色彩與民族審美習慣〉，《民俗研究》一九九〇年四期，頁十五—十七。

註五　祜巴勐：《論傣族詩歌》（昆明：中國民間文藝出版社，一九八一年五月），岩溫扁譯，頁七十。

註六　同前註，頁六四。

註七、八　馮壽軒：〈論傣族敘事長詩的色彩流向〉，《邊疆文化論叢》第二集（北京：中國民間文藝出版社，一九八九年九月），頁一六〇—一六七。

註九　《婻妙》，岩溫扁、吳軍翻譯，《傣族民間敘事長詩》第一輯收錄（西雙版納：傣族自治州古籍研究室編，一九八八年二月），頁二五。

註一〇　同前註，頁二九。

註一一　同前註，頁五十—五一。

註一二　同前註，頁三七—三八。

註一三 《秀批秀滾》，刀志達、楊勝能譯，《傣族民間敘事長詩》第二輯收錄（西雙版納：傣族自治州古籍研究室編，一九八八年十二月），頁二一八。

註一四 《金螺姑娘》，刀永平翻譯，同前註，頁三二六。

註一五 《金殼烏龜》，玉康龍等翻譯，同前註，頁四三六，頁四四九。

註一六 蘇達萬：《蘭嘎西賀》，岩溫扁翻譯，《雲南少數民族文學資料》第四輯收錄（中國社科院雲南少數民族文學研究所編印，一九八一年二月）。此書雖然受印度《羅摩衍那》影響，形式上卻仍是傣族色彩。

註一七 同前註，頁一一五。

註一八 同前註，頁十五—十六，頁三四—四一。

註一九 同前註，頁四五。

註二〇 同前註，頁一三〇。

註二一 同前註，頁一四九。

註二二 《婻倪罕》，岩林翻譯，《金湖之神》收錄（雲南：中國民間文藝出版社，一九八一年九月），頁六五。

註二三 同註一七，頁十，頁八五，頁一三六，頁一四〇。

註二四 《蘭嘎西賀》，《雲南少數民族文學資料》第五輯收錄（一九八一年四月），頁六。

註二五　《帕罕》，《金湖之神》收錄，頁二，頁十二。
註二六　《阿鑾莫協罕》，《金湖之神》收錄，頁二二四。
註二七　同註一七，頁七二—七六，頁一三八。
註二八　《召西納》，《金湖之神》收錄，頁一九五—二〇〇。
註二九　《召樹屯》（昆明：雲南人民出版社，一九七九年八月），岩疊等翻譯整理，頁十六—二九。
註三〇　《九顆珍珠》（昆明：雲南人民出版社，一九八二年二月），頁三。
註三一　《娥并與桑洛》（昆明：雲南人民出版社，一九七八年十二月二版），德宏調查隊搜集翻譯整理，頁十，頁三七—四七。
註三二　《三牙象》（昆明：雲南人民出版社，一九八三年十月），楊明熙、楊振昆搜集整理，頁二七。
註三三　同註一七，頁十六，頁四一—四四。
註三四　同前註，頁六七—九二。
註三五　同前註，頁一五〇。
註三六　同註三〇，頁一—二，頁七—十八。
註三七　同註一五，頁四六七。
註三八　同註三二，頁七三—七四。
註三九　《沙里》，岩溫扁、吳軍翻譯，《傣族民間敘事詩》第一輯收錄，頁一九六—二〇〇。

註四〇《窩拉翁與召烘罕》，刀永平翻譯，《傣族民間敘事詩》第一輯收錄，頁三六四—三六五。
註四一　同註三六，頁一二〇—一二三。
註四二《一百零一朵花》（昆明：雲南人民出版社，一九七八年十月），罕華清等翻譯，頁四八—六二。
註四三《緬桂花》（昆明：雲南人民出版社，一九七九年八月），思永寧翻譯、馮壽軒整理，頁八—九，頁三二，頁四四—五六。
註四四　同前註，頁六三—六九。
註四五《葫蘆信》（昆明：雲南人民出版社，一九七八年十二月二版），西雙版納調查隊搜集翻譯整理，頁十六—十七。
註四六　楊萬智：《從〈娥并與桑洛〉看傣族敘事詩中比喻的運用》，《傣族文學討論會論文集》（雲南：中國民間文藝出版社，一九八二年十二月），頁三二九。
註四七　謝繼勝：〈藏族白色崇尚探索〉，《民間文學論壇》一九八六年第三期（北京），頁十五—二十。
註四八　同註七。

附錄

政大民族所林修澈教授曾提及藏族的宗教歷史書籍都以顏色當書名，如《白史》、《紅史》、《青史》、《新江史》，而蒙古族也有《白史》、《青史》等，可惜書中都未明言何以用顏色命名。

莊子思想中的唯美性格

——以勞思光、徐復觀為中心之討論

高柏園

一、問題的提出與範圍的限定

徐復觀先生在其《中國藝術精神》一書中，曾提出以下的意見：

> 然後發現莊子之所謂道，落實於人生之上，乃是崇高地藝術精神；而他由心齋的工夫所把握到的心，實際乃是藝術精神的主體。由老學、莊學所演變出來的魏晉玄學，它的眞實內容與結果，乃是藝術性的生活和藝術性的成就。……到了魏晉時代，因玄學之力，而比西方早一千多年，引起了藝術的眞正自覺。（註一）

從這段引文看來，徐先生將莊子的藝術精神視爲道在日常生活的表現，而此藝術精神亦影響了魏晉的發展，但是另一方面，徐先生卻認爲藝術的眞正自覺是起於魏晉。因此，我們的第一個問題是：莊子的道是在何種意義下被視爲是藝術精神？而其何以不曾引發眞正的藝術自覺？誠如徐先生所說的：「中國文化中的藝術精神，窮究到底，只有由孔子和莊子所顯出的兩個典型。」（註二）儒道二家皆有其特有之藝術態度與影響，「由孔子所顯出的仁與音樂合一的典型，這是道德與藝術在窮極之地的統一，可以作萬古的標程；……由莊子所顯出的典型，徹底是純藝術精神的性格，而主要又是結實在繪畫上面。」（註三）在儒道二家的對比中，徐先生強調了儒家的道德性與莊子純藝術精神之差異，只是如此一來，則如莊子如此徹底的純藝術精神何以沒有直接開展出藝術的眞正自覺？這就成爲十分有趣而又重要的問題了。易言之，莊子做爲中國藝術精神的主流之一，其重要性自是必然，只是如此重要的藝術精神與藝術的眞正自覺之間究竟是什麼樣的關係？如果我們將藝術的眞正自覺視爲是一種唯美主義的內容，那麼，問題便成爲莊子的藝術精神與唯美主義的態度，到底有怎樣的關係？

如果以上的問題是可以成立的話，那麼，我們由第一個問題便可引伸出第二個問題，也是本文的主題所在，此即：莊子思想中有唯美主義性格嗎？在什麼意義下與唯美主義相關？其實，對此問題的討論，除了徐復觀先生之外，勞思光先生在其《中國哲學史㈠》中亦有論及，依勞先生，以老莊爲主的先秦道家思想乃是以情意我爲自我的內容，而情意我與唯美思想亦頗有相關，値得進行對比與討論。當然，本文既是對唯美主義進行討論，自然須對唯美主義的基本意義有一說明，以做爲討論的共同基礎，此即本文第二節的主要內容。另一方面，本文有關莊子思想之討論，乃以《莊子》全書爲討論背景，而尤其以內七篇爲重心，在此暫時擱置《莊子》文獻之作者及時代之種種問題。因此，本文乃是以莊子及廣義的莊學爲討論對象，此不但能較周延地討論莊子，同時也比較能適當地回應徐復觀及勞思光先生對莊子之討論。

二、唯美主義的幾種意含

關於唯美主義的意含，我們可以由以下的敘述中，逐步地歸納出來。首先，讓我們看看朱光潛先生在《文藝心理學》中的說明：

就大概說，從古希臘一直到十九世紀，文藝寓道德教訓，是歐洲文藝思想中的一個主潮；到了十九世紀，它纔受動搖。使它動搖的有兩種勢力。第一是浪漫主義所附帶的「爲文藝而文藝」（Art for Art's Sake）一個信條。「爲文藝而文藝」的主張本發源於法國。後來海納（Heine）把它傳到德國去，惠塞洛（Whistler）、王德爾（Wilde）和丕德（Walter Pater）把它傳到英國去，釀成所謂「唯美主義」……但是當時還有另一種較深厚的勢力，給從前文藝必寓於道德教訓說以更大的打擊，這就是從康德到克羅齊一線相承的唯心主義的美學。這派美學從美感經驗的分析證明藝術和道德是兩種不同的活動。道德是實用的，起於意志；美感經驗是直覺的，不涉意志、欲念的。像遊戲一樣，它是剩餘精力的自由流露，是「無所爲而爲的觀賞」，所以道德與實用無關。……唯心派美學家中過激者不但否認文藝可以用道德的標準來衡量，並且主張人生和整個宇宙也必須以藝術的眼光去看，而不能以道德的眼光去看。尼采就是這樣想。（註四）

由以上說明可知，唯美主義思潮乃是十九世紀歐洲所發展出的內容，其通過「爲藝術而藝術」的要求，以及唯心主義美學對道德及美感之區分，而得以建構其理論之基礎。而無論是雨果（V. Hugo）所主張的「我們相信藝術的獨立自主」，抑或是克羅齊所謂：「藝術不是意志活動所產生的。造成好人的善良意志不能造成一個藝術家。它既然不是意志的活動所產生的，就與道德上的個別無關。」（註五）唯美主義最基本的立場之一，便是美的獨立性，易言之，美是獨立於道德、認知之外的自足存在。其次，當唯美主義被引伸出「主張人生和整個宇宙也必須以藝術的眼光去看，而不能以道德的眼光去看」的主張時，唯美主義便由美的獨立性中引伸出美的優先性，而成爲唯美主義第二個重要意含。總之，根據朱光潛先生對唯美主義的說明，我們可以得到美的獨立性與美的優先性二點，做爲唯美主義的重要意含。

對於唯美主義的二種意含，我們在劉昌元先生的《西方美學導論》中也可以找到支持。

> 唯美主義的最著名的口號是「爲藝術而藝術」。這個口號的意思是強調藝術有其獨立的價值，並不需要爲任何道德教條服務才可獲得其價值。……如果我們追問審美經驗在人生中之地位，則像貝爾這樣的人就會把它推崇到至高無上的地位，把它視爲「終極的喜」。在這種情況下唯美主義已成爲一種人生觀，……這樣，「爲藝術而藝術」就轉成「爲藝術而生活」了。（註六）

又，

> 貝爾認爲唯一有內在價值而且可當作目的自身來看待的善，就是一種善的心態，而「沒有一種心態是比審美觀賞之心態更優越與強烈的了。」……所以貝爾寫道：「藝術是高於道德的，或

者更精確地說，所有的藝術都是道德的，因爲……藝術品是達到善的直接方法。……因此，宣稱任何東西是藝術品是在下一道德判斷。它是在賦與一對象如此直接與有力之達到善的方法，以致於我們不用再管任何其他可能的結果。」……這種看法在美學中有時稱爲唯美主義（aestheticism）。由於審美經驗就是終極之至善，而藝術即達到這個目的的最直接的方法，所以與其說這是「爲藝術而藝術」，還不如說是「爲藝術而生活」（life for art's sake）。（註七）

由劉先生以上二段說明，我們可以明顯地看出，「爲藝術而藝術」做爲唯美主義的主要意含時，它僅是強調了美的獨立性，只是當「爲藝術而藝術」轉爲「爲藝術而生活」時，便是由美的獨立性導出美的優先性。尤有進者，唯美主義不只由美的獨立性引伸出美的優先性，同時，也從美的獨立性中引伸出美的排他性。讓我們看以下這段引文：

唯美主義所以認爲道德理由與作品好壞無關，是受到傳統西方美學嚴分審美態度與道德態度的影響。這種做法使人誤以爲一旦用道德的理由來評價一作品時，我們就沒有用審美的眼光來看待它，因此我們的判斷對作品本身的好壞就是不相干的。（註八）

區分道德態度與審美態度誠然是可能的也是合理的，但是道德態度與審美態度的差異，這樣的前提並不能必然地推論出道德態度與審美態度的排斥性。易言之，僅由審美態度的獨立性並不能必然地導出審美態度與其他態度間的排斥性。當然，在區分道德態度與審美態度時，誠然需要一種暫時性的、方法性的孤立，也就是將審美態度孤立出加以討論，但是如果不能對此孤立之暫時性、方法性的性格加以充分自覺，便會可能由此孤立而導出排他性等的種種謬誤。劉昌元先生在引介杜威時便有以下的說明：

由於藝術在現代社會中被孤立，因此如對這畸形的社會現象沒有自覺，而且以之爲起點去建立美學理論，就很容易導致孤立派的謬誤，如克羅齊的直覺主義，貝爾（Clive Bell）的形式主義，以及「爲藝術而藝術」的思想。有這種想法的人以爲只有把藝術從世俗與平常的人生經驗中孤立出來，才可保持藝術品的純粹性與精神價值。但是這樣一來藝術品的存在反而成爲了解藝術的障礙。這不能說不是一個反諷。（註九）

杜威在此合理地指出將藝術孤立化，並由此而導出藝術的優先性及排他性的不當，不但在理論上有以上的說明，同時也指出實例以說明審美經驗與理智經驗、實用經驗、道德經驗間的並存與相容性。（註一〇）

經由以上的討論，我們可以對唯美主義歸納出三個主要的意含，此即：美的獨立性、美的優先性以及美的排他性。筆者以爲，吾人可方便將對美的獨立性的肯定，做爲廣義的唯美主義內容，而對美的優先性及美的排他性，視爲狹義的唯美主義內容。所謂美的獨立性不是指美是孤立於其他存在，而是指美乃是一種無法歸納或還原的最後特質。易言之，美與眞、善等內容乃是同時存在於吾人生命中，但是我們認爲眞、善、美三者乃是獨立的，也就是指三者是原子的，是不能互相轉換或還原爲更根本的性質。由此看來，唯美主義對美的獨立性之強調乃是十分合理而重要的。至於美的優先性與排他性，可由二點加以反省，其一，我們無法僅由美的獨立性，而合理導出美的優先性與排他性，除非再加上其他的內容；其二，是我們由許多經驗的事實中已可說明美不必具有唯一的優先性，例如道德、宗教並不比美更不重要，同時也可說明美並不具有排他性。(註一一)當然，我們並不認爲一個人不可以主張美具有優先性或排他性，只是如果如此，他必須對以上的質疑提出令人信服的說明。以下，我們便可以由唯美主義的三種重要意含，來檢討莊子思想中的唯美性格。在有關莊子思想中的唯美性格之問題上，勞思光及徐復觀先生都有相關的說明，值得吾人加以討論。

三、勞思光先生的主張

勞先生在其《中國哲學史㈠》中，對老莊思想給予一明確的定位，亦即是將老莊定位在情意我的肯定上。勞先生明白地指出：

> 莊子之自我，駐於「情意」一層；此種「情意我」就發用而言，爲觀賞之我，故可說爲"Aesthetic Self"；就其體性而言，則爲純粹之生命境趣，與形軀我決不相同。(註一二)

就勞先生將莊子的自我視爲是一情意我之時，似乎也正是宣稱了莊子思想中觀賞、生命情趣等內容，因而莊子思想的唯美性格似乎也就十分強烈了。只是在面對如是的肯斷時，我們要問的是，如是的結論是如何提出的？其理由與根據何在？

原來，勞先生之所以能推出如此的結論，主要的理論根據有三，其一是其對自我的設準，其二是通過否定與窮盡，而消極地逼顯出結論，其三則是積極地說明莊子之自我何以是情意我。現在，我們就來看看這三個論據能否成立？

首先，就勞先生對自我的設準而言，其大分爲三：德性我、情意我、認知我，此外再加上形軀我。（註一三）而另一方面，勞先生又明確地將自我之設準大分爲四，此見其對此如是重要的設準缺乏明確的說明，否則便是勞先生的寫作態度並不嚴謹。（註一四）其次，勞先生之設準亦缺乏周延性，因爲佛教的自我論便無法在此設準中找到合理的安頓。（註一五）

如果勞先生的設準缺乏周延性，那麼勞先生通過否定與窮盡的方式逼顯出莊子的自我境界便難以成立。蓋勞先生乃是認爲其設準具有周延性，已然窮盡了所有自我的境界，因此當莊子已然否定了德性我、認知我、形軀我，便只能屬於情意我了。只是如果勞先生之設準一旦缺乏周延性，當然也就無法窮盡，而如是之進路自然也就成爲無效的推論了。其次，勞先生認爲莊子否定形軀我及認知我，此中用「否定」顯然是過當的，因爲莊子並沒有「否定」形軀我及認知我，只是不將形軀我及認知我視爲最優先的存在罷了，因而其對形軀我、認知我之遮撥，也僅只是爲了超越其上，而獲得心靈的自由。勞先生自己也說：「首先，觀內篇材料，可知莊子所重者非「德」。」（註一六）其實我們應該將此義擴充，而主張莊子所重者非德性我、認知我與形軀我，但並非逕自否定也。（註一七）即使我們再退一步，認爲勞先生的設準是周延的，而且莊子也的確否定了德性我、形軀我、認知我，如是，是否就能推出莊子對情意我之肯定呢？答案依然是否定的。蓋莊子在對此德性我、形軀我、認知我進行批判與反省時，並不表示莊子便必就地要接受情意我的境界，反之，我們認爲莊子乃是要凸顯一超越德性、認知、形軀及情意之上的心靈自由，此心靈乃是以上四者的可能基礎所在。易言之，莊子並不是在否定形軀、德性、認知的同時，肯定了與之同層次的情意，而是選擇了一種超越層次、後設層次的自由心靈。只有如此理解，才能合理地解釋〈齊物論〉及〈天下篇〉中的基本精神，同時也才是充分極成莊子思想的積極作法。（註一八）

至於勞先生對莊子情意我之積極肯定，乃是來自於對〈應帝王〉中的一段話之解析：

至人之用心若鏡，不將不迎，應而不藏，故能勝物而不傷。

勞先生以爲：

所謂「勝物」，根本上自是指不爲外物所支配而言，換言之，即就心靈之主宰性而言。（註一九）

又，

今道家說「勝物」之義時，則只強調一「觀賞世界」之態度，此態度在老子說乃「無爲」，在莊子則有多種描述。（註二〇）

說明：我們實在無法看出由「心靈的主宰性」如何推出「觀賞世界之態度」？再觀勞先生對老子「無爲」之

……老子則由觀「反」而駐於近乎捨離之境界；其所透出之主體自由雖亦近乎靜斂，但反射經驗界中，欲生出一支配經驗之力量。（註二一）

「支配經驗」與「觀賞世界」顯然是有著極大差異的，勞先生卻在文中時而將之混同，可見勞先生根本無法由莊子文獻中積極分析出情意我之境界，而其消極之證成又屬無效，因此，我們不得不說勞先生對莊子情意我之肯定乃是不能成立的。雖然如此，勞先生對莊子心靈之主體自由之肯定仍是十分正確的看法，而這也就可引至徐復觀先生對莊子的態度了。（註二二）

四、徐復觀先生的態度

如前所論，我們肯定勞思光先生對莊子心靈自由之主張，但是，我們卻不將此自由之心靈直接等同為情意我，而認為此自由之心靈乃是一後設之自覺，是德性我、情意我及認知我所以可能的根據，而此三者皆只是自由心靈之不同表現形態罷了。事實上，徐復觀先生所謂之藝術精神即是使一切成為可能之根據，即是道，而道在吾人生命中之表現便是心，也正是藝術精神之主體。本文在此所論，乃是根據徐先生《中國藝術精神》一書為主，而將徐先生之主張通過二個問題加以討論，並由之回答本文一開始所提出之根本問題。這二個問題分別是：㈠莊子之藝術精神如何證成？其與美之關係為何？㈡莊子的藝術精神有唯美的性格嗎？

㈠

關於藝術精神，我們可以由以下的引文中得到理解的線索：

> 儒道二家的人性論，雖內容不同；但在把群體涵融於個體之內，因而成己即要求成物的這一點上，卻有其相同的性格。（註二三）

其實，成己成物即是現實生活的安頓，因爲一切成己成物皆必須在生活中展開也。此徐先生謂：

> 老莊所建立的最高概念是「道」；他們的目的，是要在精神上與道爲一體，亦即是所謂「體道」，因而形成「道的人生觀」，抱著道的生活態度，以安頓現實生活。……但若通過工夫在現實人生中加以體認，則將發現他們之所謂道，實際是一種最高的藝術精神；這一直要到莊子而始爲顯著。（註二四）

又，

> 當莊子從觀念上去描述他之所謂道，而我們也只從觀念上去加以把握時，這道便是思辨地形而上的性格。但當莊子把它當作人生的體驗加以陳述，我們應對於這種人生體驗而得到了悟時，這便是徹頭徹尾的藝術精神。（註二五）

很明顯地，徐先生乃是將藝術精神的最高表現視爲道的表現，但是老莊的道應該是萬物所以可能的根據，這與徐先生的看法：「但此最高的藝術精神，實是藝術得以成立的最後根據。」（註二六）二者顯然是有差距的。易言之，道既是藝術精神的最高表現，則二者應該是萬物所以可能的根據，果如此，說道是藝術成立的最後根據固然無誤，但是顯然沒有對此中之「藝術」有個別的說明。正因爲如此，徐先生乃由二義加以說明。

首先，徐先生乃是由「游」的意義加以說明。易言之，游「是從現實的實用觀念中得到解脫。……所謂無關心，主要是既不指向於實用，同時也無益於認知的意思。」（註二七）徐先生的說明乃是指出游的趣味判斷有別於實用與認知。只是這樣的說法顯然是與其對藝術精神之說明有所出入，因為藝術精神乃是道，它不是與實用、認知、趣味同層次的存在，因此，由其無關於實用、認知，莊子並不是要趣味，而是彰顯一超越的道、一超越的自由心靈。其次，徐先生以「和」來說明也是不充分的。徐先生指出：

「和」是「游」的積極地根據。老、莊的所謂「一」，若把它從形上的意義落實下來，則只是「和」的極至。和即是諧和、統一，這是藝術最基本的性格。……所以莊子以和注釋德，總與性同義，指的是人的本質，這即是認為人的本質是和，亦即是認為人之本質是藝術性的。（註二八）

將諧和、統一視為是藝術的最基本性格，此論本身就是開放的，易言之，尚是可爭論的。即使我們接受如是的主張，也僅是承認諧和、統一是藝術的必要條件，而並非充分條件，果如此，則僅具備諧和與統一，並不能據此而推論出即是藝術。因此，莊子的德、性、和雖具有藝術的必要條件，但卻不能因此宣稱它是藝術性的，我們不能將必要條件誤認為充分條件。（註二九）總之，徐先生認為藝術精神乃是一種自由自在的心靈，就此義而言，莊子的道誠然是表現出了最高的藝術精神。但是，如此的結論卻不是同時肯定了莊子執取了與實用、認知同層次的趣味，而是證成一後設的心靈。同時，無論是游或和，都無法證成其中必然是藝術性的，因爲二者對藝術而言並不是充分條件。

既然藝術精神是藝術所以可能的根據，而美又是藝術的表現，因此，藝術精神也就成爲美的基礎所在了。徐先生指出：

心齋之心的本身，才是藝術精神的主體，亦即美地觀照得以成立的根據。（註三〇）

心齋是主體的修養，心齋的心既是美地觀照所以成立的根據，則心齋的過程似乎也就與美有關了。徐先生也正是通過心齋來說明美地觀照。

達到心齋、坐忘的歷程，主要是通過兩條路。一是消解由生理而來的欲望，……因爲實用的觀念，實際是來自欲望。……另一條路是與物相接時，不讓心對物作知識的活動；……忘知，是忘掉分解性的，概念性的知識活動；剩下的便是虛而待物的，亦即是徇耳目內通的純知覺活動。這種純知覺活動，即是美的觀照。（註三一）

又

心從實用與分解之知中解放出來，而僅有知覺的直觀活動，這即是虛與靜的心齋，即是離形去知的坐忘。此孤立化、專一化的知覺，正是美地觀照得以成立的重要條件。（註三二）

依徐先生，心齋坐忘之所以是美的觀照所以成立之重要條件，乃是因爲它們都是將實用與認知排除了，由是而形成純知覺，亦即是知覺的孤立化，以此做爲美的觀照之條件。然而問題依然存在，首先，知覺的孤立化似乎只是一種思想中的觀念，在現實存在中根本不曾存在，因爲人的存在情境本來就不是孤立的。其次，莊子的坐忘心齋也不是以知覺的孤立化爲目的，他乃是在實用與認知之上，逼顯出一後設的自由心靈罷了。只有如是的心靈，才能眞正地齊物、齊物論，也才能通道術之大全，而得以由一曲之士的偏狹中得到超越的可能。這也說明了莊子思想之所以不是唯美的，正在其並未將美獨立於眞與善之外，也不曾認爲美是優先於眞、善，更沒主張美與眞、善是彼此排斥的。再其次，即使我們肯定莊子對知覺的孤立化，此純知覺也僅是知覺，它不是認知、不是實用，但不能由此推論它是美的、藝術的。除非我們對美或藝術下一規範定義，認爲不是實用、認知，就是美的、藝術的。只是如是的定義只是退後問題而沒有解決，因爲這樣的定義並非自明的。最後，暫時不論以上的問題，純知覺自身可以是藝術、知識甚至道德的可能基礎，因而以此說明藝術不免過於寬泛了。

當然，對以上問題徐先生或許早有自覺，其謂：

僅由孤立化的知覺以說明莊子的心齋，還是不夠的。同時，僅以直觀地知覺活動以說明美的觀照，也是不夠的。因爲它得以成立的根據並不明顯。（註三三）

如果徐先生早已有自覺，那麼，他用什麼方法來說明美的觀照呢？他指出：

……美地意識，是由將所觀照之對象，成爲美地對象而見。觀照所以能使對象成爲美地對象，是來自觀照時的主客合一，在此主客合一中，對象實際是擬人化了，人也擬物化了；……然則何以能如此？是因爲凡是進入到美地觀照時的精神狀態，都是中止判斷以後的虛，靜地精神狀

態，也實際是以虛靜之心爲觀照的主體。（註三四）

對於徐先生以上的說明，我們的質疑是，主客合一可以是美地觀照時的狀態或境界，但卻不只是美地觀照所獨具的內容，道德上亦可以有物我一體的境界。而且，主客合一與美到底有什麼樣的關係亦是疑點之一，因爲我們由主客合一中分析不出美來，因而單以主客合一來說明美，顯然是不充分的。其次，我們由美地觀照之精神狀態都是中止判斷的虛靜，並不能導出虛靜是美地觀照的充分條件，甚至是必要條件。（註三五）

總結前論可知，徐先生指出莊子對心靈自由的重視與肯定是絕對正確的，而莊子在凸顯此心靈自由與超越之時，誠然對認知、實用甚至道德，進行了某種程度的批判與否定。只是我們必須注意的是，莊子此舉誠然是讓我們由認知、實用與道德中暫時得到解放，由是而言，莊子的思想是爲唯美主義思想提供了某種程度的基礎，因爲莊子讓我們有機會將美獨立出來加以掌握。因此，如果我們說莊子思想中的唯美性格，這點是可以做爲支持的。但是，莊子並未在否定或批判道德、實用、認知的同時，選擇了趣味或美，而是凸顯出一異層次的自覺心靈。根據此心靈，我們可以齊物、養生、逍遙，甚至達到道術之全而內聖外王。莊子不但沒有將美視爲排他的存在，也沒有將美的地位優先於眞或善，因而莊子並不能成爲一個嚴格的唯美主義者。而這點，徐復觀先生亦有十分清楚的說明：

……儒道兩家，雖都是爲人生而藝術，……老子乃至莊子，在他們思想起步的地方，根本沒有藝術的意欲，更不曾以某種具體藝術作爲他們追求的對象。（註三六）

又，

但老、莊，尤其是莊子的藝術精神，是要成就藝術地人生，使人生得到如前所說的「至樂」「天樂」；而至樂天樂的眞實內容，乃是在使人的精神得到自由解放。……莊子決不曾像現代的美學家樣，把美、把藝術，當作一個追求的對象而加以思索、體認，因而指出藝術的精神是什麼？（註三七）

既是「爲人生而藝術」，顯然不是「爲藝術而藝術」，也不是「爲藝術而人生」，莊子在此之非唯美性是十分明顯的。但是莊子對道德、實用、認知之超越，也的確提供了一種美的獨立之可能，由是而有其藝術精神之開展，並影響日後的中國美學與藝術。而徐先生認爲魏晉始有「藝術的眞正自覺」，一方面點明了莊子思想中的非唯美性，但另一方面也說明魏晉的唯美性以及莊子對其的可能影響。

總之，如果我們以美的獨立性、優先性及排他性做爲唯美主義的主要意含，那麼，莊子思想顯然是非唯美的。但是，由於莊子對道德、實用、認知之反省與超越，無形中使美的獨立性有較有利的呈現可能，就此而言，莊子思想至少是提供了唯美主義發展的有利條件。另一方面，莊子畢竟是爲人生而藝術，其用心也不放在藝術與美的探討上，雖然他所提出之心靈自由可以是一種高度的藝術精神表現，因此，莊子思想應該是前美學的、前藝術的。當然，如果我們將美學界定爲一種後設的方法，則莊子顯然是有著極強的美學性格，這點我們在齊物論中可以找到十分明顯的支持。

五、結　論

本文主要目標，在通過對勞思光及徐復觀二位先生之觀點的討論，說明莊子思想中的唯美性格。我們首先由唯美主義的一般內容及發展中，提煉出美的獨立性、優先性及排他性，做爲唯美主義的主要意含，而後再以此檢討勞先生及徐先生看法之得失，並在論述的過程中，逐步回答本文的主要問題。必須說明的是，雖然本文對勞先生、徐先生甚至唯美主義思想都有所批評，但我們仍然要尊重他們的成果與貢獻，因爲正是他們的辛勤，使我們能有機會以後設的態度進行反省，並獲致更爲深入的可能。

【附　註】

註　一　徐復觀，《中國藝術精神》（台北：學生書局，民國七十二年一月），頁三—四。

註　二　同註一，頁六。

註　三　同註一，頁六。

註　四　朱光潛，《文藝心理學》（台北：開明書局，民國六十七年九月），頁一〇九—一一一。

註　五　參見同註四，頁一〇九及一一一。

註　六　劉昌元，《西方美學導論》（台北：聯經出版公司，民國七十五年八月），頁三五八。

註　七　同註六，頁一八一—一八二。

註　八　同註六，頁三四八。在王世德主編的《美學辭典》（台北：木鐸出版社，民國七十六年十二月）中對「唯美主義」的說明，便只提出了美的獨立性與優先性，見其書頁四五二－四五三。此外，Peter A. Angeles所編的《Dictionary of Philosophy》（New York, Harper & Row, 1981）頁四，則將Aestheticism通過以下二點加以界定：㈠美感經驗是人類經驗中最高者。㈡道德是爲藝術服務的。此說便是完全凸顯了唯美主義的優先性而已！

註　九　同註六，頁一一六。

註一〇　參見同註六，頁一二一－一二三。

註一一　參見同註六，頁三四七－三四八。

註一二　勞思光，《中國哲學史㈠》（台北：三民書局，民國七十九年十二月），頁二五六。

註一三　參見同註一二，頁二四九。

註一四　參見同註一二，頁二四九。

註一五　參見高柏園，〈論勞思光先生之基源問題研究法〉（台北：《鵝湖學誌》第十二期，民國八十三年六月），頁七三－七四。

註一六　同註一二，頁二七六。

註一七　同註一二，頁二五六－二八二，都在對形軀我、認知我及德性我之反省，然而勞先生之說明則頗有問題，例如頁二五九：「又若自覺之心靈不以形軀爲自我，則當知形軀對自我而言，實爲一限制，亦爲一負擔；如此，則形軀消滅，轉是自我之限制與負擔之解除。故說：『此古之所謂懸解也』。」依莊子，懸解並不在形軀之消滅，而在心之能否安時而處順，莊子根本不是否定形軀，而是否這形軀存在的優先性，其餘論認知我、德性我，甚至情意我皆然。又頁二六九：「不設一『A觀念』，即無由得『非A概念』。『A與非A』固互相矛盾，然亦互相創生，互相映顯。」如果A與非A都是概念，則此二者間並不構成矛盾關係，而只是互爲補類罷了。可參見成中英主編《近代邏輯暨科學方法學基本名詞詞典》，台北：聯經出版公司，民國七十二年二月），頁一六八—一六九。其他之例尚多，茲不贅論。

註一八　參見高柏園，《莊子內七篇思想研究》（台北：文津出版社，民國八十一年四月）頁八十五—九十七。

註一九　同註一二，頁二七六。另見同註一，頁八二：「『勝物而不傷』的勝，不是戰勝的勝；應當作平聲讀，乃是對任何物皆能作不將不迎的自由而平等的觀照之意。」徐復觀先生此義可參考。

註二〇　同註一二，頁二七八。

註二一　同註一二，頁二四三。

註二二　同註一二，頁二七九：「倘吾人以『主體自由之完成』一概念界定嚴格意義之『德』，則儒學之化成，佛教之捨離皆爲肯定『德性我』之精神。……學者緊扣此一環節，即可知『情意我』與『德性我』之辨矣」又，頁二八七：「莊子此種心靈，雖亦表現主體自由，然此種自由只在不受拘繫，無所追求一面表現，而不能在建構方面表現。」此二段文字顯然並不一致。

註二三 同註一，頁四五。

註二四 同註一，頁四八。

註二五 同註一，頁五〇。另參見頁六一—六二：「心的作用、狀態，莊子即稱之爲精神；即是在自己的精神中求得自由解放；而此種得到自由解放的精神……正是最高地藝術精神的體現；也只能是最高地藝術精神的體現。」

註二六 同註一，頁五一。

註二七 同註一，頁六四。

註二八 同註一，頁六七。

註二九 參見同註一，頁六八：「沒有和，便沒有藝術的統一，也便沒有藝術，所以和是藝術的基本性格。」。

註三〇 同註一，頁七五。另外，劉昌元《西方美學導論》頁一〇九也論及莊子心齋，可供參考。

註三一 同註一，頁七二—七三。

註三二 同註一，頁七四—七五。另參見頁八二：「所謂靜知，是在沒有被任何欲望擾動的精神狀態下所發生的孤立性的知覺。」

註三三 同註一，頁七五。

註三四 同註一，頁八〇。

註三五　參見同註一，頁九六：「……此之謂知覺的固有意義；這是美地觀照必須具備的條件。」

註三六　同註一，頁四九—五〇。

註三七　同註一，頁六〇—六一。另參見頁七〇：「莊子本無意於今日之所謂藝術；但順莊子之心所流露而出者，自然是藝術精神，自然成就即藝術地人生；也由此可以成就最高地藝術。」

由孔子的美學觀探究中國「唯美」的初始模式

蕭振邦

前言

我們以「無關心性」（disinterestedness）、「非漫不經心性」（nondescursiveness）等語詞來形容「只是注視」（only looking at）的「美感態度」或「美感經驗」（註一），可能會遭遇到一些困難。很明顯地可以看出，一方面，這些語詞其實並不那麼明晰或者普遍被使用（換言之，它們都不是「日常語言」，不容易被專業領域之外的一般人理解）。另一方面，在我們日常生活中經常注視著許多人、事、物，整個居處環境幾乎也都是「人造的」，憑什麼我們要說「僅僅注視著藝術品」就能引發美感呢？爲了更明確地傳達前述詞意，並避開詰難，我們用了一個較通俗的字——好的（nice）或美的（beautiful）——來表述這類經驗。進而，果眞我們又以爲這些語詞所傳達的「美」，是藝術創造或美感經驗中的唯一或最重要因素，那麼便形成了所謂的「唯美主義」。

「唯美主義」一詞涉及的問題極為複雜，也很難界定，要釐清其中的各項糾結，勢必徹底考察藝文活動，尤其是藝術品自身，但基於個人因素，本文不擬從事藝術實務或作品的實際考察，而嘗試改由基源層面探討中國藝文活動中「唯美」的初始模式，以便為中國古典文學（甚至其他藝文活動）的「唯美」諸問題提出理論上的解題可能。

一、「唯美主義」概觀

西方「唯美主義」一詞的使用，可能嵌結（conjoint）於兩種脈絡，一者可稱之為「美學脈絡」，亦即，當我們討論美感經驗——藝術品在日常生活中的地位、美感的觀察力、「形式」的意義等等——所用的一種「貶抑（derogatory）詞」（註二）。簡要地說，在此脈絡中，美感意義只賸下視覺的「形式」意義，美感對象的其他經驗意涵被剝奪了。是此，在「美學脈絡」，「唯美主義」一詞的用法即涵概於「形式主義」（formalism，（註三））之中。

其實，「唯美主義」一詞並不容易界定，它也不只具有前述所謂的「貶義」。徵諸西方美學史，此一用詞的歷史淵源可溯及十九世紀「為藝術而藝術」（art for art's sake）的思潮（註四）。其時，社會的變遷、法國大革命的激刺、現代工業的興起，都使得Plato以來的「藝術家的分位」問題重新受到考量，而關注此一問題的美學家認為，藝術家的責任就在於使其作品完美，特別是作品的「形式美」，而無關社會的期待。甚至，主張藝術家基於藝術要求，以及他超乎尋常的感受力，必須與社會疏離——社會注定會毀滅藝術家。這樣的看法發源於德國的浪漫主義者，而於一八二〇—三〇年代先於法國，再於英國，逐步轉變成「爲藝術而藝術」的理論經營，並成爲美學上主要的爭議課題。

當我們較深入地考察「爲藝術而藝術」的主張時，不難發現類似的許多看法其實移植了Kant的「自律」（autonomy）理論。簡約地說，「唯美主義」實源自德國古典美學思潮與浪漫主義運動，而逐步向當代的形式主義過渡（註五）。「形式」的討論由來已久，譬如，Aristotle在《詩學》中揭明的雖然是一種模倣說，但他詳細討論悲劇與史詩時，主要處理的卻是它們的形式特徵！到了十八世紀，Kant在《判斷力批判》一書中區分了「自由美」與「依附美」，並主張唯有自由美才是品味判斷，而自由美只涉及對象的形式，美即是形式（註六）。這些看法都直接或間接影響了後來「形式主義」／「唯美主義」的發展。

值得注意的是，這裡所指涉的「形式主義」，其實是結合了「表現主義」（或謂Croce-Collingwood美學理論）的「改良」見解（註七），它意識到美學理論不只關注藝術品自身的特質，也注意我們對藝術品感興趣的興趣特質。大體上說，以「形式主義」爲骨幹的「唯美主義」理論取向，多半漠視生活實際，也常常淪爲對抗各種意識型態的工具，但是，這樣的主張所引發的問題一直還待解決：在美感經驗中，「形式」脫離了它們所表現的東西，是否還有其意義？

此外，「唯美主義」嵌結的另一個脈絡是「文學脈絡」，亦即，特指文學理論或文學作品所表現的「唯美取向」。在蔡源煌氏譯的《美學主義》一書（註八）中，給「唯美主義」的界定是：「廣義地說，『唯美主義』代表一種熱衷（中）於美的表現。……『唯美主義』一詞首度出現在十九世紀……。它不僅代表一種熱衷（中）於美的表現，而且也意味著一個信念，強調「美」比其他的價值更重要。」（註九）這一界定大體揭開了「唯美主義」的核心理念。接著譯文第五頁列舉了「唯美主義」的三大功能：

一、作為一種藝術觀；

二、作為一種人生觀；

三、作為文學、藝術及批評的一種實際取向。（註一〇）

大體上要說明這些功能，多半還是要回到作品自身，以求得徵驗或印證，此如，《當代世界美學藝術辭典》於「唯美主義」這一條，即述及「在一定程度上，唯美主義似乎是對維多利亞後期物質主義和資本主義的反抗，也是對體現『資產階級精神』的市儈作風的反抗。人們當然可以在『唯美主義者』的作品中看到普遍的清醒，尤其是在詩中。」（註一一）。

但這類說明方式難度甚高，以文學作品為例，某種「形式」特質可能有助於我們解說何以把美感價值賦予某一作品，但可以視之為「形式」的特徵則甚為寬泛——此如詩歌中的韻律、文字的排列，以及小說中情節的結構等等都與「形式」有關。是此，一旦「形式性」日益受到重視，各種相應的文學理論與批評即應運而生。其中關連於形式的核心問題是，那一種「形式」呈現了美，或即「等同」（identify）於美？這時候，果眞還要以作品為探究重點，則必涉及文學批評實務——評價作家、作品，辨別文體暨創作方式。

美國的新評主義，諸如Cleanth Brooks等人，以及著名的法國結構主義者Roland Barthes都是形式主義者，而這些人所揭開的文學批評趨勢，已然導致部分文學家逐漸提高了對形式的關注。但是，要把形式主義者所強調的「形式」等同於「美」看待，則尙有理論銜接上的困難，而這也是延續至當代的文學理論中，重要的美學問題。

二、兩種探究中國古典文學「唯美」取向的進路

大體上說，西方式的「純形式」或「唯美」取向，並不是「中國古典文學」的明顯訴求，即如，北大哲學系教授葉朗氏論及「王國維寫了一篇專論藝術形式美的美學論文，是爲〈古雅之在美學上之位置〉（文中直揭「一切之美皆形式之美也」）。這可以說是中國美學史上第一篇關於藝術形式美的專論，值得我們重視。」（註一二）果眞葉朗氏的考察無誤，則這類「形式美」概念在中國文學中較爲晚出，故在中國古典文學脈絡中是否眞有西方式的「唯美主義」，實値得深入考察。

這裡，我們可以由兩種進路思索這個問題，第一種進路，或許可以就中國古典文學中的「抒情詩」（包括「賦」）、「寫景詩」所展露的「唯美」傾向，而判定中國古典文學中有「唯美主義」。但是，「抒情詩」、「寫景詩」果眞以「美」作爲唯一訴求嗎？詩人自覺到「爲藝術而藝術」的用心嗎？這樣提問顯然犯了「複合問題的謬誤」（註一三），可以想見的是，接下來要作的美學考察將相當煩瑣

與無趣，可能與詩的鑑賞本身已無干係。

其次，假如就常識上論，以中國古典文學中曾出現「詩言志」、「文以載道」等主張，便以為相對地也就存在著「唯美主義」的看法。此種聯想也待商榷。「詩言志」的理念可遠溯自《尚書．堯典》，而徵諸漢代「詩經學」的普及解釋，東漢時期的〈毛詩序〉已然提出了「情志合一」的說法（註一四），至魏晉，陸機又提出了「詩緣情」的轉折看法，到了唐代才有明顯的「文以載道」等復古主張的提出。

大體上說，與「詩言志」、「文以載道」等看法相對的是「情」的處理問題，換言之，與它們對立的是中國古典文學中的「抒情」傳統。但是，這一「抒情」傳統，其實也不十分單純。以詩歌為例，早期的詩歌多半反映的是集體性的情感經驗，作者的「抒情自我」在作品中並不凸顯，即使在屈原之後出現了重視個人抒情的詩歌，但也揉雜了個人的際遇感興與時代的變遷觸動，其特色不完全在藝術形式與美的著重上，故很難推論出「詩言志」這一傳統的對立面就是「唯美主義」。

劉大杰氏在《校訂本中國文學發展史》一書中曾論及「這一時期（南北朝）的文學主要趨勢，一方面是語言技巧和聲律的進步，同時又是形式主義文學的興起。詩歌和辭賦，都朝著這一方向發展，駢文表現得尤為顯著。當代（南北朝）作品最大的缺點，是一般內容空虛貧弱，缺少現實生活的反映。」（註一五）關於劉氏這一看法，一來有些人不能十分同意，這還不打緊，二來劉氏在書中對「形式主義」的「形式」意涵也未能明確界定，雖然他分析了這種「形式主義」產生的歷史背景，以及提供了一些注重「形式」的作品分析，但似乎未言及此一「形式主義」與「唯美主義」的關連，換言之，根本沒有提到「唯美」。

一如前述，要在中國古典文學中找尋西方式的「唯美主義」，似乎有許多困難因素橫亙其間，換言之，是否有必要採取這種進路，十分令人生疑。而且，我們可能進一步提問的是，中國難道沒有自己的「唯美」傳統嗎？中國古典文學中是否有只注重作品構成「美」的形式條件，或者只重視美感「境界」之形成的作品？

這些問題，有待高人進一步解答。在此，筆者不擬循實際考察中國古典文學作品，以獲致解答的進路討論這類問題，而嘗試直接以孔子的美學思想考察爲例，展示中國「唯美」的初始模式，轉而在理論上提出可能之解決。筆者認爲這是探討中國古典文學中「唯美」諸問題的一種基源考察，也是具有在先性與必要性的探究進路。

三、孔子美學觀中的「唯美」初始模式

(一)孔子的美感態度

首先，筆者嘗試根據既有的孔子思想記實以重構他的美學思想，然而，所要討論的並非「興、觀、群、怨」等等細部文學理論，也不是「繪事後素」等等藝術實務，而是較系統的美學闡釋之可能，其進路則以「規範」之溯源性探究爲主。《論語》中最顯著的規範就是「禮」，我們就以「禮」作爲討論起點。

《論語．學而》云：

禮之用，和爲貴，先王之道斯爲美。（註一六）

又，《論語．季氏》云：

天下有道，則禮樂征伐自天子出，天下無道，則禮樂征伐自諸侯出。自諸侯出，蓋十世希不失矣，自大夫出，五世希不失矣，陪臣執國命，三世希不失矣。天下有道，則政不在大夫，天下有道，則庶人不議。（註一七）

由這兩段引文可以看出，孔子對前代的「禮」已然有充分的把握，然而，孔子所處的時代，正値春秋末世，周禮多廢（註一八），他面對這樣一個禮壞樂崩的時代，對此前「先王之道斯爲美」的「禮」，以及它的功能「和」，何以會墮廢至此種地步，實不得不深入反省。把握這一進路，是探究孔子美學思想的始點。

《論語．八佾》云：「人而不仁，如禮何！」（註一九）由這句話《論語》揭示了，徒具禮的形式有什麼用，一定要人出於自己的意欲、要求，去遵循、實踐禮，才能顯其功能與價値。然而，要人自主地去遵循、實踐禮，則一定要發乎「仁」。這是孔子思想中的核心洞見。

孔子並不是要否定承前期思想發展而來的「禮」，只是他所用的「禮」這一概念的內涵已大不同前，《論語．陽貨》云：

禮云！禮云？玉帛云乎哉！樂云！樂云？鐘鼓云乎哉！（註二〇）

大凡，「禮」的內涵在其功能上顯，但關鍵在於，徒具「形式」並不能發揮「禮」的功能。從仁的觀點言，孔子要說明的是，人之於禮，正是要由外在形式的依附，轉爲生命內在的自明，禮發用的動力完全出於自家生命的自覺與自決。因此，明辨「禮」與「儀文」之間的區別，也就有了積極意義。這一種價值定位，深深影響了先秦美感態度的抉擇。

依資料記載顯示，孔子所注重的人文活動除了「仁以爲己任」之外，餘則與「踐仁」脫不了關連，我們可以集約地就這一側面討論孔子的「美感態度」。《論語・學而》云：

弟子入則孝，出則悌，謹而信，汎愛眾而親仁，行有餘力，則以學文。（註二一）

這段引文的第一個重點是「行有餘力，則以學文」。它顯示那些可能與「美感」有關的事物，譬如，「文」，並非孔子首要關懷的事，換言之，孔子實際行動時並未採取「美感態度」，甚至所採取的是「非美感態度」。勉強地說，若專就「學文」一事而言，孔子即使採取了「美感態度」，這種態度也是「資具性格」的態度，亦即，這種「美感態度」只是用來達成其他目標的手段而已，它只具有附帶價值。

其次，引文的第二個重點是，其中「文」字其實指的是彰顯人之特質的種種手段，故內在特質若未貞定，則徒具外在表徵也沒有用，故此「文」實可理解爲詩書禮樂等教化施爲，確切地說，是使人如何充實內在生命，並將內在特質表彰爲外在風采儀文的各種方法、施設，內中固包括了如何使人更具「美感」的化育之道，換言之，孔子在這一層面的態度抉擇，即使有「美感態度」之抉擇，其實也只是把它當作一種資具手段而已。我們可稱之為「資具性美感態度」。

這種態度在《論語》多處可見，例如《論語．憲問》載：

子路問成人。子曰：「若臧武仲之知，公綽之不欲，卞莊子之勇，冉求之藝，文之以禮樂，亦可以為成人矣」。（註二二）

「成人」是自覺地成就自己為一個「人」（註二三）。其中，「文之以禮樂」則把禮樂視為成人的一種資藉和步驟，凡屬於衆「文」之事，甚至包含「樂禮」等儀文在內，可以說都只是一種資具而已，《論語．陽貨》所云則更明顯：

小子，何莫學夫《詩》，《詩》可以興，可以觀，可以群，可以怨。邇之事父，遠之事君，多識于鳥獸草木之名。（註二四）

㈡孔子的審美觀

⑴「好惡」所隱含的自主性美學意義

承前文所述，與「美感」有關的活動是否具有意義，關鍵就在於能否裨益「成人」。踐仁而後成人，踐仁則生命不再為外物遷移，生命的大準既定，美感活動的判定才有依據。這一判定的相關考察，可由「好惡」概念著手。

《論語》中用及「好惡」這個概念的提示語甚多（註二五），若綜合其意，即如「君子」也不能免除「好惡」的對待，因此，「好惡」的根據在那裡，即成為關鍵。《論語．里仁》云：

唯仁者能好人，能惡人。（註二六）

孔子以爲「好惡」的根據就在一位體現仁的人自身身上。這是對「好惡」判準的貞定。很明顯的，所以形成「好惡」之對待，正是由於踐仁成人或成德的實踐進境，對其消極面（不能踐仁成德）的一種否定；一方面，「好惡」是踐仁的人以仁爲己任，所自然具有的一種態度或擇抉，另一方面「好惡」也是踐仁進程中的修養工夫之一，由「好善惡惡」以惕勵、增長自身仁的體現。所以，一位君子得以對自己的行爲與外在世界有所表態與抉擇，其關鍵就在於生命自身的「好惡」。

若從美學的觀點言，原本生命發展歷程，總是會尋索精神的出路，找尋生命安頓的可能，而藝術的創造正是其進路之一。然而，在孔子的時代，儒者事實上並沒有形成以藝術創造爲核心的精神安頓模式，筆者以爲，其中最主要的原因就在於伴隨著儒者的人格修養，以踐仁爲核心的精神訴求，多半以關聯著仁的「好惡」方式表露出來，從「好惡」上已然獲得了自我的表白與精神定向，而無須再於外在事物追求其他的精神寄託或出路，也因此藝術創造一時不顯。換言之，原本「成人」的關鍵在是否能體現仁，而非關乎外在文飾或技能的圓熟感人，這一理念與「資具性美感態度」是一致的。筆者認爲這是古代與當代「好惡」之美學意義最大的不同處。

(2)美感判斷標準的提出

承前所論，要判定美感判斷的標準仍有不足，要之，我們必不能忽略孔子的「資具性美感態度」還有一重要轉折，亦即，孔子固要求弟子「踐仁成人」，而「踐仁成人」與否的判斷標準，涵攝了前述「文化」手段，但其內涵實不止於前文所論。

《論語．雍也》云：

子曰：「質勝文則野，文勝質則史。文質彬彬，然後君子。」（註二七）

這段引文的意思是說，在踐仁成人的進程中，「文」與「質」或有所別：在未成人之前，「質」或勝「文」，「文」或勝「質」，都不合踐仁的理想；一旦成人，則文質一如，故以「文質彬彬」相期許。

「文質彬彬」是孔子提出的，相應於與「文」有關的美感判斷的標準，但實際上，孔子或爲了矯正過度重「文」的時弊，表面上似較重視「質」（註二八），比如，《論語．先進》云：「先進於禮樂，野人也，後進於禮樂，君子也。如用之，則吾從先進。」（註二九）我們從孔子這種態度可以看出，「文」與「質」的關係仍然隱含了本末先後的區別，多少顯示了孔子亟求改變世道人心的用心所在，此所以孔子云：「巧言令色，鮮矣仁。」（註三〇），又云：「如有周公之才之美，使驕且吝，其餘不足觀也已。」（註三一）孔子這一種態度對後世的「美學經營」具有深遠影響。

但無可否認的是，文質彬彬才是與「文」有關的美感判斷之標準所在，若就此對照前文所述，「文」原本僅作爲一種資具，訴求的是它的功能而言，則「文質彬彬」理念的提出，實顯示孔子的美學觀內涵了雙重標準。

㈢孔子美學思想的理解架構之重建

孔子的美學思想對後世影響深遠，它果眞如前所述，只訴求一種裨益「成人」的「資具性美感態度」？難道孔子推崇的就是此種表彰「依附價值」的美學觀嗎？這與他強調「仁」的態度似有所悖。

其實，我們可由《論語．述而》中，關於孔子對生命之總體看法的一段話，探觸到孔子美學思想的深層架構，換言之，我們可以進一步把握到孔子眞正的「理想美學觀」。這句話如是說：

志于道，據于德，依于仁，游于藝。（註三二）

這段話不只是生命直感的抒發，更是對生命理序的深層反思，一方面，自價值體系言，由道而藝的摘述，的確提示了先後次第，不妨說，此「次第」代表了孔子本人對這些看法的「重要感」排序，或可稱之爲孔子價值觀的「層級性序列」，它們之間有差別，可以就人所表露的相應態度「志、據、依、游」四種脈絡，而分判出其價值層級。

另一方面，依筆者的理解，則「道、德、仁、藝」也可以代表生命圓滿歷程不可或缺的要件，四者無從分辨輕重——四者，除了「道」通天地之外，餘均就人自身設論；然以人文意蘊言，道不能自顯，道終必在人身上顯；「道自身」是一「虛理」，人所能弘之「道」才是「實理」——若是，四者實同等重要。簡言之，就「成人」或道德生命的實現而言，「道、德、仁、藝」同等重要，但就其實踐次第而言，孔子依據對它們產生之不同程度的重要感，提示了層級性的不同態度。

值得注意的是，由引文中「游于藝」這一理念，足以使我們揭開孔子美學思想的重幕，而有較具體的把握。究其實，「志道、據德、依仁、游藝」實融攝了孔子思想的現實與理想兩面：一方面，它可視爲平列地指出人生的應然，它是現實人生的理想；另一方面，它也可視爲指出經由實踐轉化終得實現理想的人生實然，那正是人生理想的實現。

其次，「游于藝」還有另一層要義。一方面，從原初價值層級化的區判而言，「志道、據道，依仁」是「踐仁成人」的實踐核心要務，若有餘力，才「游于藝」——它可以使生命更從容、裕如，並得到滋潤而向圓滿邁進，此與前述「行有餘力，則以學文」的理念相通。另一方面，果眞踐仁成人（含成己成物、己立立人、己達達人）圓滿成就，則「游于藝」的意義便又不同（或者也可以《論語》中的另一個概念——「成於樂」，相應地理解之），此時，個體由家國天下的擔負崗位，再度回歸主體自身之天地，而容有一生命圓滿情境的再開展與創發，足以彰顯主體自身維繫人文於不墜的精神表徵與生命情操。

果爾如是，「志道、據德、依仁、游藝」，一方面，對治現實（它本身則是理想），展現出「成德以化世」的積極入世、變世的特質；另一方面，企望人間的理想昇華（它本身則是現實、生活），展現出「道德仁義」實現之後，生命情操、人文精神另一層境的轉化。總此兩面，可以說，孔子思想呈現了完美的進境。這也是我們把握的孔子美學觀所擁有的「雙重標準」之諦義。

綜結地說，「游于藝」實涵兩義，一方面指的是踐仁成人之「成德」歷程中的「資藉輔助」，另一方面又指的是生命圓滿成就之後的創發與充實表現，換言之，即踐仁成人之後所開展的生命情境或人格世界之特徵。若不能兼顧孔子這兩個層面——這種美學觀的雙重標準——則不足以重構孔子的美學思想！更且，不能忽視的是，踐仁成人之後所開展的生命情境，也正是孔子美學思想中所富含的藝術內涵。

㈣孔子美學思想之重構

⑴美感判斷中理想與現實的兩面性

孔子對前述「游于藝」之生命情境的體悟特別深，「子聞〈韶〉，〈學之〉三月不知肉味」（註三三）即是一例，而《論語．八佾》也有一則極爲重要記載：

子謂〈韶〉盡美矣，又盡善也，〈武〉盡美矣，未盡善也。（註三四）

引文中，儒家美學的核心概念「美」與「善」，終於同時出現。「善」是《論語》中提到的仁之具體呈現，但是，「美」若要就藝術觀點言，在《論語》中則是一個孤立概念。雖然徐復觀先生作了很大的努力，企圖說明「『仁』與『樂』的統一」或「『美』與『善』的統一」（註三五），筆者以爲，徐先生可能主觀上把孔子「游于藝」的理想過度現實化了，才有此說。

我們從《論語》的記載可以判斷，孔子關懷的不只是人格養成問題，也十分重視世局的導化，換言之，孔子所提出的成德進路，實際上也涵概了「導正世局」、「一體成全」的企盼，因此，孔子提出的理念多半與現實問題相應，而凸顯了針對現實的改造性或化育性特質。或許有人要質問，果眞如此，那麼孔子提出的「仁」的理念又如何歸類？筆者以爲，「仁」在孔子的思想中，正是視其爲人存之「實際」，故「仁」非但不是一種玄想的概念，反而是扣緊現實的人之實然（若人未顯其仁，則爲「應然」）。是此，《論語》中的確對那些非關「成德化世」之主題的「游于藝」等理想面的進境鮮少致詞，故從藝術的觀點看，「美」在《論語》中是一孤立概念。

再細別之，《論語》中提及的「美」字，多半與「善」或「所好」是同義語，換言之，孔子大多基於踐仁、教化與變世的觀點發言，很少根據前述理想境地的觀點發言，故鮮少及於藝術之事。然而，孔子評述〈韶〉與〈武〉的一段話，是《論語》中少數涉及藝術觀點的發言實例。因此，引文中出現的「美」這一概念是孤立的，必須賦予不同的脈絡才得以彰顯其內涵。

這裡要說明的重點在於，一方面，孔子評述的是置身理想境地的對象（先聖暨歌頌先聖的舞樂），另一方面，評述的目的正是要彰顯理想之典範——他們不同於現實的是，皆已擁有或展現出圓滿的創發轉境，而更容有一藝術生命的表現。值得注意的是，這裡不能仿照前文，依據「資具性」進路，採取「美善統合」的觀點來看待「美」這個概念，因爲，此際「美」就是生命自身的價值所在，而且，若美與善果眞是「統合的」，孔子便無需用「美」、「善」兩個字來區分對照了。綜結地說，孔子的「美感態度」總是以仁爲依歸，以「踐仁成人」爲目標，而這裡展現的藝術進境，的確需要依循不同的脈絡才能恰切理解。

循此，我們可以較具體地理解孔子對〈韶〉與〈武〉的評述，當然，這裡所謂的評述，指的是「解釋的（interpretive）批評」，而非「審判的（judicial）批評」（註三六），它的目的是要解釋與釐清〈韶〉與〈武〉的內涵與意義，而不是要審判它們。引文中，孔子首先歎道「〈韶〉盡美矣」，這是讚歎舜樂呈現的內容已然顯示生命圓滿充實的理想已實現，極其難得！並補充道「又盡善也」，這表示舜樂同時也顯示「成德化世」的現實成就也已經實現。但是，爲什麼孔子要先歎「盡美」，再歎「又盡善」呢？如前所述，生命達於圓滿充實之境，得以有個體之「游于藝」（或衆人之「成於樂」）的創發，但這絕非純屬個人的享樂之事，其要點在於舉世的一體成全——必先「成德化世」已然成就，個體才能有所謂的眞正「圓滿」，而有以昇華創發，所以才說「〈韶〉盡美矣，又盡善也」。此正是極歎其美，而又強調此非掛空之美，凡其根柢皆已盡善。

至於孔子對〈武〉樂的評述，則與〈韶〉的評述不同。此據《呂氏春秋．古樂》所載：「武王即位，以六師伐殷，六師未至，以銳兵克之於牧野，歸乃薦俘馘于京太室，乃命周公爲作〈大武〉。」（註三七）該記載若不虛，則對照地說，〈武〉樂應是繼承了先聖的統緒，達於昇華創發的可能，因而呈現了前述理想面的開展，但現實上，世局仍未全面底定，「成德化世」之業未竟，所以孔子說「〈武〉盡美矣，未盡善也」，而這也就巧妙地把貶意涵攝其中——指出〈武〉樂在現實面尚未竟全功時，只模倣地呈現了理想面的昇華創發（或是，只在生命理境上有所創發），僅具有形式而已。

(2)二階段美感判斷之判準

果爾前述理解可以成立，我們便能進一步發掘孔子有關「美」、「善」的獨到見解——現實向理想轉化的「二階段美感判斷之判準」。簡要地說，在踐仁以成人的成德化世第一階段中，「美」根本隱而不顯，人存活動的指導原則是「善」，換言之，行動全然以仁爲底據，而原與「美」無直接關係。但是，由於這一階段的人存奮鬥密切關連於主體生命情境的開展，所以方便地把「善」視同爲美感判斷的判準，亦即以「善」取代了「美」——美只是一種資具。

眞正的美感判斷之判準，要到踐仁成人圓滿實現才能把握，它就是第二階段的判準——孔子所強調的「文質彬彬」！既經第一階段踐仁成人的實踐完成，此時存在的是「文、質合一」的人，因此，接下來的人文搏造，其文質實，遂成爲一「文」化的眞實開展。値是之故，第二階段的美感判斷之判準，其實也可直稱爲「文」！因爲「文質彬彬」的「質」畢竟是人的「內在」特質，所顯於外而有所徵驗者只是「文」，更且，此「文」因「質」之實，並非爲一「虛文」，它就是「美」的眞實底蘊。凡此，我們可以說，孔子的美學觀其實已預將「道德」與「美感」二者，在主體的人格世界中予以統合，或者，我們可以說，孔子樹立並凸顯了一種追求「人格美」的儒家美學規模，這是孔子美學思想的重要貢獻。

(五)藝術與「唯美」模式之元始

(1)理想美的契入

孔子所處的時代暨其人格特質，促使他努力教化世人、導正世局，甚至把「游于藝」作爲「成德化世」的資具輔助，換言之，孔子一生中大半從事前述第一階段的奮鬥與化育工作，他要以道德生命的實踐來成全世人，從而喚醒每一個人自覺地成就自己，並得以因而扭轉世局。因此，他於踐仁成人後的理想境界始終未多致言，更且，不幸的是，此理想在孔子周遊列國後，也未能實現。

値得注意的是，在「踐仁成人」、「成德化世」階段，作爲資具輔助的「游于藝」（或「成於樂」），都不能視爲「純藝術活動」，因爲它們都只有附帶（依附）價值，它們也並非「發生義」地由因果串系的方式，發自於踐仁成人自身，而只是作爲實現「成人」目標的一種手段訴求罷了，這便是爲何《論語》少涉「藝術」的衷因。

在孔子，特別是對照後期儒家美學的開展而言，「藝術」原不只是一種技藝或手段，「藝術」是人格完成之後的「生命進境」，或者，這也可稱之爲一種「理想美」。關於這一點，我們在一則孔子與弟子辨志的談論中，可以更明確地理解它。此爲《論語．先進》所載：

子路率而對曰：「千乘之國，攝乎大國之間，加之以師旅，因之以饑饉，由也爲之，比及三年，可使有勇，且知方也」。夫子哂之。「求，爾何如」？對曰：「方六七十，如五六十，求也爲之比及三年可使足民，如其禮樂，以俟君子」。「赤，爾何如」？對曰：「非曰能之，願學焉。宗廟之事，如會同，端章甫，願爲小相焉」。「點，爾何如」？鼓瑟希，鏗爾，舍瑟而作。對曰：「異乎三子者之撰」：子曰：「何傷乎？亦各言其志也」。曰：「莫春者，春服既成，冠者五六人，童子六七人，浴乎沂，風乎舞雩，詠而歸」。夫子喟然歎曰：「吾與點也」！（註三八）

就前述理解脈絡言之，曾點的志向，可說是「契及」個體生命圓滿之境的一種表白，那是對成人之後（後儒的「成己成物」最能切中此意）生命情境的企盼與自性之流露。

曾點所述，並非「獨我」的完成，「冠者五六人，童子六七人」，正表示這是人際行動，非獨行之事，加以「乘涼於『祭天禱雨之處』」，則可推知曾點所示乃風調雨順國泰民安的時況，衆人（曾點以十二、三人寄意）既相率以安，則君子無所用事，換言之，世道人心已隨教化安頓，太平治世裡，君子不必再憂心國事（衆人之事），從而放下了天下家國的羈絆，不必如「子路爲國、冉有爲邦、公西赤出相」，如是，關注之情回歸主體自身，此時，置身成己成物的大完美之境，生命之情遂得充分地自由開敞，而促使一「『文』化的」（即藝術的）完美之境有實現的可能。

孔子喟然歎曰「吾與點也」，表示曾皙所揭志趣，也正是孔子自己的期望。至此，孔子的理想美學觀得到較具體的表述。這一種美學觀強調於生命極成之後，復開一涵容藝術經營的理想情境，讓一個人在自我完成與致世太平之後，終不與鳥獸木石同，而有進一步的開創，促使人文有以發皇。其實，此種「理想美」正可以總括先前那句話——「志于道，據于德，依于仁，游于藝」。

(2)唯美模式之把握

重構孔子美學思想所透顯出的這種「理想美」，一方面，是一開展中的歷程，無所謂「終局」，它是順「志道」、「據德」、「依仁」、「游藝」這一次第漸次發展出來的；道德的實踐、倫理的期許，以及生命的開展與完成皆一體涵融於此歷程中，可以說，這正是在個體的人格世界中統合了眞、善、美。另一方面，依據前面的分析，這一歷程其實分兩階段進行，當「理想美」呈現於人格世界時，其實它是第一階段「成德化世」的「完成態」，同時也是第二階段「游于藝」的「呈現與發展態」。所以，這時候道德作用與倫理期許皆已滿足而暫息，唯有藝術涵容的美，全面俱現與敞開，這樣的人格世界可以說就是「唯美」的世界——這也就是筆者要說明的中國「唯美」的初始模式。

進一步要釐清的是，首先，這一種「唯美」的初始模式貞定後，我們才能進而說明後期中國古典文學中「形式主義」或「唯美」取向的發展。何以故？因爲，前述孔子的兩階段美感判斷，很明顯地會遭遇一個難題：如果未「踐仁成人」，是否就完全沒有藝術開展或呈現「理想美」的可能？或者，問題可以改換爲：曾晳暗示了孔子的「理想美」，曾晳何以得知？除非曾晳已然踐仁成人，否則不可能有第二階段「游于藝」的感受！

面對這一問題，我們其實不必預設曾晳「已然踐仁成人」，他仍可以就「理入」或「契入」的方式達於此境，或如後期文學作品中的「意境」說（註三九）的方式而契及此境，一如前述〈武〉樂所示。現在的問題是，在《論語》中，是否有「理入」或「契入」等理念的說明？此處筆者不擬再深論，要之，孔孔思想的核心在「仁」，《論語．述而》所云：「我欲仁，斯仁至矣！」（註四〇）或可以作爲解題的起點。

其次，從人格世界來貞定唯美模式，還有一層要意：既然以人格世界爲基點，若據此討論藝術活動或藝術品，則「藝術家」必須是核心論題，這樣一來，前述「爲藝術而藝術」的西方「唯美主義」理念，便可以用來輔助解明中國的「唯美」取向，而不致產生理論上的扞隔，並有助於中國美學或文學理論的發展。

結語

本文首先由「唯美主義」一詞所嵌結的兩種脈絡——美學脈絡與文學脈絡——概要地說明了西方「唯美主義」梗概。其次，循此概念說明兩種探究中國古典文學「唯美」取向的進路，其中，一者橫亙困難，另一者具有在先性與必要性，故循第二種進路探討中國的「唯美」模式。第二種進路在文中以孔子的美學思想的重構為例示，說明了孔子的「資具性美感態度」、二階段美感判斷之判準、「理想美」的豁顯，以及藝術與「唯美」模式之元始。

最後，本文進一步說明理想美是「踐仁成人」的完成態，也是人格世界中藝術與美感的呈現與發展態，在道德作用與倫理期許暫息的人格世界中，乃凸顯了「唯美」的特質，這可以作為中國「唯美」傳統的元始或初始模式，並且可援以解釋隨後而來的中國古典文學活動中的「唯美主義」之開展。唯，本文尚有未盡之處，亦即，此一理想美對「聖之時者」孔子而言，確是無可置疑，但其他人如何契及此一理想美呢？這是有待進一步研究的儒家美學，或云，正是「人格美學」的課題（註四一）。

【附註】

註一　Jerome Stolnitz 在《美學與藝術批評哲學》一書中曾詳細討論這一論題，並提及類似主張，他把「美感態度」界定為「僅僅為了對象自身而無關心且感應地注意並注視所察覺到的任何對象。」參見Aesthetics and Philosophy of Art Criticism: A Critical Introduction (Stolnitz, 1960: pp. 34-5)

註 二　這一種說法，Jacques Maquet在《美感經驗》一書中曾有詳細說明。值得注意的是，在西方美學史的美學脈絡中，「唯美主義」與「形式主義」是同義詞。參見 The Aesthetic Experience: An Anthropologist Looks at the Visual Arts (Maquet, 1986: 79ff)。

註 三　此用詞或可能與「矯飾主義」（mannerism）一詞混淆，若依據 Wladyslaw Tatarkiewicz的《美學史》中的說法，原本manner一詞指的只是一種藝術家的「風格」（style）而已，後來特別用來指涉「凸出的風格」，到了十七世紀，一般而言，多數人便逐漸採用其消極意義——「矯飾」了。但Tatarkiewicz在書中也建議，manner一詞仍然有「格式」或「形式」的積極意義，而且涵概對古典藝術權威之反動的意思。因此，mannerism一詞即有兩義，一者或可稱爲「格式／形式主義」，一者則通稱爲「矯飾主義」。這種理念首先表現在服飾上，大約出現於一四〇〇年左右，稍後，十五、十六世紀滲透進文學與藝術中，到十七世紀才出現於美學的討論。請參閱W. Tatarkiewicz, History of Aesthetics, Vol. 3 (Tatarkiewicz, 1974: 151 ff, 50ff, 30ff)。

註 四　參見Paul Edwards, ed., The Encyclopedia of Philosophy, Vol 1 (Edwards, 1967: 30ff)。

或許其源淵可以遠溯更早的藝文活動，但這樣做不免有衍生義，或超乎字面意義的「創造性詮釋」，故暫以美學史的界定爲依據。

註　五　Anne Sheppard在其《美學》一書〈第四章・形式〉中有詳細論列，請參閱Aesthetics (Sheppard, 1987: 38ff)。

註　六　Kant在《判斷力批判》第一部：美感判斷分析—第三個有關品味判斷的「陳述」（moment）中，有詳細說明。請參見I. Kant, Kant: Critique of Judgement (Kant, 1914: 67ff)。

註　七　參見Aesthetics (Sheppard, 1987: 18ff)。

註　八　參見蔡源煌譯，《美學主義》（蔡源煌（譯），一九七三）（輯於顏元叔主譯，《西洋文學術語叢刊（一）》（顏元叔（主譯），一九七三））。「叢刊」所輯的第一個術語即"Aestheticism"，蔡源煌當時將之譯爲「美學主義」，其實此譯不妥，應譯爲「唯美主義」，才不違背使用慣例，也符合術語之內涵。筆者在文中引此譯文時，凡遇「美學主義」均改稱「唯美主義」。

註　九　《美學主義》（蔡源煌（譯），一九七三：頁一）。

註一〇　《美學主義》（蔡源煌（譯），一九七三：頁五以次）。

註一一　參見董學文／江溶編《當代世界美學藝術辭典》（董學文／江溶（編），一九九〇，頁四四七）。

註一二　參見葉朗，《中國美學史大綱・下卷》（葉朗，一九八六：頁六〇三、六三三）。

註一三　「複合問題的謬誤」（fallacy of complex question）是邏輯結構的謬誤，屬於「丐辭的謬誤」（begging the question）之一。其意爲被提問的不是一個「簡單問題」，而是「複合問題」（一個以上的相關問題），假如我們不考慮這些相關問題之間的邏輯關係，以及回答的先後次第，而直接提問其一，便有可能犯此謬誤。參見David Kelley, The Art of Reasoning（Kelley, 1990: p. 125）。

註一四　參見劉綱紀／李澤厚編，《中國美學史·第一卷》（劉綱紀（編），一九八六：頁六六二以次）。

註一五　參見劉大杰，《校訂本中國文學發展史》（劉大杰，一九九〇：頁一二九〇）。

註一六　《十三經注疏·論語注疏》（何晏（集解）·邢昺（疏），一九七九：頁八）。

註一七　《十三經注疏·論語注疏》（何晏（集解）·邢昺（疏），一九七九：頁一四七）。

註一八　《中國政治思想史》（蕭公權，一九七七：頁五三）。另請參閱《孔孟荀哲學》（蔡仁厚，一九八四：頁五六）。

註一九　《十三經注疏·論語注疏》（何晏（集解）·邢昺（疏），一九七九：頁二六）。

註二〇　《十三經注疏·論語注疏》（何晏（集解）·邢昺（疏），一九七九：頁一五六）。

註二一　《十三經注疏·論語注疏》（何晏（集解）·邢昺（疏），一九七九：頁七）。

註二二　《十三經注疏·論語注疏》（何晏（集解）·邢昺（疏），一九七九：頁一二五）。

註二三　此孟子之解最切中本義，《孟子·盡心下》云：「仁也者，人也。合而言之，道也」。參見《十三經注疏·孟子注疏·卷一四上》（趙歧（注）·孫奭（疏），一九七九：頁二五二）。

註二四　《十三經注疏·論語注疏》（何晏（集解）·邢昺（疏），一九七九：頁一五六）。

註二五　此如，「君子食無求飽，居無求安，敏於事而愼於言，就有道而正焉，可謂好學也已。」（〈學而〉）

「……未如貧而樂（道），富而好禮者也。」（〈學而〉）「吾未見好仁者，惡不仁者。」（〈里仁〉）「由（子路）也，好勇過我，無所取材。」（〈公冶長〉）「吾未見好德如好色者也。」（〈子罕〉）「……上好禮，則民莫敢不敬，上好義則民莫敢不服，上好信，則民莫敢不用情。」（〈子路〉）「貧與賤，是人之所惡也。」（〈里仁〉）「愛之欲其生，惡之欲其死，……是惑也。」（〈顏淵〉）「惡紫之奪朱，惡鄭聲之亂雅樂也，惡利口之覆邦家也者。」（〈陽貨〉）「子貢曰：『君子亦有惡乎？』子曰：『有惡。惡稱人之惡者，惡居下流而訕上者，惡勇而無禮者，惡果敢而窒者。』」（〈陽貨〉）這些都是有關「好惡」的例子，因未深論，故所引均例篇章於文後，不再附註。

註二六 《十三經注疏．論語注疏》（何晏（集解）．邢昺（疏），一九七九：頁一一六）。

註二七 《十三經注疏．論語注疏》（何晏（集解）．邢昺（疏），一九七九：頁五四）。

註二八 關於這一討論，請參閱《論語義理疏解》（王邦雄（等），一九八五：頁二六－二七），王邦雄先生的說明。

註二九 《十三經注疏．論語注疏》（何晏（集解）．邢昺（疏），一九七九：頁九六）。

註三〇 《十三經注疏．論語注疏》（何晏（集解）．邢昺（疏），一九七九：頁六）。

註三一 《十三經注疏．論語注疏》（何晏（集解）．邢昺（疏），一九七九：頁七一）。

註三二 《十三經注疏．論語注疏》（何晏（集解）．邢昺（疏），一九七九：頁六〇）。

註三三 《十三經注疏·論語注疏》（何晏（集解）·邢昺（疏），一九七九：頁六）。

註三四 《十三經注疏·論語注疏》（何晏（集解）·邢昺（疏），一九七九：頁三二）。

註三五 請參閱徐復觀，《中國藝術精神·第一章·由音樂探索孔子的藝術精神》（徐復觀，一九七九：頁一—四十）。

註三六 關於「解釋的」與「審判的」批評，請參閱Jerome Stolnitz, Aesthetics and Philosophy of Art Criticism: A Critical Introduction (Stolnitz, 1960: pp. 441-443)。

註三七 《呂氏春秋·古樂》引文，請參閱楊家駱編，《呂氏春秋集釋等五書·卷五》上（楊家駱，一九七七：頁一三七）。

註三八 《十三經注疏·論語注疏》（何晏（集解）·邢昺（疏），一九七九：頁一〇〇）。

註三九 可以聯想的類似概念很多，諸如王昌齡的「物境、情境與意境」說，參見葉朗，《中國美學史大綱·下卷》（葉朗，一九八六：頁二六六以次）。

註四〇 《十三經注疏·論語注疏》（何晏（集解）·邢昺（疏），一九七九：頁六四）。

註四一 這一課題涉及了「理論向實踐轉化」的關鍵性轉換，其中不只要個人的實踐，以及實踐的想像力的介入，也需要進一步建構實踐理論——一種像《論語》一樣的生命格律——作爲論述的依據，這些已然超出了本文的載荷。

引用書目

何晏（集解）．邢昺（疏）
一九七九《十三經注疏．論語注疏》，台北：藝文印書館，七版。
趙岐（注）．孫奭（疏）
一九七九《十三經注疏．孟子注疏》，台北：藝文印書館，七版。
楊家駱（編）
一九七七《呂氏春秋集釋等五書》（上），台北：鼎文書局，初版。
徐復觀
一九七九《中國藝術精神》，台北：台灣學生書局，六版。
王邦雄（等）
一九八五《論語義理疏解》，台北：鵝湖出版社，修訂三版。
蔡仁厚
一九八四《孔孟荀哲學》，台北：台灣學生書局，初版。
蕭公權
一九七七《中國政治思想史》，台北：華岡出版有限公司，六版。
蔡源煌（譯）

一九七三《美學主義》（輯於顏元叔主譯，《西洋文學術語叢刊（一）》，台北：黎明文化事業股份有限公司。

葉　朗

一九八六《中國美學史大綱》，台北：滄浪出版社。

劉綱紀／李澤厚（編）

一九八六《中國美學史》，台北：谷風出版社。

劉大杰

一九九〇《校訂本中國文學發展史》，台北：華正書局。

董學文／江溶（編）

一九九〇《當代世界美學藝術辭典》，江蘇：江蘇文藝出版社。

Edwards, Paul, ed.

1967 The Encyclopedia of Philosophy (Vol. 1), New York: The Macmillan Company & the Free Press.

Kant, I.

1914 Critique of Judgement, translated by J. H. Bernard, D.D., D.C.L., London: Macmillan and Co..

Kelley, David

1990 The Art of Reasoning, New York: W. W. Norton & Company, Inc..

Maquet, Jacques

1986 The Aesthetic Experience: An Anthropologist Looks at the Visual Arts, New Haven and London: Yale University Press.

Sheppard, Anne

1987 Aesthetics: An introduction to the Philosophy of Art, New York: Oxford University Press.

Stolnitz, Jerome

1960 Aesthetics and Philosophy of Art Criticism: A Critical Introduction, Boston: Houghton Mifflin Company.

Tatarkiewicz, W.

1974 History of Aesthetics, Vol. 3, edited by D. Petsch, translated by Chester A. Kisiel & John F. Besemeres, Warszawa: PWN-Polish Scientific Publishers.

（參考書目從略）

金聖歎詩歌評點中的美學問題

——隔的觀照與文以自娱

邵曼珣

一、中國文學批評中「法」與「意」的關係

自魏晉南北朝以來中國文學批評理論，除了承襲秦漢「詩言志」的傳統之外，「志」的義涵更由道德性教化規範的意義，發展出另一條詮釋途徑，即是「緣情」說。此說特別強調創作者個人生命主體的存在感受，創作活動本身是「感物吟志」自然興發的過程，文學所呈現的內容是創作主體與外物相感應的抒情自我，即所謂「性靈」。但是在「標舉興會，發引性靈」（《顏氏家訓．文章篇》）時，文字技巧如何有效地掌握抒情主體的表現呢？沈約就在緣情詩觀的立場上開始反省直傍胸情之作，所以能夠超妙，在於其音律調韻的諧和流暢，劉勰在《文心雕龍．總術篇》中也強調文字技巧對詩情表現有很大影響效果，六朝後期聲律論就是文學形式美的追求，文字聲律的講求是爲從文學形式上掌握性靈搖盪的創作美感，此後唐代律詩的形成就是在這種要求下建立起一種屬於詩的藝術的「法律」世界。宋代以後詩法的重要性受到重視，當然詩法的要求與其學古的問題有關。此後格調與性靈派的衝突成爲

元明以後文學批評的中心問題，不過強調格律者，始終也未曾反對過詩主性情之論，事實上格調與性靈，不是異質性的兩個理論，它們在理論的形成和結構上，有著深邃複雜的統合關係。

中國文學批評自六朝強調抒情美典以來，批評觀念繼續在詩言志與緣情說的理論上發展，但是隨著唐代律詩的成熟，在律詩體材形式的精密要求下，詩法的講究及其理論之發展，漸漸成爲文學批評的另一股主流。自宋代江西詩派以來，對「法」的主張，已由學古（註一）的詩法規律刻板要求，到超越「法」的概念，辯證性的產生「活法」的批評觀念。明代詩歌批評又有「復古」派（其內涵仍不離詩法的追求）與「性靈」派的兩相抗衡，到了清代格調、肌理、神韻等主張更是在詩法與性靈的異質強調中力求其辯證性的融合。在文學史的論述下中國文學批評觀念發展中，詩歌傳統的抒情美典與詩歌形式美之間的關係眞的是絕對異質化的發展嗎？還是兩者之間有本質性的辯證關係被模糊地觀念對立中忽略了呢？

由於六朝抒情自我的美典傳統影響，宋人論詩一方面肯定詩緣情創作內容，一方面又從文字有效表意的立場出發，強調詩文之法的重要，並且認爲「學詩如參禪」，可由功夫悟入漸進於道，進而提出能涵攝情意理致的活法。於是此一說法基本上是在法的格局中講求情意，「由法起悟」。「活法」成爲自北宋末年到南宋時非常流行的批評術語。

詩文之法的建立，可方便學詩者之捷徑，於是法的強調，一方面爲了能客觀有效的分析詩作，另一方面則是與科舉有關「書商爲了應考生的需求，出版如呂祖謙《古文關鍵》、樓昉《崇古文訣》等批注，以示人爲文之門徑。至明，因八股制義之故，乃更蓬勃風行。」（註二）南宋以後出現所謂的「評點」批注的作品。這些評點原本不限於策論和制義，詩、古文、經、史以及小說戲曲，無不有之。

評點所採用的方式「是從作品本身出發，道道地地是實用的文學批評，所有的評點者無不正視文學作品本身的權威性，他們最關心的是作品本身，全力以赴的是怎樣對作品本身做最精確的分析與闡釋，評點可說是一種極爲徹底的研讀。」（註三）

評點將作品逐句逐字拆卸分解，點明作品的章法和筋節，使人瞭解文章之妙處，鴛鴦既已繡出，金針也要盡度（註四），相較以往詩話、詞話所使用的直觀美感式的印象式批評，評點所欲說明的金針針法，多從詩文形式結構著眼，對詩句中所可能蘊藏的含義作深而廣的聯想與分析，雖然精析入微，使詩境全出，但有時也難免求之過深，失之附會，再加上文章結構形式的分析，往往拘泥於「法」而顯得瑣碎與機械。胡適曾指出：「金聖歎用了當時選家評文的眼光來逐句批評《水滸》，遂把一部《水滸》淩遲碎砍成一部十七世紀眉批夾注的白話文範。……這種機械的文評正是八股選家的流毒，讀了不但沒益處，並且養成一種八股式的文學觀。」（註五）綜觀明清人的評點，講論章法結構時多與其八股文手法相似。因爲評點學之興起，本與文學教育有關，評點者往往以教導者的立場批注，並作細部的分析說明爲使一般不會「看」書的人看了他們的評點後曉得怎麼讀書、讀文學作品。金聖歎曾云：「子弟讀得此本《西廂記》後，必能自放異樣手眼，另去讀出別部奇書」（見金氏批《西廂記》讀法第十三條）明清科舉取士，坊間論述經義以備場屋之用的書，十分盛行，對經義之文的討論，實是對文章之法的重視，評點者利用這套類似八股文形式結構的方法來評析作品已成風氣，但是並不表示評點者受八股文影響（註六）。此外「從結構與字質的分析中，去探尋作品的意義，是評點與新批評非常類似的地方。而且新批評起於不滿舊有文學教育的性格，也與評點甚爲接近。」（註七）吳宏一則認爲從文字本身來解說的評點方式，略同於西洋文學批評界所謂的「形式批評」，而金聖嘆則是開風氣之先的（註八）。

形式主義興起於二十世紀的俄國，主張一切藝術之所以成爲藝術，不是來自對客體的摹倣，也不是主體的自我表現，而是因爲有了技巧的介入，斯克洛夫斯基認爲藝術存在的目的，在於使人恢復對生活事物的感知，「使石頭顯示出石頭的質感」，而藝術技巧可使對象變得「陌生」。「陌生化」就是與描寫的常規對立起來，使「藝術擺脫一切無意識的慣性軌道」，藝術對象陌生化後，形式的解讀變得困難，也增加了知覺的難度和長度，而知覺過程本身就是審美目的，所以「藝術是體驗對象的藝術技巧的一種方式」（註九）。這種重新感受藝術對象的存在的知覺過程，與金聖歎從詩之語言關係中再度體驗詩境、詩情的知覺活動入手，頗爲相合。如元稹〈和樂天早春見寄〉前解云：

一從雨雲寫一覺字，言體中已有早春消息。二從棹歌寫一誰字言耳畔又有早春消息。三四從萱柳寫一「穿」字、「受」字，言眼前果已盡是早春消息也，自他寫早春，漸漸由微而著，眞筆墨與元化爲徒也。（註一〇）

金聖歎解詩非常注重形式，形式可說是詩人意圖的一部分，而構成形式的語言要素本身可提供一種解釋符碼，藉著它，詩人可以超越字面意思以潛藏其意圖，讀者也可以領會其相關意義。基本上金氏對詩的分解，是從字句間尋索，以「移情」的方式進入詩人的思維系統中，試圖了解作者的心理活動與描寫客體間交流後的審美感受，而讀者在其批注的導引下，對詩本身可由直觀的感性認識，增加其知性層面的體會，由初步的觸物而起情，進而了解此一情意理致的發展。

雖然是從語言形式入手，強調律詩本身章法結構的精密，但是眞正能瞭解詩的妙處不能只停留在形式的分解上，還必須融入讀者的感性活動，對詩之情景進行知性概念的建立，所以對律詩這種設計精嚴的形式意義的探究雖然重要，但是讀者本身與描述對象之間所興起的心的主體的美的認知也是同等重要的，這是西方形式主義以爲，文學作品是整個藝術技巧應用的總和，以及藝術是一種體驗作品的藝術技巧的方式（註二一），與金聖歎評點二者最大不同處。吳宏一在《清初詩學初探》一書中認爲金聖歎的評點是屬於「形式批評」，而金氏正是這種批評開風氣之先者，若將兩者等同觀之，顯然忽略金氏評點中對審美認知活動的知性概念之建立的努力。

龔鵬程則認爲這種評點方法多用在實際批評上，常藉實例帶引出寫作和閱讀的原則，在字裡行間細細評解，從文章的命名到釋題，以及各章段落區分、結構關係等等，它的特點就在於詩文中「法」的問題的關切，用心於文學之語言美，與一般詩話、詞話的得意忘言的審美品味不同，故建議將此類批評稱爲「細部批評」（註二二）

歷來對金聖歎的評點研究，多半集中在小說評點方面，尤其大陸學者對金聖問題的討論更出現全國性的評論熱潮，大部分討論的焦點多半集中在金聖歎的思想，以及在《水滸傳》、《西廂記》的評點藝術成就上。在思想方面，認爲金聖歎的基本思想是儒家根底，但又受道家的影響，他一方面對政治現實不滿，同時另一方面他又要維護封建制度及其秩序（註一三），但有人認爲他是個有正義感，反封建的文人，《水滸》的評點是反動的批文，具有革命思想的保護色（註一四）。在藝術方面肯定金聖歎塑造了對人物典型性格的問題（註一五）。這一類的研究成果幾十年來大都在同樣的話題及觀點上打轉，少有新意，對金聖歎的美學思想認識也不夠深入。至於金氏的杜詩解，以及批注唐才子詩等，詩歌評點方面的研究，討論的較少。

金聖歎向以好發怪誕之論聞於世，其思想受萬曆間吳中名士作風的影響很大，且看徐世昌《晚清簃詩話》卷三十三云：「明季鍾伯敬、譚友夏諸人，評泊詩文，喜爲纖仄詼詭之語。庸耳俗目，爲之傾眩。聖歎擴而廣之，上攀經史，下甄傳奇小說，皆以己意評泊。數百年流傳不絕」職是之故，歷來金聖歎的研究者，皆以其爲晚明浪漫思潮餘緒影響的文人，加上其評點好放異論，於是認爲聖歎評點中強調抒情自我的美感取向。然今觀其批注的唐才子詩與杜詩，竟處處言詩律章法。這兩種文學批評的基本觀念在金氏詩歌評點中都有相同份量主張。金氏在古典詩中獨挑選唐人的七律和杜甫的律詩作評點，其何以獨對「律」詩鍾情？我們說文學體裁形式本身蘊藏著作者潛在的意圖，性格疏宕豪放如李白者其長於絕句而短於律，故其律詩並不多（註一六）。杜甫的律詩則絕冠古今，其自云：「爲人性癖耽佳句，語不驚人死不休」所謂佳句正是他在〈遣悶戲呈路十九曹長〉詩自云：「晚歲漸於詩律細」的律詩。同樣對於讀者而言，選擇何種體裁，自本與其性情相近。金聖歎所云六才子書《莊》、《騷》、《史》、《杜》、《西廂》、《水滸》選材上已是別具手眼，故其評點之書，亦可窺其對文學體裁的美學取向。

唐人律詩、杜詩皆是講求形式精密，詩法嚴謹的作品，金聖歎解詩，非常強調「法」的問題，可是談到詩的本質定義時他又說「詩是一句眞話」應該要不執、脫透，顯然這是性靈派的文學觀念，又並存著對文學作品形式美文的追求，這兩種美典是否構成了金氏文學觀念的矛盾？亦或有其特殊的超越辯證性的美學義涵呢？以下本文先從金氏的詩學觀念與詩評理論進行瞭解，再進一步說明金氏評點中的美學問題。

二、金聖歎的詩學觀念

金聖歎在第六才子書《西廂記》讀法中曾說道：

聖歎本有才子書六部，《西廂》乃是其一，然其實六部書，聖歎只是用一副手眼讀得。如讀《西廂記》，實是用讀《莊子》、《史記》手眼讀得。……如信僕此語時，便可將《西廂記》與子弟作《莊子》、《史記》讀。

六部才子書全是一副手眼讀得，所謂「一副手眼」指得乃是以同等態度和手法衡文，不以其爲經史而特尊，亦不以其爲小說而蔑視，傳統文論中雅俗文體之分，非其選材評讀的標準。一般人誨淫、誨盜

的《西廂》、《水滸》，他則以其爲天下妙文。金氏評點諸才子書，其目的總不離文學教育，

僕昔因兒子及甥侄輩要他做得好文字，曾將《左傳》、《國策》、《莊》、《騷》、《公》、《穀》、《史》、《漢》、韓、柳、三蘇等書雜撰一百餘篇，依張侗初先生必讀古文舊名，只加「才子」二字，名曰《才子必讀書》。蓋致望讀之者之必爲才子也。（註一七）

教導子弟如何讀書，是他批注的重要目的和動機，正如批《唐才子詩序》云：「兒子雍強欲予粗說唐詩七言律體，予不能辭，既受其請」。金氏批註《唐才子詩》主要是爲教導子弟讀詩，故批文的文學教育功用很明顯，「子弟讀得此《西廂記》後，必能自放異樣手眼，另去讀出別部奇書」。是故《水滸》、《西廂》、《唐才子詩》等諸文皆有讀法以作導引，此自是與金氏「愛談說」、「恣讀書」的個性有關，他曾於所居貫華堂設高座召徒講經，舉凡一切經史子集、箋疏訓詁，夫釋道內外諸典，以及稗官野史，九彝八蠻之記載，無不供其齒頷，縱橫顛倒，一以貫之，座下聽衆歎未曾有是聞，而先生則拊掌自豪（註一八）。可見金氏向來好爲人師設席講經、評註古書，皆能逞其博學，所論諸談往往違背流俗，大放其「人所欲說而不敢說」之詞。

金聖歎曾言最恨「鴛鴦繡出從君看，不把金針度與人」，此乃是冬烘先生不識詩之妙處所在而自我搪塞的理由。爲將金針盡度，特別指出「古人書中所有得意處，不得意處、轉筆處、趁水生波處，翻空出奇處、不得不補處、不得不省處、順添在後處、倒插在前處、無數方法，無數筋節」（註一九）

歷來文學批評家對作品的評賞大都是以作品整體直觀的美感印象爲主，金氏探究金針繡法，勢必對作

品做細部的觀察，致力挖掘一篇文章的美感要素，例如詩文的命名、釋題，字句間的聯屬關係，形式結構的主客、虛實、開合、明暗等概念的評析，這種形式上的討論，很容易流入瑣碎而忽略本質意義的探討，以致專力於建構一套「法」的規制。金氏評唐才子詩、杜詩、古詩皆從詩之「分解」開始，論其形式上的起承轉合，並以爲除此外已無詩法。是以金氏評點從文章形式結構分析，很容易被視爲「形式主義」的批評。詩文之「法」的細部分析，自是其評點與以往詩話的印象式批評最大不同處。

金氏評點中一方面講求「法」，一方面強調「詩非異物，只是一句眞話」、「詩是人人心頭舌尖所萬不獲已，必欲說出之一句說話耳」，顯然這是兩種不同的美感取向，以下我們先從金氏對詩的本質定義來看他的詩學觀念。

㈠詩本出於性靈

金聖歎在與友人來往的手札中，清楚地提出他對詩的定義。如與許庶庵論詩，談到「詩在字前」一語，以爲蒼頡造字是後天人工，「若詩，乃更生天生地、設使澒洞之初，竟復無詩，則是天地或久矣其已歇也。」而「唐詩之詩，固蒼帝已前澒洞之初之詩也。」（註二〇）此處所謂的「詩」，並非文學體類上的詩，不是由文字書寫形態建構出來的。它是亙古以來人類情感具體外現的方式之一，人類於自然四時之中，與萬物無間相依，悲喜相關，人之情遍運於宇宙，是以〈貫華堂選批唐才子詩序〉云：「夫詩之爲德也大矣，苞乎天地之初，貫乎終古之後，綿綿曖曖，不知紀極。虛空無性，自然動搖。動搖有端，音斯作焉。」人之情，感於萬物，正如《文心雕龍．物色篇》所言：「春秋代序，陰陽慘舒，物色之動，心亦搖焉。」金聖歎對詩的認識，基本上仍不出魏晉六朝主張「詩緣情而綺靡」以來，強調生命主體經驗感受的抒情美典的範疇。

金聖歎是明末吳縣人，其文學觀念受晚明吳中文藝思潮影響，強調個人生命主體的存在感悟，及其以審美趣味爲取向的人生態度，於是一般社會價值中的倫理判斷標準，自是無法拘繫他們的行止。聖歎曾說：「愁悶之來，如何可遣，要惟有放言自負，白眼看人，庶可聊慰。」（註二二）而且要放「人所欲說而不敢說」之言，才堪自負。人之所欲言就是一句眞話，「眞話」是對己之眞實，故毋須以違背社會價值判斷而畏言。此與李卓吾以爲「天下之至文，未有不出於童心焉者也」，童心者，眞心也，是「絕假純眞，最初一念之本心也」的思想是一貫的，基於此，金聖歎認爲「詩非異物，只是一句眞話」，又云：

見世人說到眞話，即開口無不鬱勃注射，轉口無不自尋出脫，自生變換者。此不論英靈之與懵懂，但是說到眞話，即天然有此能事，天然有此平吐出來一句，連忙收拾一句，又天然必是二句，必不是一句。（註二三）

詩不僅是一句眞話，還是「人人心頭舌尖萬不獲已，必欲說出之一句說話耳。」大凡人情之鬱勃，總欲噴薄而出，情之所致，發而爲聲，故金聖嘆又說：

詩者，人之心頭忽然之一聲耳。不問婦人孺子，晨朝夜半，莫不有之。今有新生之孩，其目未之能眴也，其拳未之能舒也，而手支足屈，口中啞然，弟熟視之，此固詩也。天下未有不動於

心，而其口有聲者也，天下未有已動於心，而其口無聲者也。動於心聲於口謂之詩。（〈答韓貫華嗣昌〉）

金氏認爲詩是源自於個人內在的，自足的一個經驗，在人們凝神觀照中，心靈刹時間發生的一種美感經驗，這種經驗的生發是自然的觸動，不能壓抑；即使新生之孩，不能言語，但只要情有所動，必能發而爲詩，甚至不必剪裁謀篇，便能成爲文章。「夫詩之有章有文也，此固儒者之所矜爲獨能也。若其原本，不過只是人人心頭舌尖萬不獲已，而必欲說出之一句說話，則固非儒者之所矜爲獨能也。」（〈與家伯長文昌〉）是以詩發於人心之自然感受，並非讀書人才具有此創作能力。

人心頭忽然一聲，就是一種當下主體心的作用，只要是「此一刻被靈眼覷見，便於此一刻放靈手捉住。」（註二三）因此有詩之起，只是心動而言於聲、而形於文，是以「詩在字前」如果就批評者鑑賞立場而論，作品是作者心靈活動之再現，讀者耳目所觸，必有一意象之再生，而此意象究竟是作者原初營構之意象？或是讀者自己之經驗活動下所理解到的意象？我們知道凝神觀照的知覺是一個人的、自足的、內向的「經驗之知」，因此他人是很難透徹的窺其全貌，除非作者留下線索追溯。所以金聖嘆說：「看詩全要在筆尖頭上追出當時神理來。」（註二四）

「神理」究竟何指？根據黃景進先生的解釋，是指「作者感情與其表達文法的有機關係」，他說：

當作品的文法與作者情感配合得非常理想時，這種作品就具有「神理」，因爲作品中的文法規律能將作者情感表現得非常充分，非常貼切，達到「傳神」的效果。（註二五）

例如金氏批王昌齡〈閨怨詩〉「悔教夫婿覓封侯」時說全詩之妙在於「不知」和「忽見」。而通首所有「閨中」「中」字，「少婦」「少」字，「凝妝」「凝」字……，皆是「不知」的神理。而「春日」、「上樓」、「柳色」等字，則是寫「忽見」的神理。此詩開頭寫一少婦生活的閒適，繼而見到春日、柳色後「忽地觸緒動情」，實將少婦剎時間心緒起伏，感悟到青春歲月流逝的悔恨，描寫相當傳神（註二六）。

詩是出作者性靈，站在批評者立場，如欲窺得作者之初機原意者，非得從文章結構，字句安排間尋思其「神理」，揣摩作者之情意，而且還要「虛心平氣，仰觀俯察」若有「一絲毫不出於古人之心田者，矢死不可攙入也。直須如此用心，然竊恐時時與古尚隔一間道。」（註二七）評讀者要「不出於古人之心田」，就是一種以我之心，會古人之心；以我之意，逆古人之意的閱讀歷程，此種批評觀念的前提是建立在「世間妙文，原是天下萬世人人心裡公共之寶，決不是此一人自己文集」，是以讀者閱讀作品如同看自己的作品一般，故讀書是「看他」也是「自看」。

(二)詩是一片心地

從金聖歎一生的行蹟來看，多半給人「桀傲不馴，離經叛道」的印象，而且他又以奇文、異說、詭行著稱於世。其讀書涉獵極廣，舉凡經典、禪佛玄語，或是稗官野史、九夷八蠻等記載，均能鎔諸筆端，信手揮灑，對於一般士子所必讀的經典文論，曾質疑地說：「吾年十歲，方入鄉塾，隨例讀《大學》、《中庸》、《論語》、《孟子》等書，意惛如也。每與同塾兒竊作是語：不知習此將何爲？

又窺見大人徹夜吟誦，其意樂甚，殊不知其何所得樂？」（註二八）其標榜六才子書，列入《水滸》、《西廂》二書在當時被視爲倡盜誨淫，敗俗傷風，然聖歎仍以其爲妙文。

綜合言之，金聖歎標立新說，對抗假道學是無庸置疑。然而批范仲淹〈岳陽樓記〉時又說：「一肚皮聖賢心地，聖賢學問，發而爲才子文章。」（註二九）以聖賢心地、聖賢學問爲作者內在涵養之要素，儼然又是儒家「徵聖」的觀念。同樣的，在《聖歎尺牘》中曾數次提到「唐律詩是一片心地，一段學問」，何謂心地？他說：

比來細看唐人律詩，見其章章悉從心地流出。所謂心地者，只是忍辱、知足、樂善、改過、四者盡之也。……唐律詩必從此四種人胸中，始得流出耳。（註三〇）

在〈與許人華定眞〉文中，提到「唐律詩出自一片心地」之語而這一片心地「只是尋常即景詠物之章，固莫不從至誠惻怛流出，是以爲可貴可美也」。顯然金聖歎的「心地」不僅強調情感之至誠惻怛的眞摯性，並且有轉化作爲道德標準的要求。甚至明白的指出「詩者，人之心聲也。人之未有不孝弟者，然則詩固人之孝弟之聲也」（註三一）如此一來，詩成爲「聖人之遺教」，若有一句一字詭於聖人者，必不敢出之。

金氏基本詩學觀點是以「性靈說」爲基礎，認爲文學是自我情性的表現，只要靈眼覰見，就要靈手捉住。但是這靈手靈眼須要出自作者內在性情涵養，涵養則須從「讀書養氣中來」（註三二）讀書可增加文字駕御能力，養氣則使作者的作品皆能出於一片心地，表現一段學問。當然這一片心地就是儒家所標舉的聖賢遺教。金聖歎從「性靈」觀念認識詩之本質，而此本質是建立在明清以來講心性之學，談理欲合一的時代思潮下的產物。所以金聖歎其外在行爲表現上，以異說詭行批駁世俗教化，看似離經叛道，實際上其內在人格型態中仍是以儒家思想爲典範（註三三）。

了解金聖歎的內在思想理路之歸向後，就不難明白何以《杜詩》備受其推重，而且在批解杜詩時採用「寓託」的解詩方式，例如〈登袞州城樓〉，批語云：「此詩全是憂時之言，若不託之登樓，則未免涉於譏訕，故特裝此題」（見《全集》四，頁五三）。〈畫鷹〉一詩後四句云：「絛鏇光堪摘，軒楹勢可呼。何尙擊凡鳥，毛血灑平蕪。」原本是詠畫中之鷹在瞬時間的雄姿，聖歎批解認爲「末句不知其指誰」，並以「擊凡鳥」三字爲妙，「不擊惡鳥而擊凡鳥，甚矣！凡鳥之爲禍，有百倍於惡鳥也，有家國者可不日誦斯言乎」。由此可知，聖歎的一片心地正是儒家「詩言志」之傳統。金聖歎的詩學觀念，一方面以詩緣情說，強調抒情自我的呈現，以爲詩是人心頭鬱勃傾洩之眞話，是靈眼覷見，靈手捉進的神機等論點來討論詩的本質問題，然而在進行律詩評點時，對於詩之美感的掌握，則以爲律詩是「心之所之無邪，言之所之亦無邪也」，換言之，詩之美感的生發在感性層面是脫離不了緣情綺靡、搖蕩性靈的審美初機，但若進一步分析詩之美感意義時，終究仍須以儒家「言志」傳統爲其內在意義。

三、金聖歎的詩評理論

金聖歎曾說：「弟自幼苦冬烘先生輩輩相傳『詩妙處正在可解不可解之間』之一語。……蓋其所自操者至約，而其規避於他人者乃至無窮也。」（《與任昇之》）詩之妙處不可解，多半是由於讀者本身對作品沒有「細尋膚寸」，因此只有「鴛鴦繡出從君看，不把金針度與君」落得一貧漢口吻。鑑於冬烘先生的自我搪塞之論，金聖歎批註六才子書時希望能盡度金針，今就其批解唐律詩用的方法，歸納論述如下：

(一)破解「題目」

金聖歎認為「題目是作書第一件事，只要題目好，便書也作得好。」（註三四）題目有時是交待作詩的背景，有時具有提綱之用，尋索題目往往可發掘作者之真正旨意，故而批評的第一步就要能破解題目。金氏批杜詩，幾乎首首都作題解，有時是解題之用，有是闡述其作詩、讀詩之法，文學教育的性格十分明顯。我們看其〈登兗州城樓〉的批解有云：

杜詩題，有以詩補題者，如〈游龍門奉先寺〉是也；有以題補詩者，如〈宇文晁尚書之孫崔或司業甥尚書之子重泛鄭監前湖〉是也；有詩全非題者，如〈江上值水如海勢聊短述〉是也；有題全非詩者，此等是也。其法甚多，當隨說之，茲未能悉數。（註三五）

杜詩的詩與題二者關係有互為補證，也有全無關係者，此非經過題的審視，方能尋得如此關係，否則一般人均以為詩與題必有密切關係，從中尋思詮釋必然會有差失。

詩有全非題者，更當仔細尋其膚寸，如〈江上值水如海勢聊短述〉一詩，聖歎曰：「詩八句中從不欲一字顧題，乃一口讀去，若非此題，必不能弁此詩者」。（註三六）看此詩題，當謂全篇八句，乃是述江水也。可是「爲人性癖耽佳句，語不驚人死不休，老去詩篇渾漫興，春來花鳥莫深愁。新添水檻供垂釣，故著浮槎替入舟。焉得思如陶謝手，令渠述作與同游。」八句竟無一字提及江海。金聖歎解曰：「江海即川流敦化義也。孟軻氏資深逢原，先生睹用其意作題。上半截蓋目中所值之水是江，意中所會之勢如海。」這種分辨的功夫對文字本身的意義，以及在詩句中所可能蘊藏的含義，儘量作了深而廣的聯想，但是這類聯想有時求之過深，不免失之穿鑿附會。當然有時這種以己意逆之的解詩法，是刻意爲之，因金氏批詩是自爲消遣故批文中往往見其抒懷。但不可否認的，此類說解式的批評，可以糾正片斷印象的偏失，更能幫助讀者對作品深刻的瞭解。如〈游龍門奉先寺〉，金氏由詩題寫游寺，推其詩必成於宿後，於是將淺人游山之語掀剝略盡，悟出杜甫「樂與數晨夕」的神理。如此解題，注重作品的整體性，確實可領略到詩文的深層意義。

㈡分解說

金聖歎〈與徐子能〉書中云：

……弟意只欲與唐律詩分解。「解」之爲字，出《莊子。養生主篇》所謂〈解牛〉者也。彼唐律詩者有間也，而弟之分之者無厚也。以弟之厚，入唐律詩之有間，猶牛之謋然其已解也。

金氏借用「庖丁解牛」之例比喻唐詩的分解，以無厚入有間，游刃於文字神理之間，這是他分解說觀念之本源。然而面對實際作品批評時，又當如何「解」法呢？雖然「分解本是唐律詩中一定平常之理，何足曉曉多說，」但是《聖歎尺牘》中，他仍不厭其詳的與其友人討論，如：

> 世間會說話人，先必有話頭，既必有話尾。話頭者，謂適開口，渠則必然如此說起。……話尾者，既已說過正話，便又亟自轉口云，如今且合云何……今弟所分唐律詩之前後二解，正即會說話人之話頭話尾也。（註三七）

顯然，唐律之前後二解，就是二個段落的意思，徐增曾說：「聖歎唐才子書，其論律分前解、後解……不過是極論起承轉合諸法耳。」（註三八）作詩取意，以解的起落為意義的起落，正如人說話之話頭、話尾。

詩的分解也不是一定分為、前後二解，原則上是「兩句一聯，四句一截」，但就古體詩與近體詩而言，其分解方式顯然不同，《唐才子詩》所收皆是七言律詩，金氏將每一首都分為前後二解，沒有例外（註三九）。《古詩解》中有四句一解者，也「有半解」者，例如古詩第一首「行行重行行」即是每四句為一解。第二首「青青河畔草」首兩句為半解，其批語云：

> 此只一解之半耳。凡詩中用半解者有二：有主句而不可盡言者，有賓句而不必多言者。此則賓句也，為欲敘「盈盈」一解，故先補敘此半解。（註四〇）

除此之外，另有幾首詩合為一篇來解說的，如《杜詩解》卷二〈蕭八明府實處覓桃栽〉、〈憑何十一少府邕覓榿木數百栽〉、〈憑韋少府班覓松樹子栽〉、〈又於韋處乞大邑瓷碗〉〈早起〉，其批語：「此詩以四絕一律為一篇，讀者往往忽略分看，遂茫然不知起落，故拈出之。」（見《全集》四，頁六〇四）所以，詩的分解未有定則，全依詩意而定，其分解之法如人之氣息，「言一出息，入一息也。分之爲一出息一入息者，彼正欲明此一口之有來處有去處，而欲調之於適中」，分解的原則只在調於適中，而出息、入息是全套動作，不能單獨存在，正如詩之起承轉合的程序，若缺其一，則氣勢不能連貫。可見金聖歎解詩是重視詩整體性結構，並非割裂文字，腰斬唐詩。

另外，聖歎以弓箭爲喻云：「前解如弓來體，後解如弓往體。」這個比喻重申了詩整體性的配合，而弓體的來放之間，正是前後解所呈現的一種對等關係，這個對等關係正說明了起承與轉合的對立性，當作品結構完整（即弓之來與往），這個對立性才算存在，金聖歎此一比喻是說明前後解的整體性關係，而不是要使律詩一首變兩首。

就律詩而言，所謂前解是指一二三四句，雖然是意義起落的分段，但一解之中各句都要發揮功用，他批評當時人只顧嘖嘖稱賞中間三四五六句的工整，而不曉得「三四自來只是一二羨文，五六自來只是七八之換頭」（註四一）。所以在實際批評時特別說明各句之間的連屬襯映關係，例如批李頎〈送魏萬之京〉云：

> 朝聞游子唱驪歌，昨夜微霜初度河。鴻雁不堪愁裏聽，雲山況是客中過。一是正寫題，如云子欲別耶？二是題前添寫一句，如云時且秋矣。三卻趁便反先接題前添寫一句，如云秋且不堪。四方仍接正寫題，如云乃又別乎？只是如此四句，而其手法轉接離即，妙至於此，眞絕調也。
>
> ……五言一年輕輕又便過也。六言一日輕輕又便過也。……

前解中一二句點出「秋別」之主題，三四句則在感受上繼承主題。後解五六句則點出作者轉入「時空流換」的主題，七八句則論斷式的說明作者感悟在「行樂」、「蹉跎」四字上。不論金聖歎是否呼出全詩意境，他想從字句的脈絡關係中，尋索古人性靈的意向是顯見的，而這也正是他分解說的動機。

㈢聯句的起承方法

金聖歎分解說在重視作品結構之整體性前提下，更進一步分析句與句間的交互作用。在〈答許升年定升〉云：

> 來教云：「一二定而三四定矣。」……但弟愚意尚有進者：一二定而全詩皆定，豈直三四定而已哉。蓋一二發筆，其直至全詩而止到三四，其間大小、厚薄、深淺、高低，乃至是非，相去極遠。（見《全集》，頁四四）

律詩前四句爲一解，易使人以爲一二起句只能影響三四句而已。金氏認爲全詩各句的組合是一個完整單位，一二句的文氣應貫串全詩，在提筆之初即應爲後面的發展預佈伏筆，如此起承轉合便能頭尾相應，故曰：

> 弟看唐律詩，其一二起時，不惟胸中早有七八，其筆下亦早自有七八，弟因悟其因有七八，故有一二也。七八如不從一二趁勢，固是神觀索然。然一二如不從七八討氣，直是無痛之呻吟也。（註四(二)）

金聖歎此種文學批評的方式，與八股文的特質——具有一個相當嚴密的結構，從破題、承題、股對到結語如同一個邏輯命題、文意承繼而層次有致。尤其是文字的細密思辯「一字一句無不抽闡，每多至數百言」。金聖歎在形式結構及文句關連的分析批評上，實與八股文之法具有相同的周密性。至於三四句如何承一二句呢？金聖歎說：

三四自來只是承之一體，不必用力太過。若上文發筆意在起句，則三四可盡承起句；若發筆意在次句，則可盡承次句；若發筆起句次句盡有意，則三四必雙承之。雙承之者，或是順承，或是逆承。順則三承一，四承二，逆則三反先承二，四乃徐承一也。（註四三）

金氏對於各句間的承繼關係，說得相當清楚，其自有一套詩法作為鑑賞的門徑。以上所說，三四是承之一體，可從《批唐才子詩》中尋得實例：

(1)三四盡承起句者—白居易〈舟中晚起〉

日高猶掩水窗眠，沈簟清涼八月天。泊處因沽酒市，宿時多並釣魚船。（前解）批云：「……佳處在起句自聽，三四承寫，次句乃別自抽手輕襯七字，此爲唐人佳筆。」（全集四，頁二八一）

(2)三四盡承次句者—劉禹錫〈荊門懷古〉

南國出川舊帝畿，宋臺梁館尚依稀。馬嘶古樹行人歇，麥秀空城澤雉飛。（前解）批云：「一二言此山此川，舊亦帝畿，不見宋梁雖往，而臺館猶可指耶。三四承寫『依稀』。馬嘶人歇，此爲欲認依稀之人，麥秀雉飛，此即所認依稀之地也。」（全集四，頁二四五）

⑶順承者—劉滄〈春晚旅次有懷〉

晚出關河綠野平，依依雲樹動鄉情。殘春花盡黃鶯語，遠客多白髮生。（前解）批云：「……三承一，言春已殘，花已盡，止剩黃鶯尚語，此時更無閒事，惟有村村農務也。四承二，言客又遠，愁又多，不禁白髮亂生，此時全無上策，只好遙遙坐嘆也。」（全集四，頁三九一）

⑷逆承者—劉滄〈懷汶陽兄弟〉

回看雲嶺思茫茫，幾處關河隔汶陽。書信經年家國遠，弟兄無力海田荒。（前解）批云：「言自此間至於汶陽，空望則為雲嶺，實歷須有關河。關河不可飛渡，於是書信久沈；而雲嶺尚得遙瞻，因哭弟兄無力也。亦是三承二，四承一法。」

唐人三四句法中又有許多技巧，如「側卸」法，尤以老杜最能得其法，例「羞將短髮還吹帽，笑倩旁人為正冠」意思沈著，音節悲涼。在側卸法中又有「拗一句法」，例「江客不堪頻北望，塞鴻何事又南飛」皆是於題外故作一拗，以自攄其胸前離奇屈曲之氣。側卸法中另有「陪一句法」，例「鴻雁不堪愁裡聽，雲山況是客中過」明明走出題外，先陪一句，然後只以一句便完正題。唐人三四兩句有「兩句平寫兩景者」如「昨夜葡萄初上架，今朝楊柳半垂堤」，也有「兩句恰寫一景者」如「數莖白髮生浮世，一盞寒燈共故人。」三四兩句雖承起句而來，然其中技巧變化，又翻出許多奇句妙意。

除三四之外，金聖歎對五六句亦相當留心，他認為「五六乃作詩之換筆時也」（〈書杜詩背〉，頁五七）所以「三四決非五六也，五六是一詩已到迴身轉向之時，若三四則固方當一詩正面也」（〈

答史夔友爾祉〉，頁四九）三四句是一詩之正面，五六則如倒影，兩者一承一轉，須要呼應，卻又不能相混，這種若即若離的關係，實需有深厚根柢者才能拿準分寸，因而三四五六句常成爲詩人逞才之處。

三四五六句還有一特點，它們都傾向於景物描寫，但是其呈現效果是不同的，因爲「五六將爲生起七八，非與三四同寫景物」（〈與家叔若水及舍弟釋顏〉，頁五六）例如唐律詩中三四五六句，多有用秋字、晚字者，若在五六，則是轉調高唱，以生七八之感也。其在三四，祇是平寫現景，以證一二之事。例李益「山隨疋馬行看暮，路入寒城去獨遲」是五六句（註四四）。皇甫冉「蒹葭曙色蒼蒼遠，蟋蟀秋聲處處同」是三四句平寫現景。（註四四）

(四)細尋用字之膚寸

金聖歎除對聯句的精細討論外，對於詩之最小單位「字」，更力求精嚴。他說：

七言律詩八七五十六字，便是五十六座星辰。一座一座皆有自家職掌，一座一座又有大家聯絡。（〈與叔祖正士佶〉，頁四六）

因此在其詩評中處處可見對字詞與詩意的綰連，尤其是分析字詞所能引發的美感經驗，並從中探知作者之用心。如溫庭筠〈南湖〉：

湖上微風入檻涼，翻翻菱荇滿迴塘。野船著岸偎春草，水鳥帶波飛夕陽。

批云：坐中看湖上，初並無觸，而微涼忽生，於是默然心悲，此是湖上風入也。……前解只寫得「風」字、

「涼」字，言因涼悟風，因風悟涼，翻翻菱荇，則極寫風色也。「著岸限」、「帶波飛」，亦是再寫風，然「春草」寫爲時曾幾，「夕陽」寫日今又促。（全集四，頁三三一）。

本詩中由字之中產生了「動」的聯繫，而且移動的形態是由微而著，這些字之間須要彼此的連絡，才能形成聯貫的動作。金聖歎細尋詩之膚寸，至此地步，可謂盡其精細之極致。詩的文字是最精練的，律詩五十六字字皆有著落，「七言律詩，雖較五言又多一十六字，然畢竟爲地至偪窄矣，那可於其中間，又聽一字落空」（〈杜詩書頭〉，頁四六）基於對唐詩用字精確的認識，金聖歎在進行實際批評時，便就字字推敲，正是他「金針度人」之用心。

四、金聖歎詩歌評點中的美感趣味

(一)金氏對形式之美的認識

金聖歎對於唐律或杜詩的評解，本著金針盡度的用意，對於詩的組成形式，包括句法結構的起承轉合，聯句間的承轉關係以及用字的適當性等著力說明，這種評點方式，容易被以爲是「形式」批評。事實上，如果我們從金聖歎將詩的形式拆解後，所使用的分析方式看來，不難發現金氏評點對律詩形式的要求與一般講求詩歌形式的重點不同，例如明代李夢陽提出「夫詩有七難，格古、調逸、氣舒、句渾、音圓、思沖、情以發之，七者備而後詩昌也。」（註四六）王世貞則以爲「才生思、思生調、調生格。詩即才之用，調即詩之境，格即調之界」（註四七）這裡所謂的「格」與「調」、指的是漢、唐人所用的「格式」和「調式」，包括體裁、章法、音調、文體等具體可求的內容。

尤其是詩歌章法、音律的講究，成爲格調派論詩的主要重點。金聖歎對形式的要求，多側重在句法結構安排，也就是說律詩八句的起承轉合關係，尤其是三四和五六聯句的承轉關係，至於中間四句屬對的工巧與否，並不是他評詩好壞的標準。金聖歎曾說詩的分解，正是對病發藥，唐詩八句本各自二句一聯以起承轉合關係結合，但是後人皆以中四句屬對工緻爲選，徒競纖巧，無關義旨。「至近代作詩，竟以中四句爲身，而頭上倒裝兩句爲起，尾上再添兩句爲結」（註四八），時人作詩，尤其律詩，用心力於中四句的屬對工巧，至於頭尾二聯，則以中四句意再逆推倒裝，忽略詩的整體意義，本末倒置的作法，金氏甚不以爲然，故云：「詩本以六句爲律，聖歎何得強爲分解？須知聖歎不是好肉生瘡，正是對病發葯。」（同上註）詩的聲律、對仗等形式之美，不是金聖歎評詩的重點，他著力於詩意聯貫完整，以及詩本身所引發的情境感受，可見聖歎講詩之章法，其用意與格調派的追求是不同的。我們看他評詩，是由句法用字的形式切入，以稱文之妙、意之妙，幾乎不見他從文字聲律、對仗等文字組成的「文法」上來評賞詩的優劣，而且所批注之詩，首首都自有其奇處、妙處，也見不到詩的負面評價，例如評賈島〈寄韓潮州愈〉詩云：「此心曾與木蘭舟，直到天南潮水頭。隔領篇章來華嶽，出關書信過瀧流。」（前解）其批曰：

先生作詩，不過仍是平常心思，平常律格，而讀之每每見其別出實新者，……一二只是言刻刻思欲買船來看，三四只是言刻刻疑有詩文見寄也。一解皆用頭上「此心」二字，一直貫下。（

全集四，頁二九六）

對於詩中的用字，金氏總是從全詩的形象思維入手，以求得對詩境的溶入，此乃是爲解詩，解詩之意也。又如白居易〈西湖晚歸迴望孤山寺贈客〉詩：「柳湖松島蓮花寺，晚動歸橈出道場、盧橘子低山雨重，栟櫚葉戰水風涼。」（前解）其批云：

> 此詩又好。唐人每每有詩是因前順生後，有詩是因後倒生前。如此晚出道場詩，看他前解細寫湖上是島，島上是寺又加柳、松、蓮、花等字，裝成異樣清華好景。意猶未愜，即又盡借其日之暮雨涼風，盧橘栟櫚，以加倍渲染之者。（全集四，頁二八二）

又如王建〈早秋過龍武李將軍書齋〉詩：「高樹蟬聲秋巷裡，朱門冷靜似閒居。重裝墨畫數莖竹，長著香熏一架書。」（前解）其批云：

> 一二不寫書齋，且先寫其門，且又先寫其巷。妙在欲寫冷靜，偏寫蟬聲。此皆是其作宮詞之三昧，他人乃未易曉也。三四不寫將軍，卻只寫其畫與書。「重裝」妙，「香熏」妙。此非寫其畫與其書，便是將軍之天性人欲，都寫出來。（註全集四，頁二二一）

詩之好，詩之妙，是在於作者自賞地在詩中「取境」，柳、松、蓮、花等字組成一種清華的景象，景象本身就是一種可作爲美感觀照的對象，也是情動之所由。作者之情意由取境的美感觀照中傳達出來。讀者也藉著詩中的形象美感，進入模擬狀態下的作者情意世界。由此看來，金聖歎從詩的聯句結構以及用字來作批注，其用意不在評斷該詩語言形式之優劣，文法的縝密工巧也不是其所用心處。所以金聖歎的批評，不能說是形式批評，其著重的詩法，只是在藉由聯句與字組間形成的美感，作為體悟詩意的方法，基本上是一種鑒賞的方式，而這種方式被其稱為「倩女離魂」法，是晚明以後清言小品文中所盛行的一種「隔的觀照」的美感。

(二)倩女離魂——隔的觀照

金聖歎批《西廂記》卷五：「斲山云：『美人於鏡中照影，雖云看自，實是看他。細思千載以來只有離魂倩女一人曾看自也』。他日讀杜子美詩有句云：『遙憐小兒女，未解憶長安。』卻將自己腸肚，移置兒女分中，此眞是自憶自。又他日讀王摩詰詩有句云：『遙知遠林際，不見此檐端。』亦將自己眼光，移置遠林分中，此眞是自望自。蓋二先生皆用倩女離魂法作詩也。」所謂「倩女離魂」法，就寫作者而言，是書寫活動過程中自己與作品內容，出現「以我觀物」和「以物觀我」的美感距離，作者體察出自我的存在處境與心緒內容，將這個「我」安置在作品中，一方面作自我的告白，一方面又以置身局外的旁觀者來看「我」，這就是所謂的「隔」。金聖歎體悟到這種隔的美感，因寄語斲山曰：「卿前謂我言王、杜俱用倩女離魂法作詩，原來只是用得一『遙』字也。」在作品中安頓自己，欣賞自己，同時也遙看自己，甚至指導自己。「這類文字，既已成為一語言成品，他便不再只是作者內在的獨白，它也具有傳播、表達，以及溝通、指導、影響他人的功能。故發洩感情，或教化、安頓自我者，同時也可以安頓、教化他人。」這種以「倩女離魂」法寫作的作品，在晚明的清言小品中往往蘊涵了這種從「隔的觀照」形成的美感（註四九）。若就評者批註的立場看來，所評所讀雖是古人之文，閱讀的過程中仍具有自作消遣的成分，就如同觀看美人照鏡，既是看「她」，也是看自己。王昌齡〈萬歲樓〉詩云：「江上巍巍萬歲樓，不知經歷幾千秋。年年喜見山常在，日日悲看水獨流。」其批解云：

> 江上萬歲樓，不知何人創造，復不知何人題名。嘗試縱心思之，眞是勝情奇舉，設使不得如此好詩對副，眞爲辜負古人不了也。蓋統計是名萬歲，分之只是千秋，再分之只是年年，再分之只是日日，其間山在水流，明抽暗換，乍悲還喜，似悟仍迷，……四句詩，只是四七二十八字，使將一《大藏經》徹底掀翻，眞奇事也。（註全集四，頁一一六）

聖歎此處批註，時以作者心意揣之，故言對此景，不副好詩有負古人，時又以讀者感受言之，讀此詩似見山川景物在冥冥大化中的流轉變化，正如讀《大藏經》而悟知世間無常義。

另則批杜甫詩〈三絕句〉云：楸樹馨香倚釣磯。斬新花蕊未應飛。不如醉裡風吹盡，可忍醒時雨打稀。」讀此詩聖歎忽驚觸到前時的童稚蓬心已逝，後此便是衰白相逼，咄嗟彌日後漸入忽忽不樂苦境：

> 此「斬新花蕊未應飛」一句，正是初入苦境之第一日也。「風吹盡」，「雨打稀」，總是一般零落，而又必寧「醉裡」、莫「醒時」者，老死一事既是無法可施，則莫如付之度外，任其騰騰自去，何得如是苦事，又刻刻置諸懷，終日愁老以老，怕死而死也。讀之使晚年人不敢不尋快活。妙絕。（全集四，頁六一二）

評讀活動中照見古人的生命樣態，看他即是看自，時而移情入詩，時而冷眼旁觀，在別人的生命情境中遙看其安頓與抉擇，同時也指導自己做了安頓。這就是金聖歎常用的「眼照古人」，他說：「今夫提筆所寫者古人，而提筆寫古人之爲誰乎？有應之者曰：我也。聖歎曰：然，我也。則吾欲問此提筆所寫之古人，其人乃在十百千年之前眞曾有其事乎，不乎？……我見今塡詞之家，……皆是我一人心頭口頭吞之不能，吐之不可，搔爬無極，醉夢恐漏，而至是終竟不得已，而忽然巧借古之人之事以自傳，道其胸中若干日月以來七曲八曲之委折乎？」（註五〇）金氏所言正是巧借古人之事以寫自己胸中之塊壘。閱讀過程本身，可以是讀者的自我創作，因爲讀者各自眼照古人，手眼不同，讀出的東西也不同，作品沒有客觀性可說，全看讀者的用意而定，這是一種「意逆」的方法，王嗣奭《杜臆》云：「臆，意也，以意逆志，孟子讀詩法也，誦其詩，論其世，而逆以意。」意逆就是臆測，作者創作有其用意，讀者本身也可以自做批評，發揮其私臆，這是「細部批評」常見用的方法，此批評本身所展示的、所說明的，「只是批評家的一種示例而已，重要的還是讀者自己的閱讀與批評活動」姚鼐〈與陳石士書〉說：「文家之事，大似禪悟：觀人評論圈點，皆是借徑；一旦豁然有得，呵佛罵祖，無不可者。」（註五一）

金聖歎以倩女離魂的遙看方式評詩，個人的生命經驗融鑄在詩的觀照裡，著重的是生命經驗的溝通，因此對詩本事的考證並不在意，故而發生與事實違謬的解詩情況，如其評杜詩〈與李十二白同尋范十隱居〉，解「余東蒙客，憐君如弟兄」句云：「止以鄉里成句者，不欲以前輩自居也。看他一片獎誘後學心地，我嘗恨昌黎妄自尊大……。」金氏以爲杜甫是李白之長輩，而且杜甫獎勵後學心切，急欲無日無夜的教李侯作詩，點化李白。事實上，李白是長杜甫十餘歲，杜甫對李白極爲推重，何遑論教李白作詩。顯示金氏評詩全憑己意逆之，不考故實才會發生此種情況。

㈢文以自娛

讀者評詩各自具其手眼，作者未必然，讀者何必不然，因此評點古人書，不過是爲了自作消遣，「愁悶之來，如何可遣？要惟有放言自負，白眼看人，庶可聊慰」。評點批注可暢言所欲，逞其中鬱壘，這是一種「自娛」的心態。而「文以自娛」、「以文爲戲」是晚明文人如竟陵派的鍾惺等人在強調「幽情單緒」（註五二）不落拘套，獨抒性靈的美感追求下，對文學功能認識的另一途徑發展。晚明著名的小品文選家鄭元勛曾大力鼓倡「文以自娛」，他選的小品文選《幽媚閣文娛》自序中說：「吾以爲文不足供人愛玩，則六經之外均可燒。六經者，桑麻菽粟之可衣可食也；文者奇葩，文翼之，怡人耳目，悅人性情也。若使不期美好，則天地產衣食生民之物足矣，彼怡悅人者，則何益而并育之？以爲人不得衣食不生，不得怡悅則生亦槁，故兩者衡立而不偏絀。……但念昔人放之際，每著文章自娛。余愧不能著，聊借是以收其放廢，則亦宜以『娛』名。」六經自來有著神聖不可侵的地位，張元勛將六經視爲如桑麻菽粟，於人如同不可或缺的衣食，但是人不僅在食衣上的滿足而已，尙須要能悅性情的文章以育養之，故他所編選的小品文，以「自娛」爲標準作者可以自娛，也可資讀者以「人之娛」。

「文以自娛」是晚明末期（崇禎後），文人對文學價值的新認識，文學不僅表現主體意識，抒寫性靈，文學的功能更由歷來積極的教化經世的主張，轉以娛人性情爲主。這種「自娛」心態不僅以文學形態展現，我們從當時盛行尋幽訪勝，登覽編目的旅遊活動，以及文物賞玩和民間工藝創作等風氣看來，「自娛」已成爲當時某些文人和市民階層的生活態度，而這種態度正是晚明文藝風潮有著浪漫取向的因素之一（註五三）。

金聖歎生於萬曆三十六年，卒於清順治十八年。明崇禎年間，他已著手評點《水滸傳》（註五四），是以晚明文藝思潮，正是他當時的時代背景，而聖歎又是吳縣人，據《明史．文苑傳》云：「吳中自祝允明、唐寅輩，才情輕艷，傾動流輩，放誕不羈，每出名教外。」吳縣又是東林、復社所及之地，當時文人結社好爲月旦人物，評別臧否。（註五五），學風以博雅好古是尚（註五六）。金聖歎生長於斯，濡染是習，好讀書而自放異論，其評點小說、唐詩、杜詩等皆抱著消遣的「自娛」心態，至於他何以有這種審美意識，當與其個人的生命存在感受以及對生命價值認知有關，且看他爲《西廂記》批點作序名曰〈慟哭古人〉文中說到，自浩蕩大劫至今已不知幾萬萬年也，而幾萬萬年月如同水逝雲卷，風馳電掣，無不盡去。今年今月暫時有我，我也將如風雲一般逝去？生命只是短暫的現象，生命存在及一切作爲，也將頃刻俱歸泯滅，在這蒼茫浩蕩的人生悲感中，我欲有所爲、有所成，然所爲所成不也頃刻盡去。而今我的無奈，正也是古人的無奈，「如便眞有九原，眞起古人，豈不同此一副眼淚，同欲失聲大哭乎哉！」既然這種生命有限困境的悲感，古今人同然，「我既前聽其生，後聽其去，而無所於惜，是則於其中間幸而猶尚暫在，我亦於無法作消遣中隨意自作消遣已矣。」

消遣自娛的人生態度，源自於對生命存在的虛無悲感而來，故容易走上負面消極的玩世不恭，明末吳中文士標榜狂誕，其中不乏是有此存在感受者的應世態度。金聖歎對人生的悲感是其注文自娛，自作消遣的原因。人生倏忽如光電火花，那麼我固非我，故生於世間誤或不誤皆可，因此以非我者之才情，誤而供我揮霍，以思有不朽者亦可，或許是「我之孟浪也，我之孟浪也者，我既以了悟也。我既了悟也者，我本無謂也。我本無謂也者，仍即我之消遣也。」「是則古人十倍於我之才識也，我欲慟哭之，我又不知其為誰也，我是以與之批之刻之也。我與之批之刻之，以代慟哭之也。夫我之慟哭古人，則非慟哭古人，此又一我之消遣法也。」批書的動機，就是在對生命的無可奈何與慟哭中進行的消遣活動，正是不為無益之事，何以遣有涯之生。

五、結　語

評點在文學批評的領域中，它提供豐富的批評材料，尤其是批評方法較以往印象批評，更具有實際而具體的方法。金聖歎批《西廂記》中曾將批評者比喻為游人，一個善游人必須具有一副別才，一雙別眼，能探盡洞天福地之奇妙者，設若「彼不能知一籬一犬之奇妙者，必彼所見之洞天福地皆適得其不奇不妙者也」（註五七）正是所謂「食不厭精，膾不厭細」，由文章小處著眼，以「游心於小」的態度進行批評。表面上看似與形式批評類似，尤其金批唐才子詩、杜詩、古詩等皆從文字形構上分解入手，強調詩法，謂唐律之「律」字，乃是法律之「律」，非音律之「律」，而且唐律與唐代以詩取士關係密切，「夫唐人之有律詩之云，則猶明人之有制義之云也。必若混言此音律之律，則凡屬聲詩，孰無音律，而顧專其稱於近體八句也哉？」（註五八）音律是所有聲詩的基本要素，唐人律詩之定義並不是要強調音律，而是在於詩的句數、平仄、對仗等詩法的要求上，都不再是「自然」的語言，而是一種格律或規則化的人工編織下的產物，它是一種有明顯自覺的作法。（註五九）金氏以爲這與明人的制義之文——八股文，在形式要求上是相似的，故其評詩也以八股文要求起承轉合的方法作爲解詩的方法。在這個意義上看來，金批與形式批評非常相近，所以陳萬益也說：「在本世紀前五十年曾風行於英美的形構批評法和金聖歎的批評法有極類似之處，它們都是以徹底研讀本文作爲批評的基礎；同樣強調結構和字質……。」

殊不知金氏評點注目於小處，其基本型態卻是一方面要窺知作者用心，故云：「分解不是武斷古人文字，務宜虛心平氣，仰觀俯察，待之以敬，行之以忠，設使有一絲毫不出於古人之心田者」，而這不出古人心田，窺知作者用心，並不是要追究作者原意，只是要從字裡行間觀察作者是如何寫。例如「萬木蔽雲出香閣，西連碧澗竹林園。高齋獨宿遠山曙，微霰下庭寒雀喧。」金謂此詩是妙詩、妙畫更是禪家的妙境、妙理。解云：「看他『萬木』下便畫『蔽雲』字，只謂是眼注萬木耳，卻不晤其乃是欲寫『出香閣』之三字。『出』字妙妙，……」（註六〇）解詩在於看詩如何寫，歷史考證的問題，自也不是他所關心的，所以另一方面解詩是爲了抒讀者之見解，通常讀者見解都在進入詩的形象思維後，借其想像力重建一個美學客體，同時在評讀過程中與作者「心心相印」，於是讀書既是看他，又是自看。這種評點批評的方式，蘊含批評者的審美趣味於其中，非所謂形構批評和新批評所追求的。

最後我們要再強調的是，金氏的詩歌評點呈現兩種美感趣味，一是以「倩女離魂」法評詩，這是一種「隔」的美感觀照，評讀者以冷眼看她，隔的美感，純由個體出發，對於社會集體的道德規範不會有太大興趣，這種美感，可能跟眞實脫離，形成文字的玩耍與賣弄。或者曲解歷史事實，僅憑己意臆測揣度之。另則金氏在他對生命存在之有限的困境悲情中，感悟到唯一能爲短暫生命的存在作記痕的只有著書，因爲「古之人不見我矣，我乃無日而不思之。」我思古人是因其書而照見他，故曰：「夫世間之一物，其力必能至於後世者，則必書也。」（註六一）讀書讓我思古人之曾經存在，同樣後人讀我書亦可思我之存在，所以在浩蕩的人世中，批書刻書是聊作自己生活的消遣，而批之刻之的目的正是做爲金氏安頓自己於無常世間的方法，這種自娛方式又可以與後世讀此書人尚友之。故其聊做消遣正是從這種生命的悲感中產生的一種美感取向。

【附　註】

註一　宋人作詩學古，指得是其推宗唐詩的態度，「古」與明代「復古」主張所標舉以先秦漢魏爲「古」的指涉不同。宋人的宗唐表現在宋初詩人以賈島、晚唐爲作詩典範，不欣賞李白、杜甫之作。西崑體出現後特別推崇李商隱。歐陽修、梅聖俞等人，則在西崑體的基礎觀點上提出以李白、韓愈爲宗。後來黃庭堅等人推崇杜甫，認爲杜詩「無一字無來歷」故云：「詞意高勝要從學問中來」、「作文字須摹古人、百工之技亦無有不法而成者」故主張「點鐵成金」取古人詞加以點化，「奪胎換骨」

取古人意以之形容。

註 二 參見陳萬益《金聖歎的文學批評考述》第三章，台大文史叢刊，民國六十五年。

註 三 見康來新《晚清小說理論研究》緒論及守成篇第一章，大安出版社，民國七十五年。

註 四 金聖歎批注第六才子書《西廂記》讀法二十三條，金氏云幼年最恨「鴛鴦繡出從君看，不把金針度與君」，謂此是貧漢自稱。既若知得金針，何妨與我略度。是書見《金聖歎全集》第三冊，長安出版社，民國七十五年。

註 五 見胡適〈水滸傳考證〉，收於《中國章回小說考證》，里仁出版社，民國七十一年。

註 六 見龔鵬程〈細部批評導論〉一文，收入《文學批評的視野》，頁三九四，大安出版社，民國七十九年。

註 七 同註一引書。

註 八 見吳宏一《清代詩學初探》第四章〈形式批評的崛起與理論系統的建立〉，牧童出版社，民國六十六年。

註 九 參見劉連青譯N．W維塞的〈俄國形式主義〉，引自《當代西方文學理論導讀》第四頁，四川文藝出版社，一九八七年。

註一〇 該詩云：「雨香雲淡覺微和，誰送春聲入棹歌。萱近北堂穿土早，柳偏東面受風多……。」（前解）。

註一一　見J．M．布洛克曼《結構主義》，頁四七，商務印書館，一九八七年。

註一二　「細部批評」是龔鵬程先生特別針對中國文評中某些「游心於小」的評注方式，所建立的名稱，詳文參見〈細部批評導論〉。

註一三　參見劉大杰、章培恒〈金聖歎的文學批評〉，收於《中華文史論叢》第三輯，一九六三年五月。

註一四　張國光的主張是針對公盾等人認爲金聖歎是「個性解放」、「封建反動文人」的觀點的駁議。該論點參見公盾〈不要美化封建反動文人——談評價金聖歎的兩個問題〉，載於《新建設》一九六三年七月號。張國光〈金聖歎是封建反動文人嗎？——與公盾同志商榷〉，載於《新建設》一九六四年四月號。

註一五　有關評論金聖歎評點的藝術成就的文章很多，本文主要參考張國光〈我國傑出的啓蒙思想家金聖歎〉，載《江漢論壇》創刊號，一九七九年五月。郭瑞〈我國古典美學思想的一個突破——金聖歎人物「性格」說〉，載《文藝研究》，一九八二年第二期。卓支中〈試評金聖歎的文學形象與典型論〉，載《暨南學報》，一九八三年第四期。

註一六　作者創作選擇的體裁，固然與其才情性格有關，但仍須考慮該體裁在當世的盛行程度。尤其若是一種新興文體，其創作人口的投入及其作品數量在文體萌芽階段勢必作品不多，而李白之世正值律詩初興，這也許是其律詩作品不多的原因之一。（以上所論，承蒙簡恩定先生賜教）

註一七　以上所引兩條分別見金氏批《西廂記》讀法第九條與十四條。

註一八　見廖燕《金聖歎先生傳》。

註一九　見金批第五才子書《水滸傳》楔子總批云。《金聖歎全集》第一冊，長安出版社，民七十五年。

註二〇　金氏〈與許庶庵之溥〉，收入《魚庭貫聞》，見《金聖歎全集》第四冊第三八頁。

註二一　見金氏《唱經堂杜詩解》卷三，〈遣悶戲呈路十九曹長〉詩之別批，見《金聖歎全集》第四冊，頁六四七。

註二二　見金氏〈與顧掌丸〉書，收入於同註十八書第三九頁。

註二三　引自金氏批《西廂記》讀法第十八條。

註二四　見金氏《杜詩解》卷一，〈與李十二白同尋范十隱居〉的批註，見金氏全集第四冊，頁五三二。

註二五　黃景進〈詩之妙可解？不可解〉，收於《中國文學批評》第一集，頁二八，學生書局，民國八十一年。

註二六　是文引自《金聖歎全集》第三冊，卷八，頁二一一。

註二七　見《全集》第四冊，頁四一，〈與陸大生燕哲〉。

註二八　見金氏批註《水滸傳》序三。

註二九　見《全集》三，《天下才子必讀書》卷八，頁六三二。

註三〇　見《全集》四，頁四五，〈與邵蘭雪點〉。

註三一　見《全集》四，頁五六，〈與高元丹茂梓〉。

註三二　見《全集》四，頁一二二，金氏批唐人崔顥〈黃鶴樓〉詩。
註三三　陳萬益《金聖歎文學批評考述》書中提到，金氏文學觀中的「心地說」是儒家思想爲依歸。
註三四　見《全集》一，《水滸傳》之讀法。
註三五　見《全集》四，頁五三六，〈登兗州城樓〉。
註三六　見《全集》四，頁六一六，〈江上値水如海勢聊短述〉。
註三七　見《全集》四，頁四〇，〈答韓貫華〉。
註三八　見徐增《而庵說唐詩》第四九條。
註三九　吳宏一〈清初詩學中的形式批評〉一文中，分析了金氏「分解說」的類型。
註四〇　見《全集》四，頁七三八，《古詩解》第三首。
註四一　見《全集》四，頁四二，〈與張才斯志皋〉。
註四二　見《全集》四，頁四三，〈答周計百令樹〉。
註四三　見《全集》四，頁四九，〈答蔡九霞方炳〉。
註四四　見《全集》四，頁二〇三，李益〈送賈校書東歸寄振上人〉。
註四五　見《全集》四，頁一八四，皇甫冉〈使往壽州寄劉長卿〉。
註四六　見李夢陽《空同集・潛虬山人記》卷四七。
註四七　見王世貞《藝苑卮言》卷一，丁仲祜《續歷代詩話》。

註四八　見《全集》四，《杜詩解》卷三，頁六七〇。
註四九　見龔鵬程〈位在聖凡之間的清言小品〉，收於《晚明思潮》，里仁書局，民國八十三年。
註五〇　見《全集》三，批注《西廂記》卷四，頁四一。
註五一　龔鵬程先生以為評點派的批評可稱為「細部批評」，而「意逆」就是細部批評使用的方法，該論見〈細部批導論〉一文。
註五二　見鍾惺〈詩歸序〉，《隱秀軒集》之「昃集」。
註五三　參見吳調公〈晚明文人的「自娛」心態與其時代折光〉，載於《社會科學戰線》，一九九一・二。
註五四　明崇禎十四年，金聖歎批註《水滸》，並授以其子金雍，參見《明清江蘇文人年表》及陳登原《金聖歎傳》。
註五五　參見陳登原《金聖歎傳》，頁八、九，香港太平書局，一九六三年。
註五六　據錢謙益《列朝詩集小傳》丙集〈朱處士存理〉：「自元季迄國初，博雅好古之儒，總萃於吳中……。」
註五七　見《全集》三，《西廂記》卷五，頁九二—九四。
註五八　見《全集》四，頁三八，〈答徐翼雲學龍〉。
註五九　參見柯慶明〈試論漢詩、唐詩、宋詩的美感特質〉，收於《文學與美學》第三集，文史哲出版社，民國八十一年。

註六〇　見《全集》四，頁一八九，韋應物〈寓居澧上精舍寄于張二舍人〉。

註六一　見《全集》三，《西廂記》序〈留贈後人〉。

晚明「賞鑑」的審美意識

林素玟

一、問題的導出：

所謂「賞鑑」，原義有二：一則「清賞」，一則「鑑定」。前者指從事藝術欣賞時對「美」的判斷活動；後者指對藝術品「眞」的價値評斷。

賞鑑的活動，源於魏晉時期（註一），正式有文獻記錄者，則始於唐代。張彥遠《歷代名畫記》卷二〈論鑒識收藏購求閱玩〉中謂：「夫識書人多識畫。自古蓄聚寶玩之家，固亦多矣。則有收藏而未能鑒識，鑒識而不善閱玩，閱玩而不能裝褫，裝褫而殊亡銓次者，此皆好事者之病也。」張氏提出「收藏」「鑒識」「閱玩」「裝褫」之概念，作爲藝術收藏者必備的修養。此「鑑識」者，即屬於「鑑定」的範圍；「閱玩」者，則歸之於「清賞」的領域。降及北宋，名書畫家米芾在《畫史》一書中論「賞鑑家」與「好事家」之差異曰：「好事者與賞鑑之家爲二等。賞鑑家謂其篤好，遍閱記錄，又復心得，或自能畫，故所收皆精品。近世人或有貲力，元非酷好，意作標韻，至假耳目於人，此謂之好事者。」此論首次標舉「賞鑑家」，並謂其修養一爲酷嗜藝術，能畫、能寫，又遍覽眞蹟，記錄銓次者，顯示宋代開始，已將「賞鑑家」視爲藝術活動的專業人才。賞鑑的風氣，亦逐漸展開。然而這類活動畢竟屬於少數文人藝術家的專利，並未能構成一門學術流派。必須至明代，尤其是晚明，賞鑑風氣始成爲一門正式且獨立的學術派別。

明代以來，收藏書畫古玩藝術奇器的風氣盛極一時，加之社會經濟力的高度發展，使得藝術品的消費量提昇，於是社會上出現一批專以賞鑑著名的藝術評鑑家。是輩以其對藝術高度之法眼與修養，鑑別賞識，品評眞贋，記錄於書，形成一系列賞鑑類的珍貴典籍。檢視明代，尤其是晚明，文人論著中屢屢提及「賞鑑」一辭，今略舉其要者如：

(一)屠隆《考槃餘事》卷二首標「賞鑑」一目

(二)袁宏道《瓶史》卷下分「十好事」「十一清賞」

(三)謝肇淛《五雜俎》卷七論賞鑑家與好事家之異

(四)茅一相《繪妙》論及賞鑑家與好事家

(五)沈德符《萬曆野獲編》卷二十六〈玩具：好事家〉列舉賞鑑家與好事家諸人姓氏

(六)陳繼儒《書畫金湯》〈一善趣〉首列「賞鑑家」

(七)項元汴《蕉窗九錄》(註二)〈畫錄〉首舉「賞鑑」一目

(八)張應文《清秘藏》卷下〈敘賞鑑家〉列舉魏晉以迄明末賞鑑家共一百七十八人

(九)錢謙益《列朝詩集小傳》論董其昌曰：「精賞鑑」、論李日華曰：「善賞鑑」。

除此之外，更有以「賞鑑」爲主的專門論著問世，如屠隆《考槃餘事》、文震亨《長物志》、詹景鳳《東圖玄覽》、董其昌《骨董十三說》、李日華《六研齋筆記》（二筆、三筆）、都穆《寓意編》、高濂《燕閒清賞箋》、張應文《清秘藏》、沈德符《飛梟語略》、陳繼儒《妮古錄》……等。由此可見，藝術「賞鑑」的審美活動，至晚明已形成一種特殊且普遍的社會現象。此時「賞鑑」的意義，不再是清賞與鑑定兩種不同層次的活動，而是著重在清賞的美感趣味與鑑定的眞僞判斷所形成的「眞」與「美」彼此融混爲一的審美活動。

此風降及清初，仍蔚爲大觀，出現了高士奇《江村銷夏記》、孫承澤《庚子銷夏記》、錢梅溪《履園畫學》、乾隆御編《石渠寶笈》等賞鑑專著。藏書目錄方面，錢曾《述古堂藏書目錄》卷四列有「清賞類」書目，黃葵陽《讀書鏡》列有「清賞鑑」書目。由此可見，明末清初賞鑑風氣不僅爲一社會現象，同時也形成了一門獨立的學術派別，由是興起了所謂的「賞鑑」美學。

觀此而言，藝術賞鑑確爲晚明重要的社會現象與學術趨勢。以「賞鑑」爲主的美學研究，更是晚明文化研究的重要路徑之一，惜前人多略而忽之（註三）。筆者在爬梳晚明諸多畫學論著之際，發現「賞鑑」此一課題屢屢出現於晚明的筆記雜俎中，且足以反映出晚明文人的審美意識與美感心理。文人的審美意識主導著整個晚明的美學趨向，故從晚明文人論著中鉤棘其審美意識，即可掌握晚明的美學性格。因此，筆者提出「賞鑑」的藝術現象，即爲了瞭解晚明文化中的美學思想，希望經由釐清「賞鑑」的審美內涵，進而尋找晚明文人對眞、善、美的認知與對三者之間關係之處理。

二、「賞鑑」的審美對象：

藝術賞鑑的審美對象，可從兩方面分別言之。一則抽象對象，一則具體對象。前者針對藝術品的抽象性質，以此性質作爲審美的對象物，如：藝術表現的美與醜、藝術品的眞與假、藝術功能的善與惡……等等；後者指作爲審美客體的各種表現樣態，即經由媒材而形成的各類藝術品的特質，如：何種形式可作爲藝術欣賞的對象？何種表現樣態可引起審美主體的快感？何以某些表現形式稱爲藝術品，某些則否？……諸如此類，皆成爲吾人在思考賞鑑的審美對象時所必然觸及的問題。

就前者「抽象對象」而言：賞鑑的審美對象又可針對兩方面而論：㈠清賞：以藝術品「美」的質素作爲賞鑑的主要對象。此種「美」是超越眞理判斷與道德功能的範疇，屬於藝術表現形式的純粹性質。㈡鑑定：針對藝術品的眞僞作判別。此乃源於對藝術之「眞」的肯定，並賦予價值評斷。前者在中國的發展歷史，淵遠流長，是傳統審美活動的主要內容；後者發展的時間較晚，其成立必須是在人類歷史文化累積了相當豐富的成果之後，加上外在因素的促發，如政局變遷、兵燹之禍、自然災害等，使古文物藝術大量散佚、破壞，甚至湮埋沈沒，而不得不產生的藝術活動。

再者，就後者「具體對象」而言：審美的具體對象，通常以藝術品爲其指稱內容，但「藝術品」的定義爲何，便因時代精神、地緣關係、個人思想等的不同，而有極大的差異（註四）。一般而言，藝術品指的是藝術家透過媒介材料所創造或展示出來的各類存在物，如繪畫、音樂、詩歌、建築、雕塑等各種形式的表現。這諸多樣態的表現皆可稱爲「藝術品」，表示其間必有共同的美感要素，足以構成彼此的共相，使其納入「藝術品」的範圍之內。然而這些所謂「藝術品」的共同的美感要素究竟爲何？何以有些時代視爲藝術品的存在物，到了另一時代便被逐出「藝術」的領域之外？西方的美學研究者對於這些問題，依然有許多不同的看法（註五）。

針對以上兩個方向所思考的審美對象，吾人可知：賞鑑的抽象之審美對象，乃是「美」與「眞」；賞鑑的具體之審美對象，則爲藝術家藉用媒材所創造或展示出來的各種形式之表現。以此抽象與具體的「審美對象」之意義衡諸晚明，則會發現，其中有許多審美意識難以安頓。何以如此？

就「抽象」的審美對象而論：「賞鑑」成爲晚明藝術活動的一環，實具有時代意義。唐代以前，對藝術文物的態度，大多是清賞與鑑定分道揚鑣，各有不同的領域，亦各有不同的發展與規範。北宋以來，雖將此二種藝術態度合而爲一，但仍不足以構成學術的一環。晚明的「賞鑑」活動，業已成爲整體學術之一，且「賞」與「鑑」結合得更爲緊密，主要是在清賞的審美活動中，要求對象本質「眞」的面貌，所謂「以眞爲美」；再者，在鑑定的眞僞判斷中，又蘊涵有鑑別良窳的「美」的訴求，所謂「以美爲眞」。二者相互涵化，除了要求審美對象具備原始本質的風貌之外，亦強調賞鑑者主觀審美興味的參與判別。此時的「賞」，超越了單純對「美」的中立態度，帶有一份對藝術眞理的執著；此時的「鑑」，超越了知識論範疇的眞理判斷，而傾向於藝術活動中主觀的美感追求。兩者較之原來的「眞」與「美」，具有更豐富的美感內涵。

若就「具體」的審美對象而論：晚明賞鑑的具體對象突破了「藝術家透過媒介材料所創造或展示出來的各類存在物」此一範圍。傳統的賞鑑對象，多針對單純的藝術文物：如書、畫、青銅器、玉器、陶器、瓷器、金銀器、漆器、銅鏡等藝術品爲主要對象。宋明以來，賞鑑的範圍逐步擴大（註六），直至晚明，賞鑑的對象則除以上所列之外，舉凡生活周遭的一草一木、園林樹石、文房器物、日用雜具，莫不列入賞鑑之範圍。甚至文人彼此的格調風韻、美人佳麗的容貌姿態，亦同具品鑑賞玩的趣味。依此而論，晚明賞鑑的具體對象，早已超越了一般「藝術品」的定義，如衛泳《冰雪攜》所云：「從來書畫古器，有好事、賞鑑兩家。余謂此兩家不獨在書畫古器也，大而山水，次之林園，小則一花一石，舉莫不有。」舉凡天地間各類有情或無情之表現形式，皆可成爲賞鑑的具體對象。

由以上所述可知，「賞鑑」的藝術活動，是結合了「賞」與「鑑」兩種截然不同的概念，而將之融合，不可分割。「賞」在晚明所代表的意涵，不僅是一種遊戲性的、隔離的審美活動，而且對於對象「眞」的本質要求更爲熱切，在晚明形成眞、假之辨的論爭，因此含有「鑑」的意味。至於「鑑」的意涵，除了鑑定眞僞的層次之外，更具有審美價值判斷的「鑑別」在其中，在晚明形成了精、俗之判的「分品」。對於不涉及眞、贋的對象而言，晚明文人亦以分品的觀念，對對象加以鑑別，貞定對象的美感價值觀念，因此含有「賞」的意味。「賞」與「鑑」二者就在這種「以眞爲美」與「以美爲眞」的辯證關係中，完全地融合涵化成一體，但其中「眞」與「美」的美感意涵如何？融合的基礎何在？融合後能達致何種境界？凡此種種，均有必要再進一步探討。爲論述之便，筆者將「賞」與「鑑」分別言之，以抽象對象之「美」與「眞」作爲理論敘述的主要架構，以具體對象之各種文房清玩，作爲文獻引證的參考依據，由此開展對晚明「賞鑑」的審美意識之探討。

三、「賞」的美感意涵——以真為美

「賞」字一辭，在晚明的文獻典籍中，出現的型態有許多種，如清賞、閒賞、賞玩、評賞、賞心……等等，其中以「清賞」較具代表性。如屠隆《考槃餘事》論「袖爐」云：「書齋中薰衣炙手，對客常談之具。如倭人所製漏空罩蓋漆鼓，可稱清賞。」（註七）論書齋之擺設云：「齋中几榻、琴劍、書畫、鼎研之屬，須製作不俗，鋪設得體，方稱清賞。」論茆亭云：「外護闌竹一二條，結於蒼松翠蓋之下，修竹茂林之中，雅稱清賞。」（註八）論疊卓（桌）云：「坐外列爐焚香，置瓶插花，以供清賞。」（註九）又如張應文《清秘藏》卷上「論硯」云：「亦知有舊坑、新坑、上巖、中巖、下巖之分乎？上巖新舊坑俱不堪清賞，下巖有舊坑，有南北壁。」「論名香」云：「余性嗜香，乃不喜合和豔香。今錄名香數十種，以備清賞。」袁宏道《瓶史》卷下列「十一清賞」，謂「茗賞者上也，譚賞者次也，酒賞者下也。」李日華《六研齋筆記》卷三云：「雲林之畫與詩不徒作，蓋其人之賢，故次其韻以發清賞。」高濂更將所著之書名之爲《燕閒清賞箋》，並列舉銅器、陶器、漆器、古琴、焚香、養鶴等文房清供與賞鑑要略。

觀此而言，「清賞」在晚明文人的生活中，佔有極大的份量，舉凡文房器具，茗香瓶花，皆列清供。此「清賞」的本意，原指無目的性的美感欣賞。然而在晚明的審美意識中，「清賞」並非純粹的、無關心的美感經驗，而是有一份對「眞」的執持，不僅在觀賞人物時如此，甚至對於文房清玩之賞鑑，率皆以對象之「眞」的本質爲審美判斷的訴求。

以對象本身質性之「眞」爲美感訴求，即所謂「以眞爲美」，此在晚明「賞鑑」的審美意識中，比比皆是。論人物之眞者，首推李贄，〈童心〉說謂：「童心者，絕假純眞，最初一念之本心也。」李氏以「絕假純眞之本心」作爲人格美的要素，成爲晚明美學思想中論「眞」之先聲。其次如張岱〈五異人傳〉亦云：「人無癖不可與交，以其無深情也；人無癖不可與交，以其無眞氣也。」（註一〇）以「癖」爲深情眞氣之表現，並加以肯定稱賞者，除張岱之外，亦如袁宏道《瓶史》所言：

> 嵇康之鍛也，武子之馬也，陸羽之茶也，米顛之石也，倪雲林之潔，皆以僻而寄其磊塊雋逸之氣者也。余觀世上語言無味、面貌可憎之人，皆無僻之人耳。若眞有所僻，將沈緬酣溺性命，死生以之，何暇及錢奴宦賈之事。

袁中郎所謂之「僻」與張岱所稱之「癖」相同，皆指人格的偏至。其磊塊雋逸之氣，亦即「眞氣」也。無「僻」之人，不可與交，因其語言無味，面目可憎，缺乏眞情實意，不是一個具有七情六慾、活潑潑的眞實生命。彼輩屬於鄉愿之流，文人雅士不屑與之並列交心。對於有「僻」之人，雖同爲深情眞氣者，亦有型態上的不同。除中郎所指出之鍛、馬、茶、石、潔之外，更有將「癖」化爲人格型態的各種樣貌，是輩雖有小疵，亦爲眞情眞氣之眞人，具有美感，值得清賞。如程羽文《清閒供．刺約六》

所舉：

一曰癖：典衣沽酒，破產營書，吟髮生歧，嘔心出血，神仙煙火，不斤斤鶴子梅妻，泉石膏肓，亦頗頗竹君石丈，病可原也。二曰狂：道旁荷鍤，市上縣壺，烏帽泥塗，黃金糞壤，筆落而風雨驚，嘯長而天地窄，病可原也。三曰嬾：蓬頭對客，跣足爲賓，坐四座而無言，睡三竿而未起，行或曳杖，居必閉門，病可原也。四曰癡：春去詩惜，秋來賦悲，聞解佩而踟躕，聽墮釵而惝恍，粉殘脂剩，盡招青塚之魂，色豔香嬌，願結藍橋之眷，病可原也。五曰拙：學拙妖嬈，才工軟款，志惟古對，意不俗諧，飢煮字而難糜，田耕硯而無稼，螢身脫腐，醯氣猶酸，病可原也。六曰傲：高懸孺子半榻，獨臥元龍一樓，鬢雖垂青，眼多泛白，偏持腰骨相抗，不爲面皮作緣，病可原也。

以上所舉各型人物，不論癖、狂、嬾、癡、拙、傲，皆有獨特的行徑與生命上的偏至，此偏至正構成了晚明人格美的典型，故雖有所病，亦不妨礙其美感的成立，且因其有癖爲病，反而更突顯人格偏至之美。

除了上述所稱之癖外，衛泳在《悅容編》卷二「招隱」，更提出「眞英雄豪傑」的癖，其曰：「謝安之屐也，嵇康之琴也，陶潛之菊也，皆有托而成其癖者也。……殆胸中無癖，悵悵靡托者也。眞英雄豪傑，能把臂入林，借一個紅粉佳人作知己，將白日消磨。」眞英雄豪傑既以美人爲癖，則對美人之人格風姿，必然有一番審美訴求。《悅容編》卷二「尋眞」又曰：

美人有態、有神、有趣、有情、有心。唇檀烘日，媚體迎風，喜之態；星眼微瞋，柳眉重暈，怒之態；梨花帶雨，蟬露秋枝，泣之態；鬢雲亂灑，胸雪橫舒，睡之態；金針倒拈，繡屏斜倚，懶之態；長顰減翠，瘦靨消紅，病之態。惜花踏月為芳情；倚闌踏徑為閒情；小窗凝坐為幽情；含嬌細語為柔情；無明無夜，乍笑乍啼為癡情。鏡裡容，月下影，隔簾形，空趣也；燈前目，被底足，帳中音，逸趣也；酒微醺，妝半卸，睡初回，別趣也；風流汗，相思淚，雲雨夢，奇趣也。神麗如花豔；神爽如秋月；神清如玉壺水；神困頓如軟玉；神飄蕩輕揚如茶香、如煙縷，乍散乍收。數者皆美人眞境。

在數種美人類型中，衛泳最愛者爲態中之睡與懶、情中之幽與柔，並引袁中郎之言願得侍妾數十人，認爲此「不可與俗人共賞鑑」，顯示美人亦成爲賞鑑之審美對象。由此即可印證第二節所言，晚明賞鑑的審美對象已不局限於「藝術家藉媒材所創造或展示之存在物」矣。

除人物清賞強調人格之「眞」爲美感典型之外，晚明文人對於各種日用器具、古玩閒供，亦莫不要求「眞」的境界。如屠隆《考槃餘事》論「香」之良窳時曰：「近世焚香者，不博眞味，徒事好名，兼以諸香合成，鬥奇爭巧，不知沉香出於天然，其幽雅沖澹，自有一種不可形容之妙。」焚香要求得香之「眞味」，眞味之得必出於天然，始能幽雅沖澹。其「眞」之味，亦即「天然」之味。再者，如傳爲項元汴所著之《蕉窗九錄》論「琴」時，以「取音婉轉」、「意暢其趣」爲妙，若銅琴、石琴、紫檀烏木者，皆失琴之眞音，「雖美何取？」，顯示其清賞的標準在於展現對象之眞實本質。若喪失其眞實性質，縱然外表裝飾精巧、材質高貴、造型奇美，亦無法獲得文人雅士之青睞，而被摒除於清賞之列。

除此而外，文人雅士在生活趣味方面，意向之所趨，呈現出不同層次的品味。對於這方面的要求，亦形成了眞、假之辨，以自然眞實爲尙，貶低人爲造作的美感價值。例如：對於賞鑑家之修養，強調要「眞賞」（註一一），對於人格舉措而言，則必具「眞風流」（註一二），論「好骨董」的行爲時，則主張「眞好」（註一三），論賞花要「眞賞」（註一四），論愛花之人爲「眞愛花」、「眞好事」（註一五）……。

緣此，吾人可知，晚明賞鑑的藝術活動中，在「賞」的層次上，乃基於對審美對象「眞」的要求。「眞」的意涵指的是「自然」、「天然」，即所謂「自然古雅」、「出於天然」（註一六），此「自然」、「天然」是與「人爲」、「造作」對舉，屬於本質性的抽象審美對象。以此抽象性的審美對象落實於具體對象上時，則要求人物爲「眞人」、性靈爲「眞心」、文章爲「眞文」、詩歌爲「眞詩」（註一七）、美人有「眞境」、癖人有「眞氣」、焚香有「眞味」、琴聲有「眞音」……等等，無一不以「眞」爲美的訴求。此天然、自然之「眞」，不屬於知識論上眞理的判斷，而是屬於藝術的本質性思考，由此本質性之思考，於是形成了對文學藝術本體之反省。

四、「鑑」的美感意涵——以美為真

「鑑」字一辭，原指「鑑定」而言。鑑定者，爲審美對象的眞僞判定晚明藝術賞鑑活動中的「鑑」，除了鑑定之外，更包含了「鑑別」之意。鑑別者，乃是對審美對象作美醜高下的等級區分。區分的標準則基於美感的訴求，以「美」的質性作爲劃分等級的依據。晚明一方面強調眞品、眞蹟之價值，以眞品爲貴；另一方面，在眞蹟、眞品中又區分出各種等級，縱然不爲贗品，但若不具美感，則眞蹟亦當減價，因此形成了所謂的「分品」觀念。至於被摒爲贗品的對象，晚明的審美態度如何？是否將這些一概指斥爲僞作，而不具有任何價値？吾人在論述晚明的賞鑑活動時，將進一步處理此類相關的問題。

首先，對於「鑑」的記載，晚明文獻中出現過幾種說法，如李日華《六研齋筆記》卷二云：「……後得淡悶于嘔帖於慧山談氏，印識題跋甚衆，結法精美有度，而發筆微拙，據鑒定以爲唐人臨本也。」屠隆《考槃餘事．遊具箋》論「瓢」曰：「……惟以水磨其中，布擦其外，光彩如漆，明亮燭人。雖水濕不變，塵污不染，庶入精鑒。」陳繼儒《妮古錄》卷一評：「東坡跋宋漢傑畫云：『觀士人畫如閱天下馬，取其意氣所到。乃若畫工，往往只取鞭策皮毛，槽櫪芻秣，無一點俊發，看數尺便倦。漢傑眞士人畫也。』東坡此言，得鑒畫之髓。」張應文《清秘藏》卷上「論墨」云：「試墨當用發墨硯，磨一縷如線而鑑其光。紫光爲上，墨光次之，青光又次之，白光爲下……至於香味形製，鑒家略而弗論。」高濂《燕閒清賞箋》云：「書齋清賞，藉此悅心，當與同調鑒家品藻。」以上所論，「鑑」者大約有「鑑定」、「鑑別」之意，「鑒家」亦成爲一具有鑑定眞僞、鑑別美惡能力的藝術專業人才。

其次，在「鑑定」的活動中，首要工作便是眞、假的判斷。眞、假的判斷原屬「眞理」追求的領域，不屬於藝術感知的範圍，然因其所作眞、假判斷的對象，同時也是藝術欣賞的審美對象，因此便涉及了藝術的審美判斷。此眞、假判斷的完成，必然是在鑑家具有高度審美能力的基礎上，才能克盡其功的，是以納入美學研究的領域。

晚明對於審美對象之眞、僞鑑定，具有極高的要求。對眞蹟、眞品，珍爲異寶，李日華《六研齋筆記》指出：「余前得先右軍大熱、此月二帖於崑山顧氏，乃黃琳美之家物也，轉入陸太宰全卿，顧氏其外甥孫也。大熱帖更世久，紙墨已盡揭，而猶有搵入膚理者，細視之，極純雅可愛，當是眞蹟。」「眞蹟」之受青睞，除了其歷史意義博得肯定之外，眞蹟本身的美感，亦是文人雅士之最愛。因此，許多賞鑑家、收藏家或好事家，不惜耗費巨資，唯求能一親芳澤，或輾轉蒐購，每得眞蹟，則置酒高會，大宴賓客。沈德符《飛鳧語略》載有：

金陵胡秋宇太史，家藏「江干雪意」卷，雖無款識，然非宋畫苑及南渡李、劉、馬、夏輩所能辦也。馮開之爲祭酒，以賤值得之。董元宰太史一見驚歎，定以爲王右丞得意筆，謂必非五代人所能望見，李營邱以下所不論也。作跋幾千言，讚譽不容口，以此著名東南。祭酒身後，其長君以售徽州富人吳心宇，評價八百金，吳喜慰過望，置酒高會者匝月。

購得眞蹟之喜，一則以其爲「眞」，藝術價値與歷史價値並具；一則可藉此誇耀友朋，因此必大宴賓客，將眞蹟會諸貴人賞玩，以此顯示其貲力與躋身風雅之流。然而正因普遍風氣對眞蹟渴求過切，以致常有誤鑒或所購爲贗品者。《飛鳧語略》所載之吳心宇所購「江干雪意圖」乃爲僞作，眞蹟仍藏馮長君家，蓋「初鬻時，覓得舊絹，倩嘉和朱生號霽漢者臨摹逼肖，又割董跋裝潢于後，以欺之耳。」由此亦可顯示眞蹟之不易爲人所鑑定，因此晚明人不得不發出「眞贋不可復辨」的感慨！（註一八）

在眞蹟、眞品的要求下，晚明更強調另一層次的「鑑」，即所謂的「鑑別」。「鑑別」的標準，要求藝術品必須具備許多合乎鑑家的審美原則。因此，對眞品往往有諸多藝術價值的判定，如《長物志》卷三論「大理石」言曰：「眞者更以舊爲貴」。大抵「以舊爲貴」、「以古爲貴」乃爲晚明對眞品之普遍要求。然而何以晚明賞鑑以「古」、「舊」爲貴？其因乃緣於古物一方面具有「自然古雅」的美感，另一方面，古物之醇美自然，可使鑑家在鑑別的過程中，興發出思古之幽情，進而引起遊戲造化的樂趣。以此，藝術品的良窳古美，成爲從事「鑑」的活動時，在「眞蹟」的要求之上的另一層美感判斷，因此出現了所謂精俗高下的「分品」觀念。

「分品」觀念的反映，最爲顯著的便是表現在繪畫鑑別方面。晚明繪畫的分品，以董其昌之說爲代表。董氏之前，繪畫已有逸、神、妙、能四品之區分，如唐代張懷瓘《畫品》始分畫爲神、妙、能三品，另加逸品，但不對逸品標分高下。張彥遠《歷代名畫記》亦有神、妙、精三品，另標「自然」爲上品之上。宋代黃休復列逸格於神、妙、能三格之上，此逸格乃「筆簡形具，得之自然」。由此確立逸品的崇高地位。此四品之分目，影響後代甚鉅（註一九）。董氏承前代的品目區分，更標「逸品」成爲文人畫的最高理想。《畫眼》有云：

畫家以神品爲宗極，又有以逸品加於神品之上者，曰：「失於自然而後神也」，此誠篤論。

董氏以此分品觀念將王維、米芾、巨然、范寬、黃公望置於神品（註二〇），謂其「迥出天機，筆意縱橫，參乎造化」、「平淡天眞」，而將董源、倪瓚、高克恭標入逸品，謂其「古淡天然」、「奇古荒率」、「天眞幽淡」、「出新意於法度之中，寄妙理於豪放之外」（《畫眼》）。觀董氏鑑別畫格高下之標準，多舉「天眞」、「天然」、「自然」爲審美的價值判斷，此審美標準正呼應了前面所言「以眞爲美」之論，以此天眞自然之「賞」的美感判斷，作爲鑑別的主要依據，乃稱之爲「鑑」的活動中「以美爲眞」的美感意涵。

分品的觀念，除了表現在繪畫鑑別上，在各類文房清玩中亦出現相同的觀點，如《考槃餘事・香箋》論香之等級，以伽南香爲最優，然因其不易購得，故退而求其次爲沉香：

> 沉有三等。上者氣太厚而反嫌於辣，下者質太枯而又涉於煙。惟中者約六、七分、一兩，最滋潤而幽甜，可稱妙品。……不知沉香出於天然，其幽雅沖澹，自有一種不可形容之妙。

以沉香之「出於天然」、「幽雅沖澹」爲上，顯示其以天然之「眞」爲「賞」的美感判斷，復以此天然之眞的「美」作爲「鑑」之分品依據，即「以美爲眞」。其間「眞」與「美」的內涵，已與原義有極大差別，具有更豐富、更曲折的美感意義。

類似之分品觀念，不遑枚舉。如骨董之分品有「四類十一品」（註二一），鑑墨「以紫光爲上、墨光次之、青光又次之，白爲下，黯白無光或有雲霞氣爲下之下」（《清秘藏》）、品畫除逸、神、妙、能四品之外，另有以各體畫法爲品第對象：「以山水爲上、人物小者次之，花鳥竹石又次之，走獸虫魚又其下也」（《蕉窗九錄》）……諸如此類。其「分品」的意義，正如項元汴所說：「古人用墨，必擇精品，蓋不特藉美於今，更藉傳美於後。」（同上）此言正可說明各式藝術文物在眞品的鑑定之上，更要鑑別出精品與俗品。晚明普遍選取精品的心態，不僅僅因精品可炫美於當代，更藉著精品得以流芳百世，傳名後代。精品之博得厚愛，亦基於其「美」的考量。因此，眞蹟之畫，若裝潢不當，「俗氣逼人眉睫，即果眞蹟，亦當減價」（《長物志》）；反之，贋品雖僞，但在「以美爲眞」的風氣之下，僞作並非全然被摒棄不顧，反而得到更大的生存空間，文人多有以幾欲亂眞的造詣贏得盛名者，甚至明知其僞，仍能列供文房清賞。「雖模榻失眞，風韻殊勝他刻」（《清秘藏》）、「有僞爲者，亦以重實爲美」（《考槃餘事．香箋》）。僞作之精者既受歡迎，無怪乎文人士大夫多在此中討生活，正如沈德符所言：「骨董自來多贋，而吳中尤甚，文士皆借以糊口。近日前輩修潔莫如張伯起，然亦不免向此中生活，至王百谷則全以此作計然策矣！」（《飛鳧語略》）

五、賞鑑的審美心理——由「眞」與「美」的融合而臻於「善」

賞鑑的審美意涵，正如上述，是由賞與鑑二種範疇結合而成的藝術活動。「賞」的美感意涵，是基於對審美對象本質之「眞」的追求與肯定，屬於「以眞爲美」的層次。此時的「眞」，指的是「自然」、「天然」，即對象之原始風貌。「鑑」的美感意涵，則是在審美對象眞僞的前提之下，以鑑家的審美原則判別其高下，產生了分品別目的美感標準，因此是屬於「以美爲眞」的層次。此時「美」

的意涵，指的是具有天然意趣、與造化同工的「自然」。「賞鑑」此一藝術活動便是基於這種「以眞爲美」，復「以美爲眞」的辯證關係，進一步達成了融合，而融合的橋樑則是在於「自然」一義。

此類型態的藝術活動，基本上態度是屬於遊戲的、趣味的、隔離的審美活動。所謂「遊戲的」，指藝術賞鑑活動中，審美主體的態度是基於詩意想像的馳騁，如人類兒童時期與野蠻時期的心靈活動一般，具有自體可變動的恣意性與趣味性。晚明藝術活動中，無論創作或欣賞，皆強調主體的悠游自得，樂在其中。創作的過程要求「墨戲」（註二二），賞鑑的過程亦以「遊戲」爲審美主體的自得境界。從古物清供的觀賞中，體會天地造化之美，進而沈浸其中，遊之戲之，完成藝術賞鑑的整體過程。

再者，所謂「趣味的」，指從事藝術賞鑑時，審美對象可引起吾人的快感。此有二義：一方面，對象本身具備引起快感的表現；另一方面，由於審美主體的參與，感知了對象的表現，因而審美主體也獲得了快感。此二者是互動的，並時完成的。晚明藝術活動經常強調天趣、人趣、物趣，而以「天趣」爲最高原則，亦是這種著重趣味性的表現。如高濂《燕閒清賞箋》曰：

余所論畫以天趣、人趣、物趣取之。天趣者，神是也；人趣者，生是也；物趣者，形似是也。今之論畫，必曰士氣。所謂士氣者，乃士林中能作隸家畫品，全在用神氣生動爲法，不求物趣，以得天趣爲高。

論繪畫的賞鑑以得天趣爲高，推而及之，其他藝術文物、生活清玩的賞鑑莫不如此，要皆以天然意趣成爲審美判斷的標準。

最後，所謂「隔離的」審美活動，亦即西方的「心理距離」說。「心理距離」，指的是對於對象採取一種超功利、不帶利害關係的純粹審美觀照。心理距離的保持，一方面要在對象的功利屬性存在但只是一種非主導屬性，另一方面要藉著審美主體的超脫努力，控制自己不對對象產生功利之心的情況下，才能構成欣賞的心理條件。（註二三）晚明的藝術賞鑑活動，便是基於這種隔離地觀玩、隔離地審美的心理（註二四），品鑑賞玩各種審美對象。對象本身固然具有價值的功利屬性，但在賞鑑時，眞正的賞鑑家是以超越的美感判斷來衡量對象，此時對象的功利屬性不居主導地位；反之，若以功利目的來從事藝術品的閱玩鑑藏，則易落入好事家的層次。晚明的筆記雜俎中經常出現「賞鑑家」與「好事家」之辨，亦是此賞鑑心理之反映：

書畫有賞鑑、好事二家，其說舊矣。若求其人，則自人主、侯王、將相，以及方外衲子，固宜有之。張彥遠云：「有收藏而不能鑒識，能鑒識而不能善閱翫，能閱翫而不能裝褫，能裝褫而無銓次，皆病也。」若寧庶人宸濠、嚴逆人世蕃，蓋富貴貪婪之極而傍及於此，固不可以言好事也。（屠隆《考槃餘事．畫箋．賞鑒》）

米氏畫史所言賞鑒、好事二家，可謂切中世人之病。其爲賞鑒家者，必其篤好，遍閱記錄，又復心得，或自能畫，故所收皆精品。近世人或有貲力，元非酷好，意作標韻，至假耳目於人，或置錦囊玉軸，以爲珍秘。開之，令人笑倒，此之謂好事家。（謝肇淛《五雜俎》卷七）

高子曰：「米元章云好事家與鑑賞家自是兩等。家多資蓄，貪名好勝，遇物收置，不過聽聲，此謂好事。若賞鑒家天資高明，多閱傳錄，或自能畫，或深知畫意，每得一圖，終日寶玩，如對古人聲色之奉，不能奪也，名曰眞賞。」（高濂《燕閒清賞箋》）

以上所舉，明人論「賞鑑家」與「好事家」之別，大抵本於唐代張彥遠與北宋米芾的觀點，主要差異在於一爲純粹的審美判斷，一爲功利的價值衡量。晚明的賞鑑活動，重心則以賞鑑家爲標尙，而視好事家爲功利式的附庸風雅者。

由以上的討論，不管是遊戲的、趣味的、隔離的審美活動，均離不開審美主體自我的參與。「自我」的意識，在晚明形成一個極爲重要的概念。文人自覺意識普遍標榜自我，以自我爲中心。由此呈現出來的各類型態，乃是以人的才性之種種姿態表現爲重點，基本上是屬於「品鑑」的審美態度而非道德的（註二五）。以此品鑑的審美態度觀照萬物，則無物不美，無物不可成爲賞鑑的審美對象。然而這種賞鑑的審美心理，就基層意義而言，是針對審美對象作美感判斷；就深層意義而言，則是審美主體的自我欣賞。因爲「賞鑑」活動的成立，乃基於主體自我實現的需要（註二六），這種審美心理，其實就是文人自我人格完成的迫切期望與反省。這種自我人格完成的深層期望與反省，晚明文人不以德性修養爲主要進路，而將它轉移至對文物藝術、文房清玩的賞鑑上。觀晚明文人喜作自傳與畫像自贊、自爲墓誌銘之類，頗能透露其間消息（註二七）。

此類主體自我欣賞的審美心理，投射至文物骨董、文房清玩時，自我人格完成的反省與期望，乃是透過對審美對象的賞鑑，企圖臻至成德的「善」的境界。董其昌《骨董十三說》對此有精闢之論，其曰：

骨董，今之玩物也。唯賢者能好之而無敝。……古之好古者聚道，今之好古者聚財。若任公者，不知好骨董者也。人能置身優游閒暇之地，留心學問之中，得事物之本末終始而後應物，不失大小輕重之宜、經權之用，乃能即物見道，學以聚之，問以辨之，其進有不可量者矣。故曰：唯賢者能好之而無敝也。

又曰：

……於以見人之心力，用之治一物即善一物，苟用以治身心，未有不造至善之地。兼善庶物，與天地並，悠久不變，後世敬恭不忘者也。自古成德之士，平生服用之物，子孫奉爲宗器，有常主而無失墜，則無物非骨董。

除上所錄，董氏在該文中更反覆闡述骨董與成德之間的關係，如「鏡以鑑貌，硯以著言。貌爲心體，言爲心用。離硯則心俗無救，離鏡則貌穢不知。」、「次第骨董，當首象器，次用物，以硯爲殿，窯器漆器附焉。人莫尚於據德游藝也。立身以德，養生以藝，先王之盛德在於禮樂，文士之精神存於翰墨。玩禮樂之器，可以進德，玩墨跡舊刻，可以精藝。居今之世可與古人相見在此也。」董氏爲晚明藝壇大家，身兼詩、書、畫、賞鑑家於一身，其發言地位與份量，在晚明爲博物君子之最，故其以「進德游藝」的觀點，將賞鑑的藝術活動與成德的善的境界相結合，必然成爲晚明普遍的看法。此普遍的看法，印證於其他文人，仍爲不誣。如屠隆《考槃餘事・茶箋》謂：「茶之爲飲，最宜精行修德之人」、「（水）得天地之正施者爲妙」，李日華《六研齋筆記》卷一亦曰：「茶以芳洌洗神，非讀書談道，不宜褻用。然非眞正契道之士，茶之韻味，亦未易評量」，陳繼儒《妮古錄》卷四言：「古物至巧，正由民醇」，衛泳《悅容編》卷二曰：「顧丈夫不遇知己，滿腔眞情，欲付之名節事功而無所用，不得不鍾情于尤物，以寄其牢騷憤懣之懷」……等等。以上所論，或將審美對象之賞鑑，直接繫於有德契道之人；或謂審美對象乃天地之化育、古人之用器，由賞鑑可上通天地，與古爲友，以達醇化之善境；更有因成德淑世之懷抱無法實現，而寄情於美人之賞鑑者。

由此可知，晚明賞鑑的深層審美心理，乃緣於自我主體的欣賞與反省，希望藉由「以眞爲美」、「以美爲眞」的融合過程，臻至成德契道的「善」的境界。晚明文人希望由此「賞鑑」的藝術活動，達到眞、善、美的圓滿結合，以成德的「善」爲最高指導原則，進而統攝審美活動的「眞」與「美」。是以「善」在晚明賞鑑活動中，具有最高的優位性。

六、結　論

綜觀以上之論述，晚明文人企圖以賞鑑的眞、美融合而達致善的境界。此一思考模式雖於理可行，但於現實生命的實踐上，卻往往無法具體落實。因爲晚明文人的生命本屬於美感式的藝術生命，由游戲的、趣味的、隔離的審美方式，進而執著耽溺於藝術本質之思考。此種由不執著而執著的生命型態，並非通過眞正實踐修養的德性生命，因此形成晚明文人普遍耽溺於藝術上眞、美的追求，而在成德修身的道德執持上，則顯得無力完成，甚至導致成德與游藝雙方面互相衝突矛盾的困境。理想上雖仍堅持儒家的成德淑世之懷抱，在現實生命上終究難免如陳繼儒所呈現的「浪遊人間，稱性而出，適情而止」，以及李贄爲人「其性褊急，其色矜高，其詞鄙俗，其心狂癡，其行率易」（李贄〈自贊〉）的生命型態。

其次，前已言及，賞鑑的審美活動，率皆以自我爲出發，強調主體自我的參與，一切審美判斷亦繫之於主體自我的好惡喜厭，如衛泳所謂「女子好醜無定容，惟人取悅，悅之至而容亦至」（《悅容編》），以審美主體的主觀經驗作爲審美對象本身之特質，此藝術中主觀之眞理，人人言殊，最終易流於極端主觀主義的審美意識中。一切以自我爲判斷的基礎，將導致唯心色彩的審美觀。

再者，賞鑑的審美心理是遊戲的、趣味的、隔離的品鑑賞玩方式，對於晚明而言，極易步上隨順情欲嗜好之途，肯定人欲，以人欲作爲上達天理的橋樑。賞鑑的具體對象遍諸生活人倫日用之具，無物不美，無物不眞，皆可躋身於賞鑑之列。此一心理，便是希望藉由人欲之藝術活動以貞定天理之德性修養。然而晚明企圖通過藝術賞鑑的進路來貞定天理，達到成德修身之善的境界，此種用心畢竟無法實現。因此，由自我主體的反省與期望，進而肯定人欲、貞定天理，終由肯定、貞定的努力而趨於理想的幻滅，於是產生如張岱一般「勞碌半生，皆成夢幻」之自我人格無法成就的無奈感。

最後，這種幻滅、蒼茫的無奈感，在晚明文人生命中夾擊衝盪，使得主體自我更無法安頓其生命意義，於是將無法安頓的主體自我欣賞之情結，再投射於外在的對象，形成逐物不返、玩物喪志的頹廢態度。表面上酷嗜藝術、品玩鑑藏，實際上卻多爲附庸風雅、揣骨聽聲之輩（註二八）。因是輩之汲汲蒐購，於是形成晚明造僞風氣之盛行。一時贗品齊出，眞假莫辨，無怪乎自詡三百年來一具眼人董其昌亦慨然歎道：「宋元名畫一幅百金，鑒定少訛，輒收贗本。翰墨之事，談何容易」了！

【附　註】

註　一　張應文《清秘藏》卷下〈敍賞鑑家第一〉首錄張華，張氏生於魏明帝太和六年，卒於晉惠帝永康元年，筆者以此推論賞鑑活動起源於魏晉時期。又《美術叢書》輯張應文《清秘藏》與《筆記小說大觀》所收董其昌《筠軒清閟錄》之內容相同。筆者判定張書爲原著，董書乃後人僞託。其證如下：㈠編排：張書分卷上二十目、卷下十目，董書分卷上十目、卷中十目（二者與張書卷上二十目完全相同）、卷下九目（較之張書卷下，僅缺「敘所蓄所見第十」一目）。㈡內容：二書卷下「敍賞鑑家第一」之內容，張書舉出一七八人，董書舉出一七七人，僅缺最末「陸會一」一人。㈢序文：張書乃其三男張謙德所述，書首有王樨登之序及謙德自序，董書前有陳繼儒序，末有董之次男祖常跋。考陳繼儒晚築室「東佘山」，序則題爲「佘山陳繼儒書」，此或爲後人杜撰致誤。以此三點，筆者判定董書當爲後人割裂張書、修改書名而成，因董氏聲名盛於張，故假董氏之名以提高其書之價值，此亦晚明常見之現象。

註　二　據翁同文先生之考證，項元汴《蕉窗九錄》一書乃出於後人之僞託，主要即以屠隆《考槃餘事》爲藍本刪錄改編而成，時代則晚至清初康熙年間。至於《考槃餘事》一書，雖成於屠隆之手，亦非屠氏精心撰著，實乃分類節錄前人各書之文，略加刪潤彙編而成。至於主要來源，則爲高濂所撰之《燕閒清賞箋》一書。此種因襲改編之現象，乃與晚明出版業興盛、文人編書應市以獲利之風氣有關。見〈項元汴名下「蕉窗九錄」辯僞探源〉一文，《故宮季刊》第十七卷第四期。項氏之書雖後人僞託，然時代在晚明至清初康熙年間，亦足以反映晚明賞鑑的審美意識，故本文予以採用。

註　三　有關明代文藝美學的專門研究，是一塊蓬勃發展的沃土，成果相當可觀。國內方面，舉其要者如周志文先生《泰州學派對晚明文學風氣的影響》、曹淑娟先生《晚明性靈小品研究》、陳萬益《晚明性靈文學思想研究》、《晚明小品與明季文人生活》、簡錦松《明代文學批評研究》、龔鵬程先生《晚明思潮》、黃明理《晚明文人型態之研究》、邵曼珣《論眞——以明代詩論爲考察中心》、盧玟楣《晚明文人自覺意識及其實踐之研究》、鄭文惠《明代詩畫合論之研究》、《明代詩畫對應關係之探討——以詩意圖、題畫詩爲主》、毛文芳《董其昌逸品觀念之研究》以及拙著《晚明畫論詩化之研究》等。每文一出，皆爲晚明文藝思想研究開闢新境。其中論及晚明藝術賞鑑者有曹、陳、盧、毛以及拙著五家。陳、毛及拙著由於討論焦點不專於此，對「賞鑑」課題的關注，則引述晚明文人對賞鑑家與好事家差異的相關文獻，略加申述，並未加以發揮擴展。唯曹、盧二書，特列專節討論，對晚明文人清賞古玩、雅俗之判的賞鑑心理，已有注目，然終非專門論証以成一美學體系者。以上研究成果，雖鱗語片言，實已初探此秘，吾人更期盼有加以開展之觸機。

註　四　「藝術品」定義的紛歧，如亞德烈在《藝術哲學》中所舉出的：克羅齊學派的觀念論者，認爲藝術品是心智或精神物；柏拉圖的（邏輯的）實在論觀點認爲藝術品不是物質的，也不是心智的，它是中間物，就像邏輯共相一樣，是無限而永恆的實在；現象學者主張藝術品是合於某種聯貫與領會力的一組形相，因此它不是任何的感知客體，而是某一種感知客體——即審美客體；語言哲學家則以二元論闡明藝術品是物質品，但該語詞同時有另一種表徵的用法，不可忽略……等等。詳參《藝術哲學》第二章〈藝術品〉，水牛出版社，民國八十年四月，頁四七—六一。

註　五　藝術的分合與各藝術品之間的共同美感要素或相異之處的看法，衆說紛紜。例如《西洋六大美學理念史》第三章〈藝術：藝術與詩歌的關係史〉，即針對詩歌與藝術的分合關係，說明其共同美感要素與相異之處。其他藝術之間的分合關係，亦有類似的演變。見劉文潭譯著本，丹青圖書有限公司，民國七十六年七月。

註　六　趙希鵠《洞天清錄集》序云：「嘗見前輩諸先生多蓄法書、名畫、古琴、舊硯，退以是也。明窗淨几，羅列布置，篆香居中，佳客玉立，相映時取古文妙跡以觀鳥篆蝸書、奇峰遠水，摩挲鐘鼎，親見商周瑞研岩泉，焦桐鳴佩，不知身居人世，所謂受用佳福，孰有逾此者乎？是境也，閬苑瑤池未必是過。」顯示宋、明以來賞鑑對象正逐步擴大中。

註　七　《美術叢書》將屠隆《考槃餘事》分散收錄，此見黃賓虹編《美術叢書》十九冊〈香箋〉，廣文書局。

註 八 同上,〈山齋清供箋〉。

註 九 同上,〈遊具箋〉。

註一〇 張岱《瑯嬛文集》,淡江書局,民國四十五年五月。

註一一 高濂《燕閒清賞箋》曰:「若賞鑒家天資高明,多閱傳錄,或自能畫,或深知畫意,每得一圖,終日寶玩,如對古人聲色之奉,不能奪也,名曰『眞賞』。」

註一二 蘇士琨《閒情十二憮.憮風流》曰:「特恨無眞風流耳」,又曰:「風流豈異價乎?雖然,必具眞風流、識風流、骨風流才者,乃足以當之。」

註一三 董其昌《骨董十三說》曰:「好骨董有眞好,有隨世習俗之好。物到目前,泛然應過,無深遠之思,隨人指信,其有書載可授,考而遂安之,不知圖籍訛傳,其來已久,不先其原所自而辨明之,無從見眞好也。」

註一四 文震亨《長物志》論賞菊曰:「若眞能賞花者……乃爲得花之性情。」

註一五 袁宏道《瓶史.十好事》曰:「……或千株萬本以窮其變,或單枝數房以極其趣,或嗅葉而知花之大小,或見根而見色之紅白,是之謂眞愛花,是之謂眞好事也。若夫石公之養花,聊以破閒居孤寂之愁,非眞能好之也。夫使其眞好之,已爲桃花洞口人矣,尙復爲人間塵土之官哉!」

註一六 同註一四,卷六。

註一七 曹淑娟先生《晚明性靈小品研究》,文津出版社,民國七十七年七月,頁一六四—一六九。

註一八　見沈德符《飛鳧語略・時玩》。其論「舊畫款識」時亦慨然歎曰：「今之賞鑑與收藏兩家，大抵如此（不辨眞贗）！」

註一九　參徐復觀《中國藝術精神》第七章〈逸格地位的奠定——益州名畫錄的一研究〉學生書局，民國七十七年一月。

註二〇　有關董其昌逸品、神品之譜系區分，畫學研究者頗有不同之歸納。如徐復觀認爲董氏將王維、李成歸爲神品；而以王洽、米芾米友仁父子爲逸品。（參《中國藝術精神》頁三一二）毛文芳《董其昌逸品觀念之研究》一書主要論點乃吸收方聞、石守謙等人之意見，其歸納董氏的逸品譜系爲王維、盧鴻、張志和、王洽、董源、米氏父子、趙令穰、馬和之、高克恭、倪瓚。（參淡江大學中文研究所碩士論文，民國八十二年六月，頁一五九。）筆者之歸納，則純粹以董氏《畫眼》中所論之文句爲依據，參世界書局版《明人畫論論著》。

註二一　董其昌《骨董十三說》云：「骨董有金、玉二品爲一類，書、畫墨跡、石印、鐫刻三品爲一類，窯器、漆器二品爲一類，琴、劍、鏡、硯四品爲一類。四類十一品，一一考驗，證據具載冊籍。」

註二二　拙著《晚明畫論詩化之研究》第二章探討畫論詩化的美學觀時，即舉出晚明繪畫理論在逐步詩歌化的過程中，形成了一套異於宮廷院畫的審美觀，亦即以「墨戲」爲藝術創作的理論。見淡江大學中文研究所碩士論文，八十三年一月，頁六四。

註二三 高楠《藝術心理學》第十二章〈欣賞的心理條件〉，復漢出版社，一九九三年六月，頁二六二。

註二四 龔鵬程先生〈由《菜根譚》看晚明小品的基本性質〉，收入《文化文學與美學》，時報出版社，民國七十七年二月，頁一七四。相同的觀點亦參見《晚明思潮》第六章〈位在聖凡之間的清言小品〉，里仁書局，民國八十三年十一月，頁二四三—二九一。

註二五 盧玟楣《晚明文人自覺意識及其實踐之研究》，淡江大學中文研究所碩士論文，民國八十一年六月，頁二三—二四。

註二六 同註二三所引之書。原文爲：「欣賞的需要，是自我實現的需要。自我實現的需要雖然基於功利需要，但卻高於功利需要。」

註二七 杜聯喆輯《明人自傳文鈔》，收錄明人所撰之自贊文、自誓文、自壽文、自撰墓誌銘、自題小像贊、自弔文、自祭文等共二一一篇，其中多晚明人自我意識之反省與期望反映於賞鑑者。如張岱〈自爲墓誌銘〉云：「蜀人張岱，陶菴其號也。少爲紈袴子弟，極愛繁華，好精舍，好美婢，好孌童，好鮮衣，好美食，好駿馬，好華燈，好煙火，好梨園，好鼓吹，好古董，好花鳥。兼以茶淫橘虐，書蠹詩魔，勞碌半生，皆成夢幻。」陳繼儒〈空青先生墓誌銘〉云：「先生姓陳諱繼儒，自號空青公……退而結茅小崑山之陽，廟祀二陸主，乞四方名花，廣植堂皇之前……脩竹白雲，焚香晏坐其間，豁如也。頃之，又就沈太樸荒園棲焉。又謝去，浪遊人間，稱性而出，適情而止。」該書見藝文印書館印行，民國六十六年一月。

註二八　晚明文學有其矯揉造作的成分，此種說法，前人論述頗多，參註二四，頁一七二。藝術上的虛矯造僞、附庸風雅之習，更是晚明文人生命型態的具體反映。

詩家總愛西崑好

——重新解讀西崑體

周益忠

一、前言

元遺山有爲人傳誦不已的名詩：「望帝春心托杜鵑，佳人錦瑟怨華年，詩家總愛西崑好，獨恨無人作鄭箋。」（註一）這裡實牽涉到至少兩個問題。一是西崑爲何？二是爲何用「好」字、而不用「美」或者其他字眼，來說西崑。亦即爲何不說詩家總愛西崑美，或者結合第一個問題而直接說：詩家總愛義山（或玉谿）美，卻偏要說西崑好，而讓此句成爲他人鄭箋的對象，這實在是很有趣的。

首先對於西崑的解釋，歷來總認爲宋代楊劉諸公的西崑體因「歌功頌德、流連光景」、「堆砌典故、玩弄詞章」（註二）……之故，似乎不可能好在此輩，因而就推本溯源直接找上李商隱，尤其「望帝春心」、「佳人錦瑟」等又出自義山詩，所以詩家所愛的西崑應非宋代西崑酬唱集諸公，似乎也成了探討此一問題者的通論。另有考出西崑一名唐代未見，首見於楊劉諸公於秘閣編修《歷代君臣事跡》（即《冊府元龜》）以秘閣爲帝王藏書所，如西方崑崙群玉之山之爲藏書之府，是以名其時所唱和之詩爲《西崑酬唱集》（註三），西崑之名固義山所未見也，因而也有人據此而指稱元遺山誤用了。但元遺山何以如此誤用呢？

非但遺山如此，當時嚴羽《滄浪詩話》論及詩體亦云：「西崑體即李商隱體，然兼溫庭筠及本朝楊劉諸公而名之也。」（註四）把西崑體的定義作了較寬廣的解釋，兼及唐宋，滄浪爲論詩名家，時代又與元遺山近，一南一北都有如此的看法，似乎應該前有所承，於此，釋惠洪的《冷齋夜話》似乎是始作俑者。夜話卷四有：「詩到李義山，謂之文章一厄，以其用事僻澀，時稱西崑體。」但遍查唐人著述並未有此說法者，釋惠洪這一「時」字，用得當然有疑義。但是他應也只是把李義山和西崑相混的現像載之於文字而已，所謂冰山一角，冷齋夜話也好，胡仔、元遺山、嚴滄浪也好（註五），甚至金人李純甫《西崑集序》也說道：「李義山喜用僻字，下奇字晚唐人多效之，號西崑體」，這毋寧是很有趣的現象。

當然解決的辦法，不是去糾正他們（註六），而是要探討何以西崑好，好到讓人以爲西崑好而不說是義山好，且是詩家本身的認爲，而不是詩家之外的人認爲西崑好。這西崑本身，亦即西崑酬唱集中的詩人、詩作就實在有必要重新探索了。

二、由「漢武」一詩看西崑的托怨

經過近世箋注研究者的努力，如海峽對岸之王仲犖《西崑酬唱集注》及鄭再時《西崑酬唱集箋注》（註七），另有曾棗莊《論西崑體》等煌煌巨著，及其他單篇論文的探討（註八），西崑的面目已較能如實的展現，不再受石介怪說以來的誤解偏見所誤，西崑諸公的託怨之旨趣，已不再是一些號稱治詩者所能輕易抹殺的。

西崑酬唱集的主要人物爲楊億、劉筠，再加上錢惟演，李宗諤等共十七人（註九），他們在秘閣編修《歷代君臣事跡》時相與酬唱，其後編成《西崑酬唱集》，酬唱的作品形式既用事博奧、對仗工妙，且所用的文字濃麗奇艷，一反當時白體的平淺宣露，再加以濃麗奇艷的形式上、更包蘊密緻、別有寄託。正足以道出士子之所欲道而不敢道或不能道者，流風所煽因而一時爭相倣效，詩文之體也因而爲之一變，甚至「五代以來蕪鄙之氣，由茲盡矣」（註一〇）其影響不可謂不大。除了集序，我們可先由〈漢武〉一詩來看出西崑諸人於詩作中的企圖及方法。楊億首唱道：

蓬萊銀闕浪漫漫，弱水回風欲到難。光照竹宮勞夜拜，露漙金掌費朝餐。力通青海求龍種，死諱文成食馬肝。待詔先生齒編貝，那教索米向長安。

句句說的是漢武時，但句句也在說著當時的事跡。如首聯蓬萊及弱水，即指蓬萊仙山既不可至，求仙之舉，委實虛誕，次聯言夜拜竹宮之勞，朝餐金掌（甘露）之枉費，亦皆可見這一偉大帝王的枉費心機，五句則以力通言其用兵之不當，貳師將軍遠征之十餘萬大軍，竟只爲龍種之名馬，荒謬畢見，而六句死諱文成食馬肝則突顯武帝欲掩飾求仙之失敗，因而嫁禍於少翁，殺文成將軍以洩憤，暗示帝王之好惡無常。所以《後村詩話》稱此「尤老健」，而末聯言東方朔齒若編貝，且可以爲天子之臣，卻俸祿微薄、飢至欲死，以至索米長安。此言人才之可憐，正足以烘托武帝雖有〈賢良詔〉（註一一）之詔告天下，卻難掩其但欲求仙的荒謬行止，致使眞正之人才處境困厄。方回以江西後勁，律髓則云此詩：「譏武帝求仙，徒費心力，用兵不勝其驕，而于人才之地不加意也。」然而楊億所言畢竟不在指責漢武而已，借古諷今之意，依稀可見，眞宗在王欽若等佞人的推就下，既僞造天書，但歷來箋注者每以此言眞宗求仙之如漢武亦不無道理。（註一二）尤其末句之以東方朔自況，詞意更明。證諸景德初所作《再乞解職表》之言：「漢臣之餓且欲死，難免侏儒之嗤；孔徒之病不能興，敢懷子路之慍？」一文，可見楊億之托，在托漢武以諷今上，楊氏之怨，在怨其身爲學士而家貧飢餒，而西崑托怨之旨實可由此展開。（註一三）

楊億於秘閣中幸有劉錢二人爲其知音，又有他人之相和，詩人酬唱，自唐已來，元、白、皮、陸，早已屢見，唱和實可觀詩人間之心神相感、知音相契。（註一四）如劉筠爲楊億所識而拔擢者，集中之和詩以他爲最多，和〈漢武〉之末聯即云：「相如作賦徒能諷，卻助飄飄逸氣多」言司馬相如大人賦之諷諫，卻令漢武大喜而「飄飄有凌雲之氣」，暗示文士之苦心孤詣，他人未必能解，終究化爲烏有，以此而可呼應楊億並點出何以文士需索米長安之由，在於帝王之未能眞正好文。然而好文正是宋初以來的政策，「重文輕武」世所恆言，眞宗更以「書中自有千鍾粟」等名句勸世而著。（註一五）

錢惟演的和詩首聯爲「一曲橫汾鼓吹回，侍臣高會柏梁臺。」先言武帝橫渡汾河所作秋風辭，再言其命群臣柏梁臺賦詩，表示他能文又好文，獎勵文士，然而中二聯「金芝燁煌」、「青雀軒翔」、

「東邀鶴駕」、「西待龍媒」等又可見其迷於神仙事，且龍媒又可發明楊億「力通青海求龍種」之旨，天馬也好，龍媒也好，窮兵西極原只是為登仙作準備，帝王之心只在此，而末聯更將此事之幻滅道出——「甘泉祭罷神光滅，更遣人間識玉杯」，神光出現，終歸寂滅，武帝一死，陪葬的玉杯，竟不免為人所盜。以此而突顯出求仙之事有何可信？

至於李宗諤等人之和詩亦多能在此，李之和詩有言：「西母不來東朔去，茂陵松柏風蕭蕭」，點出武帝好仙而西王母不來，輕視文臣而東方朔乃去，而武帝本身則不免死葬茂陵而已。寓諷之旨皆可與楊億之首唱相印證，諸人酬唱之旨也借此而顯，而且他詩亦皆若有實指，指出眞宗好文之僞飾，求仙之荒誕，而文士之困阨無寧俱在其中。西崑風潮於焉聳動一時，自然不免招來那以佞諂而當權者所忌，然而好文既是當時招牌，且宋祖又有不殺文士的庭訓，（註一六）於是指責西崑諸人為「淫辭」、「浮艷」形成打壓有理的氣氛，以降低其影響力，其後再借一些不明究理的好勇之輩如石介等人的大肆吶喊，搬出所謂「聖人之道」（註一七）將重道擺在重文之上，西崑諸公的命運自可想而知，只不過西崑還是能興盛一時，可見他們在當時的魅力。

然而今日若我們從「興觀群怨」的詩旨來看，仔細檢視西崑集，則可發現前人對於西崑的誤解雖積重難返，但也並非不能釐清，只不過功夫要透過所謂「包蘊密緻」來看在層層精美深奧的文字下，作者所隱含事君進思盡忠、退思補闕，且言當隱諱的苦心孤詣，才能了解西崑的美與好。

三、別具一隻眼──看宣曲二十二韻的意旨

一般認爲西崑的得罪當道，首在〈宣曲二十二韻〉，此詩但有楊億首唱，及劉錢二人之和作，餘者不與焉。正可見三人之功力相侔，氣味相投。爲其他諸人所未逮，此詩既名二十二韻，文有四十四句二百二十字，三人既各有作，篇幅稍長，但摘其關鍵字句說明。「宣曲更衣寵」爲首句，亦篇章得名之由。曾棗莊沿襲前人以爲「詠宮內的得寵和失寵」基本上是對的。（註一八）首句即出自《漢書孝武衛皇后傳》：「武帝過乎陽主家，主爲進歌者衛子夫，帝起更衣，子夫侍，得幸」，次句「高堂薦枕榮」，用宋玉高唐賦，言楚王夢巫山神女願薦枕席事，述帝王之有人爭邀寵而得遂其志。所以「十洲銀闕峻，三閣玉梯橫」至「射臍薫翠被，鹿爪試銀箏」等十四句即說及得寵者於後宮與君主極其游衍奢靡之狀。

然而寵倖有時而盡，「秦鳳來何晚，燕蘭夢未成」句，即用穆公嫁女予蕭史，及鄭文公妾燕姞夢蘭而生穆公事，反用其事以言愛寵者之以細故而失寵。「絲囊晨露失，椒壁夜寒輕」以下極寫望君而不得，因而身居冷宮之可憐，中夾「綺緞餘霞散」四句，點出君王車過而不前來，更將失寵者的一絲希望擊破，因而詩之末段「洛媛沫芝館，星妃滯斗城」即暗喻失寵者之抑鬱既久終而香銷玉殞，並言其致死之由在「虛廊偏響屧，近署鎮嚴更」，咫尺長門閉阿嬌新歡之聲響於耳畔，此種煎熬實實更加倍，因而「心長苦」「夢亦驚」，且又無良媒以托意，空有含情之久，再以海闊，天高言君王之心已

遠，不得近，而「天高桂漸生」，更反用杜甫月詩：「斫卻月中桂，清輝應更多」之意，言君王之輝光已為他人所蔽，終憂恨而至黯然而逝——以「銷魂璧台路，千古樂池平」為結可見，此章言失寵者之由得寵而終歸失寵而死，其實反映的應不只是嬪妃而已，更不能只說「這幾乎是封建社會宮女的共同命運」等一語帶過，其實若光就劉楊二妃或丁香考證之無的證，而不能取信，實可藉此始亂終棄之事，「宣曲更衣寵」之發端，知其意在諫向來王朝空有制度，君王每以一己之好惡而隨意為之，是以得寵者之由更衣薦枕而來，未有一套標準，失寵亦然，得寵而倖乃至失寵而死，俱在此種「趙孟之所貴，趙孟能賤之」的情況下，反覆上演始亂終棄的故事，嬪妃如此，固屬可悲；士大夫枉讀聖賢書亦招來此命運，豈不更可嘆息！這種非理性的方式，固已破壞制度打破典章，劉筠和詩因道：「八月收民算，三千異典章，天機從此淺，國艷或非良。」一語雙關，異典章即不合典章所定的成規，國艷非良，言其非良肇因君王以嗜欲而來，所收者其心不良，自有可能，絕非「劉筠蓋站在地主階級立場，以諷丁香」（註一九）云云，實另有所指，因君王之嗜欲既深，天機已淺，所進用者每心存不正，如齊桓之寵易牙般，孌女自有絕漢嗣者。劉詩之用意亦然，將人臣之無忝與宮女之歡寵綰結為一。因而逼出來四句：「背枕多幽怨，登樓更遠傷，下陳無自愧，人彘劇豺狼。」「幽怨」「遠傷」本亦無可奈何而來，若能思及得寵如戚姬之不免為呂后殘為人彘，則失寵又有何妨？何必怨傷若此，以之為失寵者寬慰，其實也以此自寬。此劉氏之不愧為大年之知音也。

楊氏原本在此有所寄託，更有所暗諷，因說君王好寵之天機淺，更重要的在指責君王之壞典章，任好惡之不足爲訓，此微言大意也，特包裝精美，深意難窺，連陸游都不免在以爲「頗指宮掖」（註二〇），更緣此而以爲犯忌之由，其實當〈宣曲二十二韻〉一詩出時，言之者無罪，聞之者足以戒之三代已不復見，反而觸痛其他以佞諂進者的忌諱，所以他們必欲羅織罪名以禁西崑之曲。這恐怕才是另一主要原因，的確西崑的微言大義若有鄭箋，固可膾炙人口，聳動天下，然詩人之心本又往往可相應相感，此詩之能播騰士子間當有其故，縱然或者所識僅嬪妃之寵，或而知此爲士大夫之相同命運，這些酬唱之詩俱能深淺由人，探而有得者，實有其擅場處。準此，別具一隻眼，來看西崑其他篇章，當更能體會何以「詩家總愛西崑好」，詩人之拍案叫好，當有其深意！

四、和意不和韻——由和詩看西崑的君子之交

宣曲二十二韻和者二人，比諸漢武一詩和者多達六人，自有距離，然而若再看〈受詔修書述懷感事三十韻〉，僅劉筠一人相和而已，實可可見陽春白雪之其曲彌高，其和彌寡，楊劉之相濡以沫蓋既深且久，非他人所能及。準此來看集中若題意只是泛泛的應酬之作，則和者必多。如〈休沐端居有懷希聖少卿學士〉，和者三人，〈燈夕寄內翰虢略公〉和者亦三人。另有和者較多是看似簡單的詠物之作，如〈館中新蟬〉和者五人，〈鶴〉詩和者四人，〈荷花〉和者三人，且再賦一首亦同。〈梨〉詩亦有三同和，〈霜月〉亦然，〈清風十韻〉則多達六人。

他如即目所命之題如〈苦熱〉，〈屬疾〉各有三人和詩，而前有所承倣義山之作和者亦多，如〈

代意〉有六人相和，〈漢武〉亦然，另外〈舊將〉也有三人來和。

諸人所和功力本有高下，輕易者和詩自多，集中或五律或七律或徘律，正如稍後梅聖俞之詩功力高，歐公亦自嘆不如而有「稍低筆力容我和」之嘆（註二一）。此種律詩既求用典精奧，又要對仗工巧，以此而蘊含寄託，他人縱敢爲然亦未能至。諸如〈無題〉、〈淚〉詩等，但有錢劉二人相和而已。至於集中唯一標題〈五絕〉之作，爲〈戊申年七夕五絕〉七言絕句連作五首，除錢劉楊三人外，僅薛映和張秉二人有作，皆可見此等作品之非比尋常，是以西崑作家雖號稱十七人，然實多充數之輩。

諸人之所以不能與及多篇，但有零星之和，並非酬唱集本身對於和韻要求嚴格的關係，諸如逐步次韻等重視形式整齊等，相反的，集中所見幾乎都是和意不和韻，詩意上相互發明，而不重視形式上的步韻嚴謹，曾書即分析如下：㈠和意而不和韻的有四十一篇；㈡部分同韻、部分不同韻的有二十一篇；㈢同題而不同體，韻亦不盡同的有三篇；㈣同韻，即韻同而順序不同的有四篇；㈤步韻即依原詩用韻順序的有一篇；㈥僅有原唱而無人和韻的五篇。（作者又言，〈夜意〉實爲和楊億〈赤日〉），而且另有舒雅的三篇，分別酬答楊劉錢三人，扣掉這四篇，因而實際上未有和作者但〈因人話建溪舊居〉一詩。（註二二）

錢惟演一詩或題〈赤日〉或題〈夜意〉然觀其詩意，亦可見夏夜在漫漫長日之後亦酷熱難當，此亦赤日可畏也，不分晝夜的現像相當明顯。至於第一類的四十一篇當然沒問題。第二類中所謂部分同韻，部分不同韻，嚴格來說部分同韻之現像亦屬偶然而已，如〈南朝〉一詩，楊錢雖同韻，而用韻之字並不相同，唯一共用之字「稀」楊詩用在首句，而錢詩則在次句，可見諸人用此但偶合而已。至於〈代意〉二首和者雖多，亦各不相同，曾氏言：「僅丁謂與劉騭同韻爲情、沉」（註二三）則顯然有誤。情、沉本不同韻。他如〈樞密王左丞宰新菊〉，首句同，但次聯後所用之韻腳，即明顯不同，他詩亦多類此，亦可見諸人但重各自發揮，所謂君子和而不同，和詩而不求同韻同字，或爲避免黨同伐異爲小人之行逕。至於同題而不同體，如同樣〈夜宴〉，分別有五律，和五排之不同，〈無題〉則多爲七律，劉筠則將第三首〈無題〉寫成五排等俱可見諸人連詩體皆可相異了，遑論韻腳。也因而若同詠〈赤日〉不寫白日之苦熱，而寫夜暑之難耐，實亦可說是和意而不和韻，若拘於詩題，誤以爲酬唱之作，當如何如何，則恐不識詩人之用意所在。他若有同韻字、韻腳同而順序不同，其實非但順序不同，實亦各自發揮，不加拘束。

詩集中眞正步韻的，但有〈屬疾〉三首，晁迥、崔遵度各和楊億一首，且逐步和韻，有趣的是與楊億最相知的劉筠跟本不同韻，崔晁之詩，集中罕見，除了晁迥另有〈清風十韻〉一首外，崔遵度則但有此〈屬疾〉一詩，孤證不足爲訓，因而可以說西崑諸人的相酬唱，幾乎都在君子之交和而不同的範圍。

所謂「和而不同」或者說「和意而不同（和）韻」，正可見諸人但以此詩作縮結同心，相濡以沫，身居秘閣，進思盡忠，退思補闕，此爲其寄託者，然環顧處境，君心之非難格，蔽日之雲恆多。諸人因而不免有不如歸去之怨，此等托怨之旨，每見於諸人詩篇中，且藉由和作而彼此情志宛然可見。所謂

「善歌者，使人繼其聲；善教者使人繼其志」（禮記・學記），劉筠為楊億所識而拔者，誼同師生。因而集中所載楊劉二人和詩最多，集中楊億首唱者，劉筠幾每篇必和，劉筠首唱者十九篇，楊億亦無篇不與。二百五十首中，楊億有七十六篇，劉筠亦有七十篇，錢惟演就少一些了，但也有五十五篇，其餘諸人只在「其屬而和者又十有五人」之列而已，其中李宗諤稍有精彩之作。楊億有作，而劉筠未和者但有〈無題〉〈譯經光梵大師〉〈秋夕池上〉及〈因人話建溪舊居〉寥寥數篇，其中前三首但有錢惟演之和作，〈因人話建溪舊居〉更是未有和者，可說楊、劉二人於西崑集中最為相得，楊氏之詩旨，得劉筠而發明，而劉詩之孤詣亦可於楊詩中印證，二人相濡以沫，既為西崑體之砥柱且創出西崑之光不可掩的成績來。

五、重讀西崑體的重要篇章

1. 詠史詩

諸人以修史故，詠史詩之作自然為詩中之主要題材，而義山詠史之作所發展出來的史論型的詠史詩（註二四），以議論運古事，「但攻其一，不及其餘」。的作風，自也成為諸人倣效的對象，而楊劉二人在此的表現較諸前輩實不遑多讓。

如〈南朝〉一詩，楊億於頸聯有「步試金蓮波濺襪，歌翻玉樹涕沾衣。」雖詞句濃麗已極，而亡國之慨見乎其中，劉筠則於尾聯道：「千古風流佳麗地，盡供哀思與蘭成。」南朝王氣但給庾信哀江南賦作詩材，寧非國家不幸詩家幸之例，此亦可爲有國者戒，於此李宗諤之表現更奇，其尾聯云：「惆悵雷塘都幾日，吟魂醉魄已相尋。」用韓偓《海山記》言隋煬帝滅陳無多久即蹈陳後主的腳步，以暗諷眞宗皇帝亦每步後蜀孟昶、及南唐後主的行徑，有人說此「規撫義山，得其一體」，也頗有道理。

〈明皇〉一詩，楊億之頸聯有云：「河朔叛臣驚舞馬，渭橋遺老識眞龍。」用《明皇雜錄》之典，田承嗣不識舞馬而殺之，亂世文章不値，舞馬亦喪於匹夫，世亂之慘由此可想。縱渭橋遺老能識眞龍，又能如何？一切悔之已遲，先寫淪落，而次句之悔畢見。劉筠之次聯則云：「梨園法部兼胡部，玉輦長亭復短亭。」方回《律髓》所謂「荒唐沈緬有如此，流離顚沛忽如彼，皆可爲後世人主之戒。」正道出西崑之旨趣。

〈舊將〉一詩，則應有感於宋代杯酒釋兵權之後中，重文輕武的政策，老將們由當年「平生苦戰憶山西，撫劍臨風氣吐霓。」的意氣鋒發，到如今只但成爲早朝中行禮如儀，而不聞邊疆風霜的朝廷冗員——「髀內漸生衣帶緩，早朝空聽汝南雞」較諸王維〈老將行〉——「路旁時賣故侯瓜；門前學種先生柳」亦各有千秋（註二五）。劉筠之和詩亦可見，由首聯——「丈八蛇矛戰血乾，子孫今已列材官」始，而以「秋來從獵長楊樹，矍鑠猶能一據鞍」終，結處用馬援之事：「臣尚能被甲上馬」（漢書馬援傳），以老將之但能於從獵時一展身手之可悲。若再看王維〈老將行〉之結語「莫嫌舊日雲中守，猶堪一戰立功勳」，猶有老驥伏櫪的氣槪，用武之地自有唐宋之異，而宋室之危機亦隱然見於其中。

2. 詠物詩

詠史之外，詠物亦可寄託個人之懷抱。如朝生夕隕的槿花可喻生命的短暫，而劉筠〈槿花〉首唱頷聯竟以「吳宮何薄命，楚夢不終朝」爲喻。以花開花謝喻人生之短暫，世所常見，以吳宮之薄命形容槿花，再以楚夢之不終朝來加強，正可見何止花開之時短，家國亦然。楊億之頸聯則云：「塵暗神妃襪，衣殘侍史香」言此槿花如塵之暗，如衣之殘，則豈只生命短暫爲悲，凋戶無人之開落爲人所忽，實更可悲！

至於「煩君最相警，我亦舉家清」爲義山所詠的蟬，有劉筠首唱的〈館中新蟬〉其頸聯「風來玉宇烏先轉，露下金莖鶴未知」暗喻讒臣之工諂爲君子所難防，難怪歷來評家要大加贊賞——「雖用故事，何害爲佳句」，六一翁許之如此，正見西崑諸公自有其不可掩。楊億之尾聯則道「雲鬢翠緌徒自許，先秋楚客已回腸。」言及雖空以才氣自許，卻不免憂讒畏譏，秋涼未到已先回腸百結。

以詠物來寄託，又有〈鶴〉詩，也是劉筠首唱，首聯爲「碧樹陰濃釦砌平，華亭歸夢曉頻驚。」鶴之屢驚可見讒臣之足畏。楊億的和作以頸聯的議論最警切——「瑞世鸞皇徒自許，繞枝烏鵲未成棲。」上句言其枉自期許，卻於朝中如烏鵲之可憐未有可棲附攀援者，如李密所言「朝中無人，不如歸田。」以鶴喻一己之材命相彷，二人皆有其用意而發爲妙警之語。

詠物之作，義山以〈淚〉詩爲著，西崑諸人但三家有作，且人各二首，歷來多以爲模倣玉谿生者，而不甚許可，甚者又以堆砌典故爲譏（註二六），其實藉由典故濃縮，醞釀深到，正可反映出詩人內心之投影，如楊億第一首以「錦字梭停掩夜機，白頭吟苦怨新知」始，而知其爲美人失寵之悲，是以三四句「誰聞隴水回腸後，更聽巴猿拭袂時。」斷腸人聽斷腸人，自是淚流不已。五六兩句「漢宮微涼金屋閉，魏宮清曉玉壺欹」更可見一但如阿嬌被金屋佇藏後，或者如魏文帝之薛靈芸被聘至深宮了，愁閉悲思，淚凝如血，蓋侯門一入深如海，且入門見忌心，此種幽怨在於如籠中鳥之不得自在飛，而入朝遭忌者，寧非如此，此所以壯士本秋涼而悲，然而楊億卻已如美人之傷春了。「多情不待悲秋氣，祇是傷春鬢已絲」先秋而悲，傷春而成白髮，這實士大夫之最大無柰也。是以次首頷聯又道：「枉是荊王疑美璞，更令楊子怨多歧」更將君王之不識美玉，使得書生空有歧路之嘆的千古悲情說出。因而逼出結語之「未抵索居愁翠被，圓荷清晚露淋漓。」言清晨荷葉上淋漓之露珠，也比不上離群索居，不得展懷者，被中淚水之多也。雖用「未抵青袍送玉珂」之筆，然一在七句，一在末句，且詞意警切，亦各有千秋。

此二首錢惟演也和了，錢氏以吳越王之後，寫來不免有黍離麥秀之感。如次首頷聯之「江南滿目新亭宴，旗鼓傷心故國春」實爲古往今來，令人傷心落淚之事數不勝數，因而各以所懷抒之。然而最難過的還是才華不爲在上者所識，而不得逞其才，因而錢詩亦以「荊王未辨連城價，腸斷南州枕璧人」作法呼應楊詩。蓋亡國之事已矣，我今如楚之和氏，雖握有荊山之玉，但時君不能識察，未能盡其所長，此爲最傷心者，亦用前人與一己之悲相對比的手法。

劉筠〈淚〉詩第一首末句則翻用李白〈遠別離〉：「蒼梧山崩湘水絕，竹上之淚及可滅。」而言

「湘水未乾終未盡，豈徒萬點寄疏篁。」言二妃之悲無窮無盡，淚水所寄非徒湘妃竹而已，言此種亡國且亡夫君而失去寄託之悲爲最。

次首「含酸如歎幾傷神」，先則言淚未必流，而悲實更甚，既引恨賦之「含酸如歎，銷落煙沉」又用〈晉陽秋〉：「荀粲婦亡，粲不哭而神傷。」三四句：「建業江山非故國，灞陵風雨又殘春」則一指喪失故國之淚，再指失去戰場者虎落平陽亡悲。五六句「虞歌訣別知亡楚，燕酒初酣待報秦」則言霸王將敗，面對美人之悲，和易水將訣別悲，而末句「欲訴青天銷積恨，月娥霜獨更愁人」亦且逼出欲向青天訴此悲愁，然而天上明月正有一孤獨之月娥，是以更加令人憂愁，此仁人志士之懷也，先則爲自己而滿腹悲愁，欲訴諸於上，卻又見在上者的孤獨無依，不免又爲他耽心。所以其後東坡有「又恐瓊樓玉宇，高處不勝寒。」而神宗以爲蘇軾終是愛君，（註二七）惜此時之眞宗猶未能會此。

3. 情詩

義山有〈無題〉等膾炙人口的愛情之作，西崑諸公既學李商隱，因而不禁令人好奇，是否集中也有愛情詩。因而若見西崑集中有〈無題〉，〈代意〉，當必以爲此亦言情也。或而以爲義山有此情史，發爲情詩，是至情至性之作，西崑諸公既未有此韻事，恐怕是東施效顰無足多道。是又不然，是不知西崑借此〈無題〉言君臣之相得相失，一承騷人香草美人的傳統所致。諸人身居館閣，職責所在當諫過補闕或君寵已失，不得相見，又有不得言明者，托此情愛之事以寄其心意，實乃勢所必然，義山的情詩適足以供其詩思，借其詩材，以達此數公心意。

楊億之〈無題〉三首，由錢惟演和詩之發端「誤語成疑意已傷，春山低歛翠眉長。」點出楊億失去君王信任的無奈，所以有「纔斷歌雲成夢雨，斗回笑電作嗔霆」句，言君王之轉喜爲怒，若叩緊澶淵之盟後，寇準和楊億的下場更可以知「誤語成疑」當肇端於此。曾棗莊《論西崑體》第三章「祇托微辭蕩主心」於此所論，大體不差，卻又說「因爲自己說話不檢點，以致讒臣生謗。」，實則此詩應非指說話所誤，而是如〈宣曲二十二韻〉等詩作爲人有意誤讀而引起，應該較爲合理。而劉筠和詩：「簾聲竹影浪多疑，仙穀何能爲解迷」更可說明這種詩作，詩意既豐富，隨人解讀，人云云殊，自然多疑，當有仙穀爲之解迷，以去其惑，三句以下「蛛壞網」，「燕爭泥」則以小人爭利壞朝綱爲悲——因而有「紅蘭終夕露珠啼」的結語。正可見此輩所憂者不在愛情，而是「望美人兮天一方」的思慕。《無題》之旨當如此。

至於〈代意〉二首王注以爲「此是楊億追憶姬人之作」亦屬想當然耳之解。此詩云：「夢蘭前事悔成占，卻羨歸飛拂畫檐，錦瑟驚弦愁別鶴，星機促杼怨新縑，舞腰試罷收紈袖，博齒慵開委玉奩。幾夕離魂自無寐，楚天雲斷見涼蟾。」詩意當以鄭注所言爲佳：「言少蒙君恩，寵遇優渥，中途詎遭新進之讒，恩遇日衰，雖有文章辭彩，亦懶于再試矣。」鄭注所言可謂道出楊億之深哀，而曾氏則以紀批義山之詩爲言，以爲「這類詩祇可『以意會之，必求其事以實之，則刻舟之見矣。中亦有實是艷情者，又不得概論。』對於西崑集的同類詩，也應作如是觀。」云云，此種論點以說義山詩固然不錯，但以說西崑體則未免扞格。

因爲義山生平浪遊天下，又捲入牛李黨爭，雖亦有抱負但未曾入京爲顯宦，得過皇上之恩寵，是以必以香草美人用在義山詩則恐有疑問，（註二八）但西崑諸公，位處要津，既曾恩寵優渥，卻又因讒見疏，對於屈原，宋玉之遭遇之作品感觸自然特別深刻，發諸於詩篇香草美人，楚雨含情，也就皆有所寄。而且義山之無題及愛情諸作既未和他人，那時溫段等也未有相和者，不像楊、劉、錢三人，彼此相和，一篇又一篇，未曾聞有人將此愛情心事如此公開的，況且又是「艷情」，宋代士風非有唐可比，且士大夫既潔身自好，自許皆甚高，發諸詩篇，每欲以三百篇之清廟，七月爲準則，那有如此大肆渲揚一己之情欲而公諸同好者，是以若言其中有艷情者，則恐怕大有問題！

此種詩意他人和作可以參見，曾氏也有言及，如引丁謂詩之「臨邛已誤通琴意」即是，刁衎之和詩亦有「微波還擬托陳王。」曾氏即云：「如果僅僅是『追憶姬人之作』，刁衎何以用劉楨、潘岳、曹植比楊億？」則看出其端倪，然而諸作中劉筠實亦最足爲楊億之知音者，惜曾氏但引前首之前半，而棄其餘，其實自「乳鶯啼曉銷蘭炷，媚蝶傷春失蕙叢。」下，前句王注言「楊億通宵失眠」，亦可通，後句則言以失去蕙蘭之叢而傷春難禁。至於結語兩句「縱使多才如子建，祇能援筆賦驚鴻。」〈洛神賦〉曹植寫洛神之「翩若驚鴻，婉若遊龍。」實寓其對皇上的思慕，詩意在楊氏既不得君心，除了賦詩表達思慕，又能如何？沉痛之情在此。而二首之末聯「菖花若有重開日，得見菖花亦自羞」見菖花者當富貴，既以富貴爲言，應不是只說姬人而已。此實指他日若有機會再見到菖花開，當亦以之爲羞。亦即不再思爲宦之事，這是「亦懶于再試矣」之旨。楊氏有劉爲其知己，當亦可見諸人之知音相契者在此。若說西崑有情，那這情是在友朋之互通聲氣，相與慰藉，或者相互發明，相輔以文，蓋諸人俱欲將一己的情懷訴之於君上，恐君心之不明，故一人言之不足，他人繼之又起，這是朋友之義相知之心。

至於詩作每出諸濃艷之筆者，應在言之無文，行之不遠，實亦「美則愛，愛則傳焉」之意，唯恐其不得君心之喜，故不覺如美人之濃妝艷抹盼得一垂青。只不過「媚蝶傷春」似乎道出他們恐怕還是徒勞無功，因為在此美艷的外表下，包含的是他們對君王嚴正的期許和指責，諸如封禪、嬖寵無節等，皇上之遠去不顧亦無可挽回，因而只能悵然留下「懊惱鴛鴦未白頭」的遺憾，正如「相如作賦徒能諷」般，這也是西崑的最大悲哀。

紀昀以為〈無題〉詩，義山已佳，因而「此體正不必擬，轉擬轉落塵劫」，然而義山詩就難之隱而言情，往往在男女之事而已，而西崑之人，以之期待君王，卻又寫得迷離恍惚眞若言情者，此亦更高一著者，其後江西詩人，要以「崑體功夫造老杜渾成境界」，工夫實在這言在此而意在彼中。而曲折往復，沈鬱頓挫的功夫，亦依稀可見。惜此意江西者雖知之甚詳，然亦有人以為不然，以為崑體功夫必不能造老杜之境界，是眞所謂痴人前不得說夢。（註二九）

若我們再看〈前檻十二韻〉和〈洞戶〉二首當更可知，此二篇皆只是楊劉二人唱和而已。而曾棗莊以為「也是艷情詩，也無什麼寓意。」則實不能稱知音者，未能探討出劉柳於此的寓意之深。比如〈前檻〉一詩，前檻二字即出自義山詩：「後門前檻思無窮」，既為思無窮，則實不能不發揮作者以此命題的用心。其中一段言「驚禽時格磔，戲蝶自翩翾，度繡金針澀，迷釣畫蠟煎。怨眉顰翠羽，危涕迸朱絃」由危葉畏風，驚禽易落，再加上《本草》：「鈞輈格磔，皆鷓鴣聲也。」鷓鴣之聲正是不如歸去，可見楊億此時之歸心，對照於戲蝶之翩翾，都可見才高者招忌，而庸才每據高位的可嘆，而「度繡」句，可說他想要度人（感君王）之金針已艱澀難度，因而孤臣危涕乃隨其「朱絃而清越，壹唱而三歎，有遺音矣」的朱絃而迸出。若言此爲艷情，則用典即非允當。末四句「寶鑑腸空斷，銀潢眼欲穿，曾波自東注，微意若爲傳。」眼欲穿銀河，應也是望美人於天上的旨趣，只是無人能通此寸心微意。

自然，劉筠和詩可以發明此意，「籠禽思隴樹」二句用禰衡〈鸚鵡賦〉事，以言爲宦者之不自由，因而有避秦桃源之意。且末句「長安足輕薄，愼勿走瓊輪」，長安一語叩緊京城，或者是「西北望長安，可憐無數山。」的心意，戒其無爲長安年少的輕薄者所惑，應該也是以君王爲美人，亦可說一飯未嘗忘君的深意。

〈洞戶〉一詩，因楊億首句「洞戶飛甍接綺寮」得名，即言京城宮室之氣派雄偉，次句說「一春幽恨寄蘭苕」，大有杜詩「廣文先生官獨冷」之意，而「水國風霜凋社橘，仙山雲霧隔江潮。」，社橘者，恐意在社稷，而仙山雲霧云云，正見通天之路難尋，且爲雲霧所隔，所謂蔽日浮雲也，鄭注以此詩爲「傷身世，感遇合」之作，實有其道理。因而劉筠和作以：「愁眉豈待歌成慘，咫尺河陽信未傳。」爲結，天威不違顏咫尺，實道出楊億雖近在秘閣卻已不爲君王所信任的難受。

正因如此，楊億的作品，若有言情者，實應如此解讀，謂予不信，請看這〈無題〉一詩：

巫陽歸夢隔千峰，辟惡香銷翠被濃。桂魄漸虧愁曉月，蕉心不展怨春風。遙山黯黯眉長斂，一水盈盈語未通，漫託鯤絃傳恨意，雲鬟日夕似飛蓬。

此一詩似亦言情而已，然錢惟演之和作頸聯即云：「紈扇寄情雖自潔，玉壺盛淚祇凝紅。」用漢成帝時班婕妤及魏文帝之魏靈芸事，足見此皆與帝王有關，而愛情詩的用典每與京城或帝王相關，正可見這實非泛泛的情詩而已，尤其但因用筆濃艷，若又以之爲「艷情」那就眞所謂唐突佳人了。

至於集中其他即目抒懷，或感時述懷的作品，前者如《即目》《偶懷》《偶作》，後者如《受詔修書述懷感事三十韻》等每有「撫己慚鳴玉、歸田憶荷鋤」（受詔……）或「一廛今已廢，猶戀漢庭恩」（即目）等「懷古思鄉共白頭」的無奈，於此，曾棗莊之《論西崑體》第三章述之已詳，茲不贅附。

六、何以崑體詩恨無鄭箋

透過了對於西崑集中一些關鍵作品的解讀，應可知西崑作家的苦心孤詣。如此再重新看西崑集前楊億序中的一些文字，當更可會得：

因以歷覽遺編，研味前作，挹其芳潤，發於希慕，更迭唱和，互相切劘。

可知集中詠史之詞，實研味前作有得而書，而「挹其芳潤」，如陸機文賦「漱六藝之芳潤」或可指詩文的雕章麗句，而擷古人之精奧，實有其用意，所謂「發於希慕」，應不只是「希慕古人」而已。或而可指欲如三百篇作者的用心，「邇之事父，遠之事君」，亦可指希慕君王之如堯舜，如老杜「效君堯舜上」的心意，亦可以說是孟子「人少則慕父母，長則慕少艾」之意的衍伸，爲宦則希慕君王成爲聖明天子，這也是詩中每以男女之情言之深意。西崑之作其深怨如此，且寄託如此，詩人之心聲也在此，無怪乎元遺山要說「詩家總愛西崑好」，且箋注者有待鄭玄之輩，正可見元氏之以六經許之，鄭玄遍注群經，群經賴鄭箋而發明。西崑之作可以比擬如經，此詩人之許之爲「好」而不言其「美」者，南宋戴復古認爲「本朝詩出於經」正可見宋詩之一脈相傳者。然而其中微言大義，若無人如鄭玄者箋出，則每被曲解、誤讀，枉費詩人之一番苦心，這恐怕是元遺山的用意所在吧！

其實西崑之好，並非到元遺山才彰明，西崑之好，在歐陽修之時已將之指出，歐公主盟慶曆詩壇，他的古文運動雖不免以西崑爲對象，但是對於西崑的詩，他卻贊譽有加，如晚年所著《六一詩話》就說：

楊大年與錢劉數公唱和，自西崑集出，時人爭效之，詩體一變。而先生老輩患其多用故事，至於語僻難曉，殊不知自是學者之弊。

歐公所之先生老輩，正是宋初只知淺易而不讀書的附會風雅者，也可見歐公晚年頗有爲西崑體平反的心意。因而歐公又舉例以明之如：

子儀（劉）新蟬云：「風來玉宇烏先轉，露下金黃鶴未知。」雖用故事，何害爲佳句也。又如「峭帆橫渡宮橋柳，疊鼓驚飛海岸鷗。」其不用故事，又豈不佳乎？蓋其雄文博學，筆力有餘，故無施而不可，非如前世號詩人者，區區風雲草木之類，爲許洞所困者也。

蘇軾亦有云：「近世士大夫文章，華靡者莫如楊億，使楊億尚在，忠清鯁亮之士也，豈得以華靡少之。」（議學校貢舉狀）則更稱許其人，的確楊億的人品絕非其他人可望其項背者。

至於黃庭堅也許之如霜鶚，並以之同于黃州相提並論，言「王黃立本朝，與世作郛郭。」可見他也以之爲世之長城。當然也要用其崑體功夫，而田況之〈儒林公議〉許其「盡掃五代以來蕪鄙之氣。」就連其時眞宗皇帝雖然以楊億「不通商量眞有氣也」，卻也說道「億之詞筆，冠映當世，後學皆慕之。」

凡此皆可見楊億的人品與文章皆爲世所看重，不管當時或稍後的蘇黃等人。雖然有石介的〈怪說〉，大肆批評，但是楊劉的詩篇實在不容抹殺，尤其載諸西崑集中的作品，正是香草美人，詩騷的遺緒，豈得以不識其底蘊，而妄加批評！

尤其楊億本身對於詩文的論點，也以專務詞華爲非。他曾說道：「笑窮經白首之徒，專篆刻雕蟲之巧。婉媚綺錯，既事于詞華；敦樸遜讓，罔求于行實。流蕩忘返，浸染成風。」（試賢良方正策）可見他對只求詞采藻麗，不求明經行實的非議，在爲詩的目的上，他非常講求宣教化，且以流連景物之作爲非。〈送人知宣州詩序〉（卷七）即云：

> 所宜宣布王澤，激揚頌聲，採謠俗于下民，輔明良于治世。當使〈中和〉、〈樂職〉之什，登薦郊丘；豈但〈亭皐〉、〈隴首〉之篇，留連景物而已！

可見作詩的目的，宣布王澤，下採謠俗，上輔明良，都是爲了生民，爲了「登薦郊丘」而非只是流連景物，因而若說楊億流連景物，寧非怪說？但楊億所作，正爲言之不文，行之不遠的原故，也因而重視「藻繡紛錯，金石鏗鏘」、「奇彩彪炳，清詞藻縟」、「藻繡紛敷，琳琅焜耀」，這也就是歐陽修何以又要說：「楊文公嘗戒其門人，爲文宜避俗語」（歸田錄卷一）之故，而藻繡紛敷的外表，目的即在於西崑集序的「雕章麗句，膾炙人口。」使得作品精彩處能廣爲流傳，達到「登于樂府，何愧《中和》《樂職》之詩；布于郢中，足掩陽春白雪之唱」的地步，因而他的詩文是要求內外兼顧的。正如他在《答并州王太保書》中所云：

文彩煥發，五色以相宣；理道貫通，有條而不紊。

理道貫通，原本與文彩煥發要相爲表裡，乃能成爲至文，這也是他在《西崑酬唱集》中，所戮力爲之的，因而若說他是「窮妍極態，綴風月，弄花草，淫巧侈麗，浮華纂組」，如此而已，而不能進窺楊億之用心，還要大肆批評，那麼這才眞是「其爲怪大矣。」（石介語）

抑有進者，說其「窮極妍態，浮華纂組」，實與楊文公之飽讀詩書，發於所作，因而引證博洽，而不免難倒他人有關，歐公不也說道「雖用故事，何害爲佳句」爲此辯護，其實楊億之好用故實一掃蕪鄙之氣，恐應與其出於格君心之非，救天下之溺的眞誠更切。蓋宋初立國雖以好文爲標尙，而未能達到「觀乎人文以化成天下」的地步，以解決五代以來道喪人溺的問題。而重文恐只是在文飾，粉刷太平而已，尤以眞宗即位後，天書屢降，祥瑞叢生，而不求務本。且王欽若陳彭年等更佞諂迎合君上，不顧楊億致君堯舜的苦心，這也難怪他要像莊子一樣「以天下爲沈濁，不可爲莊語」，因而也「以卮言爲曼衍，以重言爲眞，以寓言爲廣」了。所以他的文辭綴風月，弄花草，原本是如楚雨含情俱有托的，只不過左右逢源，無施而不可，不像一些空言聖人之大道者，但以語錄教條，大言欺人，使人望而生厭，所以他也要「以卮言爲曼衍」，以此變化無定之詞語，達到傳播其意，推衍無窮的目的，如義山詩：「後門前檻思無窮」，然而此種言詞，在好古之心使然下，自然以借重古人的話較有說服力，所以他也要「以重言爲眞」如義山之「好積故實」而形成豐富藻麗的特色，自然也是其用意，只不過他雖亦有寄託，但言近指遠，或借古諷今，皆如史家不載諸空言有實事可證，所寄寓者在此，不復莊子之「以寓言爲廣」，以彼虛構之事以諷世，在「出於經」的要求之下，作起詩來就有所不爲了。

七、

楊億另一爲人談論的是對偶精工的問題，集中所作，除七夕五絕爲絕句外，儘皆律詩，或五律或七律，或排律，就是不做古詩，律詩在聲律講究及用典的追求外，更重要的就是在對仗。所以梅聖俞都說他「經營唯切偶」似有不滿之意，其實這是可以理解的，對偶之發展自與漢字的特性相關，然實更可說源自易傳一陰一陽之謂道，而且對仗所隱含的意義，實不僅在文字的美感而已，更有男女相配，君臣相對的意義，如此而形成對應的關係，一陰一陽，相輔相成，此所以詩中每以男女爲喻，正是有此對應關係，求其琴瑟和鳴，進而君臣相遇，如此皇上雖有其天命之德，正如美女有其天生的姿質，然猶待有才學卓識的宰臣相匹配，才能生出好的政績，如儒家以天地之道造端乎夫婦一樣，又如道生一，一生二，二生三，三生萬物，一切由此一陰一陽中展開。

所以特重對偶這種天造地設的關係，正可見隱含在其內心的對於擁有文字才學（註三〇）的自信和自許，所以他要表示其運用文字的能力而雕琢纂組、經營切偶不能不說與此相關，如此一有政權，一有治權，二者相配合下，而天下乃大有可爲，只可惜他的企圖心，既足以瓦解君權之崇高性，不免爲人側目，在宋代那以重文尊道爲名，卻借神道設教行中央集權之實的政策下（註三一），楊億的欲抬高士權以對君權的用心，無寧是不被容許的。

尤其在豐富藻麗的文字下，要包含與君權匹敵抗衡的士大夫的用心，雖亦爲孟子「說大人則藐之」的遺緒。如眞宗所言「楊億不通商量，眞有氣也！」表現在文字上雖委婉曲折，煙霧迷濛，然其旨亦宛然可見，如此不招忌，進而不被打壓也難，其後梅歐蘇黃等人所形成宋詩的風氣，乃形成較爲瘦硬的風尚而與唐詩不同，除了一般人所熟悉的唐宋不同的比較外，應有其他，因爲崑體每被人以爲是唐賢風尚下的作品，蓋一般人恆分唐宋之畛域而有言：（註三二）

唐詩以韻勝，故雄渾，而貴蘊藉空炙，宋詩以意勝，故精能，而貴深折透辟，唐詩之美在情辭，故豐腴；宋詩之美在氣骨，故瘦勁，唐詩芍藥海棠，濃華繁彩，宋詩如寒梅秋菊，幽韻冷香。

然而西崑集雖如唐詩之韻勝而重情辭豐腴，實則寄託甚深，因而亦可說包蘊密緻下自有其重意之氣骨。

但是這種詩作，若非筆力識見皆過人者，何人能爲？一般人不偏於唐，自然要流於宋，尤其在宋代重平淡的風尚下，既有廣大教化主白傅的影響，詩作「皆有白詩的底子」（註三三），自然人人樂而爲之，其後山谷欲追求此平淡而山高水深的地步，如半山老人所說的「看似尋常最奇崛，成如容易卻艱辛」，因而乃以奪胎換骨，點鐵成金的手法，運用崑體工夫，以造老杜渾成之境，不能不說是對於崑體的加以承襲而變化，承襲者在其包蘊密緻，用事深刻，變化者在去其藻繡紛敷，琳琅焜耀，經營切偶之外貌，蓋經營切偶，既有隱含敵對之意，紛敷琳琅，又燦爛奪目，如此既敵對又奪目，既富且貴自然威脅到朝廷當道的威權了。江西諸人出之以瘦硬形成宋詩的主流，固有與其文化型態相關，但西崑體之不合時宜（不合當道之味口）而慘遭圍勦的下場，毋寧使得後人不得不引以爲鑑，進而加以改變，以瘦硬代豐腴，但是他的文字魅力實在尤吸引人了，所以崑體工夫，乃又爲江西者所不能忘懷。

了解西崑體的佳處，或而更可說西崑雖學義山，然而義山之旨趣實待西崑而發，甚至有過於其實，而非義山之本意者，這實乃後人就西崑之事與其詩讀之，以爲西崑諸公用意如此之深，因而先河後海，溯其源頭，也就對義山詩崇拜有加了。雖形成了義山詩箋釋上的種種問題（註三四），但這不能不說是崑體詩人的功勞，西崑眞是將義山詩發揚光大的大功臣，而使得世人能重視詩家之微言大義「以意逆志」，乃至於要「知人論世」溯及孟子讀詩的心法。使得宋詩能如六經，形成宋人詩風的用意所在，成爲宋詩人特殊的詩人意識。而影響到江西諸子，那就更不容我們忽視了。於此鄭因百先生《論詩絕句》說得好：

精嚴組織開山谷，深婉風神近玉谿。莫道楊劉無影響，西崑一脈到江西。（註三五）

可知要了解義山的「好」，要知宋詩的發展，實不能不重視這「精嚴」「深婉」的西崑體。

【附　註】

註　一　元遺山論詩絕句第十二首。

註　二　歷來文學史書中貶西崑者甚多，比如署名游國恩等主編之「中國文學史」（五南）即說道：「他們自認是學習李商隱，實際只是片面發展了李商隱創作追求形式美的傾向，他們缺乏眞正的生活感受，寫出來的詩大都內容單薄、感情虛假，寫來寫去，無非爲了搬弄幾個陳腐的典故，如〈淚〉……正好爲那些生活空虛的官僚士大夫提供一種以文字爲消遣的玩意。」章目正是第五篇第一章：「北宋詩文革新運動。」爲了突顯革新有理，自要言西崑陳腐，此種意見，遍見於今之文學史內容中。

註　三　見楊億《西崑酬唱集序》：「取玉山策府之名，命之曰西崑酬唱集」云爾。郭璞注穆天子傳「群玉之山」有云：「即山海經云群玉山，西王母所居者，言往古帝王以爲藏書冊之府，所謂藏之名山者也。」

註　四　見《滄浪詩話詩體》，「以人而論」下。

註　五　胡仔《苕溪漁隱叢話前集》，於唐彥謙之後，王建之前列西崑體，其中亦多論李義山詩。可知胡仔與時人皆有將義山與西崑相混的現像。

詩家總愛西崑好

註　六　如馮班有《西崑糾謬》之作。

註　七　王仲犖注本（中華書局）鄭再時箋注本（齊魯書社），另國內有不撰注者西崑酬唱集（漢京文化事業）。

註　八　國內有簡錦松之〈西崑體小史〉載《不會飛的蒼蠅》（聯亞）、大陸則有肖瑞峰〈重評《西崑酬唱集》中的楊億詩〉（文學遺產一九八四、一）、金啓華〈西崑體評介〉（齊魯學刊一九八五）及吳小如〈西崑評議〉等論文多篇，皆能在某些方面對西崑體有較客觀持平的見解。

註　九　序中楊億有云：「其屬而和者，計十有五人。」這應是楊億自謙，以錢劉二人爲首，自居於十五人之列。見漢京本西崑集序注，並詳見曾棗莊《論西崑體》第二章、四、西崑集的作者數和作品數。

註一〇　田況《儒林公議》（四庫全書本）。

註一一　昭明文選、卷三十五詔令下選有武帝兩篇「詔」文，一即賢良詔。

註一二　東封泰山時爲大中祥符元年十月，而此詩作在景德年間，《續資治通鑑長編》言：「眞宗景德二年九月丁卯令……楊億修《歷代君臣事蹟》景德年號自一〇〇四—一〇〇七不過四年，一〇〇八，即大中祥符元年。時代甚爲接近。景德間僞造天書以諂眞宗之事即已常見。於此曾棗莊亦有述及。見《論西崑體》三十頁以下。

註一三　於此沈括《夢溪筆談》卷一即云：「舊翰林學士地勢清切，皆不兼他務。」楊大年身爲學士，家貧請外，再加上文集所載，可見楊億之言有其本事可考。

註一四　詳見拙撰《知音相契與宋代論詩詩》一文，一九八九，淡江《文學與美學研討會論文集》。

註一五　宋眞宗，勸學文有：「富家不用買良田，書中自有千鍾粟，安居不用架高堂，書中自有黃金屋。」云云，可見在上者之欲化成天下的用心。

註一六　王夫之《宋論》卷一云：「太祖勒石，鎖置殿中，使嗣君即位，入而跪讀，其戒有三：一、保全柴氏子孫；二、不殺士大夫；三、不加農田之賦。嗚呼！若此三者，不謂之盛德也不能。」又云：「終宋之世，文臣無歐刀之辟。……」

註一七　石介、〈怪說中〉。石介與王欽若，陳彭年等不同時，出生較晚，然好勇過頭則超越前人，作《慶曆聖德頌》孫復以爲石介禍自此始，《魏公別錄》亦載，范仲淹讀此頌，對韓琦道：「爲此怪鬼輩害事也。」等可見石介之樹敵甚多，不免與其矯枉過正有關，而石介攻擊楊億之作，曾書第八章有詳論。

註一八　曾棗莊《論西崑體》高雄，麗文，四十六頁以下。

註一九　漢京本注（當係周禎、王圖煒合注本。原上海古籍）頁八十六。

註二〇　陸游〈跋西崑酬唱集〉云：「祥符中，嘗下詔禁文體浮艷，議者謂是時館中，作宣曲詩，……而劉（妃）楊（妃）方幸，或謂頗指宮掖。」（放翁題跋卷六）於此李燾《續資治通鑑長編》卷七十一也有討論，參見註一八，曾書頁六以下。

註二一　歐陽修《梅聖兪病中代書奉寄聖兪二十五兄》，又如《再和聖兪見答》亦皆有此意。

註二二　同註一八，第四章第一節和意不和韻。

註二三　《論西崑體》頁一三七。

註二四　義山詠史詩，歷來評會皆甚高，如沈德潛《說詩晬語》卷上言其「不媿讀書人持論。」今人黃盛雄作李義山的詠史詩也謂：「義山在詠懷型之外，發展了史論型的詠史詩。」古典文學論文集第九集（學生）看西崑的詠史詩，實應由此出發。

註二五　王維〈老將行〉《樂府詩集》卷九十，新樂府辭樂府雜題有錄。

註二六　於此，曾棗莊亦然，他說：「李詩以青袍與玉珂作對比，具有眞切的身世之感，因而有強烈的感人力量；楊詩純粹出于模仿，確有無病呻吟的味道。錢劉和詩亦有同病。」今人龔鵬程較能同其情而道：「楊劉諸人，處危疑之地，爲亡國之餘，……義山詩包蘊密致，炙而愈出，又可假獺祭爲其煙霧，諷諭時事，其體最宜，故有取焉耳。」（江西詩社宗派研究，頁一五一），頗能道出西崑之苦心，用以說淚之堆砌典故，亦爲允當。

註二七　東坡樂府《水調歌頭丙辰中秋，歡飲達旦，作此篇，兼懷子由》歲時廣記引《古今詞話》載楊湜云：「神宗讀至『瓊樓玉宇，高處不勝寒』乃歎曰：『蘇軾終是愛君』，即量移汝州。」可見君臣之相知相遇，原可透過此文字之媒而達成。

註二八　世之注義山詩，恆言比興，寄託，清初錢龍惕曾箋義山詩，他的《大衰集》言：「義山無題諸什，掇宮體，玉臺之菁英，加以聲勢律切，令讀者咀吟不倦，誠千古之絕調，然楊眉庵以爲雖極其穠艷，皆託於臣不忘君之意，而深惜乎才之不遇，則其詞有難於顯言者。……」可見一斑，而清人箋釋義山詩每將「知人論世」與「以意逆志」的方法普遍採用，前者如程夢星，其後馮浩《玉谿詩詳注》更將此一套箋釋方法發揮極致。而沈德潛《說詩晬語》，李慈銘《越縵堂日記》等則皆反對此法，以其有「穿鑿附會」之虞。詳見顏崑陽《李商隱詩箋釋方法論》第一章。

註二九　王若虛《滹南詩話》卷三云：「予謂用崑體功夫必不能造老杜之渾成而至老杜之地者亦無事乎崑體功夫。」而曾氏竟也附合道：「這是對的。」則實未盡窺西崑宮室之美、百宮之富所致。元遺山恐應質疑王若虛的說法，而提出鄭箋無人之恨以爲緩頰。

註三〇　龔鵬程有云：「知識階層以道自任，以師相期，尊知識在官爵之上，則將如孟子所云：「彼以其爵，我以吾義，吾何慊乎哉」矣！知識系統（道統）與政治系統（政統）非特秋行對峙而已，更有道尊於勢之想……」。（《江西詩社宗派研究》頁八十九，台北，學生）

註三一　《續資治通鑑長編》卷六十七載王欽若言於眞宗：「陛下謂河圖洛書果有此乎？聖人以神道設教耳。」一語可見。

註三二　繆鉞《論宋詩》（台灣，開明）

註三三　徐復觀〈宋詩特徵試論〉中國文學論集續集。（台北，學生）

註三四　詳見註二八所引顏著。

註三五　鄭騫《清晝堂詩集》論詩絕句其五十二。（台北，大安）

詩家總愛西崑好

道家美學

趙衛民

道家不同於儒家，儒家以成爲有人格的人——儒爲其理想，道家只提出「道」這個字以別於有人格的人。道家可以說是「唯道是從」的人。那麼道是什麼？「吾不知其名，字之曰道。強爲之名曰大。」（二十五章）這就表示道只是一個「字」而已，老子「強爲之名曰大」，但「大」對我們也祇像一個字而已，像是形容道的廣大。如果道只是一個字，那麼道無非指的是「道路」，「……在《詩經》中，它是以名詞的形式出現，其意義是道『路』」；另一通常的用法則出自《書經》中所謂「九河既道」，「『道』概念在這裡是『引導』之意。」（註一）道的名詞義「道路」和動詞義「引導」，合起來是「那引導著的路」。「那引導著的路」引導向哪裡去？對道家而言，道的作用是廣大的，但我們如何找到這大道？

老子生活在我國原始氏族社會崩潰，進入「文明社會」之後不太久的時期，老子是在批判王權社會的物質和精神文明所帶來的罪惡與災難的前提下來觀察美與藝術的問題的（註二）。這樣當然從歷史上指出道家美學對社會批判的線索。不過，這批判能否在存有論中找到根源？

一、前識觀

老子從我們的日常生活中來說明道的雙重性在其中運作。道的雙重性是無與有。

「三十幅，共一轂，當其無，有車之用。埏植以爲器，當其無，有器之用。鑿户牖以爲室，當其無，有室之用。故有之以爲利，無之以爲用。」（十一章）

車和埏埴（造瓦的器具），均可謂工具，車是人乘載的工具，埏埴卻是瓦匠所使用的工具模型。「室」看來很難說與工具有關，但老子偏說「鑿戶牖」，仍與工作有關。在我們的日常生活中，似與工作脫離不了關係。海德格（Martin Heidegger）特別關注於說明工具：「世界是以物的形式和樣子來到我們面前……但不就是任何物……在人關心地處理中與之有關的……是設備（equipment），德語衍生詞是工具（tool）。」（註三）日常生活世界是工作著的世界，首先與人關心地處理相關的，老子亦無異辭，是工具。「這種與我們最近的處理，如我們題示的，不僅是知覺的認知，而是一種關心去操控物並使它們能使用；而這有其自己的一種『知識』。」（註四）這就說明了我們日常處理中去操控工具物，並在使用工具物中，有一種特定的「知識」，也有某種知覺的認知。

但海德格由在使用工具物的工作，延伸出「公共世界」的論題：「人所關心的任何工作是及於手邊的（re ady-to-hamd），不僅在家庭的工作世界裡，也在公共世界中。沿著公共世界……在路、橋、建築，我們的關心發現自然有某些確定的定向。」（註五）所謂「及於手邊」正是爲說明工具物而使用的概念，工作與工具物均有及於手邊的性質，公共世界與家庭一樣，屬於「工作世界」，連自然都有一些確定的方向。這方向是什麼？海德格說工具的存有是「爲了」（in-order-to），諸如可用性、可服務性、可指揮性、可操控性（註六）；老子則可回答是「有之以爲利」。成克鞏注曰：「世人但知有之爲用，而不知以無運有，其用乃神。」（註七）無論有之爲利或有之爲用，祇有無才能有其神用、妙用。世人但知有的一邊，是順著「有之以爲利」的方向往而不返，只著眼於可用性、可服務性、可指揮性、可操控性。由工具物的產物——貨物，造成人的盲爽發狂。

「五色令人目盲，五音令人耳聾，五味令人口爽，馳騁田獵，令人心發狂，難得之貨，令人行妨。」（十二章）

順著「有之以爲利」的方向往而不返，致有「五色」、「五音」、「五味」、「馳騁田獵」、「難得之貨」。這就可以看出老子由存有論的立場對社會的批判。

「天下皆知美之爲美，斯惡已。皆知善之爲善，斯不善矣。」（二章）

在「天下皆知」的範圍，總是順有的一面往而不返，故美成爲惡（敗壞的趣味），善成爲不善（敗壞的德行）。這正是老子的前識觀。

「夫禮者，忠信之薄而亂之首。前識者，道之華而愚之始。」（三十八章）

「天下皆知」正是道之「前識」，「禮」所代表的社會秩序正是這「前識」，雖是道所開展的花朵，但花朵馬上要凋謝，所以禮是「亂之首」，而前識是「愚之始」。

老子的前識觀在莊子來說，即是「成心」。

「與物相刃相靡，其行盡如馳而莫之能止，不亦悲乎……夫順其成心而師之，誰獨且無師乎，悉必知代而心自取者有之。」（齊物論）

「成心」正是心在有的層面，「人之依其成心機心而爲自己之未來作種種預謀者，必於當前所接之他人，唯知加以利用，而不知敬愛；兼是人之成心機心，與人之自動表現之道德心情相結合，亦可能化此道德心情之表現本身，成爲吾人憑之以表達其他預謀的手段。」（註八）成心正猶如前識，所謂「道隱於小成」（齊物論），前識專言社會面，成心則兼賅個人面，但就「與物相刃相靡，其行盡如馳而莫之能止」，與老子的前識觀是一致的，「必於當前所接之他人，唯知加以利用。」這世界是工作——世界。

「夫天下之所尊者，富貴壽善也。所樂者，身安厚味美服好色音聲也……若不得者，則大憂以懼，其爲形也，亦愚哉。」（至樂）

「天下」正如今所謂世界，正如海德格所說的是以物的樣子來到我們面前，但並非任何物，而是工具，由工具——工作所聯帶而產生貨物，衍生爲「厚味美服好色音聲」，「若不得者，大憂心懼」，正是成心，這天下之心——「亦愚哉」，正是莊子的社會批判。

道家對當代社會批判的口經是一致的，這與當代的馬庫塞（Herbert Macuse）頗爲類似：「審美的崇高……動搖了既定社會關係的物質化客觀性，並打開了經驗的新層次，反叛主體性的誕生。」

（註九）但在「打開經驗的新層次」上，老子或莊子並不強調「反叛主體性」，而正是要「無」掉這在「有」的層面的主體性，由有向無的回歸，才眞正地獲得主體，無所謂「反叛主體性」。道家的存有論美學，只有在道的回歸韻律中才可能，人先要回到無的心境。

二、物道

對道家而言，回到無的心境是決定性的，才可觀到物道。

「致虛極，守靜篤，萬物並作，吾以觀復。」（十六章）

由「改」和「守」字，可以看出是一種實踐工夫，是要使心回到虛靜的境界，可以簡言之曰「虛靜心」，只有虛到極點、守得篤實的虛靜心，才可以見到「復」，「復」什麼？「萬物並作」是萬物在有的層次生發湧現，也定必「回歸」自己，萬物爲何會回到自己的根源？因爲道的回歸韻律。而人也只有由在有的層次上的「天下皆知」，回到在無的層次上的虛靜心，才符合道的回歸韻律，人才回到自己的根源，這得而擁有存有論的智慧，才能見到萬物的因歸自己。

老子的致虛守靜，到莊子就成爲「心齋」、「坐忘」。

「若一志，无聽之以耳而聽之以心，无聽之以心而聽之以氣。聽止於耳，心止該符，氣也者虛而待物者。唯道集虛，虛者心齋也……夫徇耳目內通而外於心知……」（人間世）

「墮肢體，黜聰明，離形去知，同於大道，此謂坐忘。」（大宗師）

「若一志」祇是「若」而已，並非「一志」。因爲「一志」仍在心的層次上，在「聽之以心」的層次上，而要進一步「聽之以氣」；在心的層次上仍是在有的層次，難以免於「成心」，而要將心虛靜下來，虛靜下來就是「心齋」。這是「徇耳目內通」而不是「外通」，「外通」則有「心知」，成心隨之而作，「內道」則「外於心知」。而「墮肢體，黜聰明」能毀廢肢體（其實只是離形）、退除（耳）聰（目）明直到去知，也正是內通而「虛而待物」，這仍然同於老子的由虛靜心靜觀萬物的回歸自己的根源，所以能「同於大通」，大通也就是大道。「遊心於物之初」（至樂），其實只是虛靜心的觀照物之回到自己，人與物同在道的回歸韻律中。

對於物的回歸自己的根源，老子有確定的陳述。

「夫物芸芸，各復歸其根。歸根曰靜，是謂復命，復命曰常。」（十六章）

芸芸萬物，無不返回自己的根源，這正是回歸。王弼注「各復歸其根」曰「各返其所始」也，故回歸正是回到物的開始，這也正是莊子所謂的「物之初」。歸根曰靜，這表示物之初是在一種安靜柔和的狀態下，回到安靜柔和的狀態下，即是回歸自己的命運，只有回歸自己的命運才叫「常」，王弼注曰「復命則得性命之常」。

如果此章前引文「萬物並作，吾以觀復」，「作」是生長，「復」是回歸自己，「作」與「復」正是在相反的兩面，一個往前，一個往後。這種反向運動如何得以發生？這正是道的雙重性：作是在有的層面，復是在無的層面。歸根之靜均是在無的層面。只有回到無的層面，才是「性命之常」，這表示萬物並不順有的層面往而不返。

「道生之，德蓄之，物形之，勢成之。」（五十一章）

道生天地萬物，萬物是以德的方式蓄養此道，德是萬物所得之於道者；前「之」表示天地萬物，後「之」表示道。萬物得之於道者是德，則有物的樣態來形著此德，而物之形著後必有其勢，而勢正所以成物；所以後兩句中，前「之」表示德，後「之」表示物。四個「之」字所表示的均不同。「道生德蓄」嚴格說分屬無與有的兩個層面，「物形勢成」則定在有的層面。道、德、物、勢所表示的正是物道的結構。

「玄德深矣遠矣，與物反矣，然後乃至大順。」（六十、五章）

這是說明「玄德」是「反物」的，是從物勢中返回，不僅返回其德，而且道返回深遠的玄德，所以是從德的層面向道的層面回歸，才能達到「大順」，即大大地順從於道，所以「玄德」是在無的層面，物從有的層面（德）返回無的層面，玄德就通於道。

莊子則直稱道爲無。

「泰初有無，無有無名；一之所起，有一而未形。物得以生，謂之德；未形者有分，且★無閒謂之命；留動而生物，物成生理，謂之形；形體保神，各有儀則，謂之性。性脩返德，德至同於初。同乃虛，虛乃大……是謂玄德，同乎大順。」（天地）

「泰初有無」即太初有道，前四句正解釋「道生之」，正在「未形」的狀態，「物得以生，謂之德」是「德蓄之」，此雖在「未形」的狀態，但已「有分」，有分得於道者，此分得於道是多少就是多少，這是「且然無閒」，也就是自己的命運。「留動而生物，物成生理，謂之形」，是「物形之」，靜動之間而生物，形成物之後就有理則。「形體保神，各有儀則」，將形體保住在虛靜的狀態中，萬物各有其方法，萬物各有其物性，此則是講脩性的方法，萬物是有差異的。「性脩返德，德至同於初」，脩性的方法是返回其德，一直返到物之初所稟受於道的狀態，返到「道生之」與「德蓄之」的中間狀態，是道正在生發，物尚未得生的狀態。同於物之初，則是虛通，虛通的乃是大道。玄德正與大順一樣，是大順於道。《莊子》在此是溝物道之從德的「有分」的狀態，回到德初爲道所生發的狀態，簡言之，是從物之有回到物之無中。

「物之生也，若驟若馳，無動而不變，無時而不移，何爲乎，何不爲乎？夫固將自化。」（秋水）

萬物始終在流動變化中，流動變化「若驟若馳」一樣地快速，在流動中必然變化，在時間中一定遷移，並沒有一定的目的是爲了什麼，不爲了什麼。物的流動變化，正是自化，也是所謂「物化」。物化是物自己流動變化的動態歷程。依前所說，是物由其無出現到有，由自己本身出現的動態歷程，也由其有返回到無的，又復歸於消隱的動態歷程。

老子連工具物都有無的層面，無的層面正所以保住工具物的有用性——「故有之以爲利，無之以爲用」。故物的物化正在於其無化，就萬物來說均有此無化的結構，以成物化。無獨有偶地，海德格亦說：「空的空間，水壺的無，正是水壺作爲持著的容器……只有一容器才能空掉自己。」（註一〇）海德格就以水壺的空來說明物的本性，正在其「空掉自己」，在水壺空掉自己時，「物化」（thinging）發生了。「存有（道）的本質是物理（physis）。顯現是出現的力量。顯現使得呈顯。那麼我們已知道那存有，顯現，引起從隱匿中出現，既然存有物本身在（is），它把自己放在並站在開顯性中。」（註一一）道是「從隱匿中出現」，出現到「開顯性」中，這正是從無中出現到有中，道是出現的力量，物是站在開顯性中。當道顯現時，物站在開顯性中。由此我們可以了解物化。「它（物理）指自我——開放的出現（例如玫瑰的開放），打開，展開，那在這展開中呈顯出它自己並且保存和忍耐的，物出現和徘徊的領域。（註一二）這樣，物化是回到開顯性中，從隱藏中出現的開顯性，簡言之，即老子所謂「反者，道之動」（四十章），要從物勢返回到「物之初」中。

道家的存有論美學正在這物化的過程。「以物化，物實現了世界……物化，物才是物。」（註一三）《莊子》所謂「原天地之美而達萬物之理」（知北遊），正在於這物化的過程，看到物回到自己，由自己本身出現。

三、技藝

至於技藝，在老子是一個不太顯明的論題，但老子未嘗不包含此理境。

「善爲士者不武，善戰者不怒，善勝敵者不與，善用人者爲之下。」（六十八章）

「善爲士者，微妙玄道，深不可識。」（十五章）

「善行無轍迹，善言無瑕疵，善數不用籌策，善閉無關杓而不可開，善結無繩約而不可解。」（二十七章）

如果不是在無的心境，很難說明「微妙玄道，深不可識」，雖則「善爲士」與「善行」很難說是通常所了解的一種技藝，但「善言」卻可說是語言——技藝，「善數」、「善閉」、「善結」，則是「數」、「閉」與「結」繩的技藝。老子的技藝觀除較集中於行爲，語言上以外，可以說不太使用工具（不用籌策），或以簡單的工具（結繩）爲其特色。老子的技藝觀較未說明與致虛守靜，及與物的關係。簡言之，較少直接說明道與技的關係，但是包含這層理境。莊子則將道與技的關係深入說明。

「臣之所好者道也，進乎技矣……臣以神遇而不以目視，官知止而神欲行。依乎天理，批大郤，導大窾，因其固然……彼節者有閒，而刀刃者無厚；以無厚入有閒，恢恢乎其於遊刃必有餘地矣。」（養生主）

庖丁說明他「所好者道也」，並肯定由技入道。至於「臣以神遇，不以目視，官知止而神欲行」，無非是說明收視返聽的心齋過程。既然我們在說明心齋時，曾說「若一志」並非一志，祇是「若」而已，此「神遇」就不停留在心的層次，而是在「虛而待物」的氣的層次，神遇是到虛之極而等待物向我們顯現。但「神欲行」，神又似可收攝到我們的心上，此心祇能是「無心之心」。庖丁所使用的屠刀（工具物），要「依乎天理」，天理就是道，但如何依乎道呢？「批大郤，導大窾」，大郤是筋骨相連處，大窾是骨節中空處。筋骨相連處，既非筋又非骨，批之令筋骨各相離異，故其相連處原是空；刀又順著骨節中空處進行，這又正好是「物之無」、「物之虛」，如果工具物即於物之虛，就是「因其固然」。這段話很明顯地解釋出：所謂由技入道，如果是持有工具的話，要依乎道（天理），也就是工具要即於物之無、物之虛，那麼「神遇」也就是要即於物之無、物之虛，只有從物之無、物之虛下手，才是合乎物之理（因其固然）。所以依乎天理（道），就是合乎物理，而物理正是物由物之虛、物之無中（只能以神遇）出現。工具的無厚，才得以在物之虛、物之無中「游刃有餘」。

道由人道處說虛靜心，說心齋、坐忘，而可「虛而待物」（人間世）、「游心於物之初」（至樂）、方可談物道（物理），方可談由技入道的過程。技之所以能入道，正是由虛靜心見到物向我們顯現的過程，物理正是物由無中出現，亦可說是物化。

「工倕旋而蓋規矩，指與物化而不以心稽。」（達生）

這裡工倕的工具是手指，一方面可說手指隨物形而變化，一方面亦可說是庖丁的「因其固然」，是物由無中出現到有的「物化」，「指」參與了「物化」。

我們不需再多加以引用，《莊子》〈天地〉篇中曾對道與技的關係有個總說明。

「通於天地者德也，行於萬物者道也，上治人者事也，能有所藝者技也。技兼於事，事兼於義，義兼於德，德兼於道，道兼於天。」

在目前解釋的脈絡中，文中「上治人者事也」或可改為「與物通者事也」，而最後一句「道通於天」可不必。原文脈絡係講聖人統治的藝術。技是「能有所藝」，就兼帶於一事件中，所謂事件是能與物相通，那麼事件就兼帶著是否合宜的問題，合宜意謂著要把人調適到物的有中，物的有是怎麼「發生」的（物之初）？是由物之無出現到有中，所以「物之初」通於天地。「物之初」也兼帶於道，因爲道是行於萬物之中。

義或也可解釋爲眞理，那麼技藝就與一種具體的認知模式有關。「他（海德格）的要點是：繪畫是techne，在他的知識論中，意謂的不是手藝或技術，而是認知模式，帶入光亮、開顯性中……」（註一四）這認知模式將物（存有物）「帶入光亮、開顯性中，希臘義的技藝（techne）雖將物帶入光亮、開顯性中，一點兒也不意謂技藝優先於物的眞理，「此有（人）向前達到的揭露性的基本姿態，是尋求將存有物以其自己的方式安立。」（註一五）物「以其自己的方式安立」，是物的眞理（義），人所揭露的眞理，是「物以其自己的方式安立」的眞理，這就是道。「存有（道）在physis和techne的交互關係中，有意義地顯露。」（註一六）對海德格來說，「物以其自己的方式安之立」就是希臘義的物理（physis），道在物理與技藝的交互關係中顯露。莊子所謂的「技兼於事」的「事」，正是這交互關係，只有「能有所藝」者，把自己調適入這交互關係中，才能見到物的眞理（義），物的眞理正是道行於萬物中而成的德，這才是「物以其自己的方式安立」，物理正是道。

「東野稷以御見莊公，進退中繩，左右旋中規。莊公以爲文弗過也，使之鉤百而反。顏闔遇之，入見曰：『稷之馬將敗。』公密而不應。少焉，果敗而返。公曰：『子何以知之？』曰：『其馬力竭矣，而猶求焉，故曰敗。』」

東野稷以善御事魯莊公，御馬進退如繩般直，左右旋轉如規般圓，魯莊公以爲組繡織文不能過此之妙。（註一七）魯莊公就教他使馬像鉤一樣旋回一百次，皆能回到原來的痕跡上。結果顏闔碰到了，說東野稷的馬將失敗，因爲「馬力竭矣，而猶求焉。」這正是物不能「以其自己的方式安立」，不合物理，不合道，這是御馬技藝的失敗。

技藝的成功與失敗，是關聯到物性。「眞正的做家具者……使他回答和回應於不同的木材和沈睡在木頭中的型態——回應於木頭，像它帶著一切它本性所隱藏的富饒，進入了人的居住。」（註一八）不同的木頭有不同的木性，萬物也各有其物性，每種技藝必須回應於萬物的差異性，而使物化發生。《莊子》中描寫了不少由技入道的過程，値得注意的是：每一種技藝只是道的小成——「道隱於小成」（齊物論），因爲只是了解到個別的物性，尙不能「原天地之美而達萬物之理」。

三、結　論

本文分前識觀、物道及技藝三個步驟展示道家的存有論美學，已內在於道家義理的架構上顯現其大要。道家的語言觀也很有特色，老子的凝鍊簡約與莊子的恢宏飄逸更成對照，需處理的文獻較多，就非此一短文所能涵蓋，不過如將道家的語言觀放入語言——技藝一脈絡來看，本文也算初步地涉及了語言這一層面了。

【附 註】

註 一 以上見鄔昆如譯注《莊子與古希臘哲學中的道》，中華書局，六十一年，台北，p.14。

註 二 李澤厚、劉綱紀主編「中國美學史㈠」，里仁書局，七十五年，台北，p.216。

註 三 George Steiner, "Heidegger." (Fontana, Great Britain, 1978). pp.86-87.

註 四 B.T. p.95.

註 五 B.T. p.100.

註 六 B.T. p.97.

註 七 潘栢世編著《老子集註》，龍田出版社，六十六年，台北，p.24.

註 八 唐君毅《中國哲學原論—原性篇》，新亞研究所，五十七年，九龍，p.40。

註 九 Herbert Macuse, "The Aesthetic Dimeusion." (Beacon, U.S.A. 1978), p.7.

註一〇 Martin Heidegger, "On Time and Being." trans. by Toan Stambaugh, (Harper & Row, New York, 1972), p.5.

註一一 Martin Heidegger, "An Introduction to Metaphysics?" trans. by W.B. Barton, Jr and Deutsch, (Henry Regenry Company, Chicago, 1967), p.86.

註一二 同註一一，p.10。

註一三 Martin Heidegger, "Poetry, Language, Thought." trans. by Albert Hofstadter, (Havper

& Row, New York, 1975), pp.199-200.

註一四 Frank Lentricchia, "After the New Criticism." (Chicago Univ., U.S.A. 1980), p.89.

註一五 Hubert L. Dreyfus & Harrison Hall edited. "Heidegger: A critical Reader." (Blackwell, Illinois, 1992), p.183.

註一六 Werner Marx, "Heidegger and the Trablition." (Northwestern, U.S.A. 1971), p.141.

註一七 成玄英疏，見郭慶藩輯《莊子集釋》，河洛出版社，六十三年，台北。

註一八 同註一五，p.177.

唯美的眼光與形式的追求

——宗白華美學思想初探

林朝成

一、唯美主義的進路

本世紀二〇年代，「文學研究會」和「創造社」分別提出不同的美學觀，前者主張「爲人生的藝術」，後者堅持「爲藝術的藝術」，以這兩派爲代表，在藝術觀點上發生了激烈的爭論，似乎成爲不可調和的對立立場。

儘管西方十九世紀的美學也有相似的爭論（註一），然而二〇年代所建立的藝術觀除了接受西方思潮之影響外，其所面對的是中國很不相同的具體情境，必需接受異於西方的中國文化傳統的論述語境，因此，美學觀的表述與應用也就不完全照搬西方的觀念系統。在該論戰中雙方並未對自己所主張的內容和範圍作出具體的闡釋和嚴格的規定，在基本概念模糊的情況下，使得論戰延續至三〇年代、四〇年代（參見聶振斌，二〇八—二一一）。

在對這論戰的根本問題進行歷史的考察和理論探討的著作中，以朱光潛的《文藝心理學》最爲詳盡。朱先生並提出自己的觀點，以美感經驗的中、前、後三階段，分別考察文藝與道德的關係，嘗試從理論上分別對二種藝術觀提出批判，指出二者的片面性，實質上它們並非矛盾對立，而是在對立中求得互補，以構成藝術的多方面的和諧整體（參見朱光潛，一五一——一五九）。

相對於朱光潛的系統論述，宗白華對該論戰的關切則融化在他的其它著作中，並沒有專門的文章發表，只是隱藏的背景，關鍵的時刻，片段的說些論點，以「點化」該問題的思考角度，使讀者自得之。順其所說，稍不留意，便漏失其用心之所在。因此，筆者嘗試從唯美主義的進路，綜合宗先生的觀點，分析其對藝術與人生的基本看法，並探討此觀點在其美學理論建構中的重要性。

那麼，爲何採取唯美主義的進路研究宗白華的美學思想呢？這有三點理由可說。

首先，宗先生於〈論中西畫法的淵源與基礎〉一文中，討論「形式」「節奏」等重要論點時，頗爲贊同派脫的觀點：『一切的藝術都是趨向音樂的狀態』這是派脫（W. Pater）最堪玩味的名言。」（一四七）。派脫（或譯佩特．不德），英國唯美主義的代表人物，其思想所承受之外來影響，源自德國，諸如溫克爾曼、海涅等人對他的影響都不小，受歌德藝術觀的啓蒙猶大。（強森八二——八六）。經由派脫，唯美主義實涵有德國古典哲學的因子，不像後來王爾德（Oscar Wilde）的極端。宗先生經由中西藝術作品的體驗，歌德思想的中介，對唯美主義的論旨加以玩味，那麼將唯美主義和宗先生的思想相對比，這是我們瞭解他美學思想的一條線索：

再者，宗先生曾以簡明的命題，批評唯美主義的片面性：

藝術品中本來有二個部分：思想性和藝術性。眞、善、美，就是統一的需求。片面強調美，就走向唯美主義；片面強調眞，就走向自然主義。（三七九）

只談「美」，不談「眞」，就是形式主義、唯美主義。（三九八）

這是從批判中，彰顯自己「眞」要融於「美」的主張。而這個論題，也正是「爲人生的藝術」與「爲藝術的藝術」諍論之所在。

又於討論中西畫法所表現的空間意識時，認爲西洋透視法在平面上幻出逼眞的空間結構，其結果成爲：

逼眞的假相往往令人更感爲可怖的空幻。加上西洋油色的燦爛眩耀，遂使出發於寫實的西洋藝術，結束於詼詭艷奇的唯美主義。（一六七）

以辯證發展的角度觀察藝術史，直接比較藝術學的角度所做的宏觀，點出唯美主義與寫實主義的親戚系譜關係，這不是一般平面的二分法所能洞察的。

這麼說來，唯美主義的問題意識，盤桓於宗先生的思想中，以此爲緣，雖不是以系統的理論闡釋藝術與人生的關係，但卻隱涵著一種潛在的對話結構，隨時喚醒讀者關切的焦點。

第三，宗先生所用的觀念，如「唯美的眼光」、「藝術的人生觀」，乍看之下，似乎與唯美主義的主張相似，如能釐清其中的分野，對於瞭解宗先生的美學，將具有實質的意義。

因此，唯美主義的研究進路是合法的、有用的策略足以使我們對宗先生的美學及其時代意義有進一層的認識。

然而，唯美主義並非單純的現象，而是一群相關的現象，其中有著錯綜複雜甚至互相對立的主張，我們要建立起與它對話的論述，其「期待視野」就不可能完全滿足二〇年代論述的語境脈絡，而需要從「爲藝術的藝術」的極端發展「唯美主義」的典型中，去陳述對話的論題，那麼適度的簡化，以凸顯主要的論題是有必要的。所以，筆者根據宗先生的美學思想特徵，嘗試作以下論題的界定。

(一)人生觀的面向；

(二)藝術觀的面向；

(三)文學、藝術及批評的一種實際趨勢的面向。

相應於唯美主義作爲一種人生觀，筆者將探討宗先生藝術的人生觀、藝術與生活的相關性等問題，尤其在「唯美的眼光」的概念，是宗先生針對時代的苦悶所提出的解決之道，其旨趣和朱光潛「人生的藝術化」的命題相近，共同反映了時代的課題，由此說明宗先生有進於佩脫的純粹唯美主義人生觀的要旨。

相應於唯美主義作爲一種藝術觀，筆者將探討宗先生於藝術的價値結構、內容與形式、美與眞、形式主義與表現主義的取捨等論題，作爲對話的焦點，並闡釋其藝術多層境界觀的要旨，以說明其批判唯美主義之理據。

至於第三種用途，唯美主義的實際趨勢，如摩爾（Gorge Moore）「純粹詩」理論的發展，並非宗先生著意所用，然並非無法有相應的對話的可能。謹就純粹藝術的美學觀念所展開的運動：「重視詩的音樂性及圖畫感，遠超於思想的精確性或題材明晰描述」，這個宗旨在宗先生對意境的闡釋中，開發出更廣大深遠的界域。尤其是以「舞」爲意境典型的律動美學觀，更見其創發性。

以此三方面的論題爲核心，筆者將它視爲理解宗白華先生美學思想的一個進路，因在中國近代美學家中，除朱光潛外，宗白華先生可能是最能深入唯美主義並超克之，以成就自己美學思想的人。

二、唯美的眼光與藝術人生觀

唯美主義的人生觀是以「藝術的精神」來探討生命，欣賞生命的美、變化、及戲劇性的景象。（強森一四）因而主張多方培養人的感受力使人們的智慧、感性及內省能力更加敏銳，以促進人整全的生命意識。然唯美主義者卻對生活的具體面目與維生的手段（職業）感到不安、排斥。他們讚賞繁富而多變的經驗，而對現實環境深深感到其可怕的逼迫，生活的單調無聊，他們要退出所謂的「現實生活」，藉著各種激素，將個人的想像世界具體化。「藝術的精神」所探討的生命，成就了藝術所創造的隔離世界，憑藉著想像力，建構了藝術中生命的美、變化及戲劇性的景象，而這景象與日常生活的價值觀並不相關。佩脫在論想像力時表示這樣的看法：

一切藝術天才的基礎在於是否能以一種新奇而特殊的方法去構思人性，以藝術天才創造的幸福世界來取代我們日常生活當中的卑微世界，以一種新穎的折曲能力在周圍造成一股氣氛，而根

據想像的抉擇，將它所表達的意象加以選擇，改變而後加以組合。（強森三八）

這種說法顯示，藝術給人提供一條出路，以逃避「我們日常生活當中的卑微世界」。其對想像力的尊重，延續著浪漫主義的理想，卻貶抑了日常生活的價值。到了王爾德，想像力成爲唯美主義的判準，「藝術放棄了它的想像力媒介時，也就放棄了一切。」（《十九世紀西方名著選．英法美卷》二一四）。「唯一美的事物，就是與我們無關的事物。」（同上，二一五），藝術並不代表時代精神，不再現它的時代。藝術的人生觀，他的原則便是：

生活對藝術的模仿遠遠多過藝術生活的模仿。其所以如此，不僅由於生活的模仿本能，而且由於這一事實：生活的有意識的目的在於尋求表現，而藝術就爲生活提供了一些美的形式，通過這些形式，生活就可以實現它的那種活動力。（同上，二一五）

這一原則雖嘗試在藝術與生活的割裂及藝術與生活的不可分離中取得美學的平衡，但一爲主動的形式，一爲被動的材料，且直接否定生活本身的價值，其唯美的人生觀畢竟是奴役現實生活而高舉藝術的價值。

對比之下，宗白華的藝術人生觀便貼合著生活本身來立論。他所用的方法是類比法（Analogie）（宗先生翻譯成「推想」、「比例對照」）和移情的原則。

藝術人生觀是宗先生一生信守的處世態度，它是唯美的眼光的積極作用。唯美的眼光，就是把生活，人類經驗的全體，無論美、醜、齷齪、鄙俗，都把它當作一種藝術品看待，因爲藝術品中本有表寫醜惡的現象。（註二）宗先生強調藝術人生觀也可能是悲觀的人生觀，但不必這麼主張。他認爲：

我們要持純粹的唯美主義，在一切醜的現象中看出他的美來，在一切無秩序的現象中看出他的秩序來，以減少我們厭惡煩惱的心思，排遣我們煩悶無聊的生活。（二二）

顯然，這裡所謂的「純粹的唯美主義」，必然不能與生活相脫離。宗先生認爲這是透過「比例對照」（註三）的方法來達成藝術的人生觀。

宗先生建議我們，除了科學的人生觀之外，我們也要以主觀自覺的方法來領悟人生生活的內容和作用，那就要建立一種藝術的人生觀。（註四）。「什麼叫藝術的人生態度？這就是積極地把我們人生的生活，當作一個高尚優美的藝術品似的創造，使他理想化、美化。」（二三）。依「比例對照」的原則，其公式爲：

藝術創造的現象與過程／生命創造的現象與過程＝高尚優美的藝術品／理想化美化的人生

「比例對照」（類比）方法的運用，使宗先生避開了生活模仿藝術論所帶來的奴視現實生活的後果，也不逃避生活當中的卑微世界，「人生生活當做一種藝術看待，使他優美、豐富、有條理、有意義」。（二三—二四）

宗先生心目中藝術人生觀的實踐者以歌德爲代表。歸納其〈歌德之人生啓示〉的要旨，歌德給人生的啓示有以下四端：㈠生活全體的無窮豐富；㈡以全副精神、整個人格浸沉於每一生活中；㈢生命本身價值的肯定；㈣歌德成就了人格形式。

人格形式即藝術人生觀的完成，理想化、美化人生的象徵。（註五）人生中的形式問題，即唯美人生觀的實踐過程：

形式，是生活在流動進展中每一階段的綜合組織，他包含過去的一切，成一音樂的和諧。生活愈豐富，形式也愈重要。形式不是阻礙生活，限制生活，乃是組織生活，集合生活的力量。（七八）

流動的形式演進而爲人格，唯美的眼光在生命的進程中也愈發需要生命的豐富內流。若和佩脫相比較，兩者同受歌德對於生命理想的啓發，佩脫留意到無數的生命力之結晶所在，意圖從文化生活的許多形式中尋求自我教養的力量，以成就其生命多變化而戲劇性的美感。宗白華先生由人格的角度，理解到流動的形式與人生不息的前進追求之間平衡的關係，與佩脫的主張有相近之處，然其切近於生活的眞實，比起佩脫，或更近於純粹的唯美主義的人生觀。

三、形象的追求與流動美學

唯美主義作爲一種藝術觀，也就是「爲藝術而藝術」的觀念。「爲藝術而藝術」固然是籠統的口號，卻有著深遠的意義。一者它是藝術家、批評家要求藝術表現自由的呼聲。藝術不必具有道德說教的意圖，如果藝術表現了道德的寓意，不是因爲它拿道德，而是因爲它是美的。再者，它凸出藝術鑑賞的獨立自主的意義。作品的好壞，其唯一的依據，即是美的形式所帶給人的愉悅。

總結唯美主義的藝術觀，有三個問題値得吾人重視，並以之作爲對話的基調：㈠形式與內容的價值問題；㈡形式主義與表現主義的矛盾立場問題；㈢美是否和眞理相關的問題。

唯美主義者有個特點：他們都重視形式的價值，忽視內容對於藝術作品的重要性。如果說內容有其重要性，那也只有當它成爲整個美感印象之一部份時才能表現出來。它並不能成就獨立的價值。先趨者愛倫坡已盛言：「要有「美」的成就，對形式與音樂的把握遠比感情之把握重要」。王爾德繼愛倫坡之後，相信形式是創作的動力源泉，「眞正藝術家之創作過程是從形式而至思想、情感，並非由情感而至形式。（強森，九四），藝術家不是自我表現，不只是情感的流露，況且「所有的『壞詩』都是由眞摯情感所產生的」。（強森，九〇）

然而佩脫並未走到這個極端，爲宗白華先生所玩味的名言：「一切的藝術都是趨向音樂的狀態。」，已說明形式與內容顯然是不能分開的，因佩脫相信只有在音樂作品裡，我們最難分辨什麼是形式，什麼是內容。在文學作品中，其內容與形式，還是可以分辨出來，而且內容也非衍生的價值，在〈鑑賞・附風格論〉裡，他區分了好的藝術作品與偉大藝術作品的不同：「好的藝術，但不一定是偉大的藝術；至於文學，偉大的藝術與好的藝術之間的差別在於內容，而不是它的形式。」（蔣孔陽・二〇八）偉大的藝術必須呈現具有人性意義的重要事物。這麼說來，佩脫與王爾德雖同樣重視形式，但對內容與形式的分合，兩人是有不同的立場。

因唯美主義的代表人物佩脫與王爾德二人觀點的差異，「爲藝術而藝術」有著分歧甚至互相矛盾的看法，即形式主義與表現主義二種不同的藝術觀。

王爾德認爲形式是藝術作品唯一的根本價值，推動藝術家者乃是他對形式之感受，而非他對所要表達之事物的觀感（強森·九五）佩脫則主張一個作家所要表達的不是事物的現實世界，而是作者對世界的感覺，藝術家有權利也有責任表現他所要表達事物的主觀感受，不用附和社會的期待。好的藝術與他再現那種感覺的眞實程度成正比。這二種不同的立場，一爲客觀的形式主義，一爲主觀的表現主義，一時之間，已呈現了唯美主義者自身的矛盾。

但不管是主觀也好、客觀也好，唯美主義者皆反對寫實主義，認爲就方法來說，寫實主義是完全的失敗。王爾德美學的第二原理說：「一切壞的藝術的根源，都在於要回到生活和自然，並提高它們成爲理想」（《十九世紀西方美學名著選》二四）王爾德把藝術看作一種「謊言」，認爲「謊言」，即關於美而不眞事務的講述，乃是藝術的本來面目（同上，四五）。愛倫坡主張詩與眞理不能相比較，唯美主義者進一步放逐了眞理。

宗白華的藝術觀對這些問題，都有明確的回應。如果說唯美主義的藝術觀從愛倫坡、摩爾、波特萊爾等人的作品中尋找根據，那麼宗先生的藝術觀除了從希臘的藝術、歌德、羅丹的作品吸取養料外，中國古典藝術（詩、書、畫、音樂等）的美的追求，其中所包含的豐富的藝術現象，更是宗先生藝術觀的依據。他的藝術觀可歸納成二條原則：原則一：美是一個表現自然、社會、藝術形象的流動範疇（註六）；原則二：藝術是形式、描象、啓示三種價值的結合。

先說原則一中的「表現」的概念。「表現」的對象屬情感，美學的發展，正是從情感作爲心靈生活的一個獨立領域的學說中開始的。「審美地把握對象的中心是情感，於是分析情感是首要的任務」（三〇一）。情感是主觀的感覺，舉例來說，草地的綠色是屬於客觀的感覺，而對於綠色的快適，卻是屬於主觀的感覺，它並不表示什麼事物，而是隸屬於情感，借賴於它，事物被看作是愉快的對象，而不是表面一種認識。這麼說，宗先生應認同於表現主義派的主張：藝術在於表達事物的主觀感受？也不盡然。宗先生所謂的情感，不停留於浪漫主義的想像，也不是主觀情緒的宣洩塗染，而是深入到事物的內在眞實：「使萬象得以在自由自在的感覺裡表現自己，這就是『美』」（三三二），「表現」，唯有讓萬象藉著情感呈現出它自己，這樣的感情的表現具有客觀的色彩。

再說「形象」。在〈常人欣賞文藝的形式〉一文中，宗先生提醒我們重視常人（指那天眞樸素，沒有受過藝術教育與理論，卻也沒有文藝上任何主義及學說的成見的普通人）的藝術觀，它是一切藝術觀的基本形式。常人在欣賞時不了解、不注意一件藝術品之爲藝術的特殊性，他偏向於藝術表現的內涵，生活的體驗內容：

一言以蔽之，對於常人，藝術是「眞實的摹寫」，是「生活的表現」。而著重點尤在「眞實」，在「生命」，並不在摹寫與表現。（一八〇）

常人對於藝術內容方面的自然傾向，應爲藝術所滿足，然因其對形式的奧秘的忽視，也便錯失藝術的基本特徵：形式。形式與內容在藝術中的關係是：

這節奏，這旋律，這和諧等等，它們是離不開生命的表現，它們不是死的機械的空洞的形式，而是具有豐富內容，有表現、有深刻意義的具體形象。形象不是形式，而是形式和內容的統一，形式中每一個點、線、色、形、音、韻，都表現著內容的意義、情感、價值。（二七七）

形式和形象的區分，使形式保持著「動能」，當形式完成自己時，已表現爲形象。形式的「動能」，不斷地使內容找到自己的和諧規律；內容猶如萊布尼茲的單子，符合於常人的世界觀：「常人眼中的一切都是具有生命的，一切是動，是變化，是同我們一樣的生命。」（一七九），它並非冷冰冰的材料，而是不斷地接受、發展，以實現它內在可能的形式，成就爲形象。

西洋美學中形式主義與內容主義的爭論，可溯源至希臘美學。畢達哥拉斯以「數」爲宇宙的原理，「數」是至美和諧音樂的形式美學。當畢氏發現音之高度與弦之長度成爲整齊比例時，其所受的感動驚奇，開創了形式主義的理論基礎。至於蘇格拉底則看藝術的內容比形式重要，柏拉圖藝術模倣自然的主張，更主導了往後美學的主要問題焦點。「人生藝術與唯美藝術的分歧已經從此開始。」（一〇九）。至於宗白華的觀點便是形象論的主張：

音樂是形式的和諧，也是心靈的律動，一鏡的兩面是不能分開的。心靈必須表現於形式之中，而形式必須是心靈的節奏，就同大宇宙的秩序定律與生命之流動演進不相違背，而同爲一體一樣。（一〇九）

形式主義內容主義的辯證，即是「形象主義」，而形象的內涵，則和宇宙觀、生命觀同爲一體，那麼我們不可忽視這條關鍵的線索。

近代藝術學者芮格（Riegl）提出了「藝術意志」與「世界感」兩個概念，頗爲宗先生所贊許。（註七）沃林格（W. Worringer）延用了這兩個概念，認爲決定藝術活動的「藝術意志」來自於日常應世觀物所形成的世界態度，即來自於人面對世界所形成的心理態度，他把這種態度界定爲「世界感」，這種「世界感」包括人對客體對象所引起的世界的感受、印象以及看法等主觀內容。當這種「世界感」內在地轉化成「藝術意志」時，它便會在藝術活動中得到表現，決定了作品的風格及其藝術觀的立場。（註八）

「世界感在宗先生的觀念中，相當於「宇宙感」，其宇宙感的根源除中國易、禪、莊之宇宙感之外（有關之論述，將於下節說明），羅丹，歌德的宇宙感對他也有決定性的影響。

宗先生以「動象的表現」來說明羅丹藝術的特質。羅丹所「看」到的自然是無時不在「動」中的，「物即是動，動即是物，不能分離。這種『動象』，積微成著，瞬時變化，不可捉摸……」（五八）藝術家所要把握的自然，並非靜態的寫實，而是創造意象，表現其動象，才能眞正表現自然，把握藝術的眞實。這種「動象的表現」，是羅丹的宇宙感，也是其藝術觀，藝術的目的，便在於成就「節奏化的自然」。

歌德的人生觀，宗先生從年輕時代即熱烈的加以贊揚，一生未曾改變。其人生智慧在於人格形式的不斷開創與完成：

人當完成人格的形式，而不失去生命的流動！生命是無盡的，形式也是無盡的，我們當從更豐

> 富的生命，去實現更高一層的生活形式。（七八）

流動的生命，即不息地熱切追求的生命，也是精神生活的本質。「歌德的特徵是諧和的形式，是創造形式的意志。」（七一），諧和的形式，故取得人生的寧靜清明，創造形式的意志，故人生不斷自覺的進展，深化生命的內涵，開拓人生的各種境界，不淪爲靜止的單調死寂。

這麼說來，唯美主義者所以輕忽內容，是因爲其機械的自然觀，其視現實生活爲單調平凡的陳規，故逃避人生，便也使得「動」的本質，隱歿不顯，同時也使形式喪失了其應有的嚴肅與莊嚴。

宗先生認爲美的蹤跡要到自然、人生、社會的具體形象裡去找，所以形象有它的客觀性，並非完全抽離見體內容的純形式，美的形象發現，決定於我們的心靈，它是表現形象的先決條件。發現這樣的美感形象，需要主觀方面的準備條件，這便是「移情」。

> 「移情」就是移易情感，改造精神，在整個人格的改造基礎上才能完成藝術的造就，全憑技巧的學習還是不成的，這是一個深刻的見解。（三六四）

「移情」要求我們的感情經過一番洗滌，克服了小己的私利與利害關切，它把我們對於事物客觀存在的興趣，改造成對形象的領受，「把美如實地和深入地反映到心裡來，再把它放射出去，憑藉物質創造形象給表達出來，才成爲藝術。」（二七六），這種「移情說」和栗卜斯的「移情說」（宗先生翻譯成「情感移入論」）有所不同。栗卜斯的「移情說」，簡單地說，是種審美體驗的特徵。審美體驗就是在一個與自我不同的感性對象中玩味著自我本身，即把自我移入到對象中。當天生的自我實現傾向與感性客體所引起的活動一致的情形中，統覺活動就成了審美享受，面對藝術作品所產生的就是這種肯定性的移情，反之，則為否定性的移情。宗先生把這種移情說譯成「感情移入論」，正確地傳達了它的概念。

宗先生的「移情說」，他自認為比栗卜斯還要深刻些（二七七），深刻之處何在？這便是他把移情視為美感經驗的主觀的積極因素和條件，而非經驗特徵。「移情」的「移」是「移易」，即「移易情感，改造精神」，「移情」使得人的精神處於適當的審美接受狀態，物的節奏與和諧的形象，便透過精神的集中效果，藝術的形象便對應著生命的節奏，呈現出其自在的生命，內在的特質。移情說與形象說主客條件的結合，方構成形象的完整內容，對形式與內容的分歧方能提出合一的具體方法。

最後，我們來說明「流動範疇」。流動範疇指謂由無生界入於有生命，由有生界至最高的生命、理性、情緒、感覺的向上奮進的進程。美正是從生活到藝術，從物質到精神的流動進程。此流動進程所呈現出來的廣大世界，唯有依其「動」的特質，不斷地追求其和諧的形式，人才實現其審美活動的意義。（註九）然而要確實把握流動範圍的意義，我們必須將它放在多層次的藝術價值觀與多層次的形式作用中，方能呈現其完整的「視域」（Horizont），那便進入到藝術觀的第二原則。

第二原則：「藝術是形式、描象、啓示三種價值的結合」。宗先生對這三種價值做這種的界定：

㈠形式的價值，就主觀的感受言，即美的價值。

㈡描象的價值，就客觀言，為「眞」的價值；就主觀感受言，為「生命的價值」（生命意趣之豐富與擴大）。

㈢啓示的價值，啓示宇宙人生之最深意義與境界，就主觀感受言，爲「心靈的價值」，心靈深度的感動，有異於生命的刺激。（一二四）

「形式」是藝術之所以成爲藝術的「基本條件」，依賴這一基本條件而使藝術「獨立於科學、哲學、道德、宗教等文化事業之外，自成一文化的結構，生命的表現：它不只是實現了『美』的價值，且深深的表達了生命的情調與意味。」（一二五）這正是主體運用形式創造了藝術的獨特價值。此價值也是唯美主義所承認的價值，然唯美主義者對於㈡描象的價值、㈢啓示的價值卻加以反對，宣稱要放棄藝術的說教的意圖，獨講究藝術的愉悅性。如前所述，唯美主義者宣稱藝術的本來面目是「謊言」，美而不眞。然宗先生也承認藝術的「謊言」，「幻境」：

> 古人說：「超以象外，得其環中。」借幻境以表現最深的眞境，由幻以入眞，這種「眞」，不是普通的語言文字，也不是科學公式所能表達的眞，這只是藝術的「象徵力」所能啓示的眞實。（一二六）

「幻境」不再只是假相與謊言，卻是進入最深眞境的方便，其所憑藉者乃藝術的「象徵力」。

「象徵」不只是啓示的價值所獨有，描象的價值亦然，「藝術的描摹，不是機械的攝影，乃係以象徵方式，提示人生情景的普遍性。」（一二六）。

唯美主義者對「眞」拘限於符應論的眞理觀，接近於機械的寫實，因此認爲要求作品裡面表達道德教諭、生命的價值及啓發性思想是不盡合理的，「眞」是美之敵。然就宗先生的觀點來說，唯美主義對形式的強調，本身忽視了多層次的形式作用，以致於未認識到形式與象徵作用之間的關係。形式有消極性的「間隔化」作用，也有積極性的「構圖」的作用，而形式之最後與最深的作用則是引入「由美入眞」探入生命節奏的核心。宗先生這樣的觀念和我們前面所說的「宇宙感」互相一致，然他針對藝術的象徵作用所做的例示，更值得我們重視：

世界上唯有最抽象的藝術形式……如建築、音樂、舞蹈姿態、中國書法、中國戲面譜、鍾鼎彝器的形態與花紋……乃最能象徵人類不可言狀的心靈姿式與生命的律動。(一二五)

形式的最重要作用是「象徵」，「象徵」溝通了形式、描象、啓示三種價値，使得它們結合起來，而形成多層次的價値結構。因此，美與眞的衝突問題使得到了解決，修正了唯美主義的偏失。那麼，象徵作用的最後歸趨是哪種藝術表現呢？我們申此一問題，進入到唯美主義的第三種用途的論題。

四、意境的典型與歸趨

作爲文學、藝術與批評的一種實際趨勢，唯美主義運動醞釀了文學或藝術作品應當避免說教或解釋生命哲學的意圖；另一方面，純粹藝術的美學觀念最能印證詩的音樂性及圖畫感的重要性。對比之下，宗白華對藝術之所以爲藝術及其典型與歸趨的思考，總結出「意境說」的理趣。

什麼是「意境」？宗先生從人與世界接觸，因關係的層次不同，分爲五種境界：(1)功利境界，主於利；(2)倫理境界，主於愛；(3)政治境界，主於權；(4)學術境界，主於眞；(5)宗教境界，主於神。這五境之外，另有藝術境界：

但介乎後二者的中間，以宇宙人生的具體爲對象，賞玩它的色相、秩序、節奏、和諧，借以窺具自我的最深心靈的反映；化實景而爲虛境，創形象以爲象徵，使人類最高的心靈具體化、肉身化，這就是「藝術境界」。(二〇九)

藝術境界的特徵就是美，也就是經由情景交融的靈境所構成的「意境」：

在一個藝術表現裡情和影交融互滲，因而發掘出最深的情，一層比一層更深的情，同時也透入了最深的景，一層比一層更晶瑩的景；景中全是情，情具象而爲景，因而湧現了一個獨特的宇宙，嶄新的意象，爲人類增加了豐富的想像，替世界開闢了新境，正如惲南田所說：「皆靈想之所獨闢，總非人間所有！」這是我的所謂「意境」。(二一二)

構成「意境」的本質因素是情與景，宗先生雖採取傳統的說法，但在解釋上更能結合其多層次的形式作用的觀念，開拓「意境說」的理趣，「因爲藝術意境不是一個單層的平面的自然的再現，而是一個境界層深的創構。」(二一三)「境界層深的創構」在「流動範疇」中準確地傳達其中心意旨。宗先生又分此境界爲三層次：(1)情勝，以心靈對於印象的直接反映爲特徵，印象主義、寫實主義屬之；(2)氣勝，以「生氣遠出」的生命爲特徵，浪漫主義、古典主義屬之；(3)格勝，以映射著人格的高尚格調爲特徵，象徵主義、表現主義、後期印象派屬之。（二一三）這麼一來，其意境說嘗試匯通西方藝術，給予適當的定位。

然而中國藝術的理想境界卻是「澄懷觀道」。宗先生以晉代畫家宗炳的思想爲核心，訴說著其對意境說的籌劃。「澄懷」，有如其所主張的「移情說」，澄懷所以能「觀道」、正在於藝術的象徵作用。這時「造化與心源合一，一切形象都形成了象徵境界」（二一四）。「象徵」，在情景交融中發揮作用，「藝術意境的創構，是使客觀景物作我主觀情思的象徵。」（二一一），在「觀道」中也是象徵的作用，使得「道」得以藉由「藝」而開顯出來。

那麼，所觀之「道」，所象徵之「道」爲何？即生命之節奏。宗先生以傳統易、莊、禪的宇宙觀，闡明了藝術的典型。

易經的宇宙觀：「陰陽二氣化生萬物，萬物皆稟天地之氣以生，一切物體可以說是一種「氣積」。這生生不已的陰陽二氣織成一種有節奏的生命。中國畫的主題「氣韻生動」，就是「生命的節奏」或「有節奏的生命」（一五八），莊、禪與易有相通之處，「不外乎於靜觀寂照中，求返於自己深心的心靈節奏，以體合宇宙內部的生命節奏」（一五八）因而「靜穆的觀照、飛躍的生命構成藝術的兩元，也是構成「禪」的心靈狀態。」（二一五）。

所有眞正的藝術在任何時候都滿足了一種深層的心靈需求，「意境說」的「道」滿足了中國人對生命的節奏的深層需求。也形成其藝術的典型思想，對「動」的表現的不斷追求。

宗先生在中西藝術的比較研究中，對「氣韻生動」有深刻的洞見。他指出西洋油畫重視立體的描摹畫家，用油色烘染出立體的凸凹，同時一種光影的明暗跳躍於全幅畫面，使畫境空靈生動，自生氣韻。故西洋油畫表現氣韻生動，實較中國色彩為易。」（一五六）這是擺脫了中國畫之本位主義，對西洋繪畫的深入欣賞。在宗先生《羅丹在談話和信札中》的譯文裡，有一節敘述羅丹對於運動和線條的關係的發現：「物體的自然的運動是符合著星群的軌道的，它們履行著一個橢圓形。例如拉斐爾的諸形象是在橢圓形裡運動著。這是古典的線。」（《宗白華美學文學譯文選》一六七）。依羅丹的觀念，運動始終是西洋繪畫的主題。（註一〇）然西洋藝術的動感，其基礎在希臘的雕刻與建築，偏向於幾何學研究具體物形中之普遍形相、羅丹雖然以動勢為物之自然，然仍以幾何形象（橢圓形、三角形）來拘限它，其動勢仍需以色彩中光和影的效果來表現之。

反觀中國的藝術乃是線條的抽象藝術：

而中國畫則因工具寫光困難，乃另闢蹊徑，不在刻畫凸凹的寫實上求生活，而捨具體，趨抽象，於筆墨點線皴擦的表現力上見本領。其結果則筆情墨韻中點線交織，成一音樂性的「譜構」。其氣韻生動為幽淡的、微妙的、靜寂的、灑落的，沒有彩色的喧嘩眩耀，而富於心靈的幽深淡遠。（一五六）

因此，中國的氣韻生動是以「抽象的筆墨把捉物象骨氣，寫出物的內部生命」（一五〇），書法成為代替音樂的抽象藝術，也成為「生命的節奏」象徵的表現手法的憑藉。如果說，節奏感是音樂的本質，也是人心活動的樣態，那麼西方的藝術有如色彩音樂，中國藝術有如點線的音樂，各有所長，然線條的「象徵力」，似乎更爲宗先生所欣賞。

那麼，意境的典型也該是能融合空間中的純形式與時間中的純形式，以象徵那生命的律動，那便是「舞蹈」。宗先生對「舞」有著熱烈的贊賞：

尤其是「舞」，這最高的韻律、節奏、秩序、理性，同時是最高度的生命、旋動、力、熱情，它不僅是一切藝術表現的究竟狀態，且是宇宙創化過程的象徵。（二一六）

「舞」做爲「象徵力」的表現，宗先生帶給人們新的啓發，也爲唯美的人生觀，找到相應的藝術詮釋，大大地豐富了其藝術觀的內涵。

【附註】

註一　依朱光潛先生的研究，西方「爲文藝而文藝」的信條以囂俄（V. Hugo）、高第頁（Goutier）、海納（Heine）、王爾德、不德等人爲代表，其理論的最大依據爲從康德到克羅齊一線相承的美學，至於「爲人生而藝術」，則以托爾斯泰爲主要代表（朱光潛，一二八－一三二）。

註二　宗先生對藝術品的認知和唯美主義者相符合。唯美主義追求純粹美，並不排斥表現醜，反而認爲醜可以轉化爲藝術美。波特萊爾主張：「經過藝術的表現，可怕的東西成爲美的東西，痛苦被賦予韻律和節奏，使心靈充滿鎮定自若的快感」。如果不敢描寫種種人類「相殘、相食、相囚禁、相虐害」

的醜惡，就會產生「有害」的作品。（高若海七）然而宗先生對藝術能把自然中的醜表現成藝術中的美的觀念，受到羅丹藝術的影響的成份更大。

註三　Analogie（類比）有三種：不等（inequality）、歸屬（attribution）、與比例（proportionality）三種類比。宗先生將它翻譯成「比例對照」，可見眞確實涵意應是比例類比。

註四　科學的人生觀與藝術的人生觀是宗先生有興趣研究的課題，但並不見有深入的專論。在他那個時代，宗先生相信經由科學的內容和方法，可以建立一正確的人生觀。相形之下，藝術的人生觀，宗先生說「不妨抱有這一種藝術人生觀」，語氣顯然保留得多。二種人生觀的不相一致甚或對立等問題，宗先生似乎未意識到。

註五　宗白華先生於〈康德美學思想評述〉中曾批評康德「美是道德的善的象徵」的命題與其純形式主義自相矛盾。然就宗先生對歌德人格形式的讚賞而言，修正康德的純形式主義，宗先生應該接受康德這個命題。

註六　林同華先生於《宗白華美學思想研究》專著中，提出「美是一種流動範疇」的觀點來說明宗先生的美的本質觀，筆者認爲是很恰當的理解、詮釋。

註七　宗先生認爲要理解中西詩畫中所表現的空間意識的差異，要以芮格的「藝術意志說」來解釋，可見其對這個概念的重視。

註八　沃林格「世界感」的觀念，含有黑格爾美學中「一般世界情況」的思想。《抽象與移情》一書首次從主體角度，對藝術風格進行了心理學的研究，對於藝術觀的爭論提供了解釋的模式。

註　九　宗先生主張晉人的唯美人生態度表現於兩點，「一是把玩『現在』，在刹那的現量的生活裡求極量的豐富和充實，不爲著將來或過去而放棄現在價值的體味和創造……二則美的價值是寄於過程本身，不在於外在的目的。」（一九三）這裡所呈現出來的唯美，有助於我們了解「流動範疇」的概念。

註一〇　宗先生在翻譯《羅丹在談話和信札中》之前，並未充分認識到古典藝術中「動」的一面。如他批評拉斐爾「都是墨守著正面對立的看法，畫中透視的視點與視線皆集合於畫面的正中。」（一六七）顯然是從希望風格的靜態觀中去理解拉斐爾。

參考書目

1.宗白華：《美學與意境》，台北，淑馨出版社，民國七八年。

2.宗白華：《宗白華美學文學譯文選》，北京大學出版社，一九八七年第二刷。

3.朱光潛：《文藝心理學》，台北，漢京文化公司，民國七十三年。（原版一九三六年）

4.強森（R.V. Johnson）著，蔡源煌譯：《美學主義》（收在《西洋文學術語叢刊（上）》，台北，黎明文化事業公司，民國六十二年）

5.蔣孔陽主編：《十九世紀西方美學名著選。英法美卷》，復旦大學出版社，一九九〇。

6.林同華：《宗白華美學思想研究》，台北。駱駝出版社，民國七十六年。

7. 沃林格（W. Worringer）王才勇譯：《抽象與移情》，遼寧人民出版社，一九八七。
8. 聶振斌：《中國近代美學思想史》，中國社科院，一九九一。

中國的美感境界及其存有論的意涵

謝大寧

一

徐復觀先生在《中國藝術精神》一書中，嘗謂道家思想乃是中國藝術之源頭（註一），宗白華亦喜以宗炳「澄懷觀道」一語來籠括中國的美感世界（註二），這大致均表現出了一種慧識，亦即通過「無的精神」，便可以和美感世界發生某種本質性的聯繫。這一看法，大凡熟悉中國美感心靈者，應該都能有所會心。

事實上，前述慧解也一直是中國文藝評論的一個重要判準。從劉彥和、司空圖，乃至王國維，莫不如此主張。然而這一慧解何以能為　判準，在傳統的理解中，常只是知其然而不知其所以然的。而且它也常只是和其它技術性較高的判準——諸如格律、修辭之典雅等等——相平列，司空圖的《二十四詩品》便是很好的例子。這現象當然和傳統文藝評論只重具體的賞鑑有關，也因此，人們很少去區分它究竟只是一個美感的判準呢？抑或它是在表達某個「美的原則」？於是它總是被簡併為眾多中國美學範疇之一，而不曾從哲學的高度來反省其意義。不過，王國維恐怕是其中唯一的例外，這是很值得注意的。

當然，如果光從形式上看，《人間詞話》並無異於傳統任何一部詩話、畫論，王國維也不曾以任何哲學論證的方式來表達其概念。因此，論者雖莫不注意到《人間詞話》中所具有的康德、叔本華和尼采的質素，但就筆者知見所及，卻鮮有論及境界說之哲學意義者。他們大抵均只將境界視如傳統的意境、興趣、神韻、性靈之類的概念，而在審美品鑑上討論其意義和適切性。就這角度而言，則境界一概念當然並不能是一個窮盡的判準，這就像嚴滄浪在興趣之外，猶須標舉典雅一般，是一樣的意思。其實王國維亦非不知此意，所以他亦曾明指「古雅」這一判準，雖然這一判準並不曾直接出現在《人間詞話》中，但這意思顯然仍是保存著的（註三）。

如今筆者所注意的，則是境界說的另一層次。筆者所要問的是，以王國維如此高的形上興趣，又深受叔本華、尼采之洗禮，則他透過境界這一概念所表達的，會不會具有超越於美感層次的意涵呢？尤其當他遽以境界類比到「古今之成大事業大學問者」之人生三境層，似乎更點出了境界說確有絃外之音，然則我們應如何找出這一層次的意義呢？於此，筆者以爲我們必須先了解王國維論「有我之境」與「無我之境」這兩個概念的界義。

在《人間詞話》第三、四兩則中，王國維說：

有有我之境，有無我之境。「淚眼問花花不語，亂紅飛過秋千去」，「可堪孤館閉春寒，杜鵑聲裡斜陽暮」，有我之境也。「采菊東籬下，悠然見南山」，「寒波澹澹起，白鳥悠悠下」，無我之境也。有我之境，以我觀物，故物皆著我之色彩。無我之境，以物觀物，故不知何者爲我，何者爲物。古人爲詞，寫有我之境者多，然未始不能寫無我之境，此在豪傑之士能自樹立耳。

無我之境，人惟於靜中得之；有我之境，於由動之靜時得之，故一優美一宏壯也。

形式上說，這是對境界概念的進一步區分，歷來解者也是以二分的方式來看待它們，並把它們當成兩類美感的判準，而且王國維的行文語脈亦確暗示著這種理解方式（註四）。但若眞如此理解，會不會發生問題呢？

首先，我們注意到優美、宏壯這一組借自康德的概念。在康德，它的確可以視爲對審美判斷的一分，但所謂優美，乃指審美判斷之完全無涉於對象概念，而獨立運作於「合目的性」原則之中所生的愉悅。而壯美則指對象之巨大（無論是量概念上面的巨大，或是質概念上的威勢），已超乎判斷力的掌握，並產生某種對意志的抵阻；審美判斷則是在與此對象之威勢的暫時隔絕下，於理性中引生一自我超越之想望，從而產生了審美的愉悅（註五）。依此，這眞的是指謂著兩類對象，也就是兩種「境」。但這兩種境是否眞能相應於王國維所意許的有我之境和無我之境呢？據筆者看，這是很成問題的。因爲康德如此說，背後莫不意指著一個超越性的目的概念。即此一點，便似乎並不適合借助康德這組概念來作類比，因爲我們實在看不出來王國維的境界說含著什麼目的概念（註六）。

其次，我們當然也可以退一步想，康德似亦曾在另一脈絡中提到過類似優美、壯美的概念，此即所謂「嫵媚」與「激情」。依康德，這雖不是純粹的審美判斷，也就是說它們必涉及對象的概念。但所謂「嫵媚」，乃指對象之某些特質具有對我之特殊吸引力，遂增添了我審美的快感；激情則指對象之特質引致我情感之抵阻，從而激起我情感之更大的迸發（註七）。如是，則它似亦指謂著經驗審美之兩種境，然而這兩種境皆待感情某種程度的興發。這和王國維說「於靜中得之」的無我之境殊不相類，故似亦不適合借助這組概念以類比有我之境和無我之境的區分。

然則我們是不是還有其它方式，以將有我之境和無我之境理解成二分的兩類美感世界呢？依筆者看，我們恐怕很難再借助現成的概念了。唯一的辦法，便是試就王國維簡略的表達中，作一分析。這其中最重要的，可能便是「以我觀物」和「以物觀物」這兩句話。朱光潛先生針對此語，曾有一個美感層次上的說明，以為「以我觀物」乃是一種主觀的審美態度，有類乎立普斯的移情說，「以物觀物」則是一種客觀的審美態度（註八）。這說明的前一半似乎頗能相應於「物皆著我色彩」的講法，但後一半就大成問題了。如果說任何審美不得不有感情的參與，則客觀的審美態度到底還是不是一種審美呢？

其實我們試想，所謂「以物觀物」，觀者不還是我嗎？既是我在觀，而又說是物在觀，這如何而可能呢？在此，筆者當然不是只想提出個「心物合一論」來敷衍一下，我們當問的是如何能將「我觀」說成是「物觀」？於此，筆者以為我們不得不注意到《莊子．齊物論》中的「物化」概念。在莊周夢蝶的寓言中，我是羽化而為物的。這是憑藉著我之超越於我執以平齊於物來完成（註九）。這不正是王國維所謂的「不知何者為我，何者為物」嗎？因此，筆者以為只有在物化概念的指導下，我們始能理解「以物觀物」的意指。

以此而言，則有我之境和無我之境的關係便將面臨一種根本的調整，因爲無我之境若依物化概念以爲指導的話，則它根本便不是獨立的一種境。它所意指的恰是建築在任一種有我之境上的超越，也就是針對任一種有我之境以破除其我執，即是無我之境。因此，將無我之境突出來以和有我之境形成對舉時，我們應當了解，這兩種境將不會是平列的兩種境。我們固然仍可說它呈現了兩種美感世界，但實質說，它卻是任何一個美感世界的兩種審美層次，如此方能準確地理解這兩個概念。

如此一來，則我們便將發現，由於「無我」這一概念的介入，它所眞正發生的區分，並不只是美感上的區分，而且更是價值意義上的區分。如果注意到這一層次，則我們便立刻會發現，前此對王國維的詮釋恐怕皆是不盡不切的。從此一價值意義的區分上，我們乃可說，王國維實質上已超越了美感層次的問題，而進入了美的價值之問題。換言之，「無」必須被當做「美的原則」來看，這樣我們也才能理解王國維的美學研究和他人生關懷的緊密聯繫。然則底下我們也就面臨了一個新的問題，對於將「無」當成一個美的原則，我們應如何了解它的意義呢？關於這個問題，當然就不是非哲學家的王國維所能爲力的了。我們只能猜想當他在說「衆裡尋他千百度，驀然回首，那人卻在燈火闌珊處，此第三境也」時，恐怕意指著「無」的境界——亦即回首的境界——象徵著人自追求的迷茫中解脫吧！王國維是不是也如叔本華般，企圖以美來逃避盲目意志的痛苦，相信自有解人，如今筆者所感興趣的，則是如何了解將「無」當成美的原則之意義。

二

針對前述問題，牟宗三先生恰好有一個說法，可做爲我們討論的起點（註一〇）。牟先生的說法主要是針對康德《判斷力批判》的問題而發，他完全不滿意康德從「合目的性原則」上說審美判斷，也懷疑爲什麼要將本質上屬於感情世界的審美，硬是牽合到認知問題上去。因此，他只保留了康德對「無利害關心」的想法，並將之改造成了另一個系統。在牟先生的想法裡，審美原不應歸屬於判斷力，因此他乃立出了一個「妙慧」的概念，同時相應於這個妙慧的超越原則，即是所謂的「無相原則」。牟先生對這兩個核心概念做了如下的解釋：

不視審美判斷力之判斷力爲由作爲認知機能看的一般判斷力而轉來，審美固亦是一種判斷力，但這判斷，通常名之曰品鑑或賞鑑，此即遠離一般意義之判斷力矣。故此品鑑或賞鑑是屬於欣趣或品味的，而不屬於認知的；即使它亦有知意，這也是品知，而非基於感性而有待於概念的認知；即使這品知即是直感，這直感也是品味之直感，而非知識中感性之直感。故審美判斷力之品味，吾人直接名之曰審美力，不再名之曰判斷力，對此審美力，若自其品知而言，吾人名之曰妙慧；若自其直感而言，吾人名之曰妙感。審美判斷即是妙感妙慧之品鑑，品鑑即是靜觀默會，故反照判斷亦曰「無向判斷」。無向云者，無任何利害關心，不依待於任何概念之謂也。有利害關心即有偏傾，偏傾於此或偏傾於彼，即有定向。……無向即是把那徼向之向剝落掉，此則暗合道家所謂無之義。……今審美品鑑中之不依於任何利害關心，即是暗合遮徼向之有也。由此遮徼向之有始顯審美品鑑之妙慧。審美品鑑只是這妙慧之靜觀，妙感之直感。美以及美之愉悅即在此妙慧妙感之靜觀直感中呈現。故審美品鑑之超越原則即由其本身之靜觀無向而透示，此所透示之原則即相應「審美本身之無向」的那「無相原則」也。（註二一）

對於牟先生這兩個概念，平心而論，問題是很多的。首先，妙慧的性質，如依牟先生的解釋，他只說是一品味之直感，如依其上下文看，則這直感似應是某種形式之感情的欣趣，但感情的欣趣如何而可以有超越之原則以冒之呢？而無相原則又如何必是此情感之欣趣的超越原則呢？凡此牟先生俱乏清楚的推證，也因此，乃使牟先生此一說法面臨了很大的不穩定性。

爲此，筆者曾在上次文學與美學會中發表了一篇題爲〈審美判斷的超越原則〉的文章，嘗試替牟先生補上妙慧和無相原則的推證。依筆者在該文中所述，妙慧這概念若要成立，則它便必須是一個「情感主體」的概念，這也就是說我們必須在知性、理性這些主體概念之外，另外還承認感情這種主體性的作用。同時依該文的推證，則也有必要將無相原則修正爲情感主體的「自求滿足性」。假如筆者上文的推證尚不離譜的話，則牟先生的說法似乎是可以透過一些處理而使它穩下來。而若牟先生的系統穩得住，則我們便顯然可以找到一種詮釋方式，來理解前述以無做爲美的原則的意義。這主要是因爲牟先生的無相原則，和王國維談無我之境之無，其意義是十分一致的，是以乃能讓我們輕易地將王國維所意指的美的原則，轉以妙慧的超越原則方式來理解，如此一來，則無我之境便可很容易地被想成是「妙慧」這個主體的朗現，而亦即以這主體的朗現，而完成美這一價值的形上追求。

如上的說法，看來的確是相當美妙的一種理解模式，它頗像是美學中的孟子精神，這種理解也許並不見得符合王國維的生命情調，但若它眞有義理的必然性，則也是無所謂的。然而這些日子以來，筆者卻越來越覺得「情感主體」根本是個莫名其妙的概念，情感活動如何而能成爲一個主體性的活動呢？如果姑且不論「主體性」這種想法在哲學上的爭端，知性、理性之能被想像成主體，這主要是因爲它總伴隨著某種概念化、法則化的活動在，由此使它成爲一種穩定的活動，因此遂容易使我們想到這些活動的背後有個存有者在支配著，但情感活動卻絕不具足此一穩定性，這如何能使我們去想到它背後也該有個存有者以爲根據呢？

因爲前述的懷疑，乃使筆者也越來越覺得牟先生前述的說法是穩不下來的，這理由除了「妙慧」概念穩不住之外，尙包括如下數端：其一，筆者發現，妙慧和無相原則間可能根本就存在著矛盾性。何以言之呢？牟先生在論及無相原則的「內用」與「外用」時曾謂：

> 分別說的美由人之妙慧之直感那「在認知與道德以外而與認知與道德無關」的氣化之光采而凸起。……此美境之愉悅先由妙慧直感之無向而凸起，即由此凸起而顯一無相之美相，而此美相亦是一相。但既是無向，此一無相即函一無相之原則而越乎其自己，此一越乎其自己之原則雖內合地就無向而顯一美相，此爲無相原則之內用，然而同時亦越乎此無向而外離地可化掉此美相並可化掉一切相，此爲無相原則之外用。但須注意：此外離地化掉此美相以及一切相之外用，嚴

格言之，只是客觀地或籠統地表示此無相之原則應有此一義，其實其內用之顯美相本是由於妙慧之靜觀直感而然。既是靜觀直感美而顯美相矣，則即顯一「住」相而安於此感美之閑適自得中，此是妙慧之本性。它必然地有那順無向而內用之內用，但不必然地有那越乎此無向的外用。（註一二）

在這段話中，筆者以為牟先生其實已感受到了無相原則有可能越乎妙慧的範圍而去，他乃以內用和外用來區分兩者。然而這一區分若仔細想來，恐怕不無疑義。這問題主要是在美的「住相」究竟打那兒來？依牟先生，若分別說之美要能維持得住，便須由妙慧依無相原則之運用來凸起美相，但妙慧顯然必須另有一能力以約制無相原則之運用，以避免無相原則越乎妙慧而去，如此乃能使它安住於美相之中，然則美的住相不就必須另有一超越原則來維持嗎？假如這超越原則找不出來，則我們又如何知道妙慧必然有無相原則之內用，而不必然有無相原則之外用呢？在筆者看來，牟先生似乎並未慮及此一問題，而即使慮及，他似亦很難再去找出另一超越原則來範圍無相原則，甚且即使有此一原則，我們也將很難使此一限制原則避免掉惡性地無窮後返，除非妙慧本身眞能自發一些範疇。因此，筆者以為若無相原則眞是妙慧之超越原則，則此原則將可能反回來否決掉妙慧，如此亦將無處維繫一個純粹的美的世界，最後一切勢將成無相原則之到處通化而已。換言之，妙慧和無相原則之間不可避免地存在著一定的緊張和矛盾，這矛盾並不容易被輕易化解。

其二，牟先生除了很難用妙慧和無相原則穩住純美的世界以外，當無相原則越乎妙慧而去，成為

「道心之通化」時，無相原則又如何隸屬於此道心，而爲道心之另一超越的原則呢？牟先生云：

> 眞善美三者雖各有其獨立性，然而導致即眞即美即善之合一之境者仍在善方面之道德的心，即實踐理性之心。此即表示說道德實踐的心仍是主導者，是建體立極之綱維者。因爲道德實踐的心是生命之奮鬥之原則，主觀地說是精進不已之原則，客觀而絕對地說是於穆不已之原則，因此其極境必是提得起放得下者。（註一三）

就道德實踐言，這意思很容易明白，但由道心之純然地精進不懈，遂使道心純然成爲道德法則的朗現而無抵阻，這是不是就是道心之在無相原則之外吓的運化下呢？在筆者看來，牟先生在此處實在不免想得太快了，從聖人的化境上看，他的確有種鳶飛魚躍，洒然自足的美感呈現，但若要把這個美感也用道心和無相原則的關係來詮釋，則恐怕將會發生許多理論上的困難，至少我們就可以懷疑道心是如何發出無相原則的（註一四）。甚且根本說來，這困難恐怕根本就源自於當初建立無相原則之時，也許這原則一如妙慧，從來就是個無謂的概念亦未可知。

如此說來，則嘗試通過牟先生的系統來詮釋王國維美感世界——其實它相當程度地代表了中國美感世界的共識——之美學意義的企圖，可能是很難成功的。不過，牟先生的說法也給了筆者極大的啓示，這一方面是他呈現了將「無」這個具有強烈實踐性的概念予以形上性地法則化之可能，另一方面是他也提供了通過美以指向存有的可能。縱使筆者並不滿意於牟先生的理解進路，也認爲運用主體性意識哲學的進路來思考美學問題，其成功的可能性不大，但牟先生的兩點啓示，對我們進一步思考前述問題，仍然具有關鍵性的意義。以下，筆者即擬通過不同的進路，以重新思考王國維美學的可能詮釋。

三

如果說如牟先生般，將無歸屬於某一主體所自發之原則，這一辦法有其礙難處的話，則似乎也意味著我們不再能將無視為某種特殊的邏輯——一如我們不再視黑格爾的辯證法為形上學中有效的邏輯一般。然則我們是否還有其它方法將無視為某種原則性的東西呢？於此，筆者所想到的是一種方法論上的「語言的轉向」。筆者以為，前述牟先生訴之於某種主體的思考之所以碰到困難，實在就誠如海德格在《存有與時間》中所指出的：

> 人們試圖把握語言的本質，但他們總是依循上述環節（即上文所謂此有現身在世之理解）中的某一個別環節來制訂方向：表達、象徵形式、陳述的傳達、體驗的吐訴、生命的形態化，諸如此類的觀念，都是人們用以理解語言的指導線索。即使人們用調和的方法把這些五花八門的定義堆砌到一塊，恐怕於獲取一個十分充分的語言定義仍無所補益。（註一五）

海氏以為，人們運用語言，常以為它不過是心中某一意念之表達、象徵，或者說，它基本上只是某種工具性的符號而已，眞正的意念出處則屬於語言背後的某個心靈、主體，但這眞是語言的本性嗎？當我們說有一意念時，這意念不早已經是一語言了嗎？我們何曾先有意念，然後始以語言表述之呢？以此而言，我們是否眞有理由去想像語言背後存在著某個主體呢？依此路數，則我們至多僅能將無視爲某種特殊的語言模式，而不必訴之於任何主體。然則，這一轉向是否眞能成立呢？如其眞能成立，則這種特殊的語言模式究竟又意味著什麼意義呢？如是，我們乃有了一組新問題。

就無之轉從某種語言模式來了解言，如果我們僅將範圍集中在《老子》和《莊子》的話，則這種轉向似乎並不很困難，因爲我們普通說的道家之無的精神，原本就是結合著一種特殊的「弔詭的語式」來呈現的。這種語式基本上可簡併爲兩種形式：其一可名之曰「恢詭憰怪」之語式，它的基本語言結構乃是一種矛盾句式，例如《老子》中一切正言若反的詭辭，和《莊子》以「非指喻指之非指」的形式皆是。其二則可名之曰「道通爲一」之語式，它的基本語言結構則爲一種「任一項皆同時即是整全及整全的每一項」的句式，所謂「天地與我並生，萬物與我爲一」是也。後一形式也存在另一變式，即前述句式的反對命題（註一六）。關於這兩種形式的弔詭語式含有什麼意義，茲先姑置不論。在此，我們首先必須關心的則是如王國維在審美意義上所說的無我之境，亦可以轉從某種特殊的語言模式來了解嗎？

關於此一問題，乍看之下，似乎是無解的，因爲就算我們只將無我之境局限在詩文的表現上，它的語言亦是無窮複雜的，以詩句之只著重於意象之勾勒，這種變幻萬端的語言形式，眞有可能被簡併到某種特殊的語式上來嗎？然而細思之，卻似乎又不盡然。當然，全面地考察，對本文而言，是力有未逮的，今茲僅以宗白華〈中國詩畫中所表現的空間意識〉一文（註一七），供作材料的抽樣和討論的基準。

筆者之所以選擇宗先生此文，主要是基於如下的理由：其一，宗先生的賞鑒極精，這是無庸置疑的，而宗先生所最深契的美感境界，實可用宗炳「澄懷觀道」一語概括之，所謂「中國自六朝以來，藝術底理想境界卻是澄懷觀道，在拈花微笑裡領悟色相中微妙至深的禪境」（註一八），這意思在品鑒上顯然和王國維的無我之境可以深相契合。其二，宗先生在此文中所論以及其品鑒，的確都緊扣著前述境界而來，因此在事實上無法全面取樣的狀況下，以此文及其所舉的例證作爲基點，當亦不算離譜才是。

今依此文來看，宗先生的本懷，原是企圖利用中國詩畫從技法、修辭等等方面所表現的空間意識，以對比出中西文化世界觀的不同處。根據他的看法，中國詩畫中的空間意識是「音樂性的」，而不是「幾何性的」，從其中它顯出了節奏感。他說：

> 節奏化了的自然，可以由中國書法藝術表達出來，就同音樂舞蹈一樣。而中國畫家所畫的自然也就是這音樂境界。他的空間意識和空間表現就是「無往不復的天地之際」。不是由幾何三角所構成的西洋的透視學的空間，而是陰陽明暗高下起伏所構成的節奏化了的空間。（註一九）

這一特色，依宗先生的看法，也「是中國詩中的通例」。這種通例是什麼呢？原來就是一種「網羅山川大地於門戶」的辦法。例如「江山扶繡戶，日月近雕樑」，「棟裡歸雲白，窗外落暉紅」，「天入滄浪一釣舟」，「欲迴天地入扁舟」，「大壑隨階轉，群山入戶登」等等皆是。然而如依這些例子來看，它是不是可以名之曰將空間節奏化了呢？

筆者以爲，宗先生對前述境界的詮釋，固然頗能自出機杼，但只以節奏化的空間來理解這種大小宇宙的融合，則似乎又只是將它看成了某種美感層次的修辭問題而已，但問題是像「天入滄浪一釣舟」這種句子只是某種修辭手段而已嗎？如果說這是一種修辭技巧，則它無論是誇飾也好，或是其它的修辭格，它都必須意指著一個固定的意象，可是若照老式的理解，這種句子多半並不表示意象，而是意指某種胸襟。今天我們當然並不滿意於如「胸襟」這種主體式的講法，但至少它總表示了這並不是修辭的問題而已，因此問題只是我們究竟該如何去看待這種句子。當然，在討論這種句子的詮釋問題之前，我們必須注意的是宗先生至少指出了一個事實，亦即作爲一種「通例」，中國的詩文書畫中，確有一種特意用大小正反對比，但又不只是爲了修辭目的的方式，以烘托某一曠達悠遠的意境（姑且先如此說之），如果我們逕以一種語式視之的話，它不是恰合於前述弔詭語式的第一種形式嗎？

其次，宗先生復云：

中國人於有限中見到無限，又於無限中回歸有限，他的意趣不是一往不返，而是回旋往復的。……中國人撫愛萬物，與萬物同其節奏，靜而與陰同德，動而與陽同波，我們宇宙既是一陰一陽一虛一實的生命節奏，所以它根本上是虛靈的時空合一體，是流蕩著的氣韻生動。（註二〇）

這是說節奏化並不是單一向度，而是往復流動的，它可以由大入小，亦可由小返大，甚且循環往復，不知其窮。相應於這一境界的例子，則如「行到水窮處，坐看雲起時」，「水流心不競，雲在意俱遲」，

「去雁數行天際沒，孤雲一點淨中生」等等皆是。不過依筆者看，仍用節奏化來詮釋這種境界，顯然還是看得淺了，古人豈只是徒然在修辭上去把玩山水而已呢？這且亦不言，值得注意的是它作爲一種通例，又顯示了另一種形式的語言，這種語言以「行到水窮處，坐看雲起時」爲例，它所代表的其實是以某種抽樣來意指全體，亦即表面上只說是行到水窮之處，但何嘗不意指行到一切處呢？坐看雲起時，又何嘗不意指鳶飛魚躍之時呢？當然如此說亦須有所簡別，筆者之意並不是說它在修辭格上可以一切處或一切時來取代原意象，而都不至於影響原意象，若是如此，則這個問題便也還是修辭的問題而已。但事實上這所謂的可以用一切處與一切時來取代，乃是說這種句子根本已不在指述任何固定的意象，或者說它根本已和意象無關，因此它可以選擇任何一種抽樣，對它所希望「傳達」的東西都沒有任何影響的原故，這也正是這種語言最特別的地方。依宗先生此一意境所舉之例，似最切近於王國維說無我之境時的例證。今我們試看「采菊東籬下，悠然見南山」，這東籬采菊和見南山豈眞有景緻上的必然性呢？抑或只是一切處之某一抽樣而已？甚至我們亦可問說這種抽樣眞有絕對的必要性嗎？「寒波澹澹起，白鳥悠悠下」，起者當然絕不只寒波，下者也不必只是白鳥，而且其關鍵根本也不在誰起誰下（註二二）。以此而言，我們確可將這些語句普遍化爲某種語式，而且它不正恰好就是弔詭語式的第二種形式嗎？

因此綜合來看，我們其實有相當的理由，將王國維所意指的無我之境，轉成某種特殊的語言模式，而這種語言模式與道家最常用的弔詭語式，根本是完全一致的。所以，我們在方法論上採取的語言轉向，應該不至於發生什麼困難。於是底下我們乃能依據這一轉向，來重新考量無的境界所連繫到的意義問題。

四

如前所述，當我們以弔詭的語式來考量無的意義時，這種語式究竟應該如何了解呢？就語法的概念來看，前述弔詭語式的兩種形式，原則上均採取著判斷句的形式，然而這個判斷句式卻通常都不表意，或者說是指述著某種「言外之意」，也就是說就恢詭憰怪的句式言，它的謂詞並不說明主詞，這倒並不是由於語義上的歧義所致，而是在語義上它根本就是「一無所說」。而就道通爲一的句式言，它的謂詞也並不眞正指述主詞概念的內容與外延，否則它不可能導致此一語式兩種相反對的變式，卻具有等價的效果。這也就是說，此一語式根本就不可以用普通語言學中語法、語義的概念來掌握，然而它又似乎並非眞的一無所說，那麼它究竟說了什麼呢？

其實在宗教語言學中，也有類似的檢討，以爲這種語式乃是某種內指式的語言，它不指述任何客觀的對象或概念，而只指向信仰者的內在（註二二）。這當然也是一類理解方式，但顯而易見的，這種理解仍然預設了信仰者這個主體式的概念，如今我們既已放棄了此一預設，自然也不能滿足於此一理解，但由此種理解所謂的「內指性」，也確乎給了筆者某些啓發。顯然地，這種語言不能是海德格所謂的派生性的「陳述」，因爲陳述式的斷言是向外的，撲著於某種客觀性的，但有沒有向內的語言呢？而所謂的向內是向著何處呢？

在此，筆者所想到的乃是海德格對「沉默」的特殊提法，這實在是個怪異、有趣而又費解的概念，但也似乎存在著某種可能性，借助這種可能性，我們或可爲弔詭的語式找到新的理解方式。何以言之呢？這就有待對海德格的思路作進一步的說明了。

海德格大約是在兩種脈絡中提到沉默這個概念的。在他前期的主著《存有與時間》中，主要論述了通過對此有在世存在的現象學式的描述，以找尋一條讓存有揭示出來的路數。在這個論述中，此有首先是在情緒中現身，而亦即在這現身中有所理解，以此，此有的理解乃恆與其在世界之中的意蘊整體性是一起展開的。這展開代表此有在被拋擲的可能性中有所投企，而每一個投企都表示了對處於意蘊整體性中而有所理解的此有之某種「解釋」，這解釋乃能夠被發展而爲某種斷言式的陳述。依照這個講法，則陳述作爲某種語言的現象，這語言早已必須奠基於意蘊整體性之中，海氏即將之名爲「言談結構」。這也就是說語言原本乃植基於言談結構之上，我們總是因於言談，然後始能表述爲語言，言談亦以此而成爲此有之一存在特徵。以此而言，理解、言談俱是存有論上的詞語，而言談之關聯於此有，它恆有兩種展示的可能性，海德格將之稱爲「聽與沉默」。因爲言談首先是在傾聽這個意蘊的整體性中，始能關聯於此有的理解，然後也才能夠說出，所以聽的可能性才是和言談、理解一般，屬於原始的存有論結構，無論我們是在聽中迷失了自己，還是本眞地把握此有，總之我們皆是在聽。至於沉默，海氏則將之描述爲一種更深刻的聽，因爲聽作爲連繫於從言談發展而爲語言的一種可能性，它終歸指向於某種陳述的說出，以此，聽的可能性將因之而可能展示出此有「閒談」式之在此，這遂成此有非本眞之展示。此時，唯有眞正的緘默，始能消除此有在「雜然共在」中的閒談，於是這種聽乃不得不爲一種更深沉的心聲，它顯示爲一種沉默的聽，這沉默當然不是如聾似啞，而是某種類乎默契、默會之辭語。海德格云：

> 言談的另一種本質可能性即沉默也有其生存論基礎。比起口若懸河的人來，在交談中沉默的人可能更本眞地讓人領會，也就是說，更本眞地形成領悟。對某某事情滔滔不絕，這絲毫也不保證領悟就因此更闊達。相反，漫無邊際的清談起著遮蓋作用，把有所領會的東西帶入虛假的澄清境界，也就是說，帶入瑣事的不可領會狀態。沉默卻不叫黯啞。……眞正的沉默只能存在於眞實的言談中。爲了能沉默，此在必須有東西可說，也就是說，此在必須具有它本身的眞正而豐富的展開狀態可供使用。所以緘默才公開出閒談並消除閒談。緘默這種言談的模式如此原始地勾連著此在的可領會狀態，可說眞實的能聽和透視的相互共在都源起於它。（註二三）

這即是沉默的第一種用法。

其次，在海德格後期直接面對存有之揭示自己的問題時，他又有另一脈絡提及沉默這個概念。依海德格此期的想法，他大抵放棄了繞經對此有之展示以期揭示存有的進路，而直接探討了一種非主體式的、沉思的思維與存有之揭示的關係。此一沉思的思維乃是通過對形上學、詩歌的詮釋行爲，讓這些作品處於一種創造性的虛無邊緣——亦即進入作品未說出的部分，從而使存有在其中開放出來。這種開放依海氏之說當然是在與作品不斷對話中進行的，而對話總是依憑著對一個特定問題的提問，此即「爲什麼有是存在的而無反倒不在」。海德格稱此一問題是最原始的，因爲是此一提問才使我們始終面向著本眞的自己，唯其如此，存有始能在此一提問中揭示出來，而且是在具體的歷史脈絡揭示出來（註二四）。當然，如果更根本地說，上述的提問甚至可視爲存有對詰問者的一種恩賜，以此，海氏云：

把存有當作眞理的賜予來說明命運的特性——這是思維的第一條規律，而非邏輯的規則。……存有是作爲思維的命運事件。這個事件自在地是歷史的，它的歷史在思想家的說話行爲中已經成爲了語言。（註二五）

依照這種說法，則人的詰問很可以根本只是一種憑藉，由之所顯示的反而只是存有的言談性，是存有在言談中顯示了自己，而不是人去說出了存有。因此存有和言談之間乃存在了一種本質的連繫。在這連繫中，言談同樣包含了兩種可能性——「聽與沉默」，海德格云：

語言說，乃由於語言道說；語言所關切的是這樣一回事情，即我們人的說在聆聽從未被說者之際應合於語言之被道說者。所以，就連沉默也已然是一種應合。人們往往把沉默當作說的本源而置之於說下面。沉默應合於那居有著—顯示著道說的無聲的寂靜之音。作爲顯示，居於大道之中的道說乃是成道的最本己的方式。大道是道說著的，因此，語言如何說，也就是大道本身如何自行揭示或自行隱匿。（註二六）

無論如何，這沉默的寂靜之音仍是一種言談，而且對比著聽之「自行隱匿」的可能，沉默反倒是更深刻地指向本己之存有的聽。如此遂成沉默的第二種用法。

依照如上的講法，沉默無論如何它都是一種言談的可能性，而且它是屬於存有論的。進一步說，它也是對此有或存有最本己的揭示途徑，此有或存有因著連繫於沉默的可能，得以被更完整而無遮蔽地開放出來。此處所說的遮蔽，當然是對顯著「聽」這一言談的可能性而言的，由聆聽所成的遮蔽，本質上是牽連著由言談發展至語言這一形式化、固定化的過程而生的。於是我們乃可以有一個問題，即沉默這種言談的可能性既然也是言談，那麼它是否也牽連於某種特殊的語言形式，還是永遠只是一無所說呢？

關於這個問題，海德格似乎並不曾深入地意識到，海氏所指的語言，基本上皆是以斷言的形式爲主，斷言形式的陳述必有形式化、固定化的問題，因此無論此有或存有通過語言以透露朕兆時，這形式化也立即又會對此有或存有形成遮蔽，於是此有和存有之開顯，遂成歷史中一條永恆無盡而又永無完成可能的「林中之路」，若是如此的話，那麼我們是不是可以質疑說，海氏依然只是提供了一條通達存有的依稀彷彿之路呢？依海氏之論，他所提供的詰問法永遠皆必須指向某種開放性和超越性，他與原典的對話，追求的是這對話的活起來，然而這豈非是妄想嗎？誠如他所說：

思與詩的對話只能間接地效力於這首獨一的詩。因此，這種對話始終含著個危險，就是很可能擾亂了這首獨一的詩的道說，而不是讓它在其本己的安寧中歌唱。（註二七）

由此可以看出海氏的矜愼，他始終將他的詮釋定位在某種對存有的傾聽上，但也總是對此種傾聽保持著存疑的態度，這誠然是他理論的一個必然的歸宿。然而我們也必須注意到海氏理論的另一個指向，他說：

語言作爲寂靜之音說。寂靜靜默，因爲寂靜實現世界和物入於其本質。以靜默方式的世界和物之實現，乃是區分之居有事件。語言即寂靜之音，乃由於區分之自行居有而存有。語言乃作爲世界和物的自行居有著的區分而成其本質。（註二八）

這也就是說所有的傾聽、語言皆指向於寂靜，唯靜默始能入於世界與物的本質，換言之，沉默乃是語言的歸宿。但「寂靜決非只是無聲……寧靜之本質乃在於它靜默，嚴格地看來，作爲寂靜之靜默，寧靜總是比一切運動更動盪，比任何活動更活躍。」（註二九）既然寂靜並不只是無聲，那麼我們該如何理解這種寂靜之音呢？海氏謂「在區分之雙重靜默中才發生有寂靜」，然則寂靜之音實不應是語言之反對，甚至它本身原本就該是一種語言，如此也才能更相應於存有的語言性，那麼這會是一種什麼樣的語言呢？

消極地說，它當然不會再是某種斷言式的陳述；如果說它仍不得不訴之於某種區分，這亦是「聽任區分之不可說而召喚區分」，這也就是說此種語言固然仍有待乎某種斷言的形式，卻恆須穿越斷言而進入不可說的層次，然則這不是恰好相應於我們前述弔詭的語式之特性嗎？種語式就斷言而言，它實一無所說；它不得不借助於斷言的語式，但也不被此形式所範圍。它不表固定的語義，但它也並非眞的一無所示，那麼我們能不能說這種語式正是存有開顯其最本眞的自己之可能性呢？弔詭的語式不是派生性的陳述，也不是某種詰問；也許我們對它最好的看待方式，便是將它視爲存有論層次的「存有的語言」，它的唯一可能便是無遮蔽地揭示此有或存有，或者說此有或存有和這種語言根本就具有某種同一性。如此，我們也進而爲由無所帶出來的美感世界尋找到了其美學意義上的可能詮釋。

五

根據前節所述，則弔詭的語式實可被恰當地理解爲存有的自我揭示，今此一語式既連通於一種美感境界的表達，則我們當然可合理地推知，中國的美感境界實指向著某種存有論意義上的「眞理」的揭示，甚至即以這眞理的揭示爲美的唯一任務。美是什麼？美是指向眞理的，或者說美即是眞理，美即是存有，這一斷言直可視之爲中國美學的某種宣言式的陳述，當然也是依前面討論而可有的必然結論。

然而如此說的美，其意義自然仍是極其單薄而孤峭的，它所開顯的只是一條眞理自我揭示之門，但若言談仍是存有或此有的結構，這結構即不得不有其它可能性之開顯，於是它乃不得不連通各類的陳述，這陳述或是道德的，或是知識的，當然也或是美感的。今只以美感的陳述而論，陳述當然亦可以是對存有的遮蔽，換言之，美感實亦可以離美而去，此即如「爲賦新詞強說愁」，強說愁並非無美感，但爲賦新詞而強說之，則強說即成某種「閒談」，如此之美感即成了「但說」的美感而已。這意思也就是說，唯其眞能進入本眞的方式下來進行陳述，這陳述始有揭示美，揭示存有之可能，以此而言，則我們很可以視王國維所說的「眞景物、眞感情」之眞，爲進入本眞方式下的美感陳述，只是它不再能假定存在著一個能發此眞情的主體而已，如此一來，則眞字遂亦成了存有論之詞語。眞並非是某一主體之在其自己的狀態，而是言談之去除閒談之遮蔽的狀態。在此一狀態下所說的美感，始是指向於美的美感，這亦即是王國維引尼采所說的「吾愛以血書之者」，而亦可名之曰「有境界」。然境界也可是某種在本眞狀態下的美感陳述，而凡陳述俱不免爲斷言形式所限，此美感陳述遂不得不像是從某一主體而發者，如此乃成「有我之境」之形式。由此而更進一步，言談之入於某種弔詭的語式，它遂成對存有或此有之直接傾聽，此即成美之直接展示、存有的完全開顯，如是便成爲「無我之境」，而此境也因此而成爲人向存有探問的最終依歸。如此一來，我們便完成了對中國美感境界完整的存有論表述，而美也因此取得了眞理和人生價値實踐上的終極意義。也許這一詮釋，會讓王國維嘗試美學討論的形上意圖，得到更本質的澄清吧！

走筆至此，筆者已針對本文的論題，作了一個簡略的表達，大凡識者大約都可以了解筆者的意圖，但一則是因爲篇幅所限，一則也是由於筆者學力未逮，以至處處皆有語焉不詳，隱而未發之意，也相信必有不少錯謬，這是筆者難辭其咎者。但以稿約在即，倉促之間，也只好暫且以此塞責，這是要請諸方家見諒和指正的。不過，在本文結束之前，筆者亦願附帶指出，若依照前文所述，則筆者便須對牟宗三先生的眞理觀提出一個原則性的反對意見，指向最終眞理的，恐怕並不純然只有道德這一條路，純粹的美並不只局限在分別說的層次，而只有某種人生「氣化之光采」的價値，它亦可以是眞理的某種揭示途徑。當然此一途徑可能確實無法開物成務，有什麼道德的、社會的實踐性，以此而言，光是指出此一進路的眞理自然是不夠的。然而若暫且擱置此意不論，而只專注於美的眞理性，則牟先生的眞善美合一說，將也可以因爲另一種解讀方式，而顯得更具有說服力，此即道德的陳述若欲指向眞理，則它確實必須進入與美相結合的層次，亦即道德的陳述也須轉以一種弔詭的語式來表達，它始能成爲眞理的自我揭示。於是，我們將可看到一種包容力更廣泛的眞理觀，並爲中國哲學的詮釋，開啓了一條更具開放性的道路。當然，這個路向所牽涉的問題是至爲龐大的，今暫提於此，不過是作爲本文結論之一種可能的推衍，並以此爲本文作下一個開放性的結尾，以期待各位先進的雅教。

【附　註】

註　一　徐先生云「老莊思想當下所成就的人生，實際是藝術的人生，而中國的純藝術精神，實際係由此一思想系統所導出」，關於徐先生的論點，請詳參《中國藝術精神》第二章頁四五—一四三。

註　二　宗白華《美學的散步》中〈中國藝術意境之誕生〉一文，即詳述了此一境界，他所意指的道，依其所論，正是所謂「莊子的超曠空靈」之境界，詳見該書頁一—二三。

註　三　王國維曾有一文〈古雅之在美學上之位置〉專論古雅之爲一個審美判準，不過他並未太強調這一判準的審美價值，他以爲「古雅之價值，自美學上觀之，誠不能及優美及宏壯」，這大概也是他不曾在《人間詞話》中提及古雅的原因吧！關於這一層次的討論可參見葉嘉瑩《王國維及其文學批評》、張本楠《王國維美學思想研究》等專著，這些著作均很能掘發出王國維在美感品鑒上的精義和不足處，如張本楠即特闢專章，以比較王氏和浙派詞論的不同，這都是值得參考的，但另一方面也顯然暴露了他們不能正視王國維美學中的哲學意蘊底問題。

註　四　如葉嘉瑩的看法，即具有相當代表性，葉氏云「靜安先生對於有我無我二種境界，本來應該並沒有什麼軒輊之意」，這說法即有不少支持者。葉氏說見《王國維及其文學批評》頁二三三。

註　五　關於這兩個概念，請詳參《判斷力批判》中美的分析和崇高的分析兩部分，見牟先生譯該書第一至二十九節頁一六一—二八五。

註　六　依康德的用法，所謂目的乃指「一對象之概念同時含有此對象底現實性之根據」（見判斷力批判引論第四節），也就是說一對象之目的表示了這現實對象背後的某種存有論上的根據，王國維的境界概念當然不具此一意義。

註　七　同註五所引書第十四節頁一九四—一九七。

註　八　詳見朱光潛《文藝心理學》第三章頁五十—五三。

註　九　關於〈齊物論〉所謂平齊萬物的思想，請參閱拙作〈齊物論釋〉，見《鵝湖月刊》二二九、二三一、二三二，三期。

註一〇　請見牟先生譯《判斷力之批判》卷首所附長文〈以合目的性之原則為審美判斷力之超越的原則之疑竇與商榷〉，見該書頁三—九一。

註一一 同前註引文頁七一—七二。

註一二 同前註引文頁八十—八一。

註一三 同前註引文頁八三。

註一四 拙作《審美判斷的超越原則》中有一段話即在討論此一問題，茲引述如下：「若分解地說，道德心之理性一面是自發道德法則之能力，而道德法則不能是無相原則，道德心之情感一面，是對道德法則之好樂，而道德心之自求化去其朗現相，嚴格論之，即道德法則之由覺情自然流出，它無因違逆於情感所生之勉強相。但這自然流出實爲情感之欣然而動，這欣然而動是會予人輕鬆自在之感，可是欣然而動是不是等於輕鬆自在本身呢？」筆者以爲此一分析依然還是有效的，牟先生似乎正是混淆了這兩者的分際。

註一五 詳見陳嘉映、王慶節譯《存在與時間》頁二〇八。

註一六 關於這種變式，我們可以《莊子．應帝王》中壺子的四門示相爲例，依成玄英的〈疏〉，對後兩門的詮釋即名之曰「亦有亦無」和「非有非無」，表面上看，它們當然是相反的命題，但兩者卻實爲等價的。

註一七 詳見《美學的散步》頁二五—五二。

註一八 同註二引文頁十。

註一九 同註十七頁三一。

註二〇　同前註頁四七。

註二一　關於這幾個例子，我們還可以作一些說明，例如說「細雨魚兒出，微風燕子斜」之類的句子，這景緻固然可說修飾得了無痕跡，但其意象卻是經過精心選擇的，人們也許可以辯說，我們把燕子換成白鷺也無所謂，但這也只是說它的意象效果不變，其意象並未發生任何變化，可是它卻一定不能說可以取消這一意象。這便是差別所在。

註二二　如杜普瑞（Louis Dupre）即謂「宗教語言並非向外指涉，而是必須轉向內在」，關於他對宗教語言的討論，請詳參氏著，傅沛榮譯《人的宗教向度》第五章頁一八九—二二九。

註二三　同註一五引文頁二二〇。

註二四　關於這個問題的討論，請詳參海德格《形而上學導論》中有關形而上學的基本問題的部分，見熊偉、王慶節譯該書頁三—四九。

註二五　引文見於海德格〈關於人道主義的信〉，譯文轉引自帕瑪著，嚴平譯《詮釋學》頁一七四。

註二六　引文見於海德格〈走向語言之途〉，《走向語言之途》頁二三〇—二三一。

註二七　引文見於海德格〈詩歌中的語言〉，《走向語言之途》頁二七。

註二八　引文見於海德格〈語言〉，《走向語言之途》頁二十。

註二九　同上註頁十九。

從戲劇結構與美學原理談西洋悲劇與中國喜劇的特質

——兼論尤金奧尼爾「榆樹下的慾望」與白樸「牆頭馬上」

石素錦

一、前言

戲劇是一種舞台表現藝術，由演員在舞台上表演故事給觀衆看，目的是娛樂觀衆、教化觀衆。一般而言，戲劇故事的結構大抵上包括主題、情節編排與佈局、人物性格刻劃與矛盾衝突和創作技巧風格等。戲劇長久以來大致分成悲劇、喜劇、通俗劇和鬧劇等類別。戲劇不分中外都涵括了詩、歌、舞三面一體的活動。不論是中國或西洋的戲劇都是綜合文學、音樂、舞蹈、繪畫、表演等多種的藝術，經過高度的藝術處理、精緻、美化後在舞台展示並呈現給觀衆，因此，觀衆所觀賞的形、聲、象綜合體是優美、高雅、傳神的，戲劇除了提供美的感覺和詩樣意境外，更重視傳達情意引起觀衆情感的共鳴，讓觀衆能夠達到心領神會的境界是戲劇表演的最高目的。

戲劇存在的基本要素有劇本、舞台、演員與觀衆。一齣舞台表演的戲一定要有觀衆直接參與，才能發揮戲劇的效果。當觀衆主觀、直覺地利用想像力直接參與，舞台的表演才能發揮表現藝術情感擴大感染的目的，觀衆的情感、氣質、修養與愛好成爲審美的主體，直接影響藝術創作品格與風貌。因此，創作者在表達思想、情感和理念等傳遞美感的過程中，觀衆的解讀、欣賞和品味是非常重要的，觀衆是美學的主體，戲劇是美學客體；戲劇表演時帶給觀衆的激情，必須在觀衆心靈有所回應，戲劇才能有意義，它的美學價值才能受肯定，舞台上美感的傳遞也才能完成。

本文將從戲劇結構與美學原理探討西洋悲劇和中國喜劇的特質，並以「榆樹下的慾望」和「牆頭馬上」作戲劇結構上的分析。

二、戲劇結構理論

戲劇和小說或一般僅供閱讀的敘事故事不同。小說可以不受時空和語言媒介的限制，不論故事本身多長、所經歷的時間多久，小說家可以毫無長度限制的詳細敘述事件經過的始末，或描述一個人由生至死的遭遇；小說讀者在閱讀時也可以隨時隨地、一次或多次的閱讀，無時空限制充份享受閱讀的自由與樂趣。相對的，戲劇是用來在舞台上表演的。一般來說，西洋戲劇的觀衆必須衣著正式整齊地來到劇院（註二），一坐在椅子上就需二、三個鐘頭，爲了吸引觀衆來看戲，又爲了讓他們在劇院裡能夠專注欣賞入戲，劇本必須生動富戲劇性、人物對話的詞藻必須豐富美麗、演員表演的動作更是必須優美嫻熟，同時，舞台佈置必須是色彩鮮明圖案華麗，如此，戲劇表演才能吸引觀衆的興趣，戲劇效果才能緊緊扣住觀衆情緒，劇本所傳達的情感、意念才能引起觀衆的共鳴。

㈠劇本結構

劇本故事必須具備發展性的情節才能吸引觀衆持續的興趣，進一步激發他們的想像力（註二）。爲了吸引觀衆來看戲，並使他們從頭到尾參與投入保持高昂的情緒，那麼，故事情節就必須是緊張、刺激、懸疑且高潮迭起。所謂的發展性就是情節佈局一定要有個中心才有利於故事的發展。例如，以某個人、某一家族或某個事件、不管是明顯的或隱藏的事件爲中心。此外，故事發展要有時間順序、因果必然性或偶發蓋然性——即使是巧合發生的事也必須合乎發展的邏輯性。同時，戲劇是一種藝術創作，凡是藝術創作就必須合乎藝術理論與美學原理的基本要件：在結構上要有一定的秩序。在劇本結構上要有頭、身、尾的架構，要有起、承、轉、結的圓融銜接。

一般而言，西洋戲劇結構基本要素有情感、戲劇動作、發現與轉變，這些要素由故事衝突、意外、危機、轉捩點與高潮所衍生。原則上，不論悲劇或是喜劇，劇本結構都包括：開始、中間、結束三部份。西洋的佳構劇則將這三部份再加以細分成：說明、激勵階段、上昇動作、轉捩點、下降動作、高潮、結局或收場等幾個階段。這些會因劇本類別和個別差異而有增減。

根據wright（註三）的解析：說明是一齣戲的開端部份，在說明中觀衆可輕易了解人物的身份、過去、計劃、以及人物彼此間的關係和相互間的情感。激勵階段發生一些困擾人物的事件，觀衆可以洞悉劇情將如何發展，和人物如何採取下一步的行動。上昇動作的部份觀衆可以看到各種不同的衝突力量，每一種力量爲達到自己的目標而奮戰，混戰局面一直到其中某一力量能突破重圍，獲得最後勝利之時才告終止，這也正是故事的轉捩點。

下降動作能繼續延伸轉捩點的方向，在此時加入新的因素，即可將整個戲劇動作導向高潮。高潮是指劇中發生的事件、動作等的尖峰狀態，高潮能集合各種事件與動作，緊緊扣住觀衆的情緒，高潮有時連續出現的，有時也是結局、收場的一部份，當戲演完時整齣戲的意念會縈繞觀衆心底，佔據他們的思想與情感（註四）。

1.時空集中觀點與三一律

劇作家如何處理時空問題關係到戲劇結構。古希臘劇結構儘量壓縮在一個場景、一段時間內完成是有其先天限制的。古希臘劇場是露天的，可容納上萬的觀衆，舞台設備缺乏強光照明和擴音，演員要讓遠距離的觀衆看清楚戲，動作就必須徐緩、明確、誇張，舞台上的人物不能太多，故事不能太長（註五）。如果事件發展過程過長則一定將時間集中、情節壓縮到最後一部份才呈現給觀衆，唯有如此，情節完美表現出來的時候正是觀衆所能忍受的三至四小時。

由於先天的限制，加上戲劇理論對時間的主張，亞里斯多德「詩學」第五章提出悲劇時間儘可能限在一天之內，因此，希臘的劇作家或導演在處理事件醞釀過程都僅以歌隊或演員約略敘述的方式來表現，換句話說，舞台上觀衆所看到的是發生在二十四小時內的焦點故事，是故事醞釀成熟的一剎那，是主角人物面臨境遇上驟變的時間。經過壓縮表現出來的事件是發生在一天內的，這就符合時間律的要求。至於促成事件發生的過程因素，如戰爭、謀殺、自殺等暴力行爲在舞台上是看不到的。

希臘劇的場景少有變化，一則是符合實際需要，再則是減少依賴觀衆的想像力，因爲變化場景會中斷觀念的連戲感，同時，希臘劇作家或理論家也未明確地要求故事發生的地點應該集中。十六世紀中葉（一五七二）法國的泰爾（Taille）提出劇本故事該發生在同一地點、動作要單一，這就是場地律和動作律（註六）。十七世紀新古典主義盛行，劇作家們對三一律的遵守比希臘劇更嚴格，這種嚴格的時間、地點、動作限制理論一直影響歐陸國家的戲劇創作風格，一直到浪漫主義興起才解除。

事實上，不論古代或現代，戲劇表演一定有劇院舞台時空上的限制。由於演員說、唱、舞、打的動作表演和劇情發展受到舞台空間限制，一般都只能配合故事的需要更換幾個場景，讓空間集中在幾個定點上，並以合乎故事發展所需的空間邏輯，如故事發生在大飯店、街口、客廳、陽台等，則必須讓人物合乎劇情邏輯地來到這些地方，把故事在這些特定的空間內表現出來（註七）。

三、西洋悲劇的結構與其特色

西洋戲劇源頭在希臘，希臘悲劇更是傳世之寶，探討悲劇特色一定必須追溯希臘悲劇的起源與發展。根據孫惠柱（註八）對戲劇結構的分類，從古迄今共有五種戲劇結構，其實應該說是五種悲劇的結構才更貼切：1.古希臘劇是時空集中、純戲劇式結構，2.莎翁的時空延展、史詩式結構，3.時空延展跳躍、鬆散的散文式結構，4.荒謬、缺乏外部邏輯性的詩式結構，5.不受時空限制，以人物內心邏輯爲呈現順序的電影式結構。本文將僅討論前面三種結構，並以之爲架構檢視實例「榆樹下的慾望」。

(一)西洋悲劇種類與結構

1.時空集中的希臘悲劇結構

亞里斯多德「詩學」第六章指出悲劇本質是模擬動作和人生的幸福與不幸福。看他人陷入悲慘困境或發生不幸時，人會產生恐懼、憐憫的情緒，因此，悲劇有淨化心靈的作用。一般而言，悲劇人物的基本特質要比普通的常人還要強烈，他們在個性上比較堅決、勇敢、執著，在行爲上又表現出莊嚴或較嚴肅的舉止。希臘悲劇人物大體上都有崇高的地位，或出身貴族帝王之門，他們有著重大的責任和使命，小則關係個人的生死存亡，大則關係著國家民族的安危，這樣的悲劇人物一般都稱爲悲劇英雄，悲劇人物是悲劇英雄，是王公貴族出生的，這樣的定義到了近代才有了改變。

希臘悲劇前身是祭酒神儀式上歌隊的唱詩，內容包括史詩、抒情詩極富宗教色彩和哲理性（註九）。早期的悲劇裡沒有演員，也沒有角色的動作衝突。劇作家Thespis（五三四 B.C.）最早在歌唱隊之外加入第一個演員，使之與歌唱隊長對答，增加戲劇性衝突的可能性。之後，悲劇之父Aeschylus（五二五 B.C.）增加第二個演員，使角色間可以交流、衝突，因此，歌隊作用日漸減弱、歌唱內容的哲理性也漸漸爲戲劇性衝突所取代。但是，這時期悲劇的特色是衝突並不正面演出，只讓歌隊對衝突前後的事件行爲作約略敍述或評斷。例如，「Agamemnon」一劇中，妻子殺夫爲女報仇，這種情節有著尖銳正面的衝突，相當富戲劇性，卻未能呈現在觀衆面前，但這時期已開始將劇情濃縮在一個小情境中，爲下一個時期的悲劇舖路。

悲劇型式緩慢演進一段時間後，悲劇大師Sophocles（四七六 B.C.）增加了第三位演員，不但增多戲劇成份減少歌隊唱詩，而且也增加演員動作、角色衝突，使戲更加生動、情境更集中，因此時間、空間的限制也更加嚴格。因受演出時間的限制，Sophocles將無法演出的部份以演員口述，這些未演出的部份是劇情的前因。於是，情節結構上設計出一種前史，尚未開演前就已經發生的故事，以作爲推展劇情的基石。當前史一被提出來，戲劇的矛盾衝突馬上展開。例如，索福克里斯的名劇「伊底帕斯王」（四三〇 B.C.），此劇的前史是伊底帕斯王無意中弒父娶母，這件事是多年前未爲人知的秘密，此劇的劇情開始時正是城邦有天災，人們受到極大的災難，求神問原委，神指示要救百姓免於天災必須將殺害先王的兇手查出來，緝兇懲治，於是，全劇以追查兇手爲起始點，追查兇手與兇案有關的人、事，就成爲焦點，一波接一波的湧現，最後眞相大白，伊底帕斯王刺自己雙眼成瞎，嚴厲懲罰自己，全劇悲慘的結局。

綜合上述的起源與發展，我們可以明確地知道希臘悲劇的結構特色：場景少變化，情境集中，動作衝突矛盾的情節高潮高度濃縮，在形式上規律、集中、勻稱，遵守表演發生時間在一天內的嚴格規定。除了希臘悲劇有這些結構特色外，莎士比亞四大悲劇之一的「奧賽羅」（一六〇四）也採用此類結構。此外，十七世紀的新古典主義的劇作形式結構明晰、純淨、嚴謹、圓熟，更嚴格地遵守三一律，不過，當時悲劇人物已由原來的以貴族為重心轉移到社會上普遍的層面，探討的問題也相當廣泛，包括社會問題、倫理態度，主題立意深遠。

2.時空延展開闊的莎翁史詩式結構

十六世紀以後，英國戲劇在伊麗莎白時期蓬勃發展，一方面吸收中世紀民間宗教劇的形式，另一方面則順應文藝復興的潮流，突破古典悲劇的規範，演出時不但劇本內容中的時間可以任意選擇不需在一天內發生，地點和場景也可以自由變化，同時，劇中人物也能依照自我的意志和意識，自由自主的行動。

由於有充沛的生命力和自然卓絕的創作天份，莎士比亞以自然界中自由、開闊和多變化的現象作為創作的規範。他將戲劇發生的時間延長、空間開放、故事情節線索繁多；他的作品在結構上就有許多副線由主線上像枝葉蔓衍般地由主幹衍生出來，人物性格更是讓他們隨著奔放的情感恣意發展複雜、豐富的人生經驗，劇中人物相當多，隨主角人物作主軸，許多情境中主角碰到的人物就毫無限制的一一出現。

這種時空延展式結構特徵是場景多，人物多、情節線索多，劇情發展過程中有好幾個衝突的力量、行動、事件交替發展，好幾組的人、事衝突，經過多次的分化、組合，最後，所有副線上的衝突逐次解決，全部線索匯集到主軸上一點，這一點上的衝突化解後，劇的情節即告結束。這種結構自然、容量大、多變化、戲劇性豐富、演出生動、內容蘊含哲理、意味深遠的結構，除了英國的馬洛（Marlowe，一五六四—一五九三）和莎士比亞（一五六四—一六一六）外，還有德國十八世紀的席勒和十九世紀的哥德。

莎翁名劇「馬克白」「李爾王」「亨利四世」等，都是屬於這種開闊、奔放、多變化的典型結構。這些劇共同的特徵是主角人物的性格、心理、精神等內心世界都作了深入的刻劃。雖然，故事焦點在刻劃主角人物，但是劇情仍安排許多次要的、較次要的人物。凡是與主角的行爲、動作相關的人物，即使只出現一次的人物，也要安排。故事發展由主角穿引貫串，呈現出各種不同層次的生活經驗，廣闊的社會背景，目的是充份表現表象世界和眞實生活中的各種現象、矛盾、細瑣。

例如，就「李爾王」的結構而言，李爾王和三個女兒間的矛盾衝突是主軸，三個女兒姐妹彼此間以及大女兒、二女兒和她們丈夫間的衝突，三女兒爲營救父親、爲他討回公道而率丈夫的一支法軍與其姐的英軍對抗等，以李爾王爲主軸的衝突就有三條分線。另外，李爾王大臣洛拉西斯特和他的兒子愛德華、非婚生子愛德蒙間父子、兄弟的衝突是第二條主線的衝突，這第二主線又有兩條副線。其餘的，尙有李爾王的侍衛、娛樂李爾王的傻瓜等多條線。人物繁多、情節錯綜複雜、場景多變化、人物性格深入剖析等都是此種劇的特色。「李爾王」的場景有王宮、戰場、營區、英國、法國等四處分散變化，有室內的，也有王宮郊外暴風雨中的大自然；時間則延長了好幾年，地點跨了兩國。當劇情發展到最後，衝突陸陸續續解決，人物一個接一個的隨衝突化解而死亡，衝突到最後都消失時，情節便匯集到一點，王位也終於臨到大女婿手中。此外就文藝復興時期馬洛筆下的主角人物浮士德而言，他上窮天文下地理，追求知識的心相當飢渴；他神遊各個地方，因此，場景變化大，接觸的人物無數；到十九世紀時，歌德所刻劃的浮士德對人生意義作積極追求、探索。這兩劇的最後，浮士德把自己靈魂賣給了撒但，這些都有形式自由開放多變化的特徵。

3.時空延展跳躍式的散文結構

十九世紀末二十世紀初，俄國劇作家反映社會現象，發展出一種散文式的戲劇結構。這種結構故事的情節線索多、人物多，人物常群體出現在某一個場景中；故事發生的時間可以延展，並以跳躍的方式向未來推移，每一次的躍進就是動作發展過程中的轉捩點，每發生一次躍進，情節就呈現不安定，或有危機出現。（註一〇）時間延展與觀衆情緒上昇有關，每有延展，戲劇的張力、高潮和觀衆情緒都會升高。這種戲劇結構除了具有時空延展和跳躍式的情節推進特性外，故事情節主要是依人物內在的邏輯而推展，並非依事理外在的邏輯而變化。因此，故事表面結構顯得鬆散；內容也因與日常生活無異，而顯得平淡、乏味且單調；在場景方面因集中而少有變化，常是一群人坐在客廳聊天。事實上，這種戲劇結合了史詩式的開闊空間、延展時間和希臘式集中場景少有變化的特色，若與希臘劇相比較，它的情節就顯得相當缺乏懸疑、緊張的戲劇效果。由於這種劇所呈現的只是眞實、自然、生活化的內容，呈現的方式又以人物內心邏輯爲王，不合乎外表邏輯，使它看起來零碎，是一種缺乏合理性的生活片段組合。然而，這些正是它的特色：將人物內在各種細膩的心理活動作深入的刻劃，包括生活、慾望、理想、情感、人際關係的互動。由於劇情常涉及衆多人物，而每個人和其他人都有某些關係，過於豐富的人物線索，使情劇發展很難以某位主角人物爲中心突顯故事焦點，因此，結構就顯得鬆散像散文一樣，有時可能有頭身而缺尾，但因內容的意義深遠，所以常成爲形散神不散的結構形式（註一一）。

易卜生的「野鴨」、契訶夫（一八六〇—一九〇四）的「三姐妹」都屬於此種場景集中在客廳，演員靜坐在舞台聊天，讓劇中人內在心靈特質毫無掩飾地展現在觀衆面前，讓他們的情緒直接感染觀衆，至於在其他結構形式應該會強烈表達出來的正面衝突則以輕描淡寫的方式輕輕帶過，雖然看不到強烈動作的衝突，但靜態表面下的卻是起伏不定暗潮洶湧的情緒。

㈡實例分析「榆樹下的慾望」

尤金奧尼爾「榆樹下的慾望」是仿古典主題探討人生眞諦的現代寫實悲劇。情節緊湊集中、動作衝突與矛盾的高潮、場景集中少變化，這些都是希臘劇的結構特色。另外一方面，故事發展時間長達一年以上，人物和線索出現副線、主線間分化再組合然後集中焦點的方式則是莎翁劇時間延展結構開放的史詩式特色。

此劇不僅仿古典的主題，在情節上也借用希臘悲劇大師索福克里斯「伊底帕斯王」中的戀母情結—思念亡母，又與繼母結合生子。另外，奧尼爾又借用佛洛伊德的現代心理學分析技巧，家庭的心理，包括父子、兄弟間的心路歷程，男女的心理—情慾、靈肉糾纏，同時，奧尼爾也將正常意識—控制行爲的理性，和潛意識—內心深暗處驅動人的慾望、獸性的力量，兩者交相拉鋸影響人的正常行爲加以剖析，使觀衆不僅看到緊張刺激的衝突情節，也洞悉劇中人潛在的情緒其慾望，包括男女情慾、生兒子親情的佔有慾、對土地熱愛轉化成強烈排他獨佔性的佔有慾。這些精神、心理、心靈深入刻劃的特色又是散文式結構所強調的。因此，我們可以看出奧尼爾「榆樹下的慾望」是結合三種戲劇結構特色的創作。

「榆樹下的慾望」故事內容是這樣的：亞賓（Eben）的母親是父親蓋博（Cabot）的第二任妻子由於農務、家事辛勞，過度繁重的工作勞役她至死。母親的亡魂常常出現，使亞賓報怨父親害他母親至死，心中懷恨，想伺機報復。同時，亞賓認為母親死後，她辛勞耕作的農田、房舍的產權應該由他來繼承，這是故事的前因。故事正式開始時亞賓取代亡母在廚房作飯，讓在田裡辛勞工作的同父異母兄長西米恩和彼得回家有飯吃。西米恩和彼得對父親要求他們農作辛勞而生怨，兩兄弟希望久未露臉，又不知去向的父親最好就這樣亡故，好讓他們借法院的宣告取得田產繼承權，他們兩人有一個共同的願望，那就是有朝一日能夠離開繁重、單調的農作生活到加州淘金、實現發財夢。兩人因與亞賓為同父異母兄弟，彼此為田產心中各有打算，三兄弟的關係呈疏遠、猜忌、且彼此設防。之後，父親蓋博突然神采奕奕地出現，身邊多了一位年僅三十五歲的新婚妻子—繼母阿碧（Abble），她也加入田產繼承權的明爭暗鬥。蓋博與年輕的阿碧回到位於新英格蘭的農場上時，正是亞賓偷了父親的錢，交給兩兄長作旅費，以交換他們放棄田產繼承權。西米恩和彼得因為有了錢能夠實現願望，正高興地準備要離開農場，碰到父親和他的妻子之後，兩人放肆地對父親嘲弄譏諷，把彼此間長期缺乏父子的愛與關懷的怨恨，一股腦地渲洩出來，並大膽地挑戰父親過去所樹立的權威。繼母的出現使亞賓好不容易擺脫兩位兄長的繼承權之戰又多了一位強敵。亞賓和阿碧間由敵對、排斥、明爭暗鬥的法定母子關係，進入男女激情、意識和潛意識、靈和慾間的爭戰，最後，兩人畸戀生有一子，亞賓因兒子生親情、阿碧爲愛情殺兒子，雙方因有愛與寬恕而轉變。兩人從爾虞我詐的互相利用，聯合次要敵人打擊主要敵人，到與蓋博間成爲兩男一女的緊張三角關係，進入激情昇華爲愛，願意爲對方犧牲的生命共同體般的和諧關係，衝突逐一化解，最後亞賓與阿碧相偕接受絞刑的法律懲罰，兩人超越環境、超越自我的極限，讓即將毀滅的生命因愛與寬恕而獲重生。

奧尼爾在創作上不斷追求新風格，利用寫實、象徵主義的表現手法將古典主題現代化（註一二）、讓亞賓和阿碧因學習而了解愛的眞諦，因愛與寬恕而獲重生。現就其創造主題、表現風格技巧和情節的多層結構分析如下：

主題：全劇有一個主要和數個次要的主題。主要的主題是奧尼爾闡釋生命的意義，人類因心中有愛才能原諒他人；因寬恕才能超越自我和環境的限制。亞賓與阿碧因愛與寬恕才能解一切矛盾，獲得愛、幸福和心靈的歸宿。人的肉體是註定要敗壞的，但是愛與寬恕能讓生命發光、發熱、超越毀滅，愛和寬恕是可以因學習而得的，蓋博因無法愛他人而孤獨終老。次要主題有：人對大自然之愛是崇高的，但是對大地的愛會因佔有慾而變質成爲貪婪。當三兄弟從田野回家，看到夕陽落日與晚霞之美都情不自禁的讚嘆，這是崇高的情感，但是強烈的佔有慾和對物質的慾望，使他們變得自私。此外，每個人都有天賦的親情的愛，但是以子女爲自己謀財、遂慾或當成勞力的工具是喪失人性的，是可鄙的。蓋博視三個兒子爲勞力工具，對他們缺乏愛與關懷，父子間無愛可分享。阿碧先以兒子爲圖謀田產的工具，繼之以兒子爲證明愛情的工具，當兒子阻礙亞賓和她之間的愛情時，即視其爲物而欲去除。亞賓對著自己的兒子，雖然有親情的流露，但卻也興起一股據爲已有的物慾。西米恩和彼得看到食物，他們動物性的基本食慾就難以控制。最後談到的主題是男女之間的情慾激情和靈肉相合的戀情。奧尼爾利用心理學和意識、潛意識之間的理論，將亞賓和阿碧先定位在繼母與兒子近親亂倫的男女情慾上，極爲不正常的關係，這是獸性、潛意識凌駕自覺意志理性的範圍，使行爲偏離常規，但是，當雙方以男女情愛眞誠相待時，他們的意識、意志已能理性地主導一切的行爲，並且能負起行爲的後果與責任。

整齣劇的表現風格是寫實、象徵技巧交互使用。故事背景是西進淘金時期的美國東北角新英蘭的某處農場。場景大部份集中在農舍內外，包括廚房、臥室、大廳和屋外走廊和小路上。情境、情節動作集中很像希臘劇，但悲劇發生是性格和心理因素所造成，並非由命運所主宰。象徵主義風格處處可見，屋子慘白、榆樹巨大蒼翠茂密，具有人性，主幹兩棵圍著屋子，枝葉蔓延垂落在屋頂上，像女人，更像有佔有慾的母親。亞賓肌肉結實身材魁武健碩，像一頭桀驁不馴的獸，眼神流露的是恨與怨，有著籠中獸想脫困卻出不去的無奈，兄弟三人被農田、石牆困住，像籠中鳥想飛卻又不能。父親像獨裁的守財奴。兩兄長狼呑虎嚥的吃相像兩頭笨拙的公牛。象徵、寫實加上前面所提的古典主題、現代心理學交織成全劇的綜合風格。在分場分幕的量的處理，奧尼爾也做了實驗，整齣戲並未照傳統方式分幕而改分成三部份，每部份四景，這也是創作的新嚐試。

情節的多層結構，是一種新舊結合的結構。奧尼爾仿古希臘劇，利用亞氏動作是情節核心的理論，並將動作的定義—戲劇動作開始至結束是有完整性和長度的，加以充份的詮釋。根據亞氏理論細加分析，動作實際上就是由一個單元或多個單元組合而成的完整事件。一般而言，動作具備了頭、身、尾，是完整的結構，是戲劇統一性的核心（註一三）。奧尼爾利用動作來結構情節，整個故事建構在三個三角形的關係上。換句話說，把核心動作和兩個外圍的次要動作融合起來，最後成爲單一完整事件。但利用莎士比亞的時空延展史詩式觀點來看，這是一條主軸上分出三條副線。副線矛盾化解後再匯歸主軸上的結構。在呈現情節與動作時，奧尼爾把劇中人物呈現在觀衆眼前，讓他們直接流露感情發生動作。

在主軸上的就是核心動作，核心三角關係，這一層的緊張性、戲劇性高，情節充滿矛盾、對立、衝突。這一層三角關係的代表人物是二男一女—亞賓、蓋博和阿碧，既是父子，夫妻，又是繼母與兒子三種複雜力量衝突著，最轉化成二邊關係—男女情人和一位老人。由父子矛盾、男女激情、夫妻冷漠轉化昇華成單純的愛情和一位孤獨寂寞遭世人遺棄的老人。核心三角關係有強烈的外在衝突張力，也有內在心理的活動：情感、心理、人倫關係的對立，使內在衝突外在化。

其次，有兩個外圍的三角關係，這兩個結構是先發生的故事，分化組合後變成主核心三角關係上矛盾的點。其一是亞賓、同父異母兄長西米恩和彼得、父親蓋博。這個三角關在討論主題時已略爲談到，父子間關係冷漠、互相嘲諷或企圖報復，兄弟間彼此疏遠、互相猜忌，這一個家庭成員心理都不健康，這個三角關係的衝突隨西米恩和彼得到加州而告消失。其二是亞賓、亞賓亡母的靈魂和阿碧。

亞賓亡母的靈魂其實是亞賓的潛意識心理，想排拒阿碧佔去他母親的地位和遺產，同時，也是想報復父親的惡意心理。亞賓的潛意識和意識一直有衝突：潛意識裡他要為母報仇，要拒抗阿碧奪去她母親的地位，和被這個女人誘惑吸引著渴望著情慾，但是意識裡，他必須控制自己佯裝什麼都不發生，只有當她母親靈魂出現默許他和阿碧相好時，他意識的心防才撤離，內心不再爭戰，之後，這一個三角關係也消失，他和阿碧間發展成為複雜的男女關係、背著父親偷他的妻子。當兩個次要動作消失，只剩核心動作的三角關係時，男嬰被殺，是個轉捩點，證明阿碧不是為田產而擁有男嬰，是為眞正的愛情，於是男女的兩人間誤會懸疑解決，眞相大白，劇情直轉急下，雙方成為眞摯的情侶，心甘情願地共赴悲劇的困境，絞死的刑罰，留下孤獨無愛的老人。悲劇的情節結構藉著動作事件的頭、身、尾的完整結構而充份反映出來。

四、喜劇結構、特質與中國喜劇

(一)喜劇結構與內涵

喜劇和悲劇都是模擬人生的經驗，兩者既是相對的也是一體兩面的概念。英國小說家Wapole（註一四）認為人生既是一齣喜劇也是一齣悲劇，這完全決定於人是持什麼態度看人生，對只用感覺和想像力的人來說，人生是一齣悲劇；相對的，對運用智慧來認識自己，辨識別人行為舉止的人而言，人生是一齣喜劇，可以借別人的經驗讓自己遠離錯敗，看別人的卑微、醜陋使自己提昇、超越。因此，看喜劇是需要理解和認知能力的，喜劇提供觀衆超越自我所需的時空距離。

喜劇的效果基本上是令人開懷大笑的，喜劇所表現出來的機智、幽默感會像光、熱一樣擴散感染觀衆，同時，它所製造的笑聲能掃除人們塊壘積鬱、因挫折而產生的精神或心靈的陰霾也能一掃而空。就如同悲劇令人產生哀憐、恐懼情緒而有心靈淨化與提昇的作用，喜劇的機智、幽默與笑聲有安撫情緒的作用，能令人感到精神舒暢、心靈快悅。

喜劇能夠製造笑聲主要是它具備了喜劇性的特質與內涵，這包括事物的矛盾、對立，人物自我內在、外在的矛盾或與他人之間的矛盾對立。根據亞里斯多德「詩學」定義來看，喜劇是模仿低於常人水平的人生，模仿那些卑微、醜陋、殘缺、可笑或譏諷躲在黑暗角落壓抑自己、缺乏信心小人物的人生。事實上，這些小人物的生活經驗是易懂可信的，因爲他們就是人們現實生活中周遭俯拾可得的他人的經驗。因此，喜劇可以有誇張、逗趣的表現，但喜劇情節的安排必須是合乎事理的邏輯，可能發生的必須具備因果性，偶然巧合發生的，也需合乎蓋然性有脈絡可尋，這樣喜劇在展現捉弄、諷譏、批判與逗趣效果之餘，才能顯露反映出各種不同程度的人類情感，和幫助我們洞察人生百態的本質。

根據西洋的喜劇理論，喜劇因內涵水準不同，產生的效果與笑果也會不同。湯普生在「戲劇剖析」中提出喜劇階梯的觀念，就是喜劇依情境設計，內涵由低而高可分成六個階梯：1.淫蕩行爲，2.身體的災難，3.情節的設計，4.言辭的機智，5.性格的矛盾，6.意念、諷刺性喜劇（註一五）。以淫蕩行爲和身體災難的內容來表現的喜劇，通常是低俗、荒誕的低級喜劇，因爲劇場中所看到的可能是裸體藝術、小丑人物摔倒或被丟擲東西使身遭無妄之災。

一般常見的喜劇，大抵上是以情節設計、言辭機智、性格矛盾爲主要的內涵。莎士比亞的喜劇有抒情、有快樂愛情故事和冒險故事；中國白樸喜劇「牆頭馬上」歌頌年輕人勇於突破傳統和諷刺性都具備了這三種內涵。喜劇題材範圍以處理個人或家庭性問題居多，人物安排也比較精簡，但也可能以婚姻、宗教、戰爭等較嚴肅題材作較輕鬆的處理，爲了能引起觀衆的興趣和笑聲，情節設計必須深具巧思。例如，先製造情境、讓急迫事件突然發生，再引發緊張的動作，人物角色之間爲了彼此不同的立場而不相容，或爲利益而發生尖銳的衝突，一旦時間更加緊迫衝突就加劇。有的是以巧合、誤會、故佈疑陣來增加喜劇色彩；有的讓人物認錯對象、只重視表現、增加處理情境的困窘。結尾收場則大抵上都是作懸疑已解、眞相大白、誤會澄清、劇情急轉直下有情人終成眷屬的安排。雖說情節安排可以隨作者主觀任意的湊合，但是情節仍需在人情意理範圍內，如此，才能出乎觀衆意料之外，但又覺得像是描述眞實人生一樣眞實可信又耐人尋味。

以言辭機智見長的喜劇，通常會賣弄辭藻，用許多雙關語使觀衆感受到幽默且關懷大笑。例如，作者安排喜劇人物用機智開他人玩笑、胡鬧以逗觀衆。有時則利用幽默感使人物製造出溫馨、友善的笑趣，讓觀衆感受到幽默喜劇所散發出來的光和熱。通常機智、逗趣喜劇需要運用智力而幽默喜劇的層級略高，作者、演員和觀衆都需要運用心智能力才能產生互動效果。

人物性格矛盾是情節設計外另一種重要的喜劇性靈魂。人物性格矛盾最常見的是一個人本性、外貌、言談、舉止間互相的矛盾。根據蘇國榮（註一六）對喜劇人物矛盾現象的分析，矛盾有下面幾種：1.表面現象與內在本質對立所產生的矛盾，如滑稽性人物表面看起來很理性，但實際上表象和本質間有著極爲嚴重的不協調，如此衍生出來的性格會有強烈的喜感，例如，表面上是道貌岸然的正人君子，骨子裡卻是貪官污吏。2.行爲的實踐和價值信念間有著極大的差異。如某一個人採取某些行動的目的是實踐自己篤信的價值觀或對事物的信念，以及行動可以正面促成信念順利的實現，但事實卻相反，行動與信念成反向發展，如此一來，行動會轉化成喜劇的行動。例如「牆頭馬上」中裴尚書深信兒子年當弱冠，既未娶妻也不親酒色，派他赴京城買花栽子又有老家丁一路監督，篤定不會胡行亂爲出差錯，這是信念，不料行動結果，兒子與李千金私奔，將妻兒藏身花園數年未讓他知道，這是喜劇的諷刺。3.內容和形式間的矛盾，如聰明才智卻有一張醜陋的臉，使外表和內在不協調。此外的矛盾尚有人物與環境間的，如個人基本價值觀與整個社會環境不協調而產生荒謬、滑稽的感覺。

至於屬於湯普生喜劇階梯上最高層級的意念、諷刺喜劇是具有高度的幽默感的，是一種能發出思想性笑聲的喜劇，法國莫里哀的喜劇擅長諷刺又能令人深省產生意念、使人能嚴肅認眞地思考問題。這種喜劇能讓不同背景層級的觀衆發出不同程度的笑聲和反應，如有的看了之後；笑聲中有不悅，憤怒，有的則是坦然舒暢，這最最高級的喜劇。由於本文實例分析將僅涉及喜劇發生的情節設計和人物矛盾，這一層次的內涵將不在探討之列。

(二)中國喜劇起源與結構

中國喜劇由滑稽戲發展而成，常具有兩個要素：驚愕、恍然大悟（註一七）。西洋喜劇習慣以活潑、幽默手法把中下層社會的人們當作嘲諷對象，尖酸地嘲弄他們的平庸愚昧和無知。相對的，中國喜劇有許多題材是以歌頌中下層社會人們的機智、勇敢、堅毅爲主的。西洋喜劇的題材大多是否定中下層人們的生活形態或價値觀，而中國的則是以歌頌、肯定的態度，這與中國戲劇的起源演變有密切關係。

中國喜劇起源於秦漢的歌舞戲謔、模仿他人行爲的滑稽表演，諷刺滑稽略具喜劇芻型。唐初開始有滑稽戲，晚唐、五代開始出現以言語諷喻時事爲主的即興喜劇。宋朝時喜劇有了進一步的發展，戲劇性衝突和插科打諢的喜劇人物正式成形，當時喜劇主題普遍以批評時政、嘲諷權貴和揭露社會黑暗腐敗爲主，大抵上是以上流社會爲主要的題材範圍。到了元朝由於戲劇蓬勃發展，不但喜劇題材更加廣闊，從一流社會到中下階級社會的刻劃都有，種類上也變成多元化。在種類上大概可分成歌頌喜劇、諷刺喜劇、英雄喜劇和鬧劇等四種（註一八）。歌頌喜劇的主角人物以下層社會的人民爲主，讚揚他們機智、勇敢、有高尙的情操、敢於對抗權貴豪勢、嘲諷衛道人士和抨擊禮教的束縛。諷刺劇以諷刺上流社會或富家子弟的揮霍、靡爛、奢華生活爲主，否定他們生活的態度。英雄劇則以草莽英雄、粗獷性格、豪邁、爽朗、進取的性格刻劃爲主。鬧劇則以模仿人物外在的形態爲主，加上輕鬆、強烈誇張、詼諧的處理手法。

元朝喜劇蓬勃發展，白樸的「牆頭馬上」是屬於歌頌喜劇。歌頌喜劇大抵上以肯定中下階層人民的生活形式、生活態度爲主。描述的範圍包括人們堅忍、奮鬥的精神和爲實現個人理想、追求美好未來而積極進取的態度；展現民族的精神和樂觀主義也是許多歌頌喜劇的創作目的。這種喜劇最常見的主題有：作者歌頌劇中人物爲追求個人理想、價値觀、愛情自由、婚姻自主或任何生命中美好的事物，而堅韌付出，勇於對抗保守的封建觀念或衛道的禮教觀念；讚揚小人物能果敢挺身以行動力量維護正義，打擊社會的不公義以戰勝現實中邪惡的勢力，肯定小老百姓個人的力量和努力的成果，讓他們看到努力的果實，並證實最後勝利是屬於自己；鼓勵人要以智慧創造美好未來，力求新生進步以對抗落伍與陳腐的現狀。由於這種鼓勵、歌頌的創作主題，主角們自覺地反抗傳統、環境和命運，使得中國喜劇中會出現悲劇的情境，喜劇的結構會有喜、悲、喜或悲、喜等變化，這與西洋的喜劇劇都是充滿滑稽諷刺有的不同，中國喜劇深入的刻劃小人物性格和歡喜收場，能深深滿足觀衆的心理與訴求。同樣的，觀衆看喜劇時也比較能感同身受的認同劇中人物並與之融合，因爲舞台上的經驗可能正是他們個人的翻版。這與西洋作家慣於以嘲諷、戲謔、滑稽手法呈現在困境中的人物，甚至於誇大渲染他們的愚昧無知，使觀衆超越劇中人的層次，對劇中人產生同情、輕蔑等超越的心理是不同的。

戲劇結構基本上有頭、身、尾三部份。中西的喜劇也都離不開這三個部份：頭是塑造一個情境、身是使情境複雜化、尾是把一切誤會問題解決。這三個部份是屬於漸進的過程，於是再加上戲劇要素：情感、戲劇動作、發現與轉變，然後加上事件必然性、偶然性的邏輯和滑稽、諷刺、誇張、詼諧等輕鬆表現手法來處理嚴肅需要思考的人生問題。元代戲劇結構也是具備這些內涵，但在型式上卻以四折的方式來處理。

1.元劇結構

元劇結構不論喜、悲劇通常有四折。第一折是準備全劇高潮所需的題材，同時給予最初的小高潮。在這一折中會塑造出情境，人物製造出情感問題或立場、利益不相容的急迫事件。如果用一折仍無法充份準備好必須的題材，有些劇便在第一折前置一個楔子以敍述前因或加以補足（註一九）。第二折把第一折已構成的小高潮再予以強化，在第二折中通常會點出插話式情節，以加強高潮手段。這一折把已塑造出的緊迫事件或緊張的情節動作更加複雜化，尖銳化，升高各種線索的衝突、矛盾以爲舖陳全劇的高潮。第三折是全劇的核心，情節到這一折通常是最高潮。事情被揭發，人物發生下面激烈的衝突同時在這折也預留解決高潮的伏筆，如安排可以誤會澄清、衝突化解、問題解決的線索。第四折高潮降低恢復平靜，全劇結束，在這一節中所有誤會、衝突都消失，喜劇中有情人可以成眷屬，以歡喜圓滿收場。元劇中通常以女主角正旦、男主角正末，男或女一人貫通四折爲故事發展中心。

㈢實例分折「牆頭馬上」

作者白樸字仁甫是元曲四大家之一，他的詞風骨磊磈、詞源滂沛，「牆頭馬上」和「梧桐雨」是他傳世之作。本文將僅分析喜劇中的情節結構設計和人物衝突，並不討論他的語言運用。元朝戲劇通常是取自以前流傳的故事或當時社會的事象，「牆頭馬上」是根據中唐白居易樂府有「牆頭馬上」的詩句而作，故事早在中唐之前便流行，稗史傳說內容是「室女金英閑步後園，因戲青梅，窺見牆外俊士騎馬經過，彼此相顧，女背其親相從，及後相棄，悔恨無及。」（註二〇）。

白樸根據這個故事描寫男主角裴少俊、女主角李千金都是出自名門，李千金在後花園中賞花，看見尚書之子買花栽子騎馬經過，一個在牆頭，一個在馬上，一見鍾情，雙方大膽地以詩為媒相約晚上在花園幽會之後，被嬤嬤發現，李女被迫作選擇：等男中科舉再來論婚嫁或秉告其父母，於是李女毅然決定與情郎私奔，不告而別，在毫無婚約保障的情況下，藏身裴家後花園達七年之久，並生兒育女一雙。七年之後，此事被裴尚書無意中發現眞相，以「聘則是妻奔是妾」的傳統保守觀念，脅迫兒子棄李女或到官司，少俊一則畏懼父親的權威，再則認為豈有卿相之子為一名婦女受官司凌辱，有大男人主義與封建觀念。少俊既不能給妻子名份、又不敢挺身保護家庭幸福，結果只得懦弱的屈服在父親的淫威之下，寫休書棄妻。相對的，李千金則是先為愛情自由私奔，一再為婚姻幸福而獨立堅強地奮鬥，敢挺身而出為自己爭家庭幸福，對抗頑固、保守、勢利的裴尚書。過程中，她失敗了，又無奈地被丈夫休棄，被迫離開裴家，面臨捨棄親子的生離困境。之後，少俊中狀元，才再至李家迎接她續前緣，裴尚書在獲知她係名門李總管之女，且與少俊早有婚約之後，前倨後恭的陪少俊攜兒女一起苦苦求她回裴家。

「牆頭馬上」的主題顯示作者歌頌李千金勇敢地追求幸福，雖是名門閨秀，但具有強烈的平民性格，勇於對抗保守的禮教，敢與擁權衛道的裴尚書衝突，以保護自己的權益，同時，當她發現勢不可為後，黯然離開裴家，對面臨危機而缺乏道德、勇氣的丈夫則有一番嘲諷。作者讚揚李千金的果敢，爲自己的理想、價値觀而奮鬥不懈，雖經過辛酸的波折，但卻也能有情人成眷屬的喜劇收場。相對的，作者、筆下對少俊的刻劃，明顯地，不但對男性的自我、自大、自私加以抨擊，也對強調名當戶對、衛道的權貴尙書和代表保守禮教的他加以撻伐嘲諷；女權的思想在本劇中也多少彰顯了。

「牆頭馬上」的情節是屬於小喜、小悲、大悲、大喜的結構，在湯普生的喜劇階梯上，這是一齣以情節安排和人物性格衝突爲重心的喜劇，機智的語言則由院公張千以近小丑的人物性格來表達，本文將以分析劇本四折結構的方式討論小喜、小悲、大悲、大喜的情節安排。

「牆頭馬上」第一折仙呂點絳唇，作者安排情境使男女一在牆頭一在馬上相見傾心，並相約晚上花園幽會，這是製造小高潮、小喜的情境。第一折中先介紹男末女旦人物性格和他們家庭背景以及雙方家長的社會地位，裴少俊父親是朝廷重臣，是頑固、封建、保守、重視名當戶對的勢利眼，要兒子代他赴洛陽選奇花異卉買花栽子，他認爲兒子弱冠不親酒色，一路上又有家丁隨從監督，好讓他不胡亂非爲，甚爲安心。作者在這裡預留伏筆以利情節轉變。同時，這裡也鋪陳老尙書的信念和兒子的行動表面相符，實際上兩人的立場將會愈離愈遠，愈來愈矛盾。另一方面，作者安排李千金閨中思春，衾單枕獨更長，希望招得風流夫婿。當男女雙方的詩爲媒，決定晚上在後花園幽會，在這一折裡作者塑造情境以利男女情意發展，同時，以李千金焦急等待晚上約會的期待興奮情緒，作爲小高潮、小喜的情境。第二折是南呂一枝花，這一折裡故事承接第一折，繼續鋪陳使情境複雜化，並產生合乎邏輯性的緊迫事件，李千金和裴少俊的幽會被嬷嬷撞見，她要秉告老夫人，要裴少俊中狀元再來迎娶，在李千金的懇求下，她讓兩人不告雙親而私奔，嬤嬤代表成年人保守的立場，但基於愛仍然成全年輕人，這一折由與情郎幽會的小喜轉到生離雙親的小悲情境。兩人未明媒正聚而同居，又未能如父親期望赴京考試求取功名，裴少俊把李千金藏在後花園，不敢把眞相告訴老尙書。藏了七年生了一對兒女，這樣過七年毫無名份的李千金爲了愛情和家庭幸福也默默地犧牲、忍耐著。第三折是雙調新水令，老尙書看七年來兒子每日只待在後花園看書，要等功成名就後才娶妻，看兒子有大志而心中歡喜，這是老尙書認知與環境完全不同的矛盾，兒子的作爲早已背離他的價値觀和信念，兩人截然不同的立場一被發現，危機馬上出現。這時作者安排伏筆以便情節轉換和發現，老尙書清明祭祖，要兒子代他陪夫人前往，自己卻因煩悶而走到後花園。同時，也安排少俊要求老家丁張千幫忙他打點以免事情眞相暴露，張千以小丑的滑稽誇張表現，他以生動的語言，爲舞台製造了愉快輕鬆的氣氛。他保證絕對照顧少夫人和小孩不讓事情漏出來，但是一切的巧合都發生了，張千酒後小睡，老尙書撞見少俊的兒子，祖孫後花園相見不相識。當裴尙書發現眞相，認爲李女是來自娼優酒肆之家，堅持要送她到官司。這時李女與裴尙書因彼此完全不同的立場而發生正面激烈的衝突，李千金挺身而出以保護自己的家庭，但老尙書堅持聘則爲妻奔是妾，又刁難要李千金磨玉簪不折，引銀瓶絲不絕來證明她的是天賜的姻緣，但是事與願違，丈夫懦弱無法挺住父親的壓力，又有大男人主義不願因李女而上官司，最後寫休書棄李女，讓她飽嚐婚姻破滅，骨肉離散的大悲，這也是全劇的衝突高潮，但這時少俊也被迫離家赴京考試，作者預留伏筆以便扭轉大悲成大喜的團圓收場。第四折就是誤會化解、矛盾解決的劇情直轉急下的部份，少俊中狀元，裴尙書對李女誤會澄清，他弄清楚李千金乃是李總管之女，與少俊是門當戶對的且兩家早有婚約，是明正言順的裴家媳婦，所以陪少俊攜兒女去求李千金回裴家，尙書先逼後求在態度上的前倨後恭，他的行爲前後矛盾是極強烈的對比，這是喜劇表現諷刺的技巧。在第四折由大悲轉化成全聚團圓大喜的收場，使整齣喜劇呈現小喜小悲大悲大喜的情節結構。

五、戲劇結構與美學原理

(一)戲劇結構與美學理念

每一種藝術作品或多或少都會反映出當時社會生活內涵和文化思想，每一種創作形式或風格也都分別說明了歷史文化變遷的痕跡，換句話說，社會思潮和美學理念是互相結合表現在藝術創作中的。從早期古希臘悲劇情境集中，時空壓縮，到伊麗莎白時期，莎士比亞的崇尙自然、開闊、多變化與時空延展的史詩式，到時空延展、卻跳躍，不照外在事理邏輯形式，並刻劃眞實平淡生活的散文式，這三種不同的戲劇創作形式分別反映出當時時代的精神、社會思潮、美學的觀點，今將就其劇本結構和美學理念加以分析：

1.講究和諧、勻稱形式美的古希臘劇

希臘劇注重情節壓縮、場景集中，劇情結構強調集中焦點，統一整合衝突動作，使外形結構呈現規則、整齊、勻稱、和諧，這與希臘人美學觀有密切關係。希臘美學強調外在形式美，講究形式的比例、對稱、整齊、和諧（註二一）。對一個作品的結構不論何種形式，各部份彼此間要對稱，比例要適當，對立時要和諧，部份結合構成整體時則必須是一個有機完美的整體。所以，戲劇結構就要講究頭、身、尾的嚴謹完整，三者銜接時要圓融無痕，事件動作也要有統一性，主題需要集中明確，人物性格刻劃要明朗確定、戲劇性效果要直接強烈。這種結構規整、形式和諧的美學觀和希臘人偏好圓型、體型、團塊的和諧外形的審美觀有關。

2.反映自然開闊、多樣、變化美的史詩式結構

文藝復興時期仍然重視外形比例和諧之美，但當時風尚偏好打破成規、解放個性或傳統束縛，於是以莎翁爲代表的史詩式結構將古典劇拘謹形式解除，取而代之的是自由，奔放不羈，多樣變化的形式，當時社會追求變化無常是一切事物的本質，也是常規，多變化的形式能夠提供豐富給予心靈快樂、直接引起秀美的感覺。由於發展出這種時空延展、開闊的戲劇結構，提供了各種可能的形式變化，例如，人物性格豐富複雜、情境隨意變化，情節動作矛盾不統一，情景可以隨意分散到好幾個國家，故事發生時間可以任意拖長，因爲一切變化都是尊奉自然爲師，雖然舞台表現有實際上的限制，舞台演出細節限制不能破亦對總體自然的表達，現在世界寬闊、壯麗廣闊的景象和無窮的變化應該畫如其貌的表達出來爲求多樣化美的呈現，現實舞台的法則是可以超越的，當時社會追求的造形是波浪形，可隨外物而隨時變化的波浪型，不再是希臘人所偏好的規整的圓型或球型（註二二）。

3.強調平實生活之美的散文式結構

生活本身就是美，生活展示豐富的內容，美是生活的本質、生活的內容，而不是生活的形式。因此，現實生活中豐富平實的美應該高過藝術所表達的美的感覺。藝術應該是生活的再度表現而不是剪裁、修正、美飾，這種美學理念是自形式解放出來的美學觀，正是反映十九世紀末二十世紀初俄國的社會現象和生活內涵。當時俄國社會正醞釀矛盾和潛在的衝突，地下革命行動正在形成，但表面上人們仍漫無目的、漫不經心地聊天，過著平淡乏味的生活，以企圖逃避即將變化的現狀，表面上一切平靜沒發生什麼事，但在潛意識中、精神、心理、心靈上總有一陣陣的思維，情緒在翻湧著。因此，當時藝術創作形式就以現實、生活化、毫無外表形式之美的手法來反映人們內心的感覺和精神生活的眞實面貌，這種高度生活化的美的理念，使戲劇結構既無統一事件，也無焦點中心人物，一切就在鬆散不著痕跡中滲透著生活化的內涵（註二三）。

4.中國戲劇點線、疏密、虛實的美學觀

中國藝術創作追求思想、情感的眞實，刻畫生活中的本質，而不以追求模擬生活的眞實爲目的。在創作上對生活素材作剪裁、提煉、概括，不論是傳統繪畫、建築或戲曲藝術所表現的都是內在的美，一種屬於心靈、意志內涵的美，所呈現的特色都具有空靈、深遠的意境和流動、節奏的空間感。這些特色展現中國藝術所強調的疏密相間、隱顯結合、虛實相實的時空美學理念（註二四）。

中國戲曲藝術所追求的是美的呈現、情的傳達和神韻的品味，美的呈現包括舞台表演形式的美化，如音樂、舞蹈、動作、唱做等，和劇情結構的美學性格。劇情結構的美學觀是本節探討的重點。

中國戲劇在結構上強調點線的結構，這種結構形式反映中國人的美學觀和欣賞習慣。根據沈堯的觀點，中國藝術習慣以分散焦點的透視法來創作，不重視固定的視點和視向去觀察物象和組織畫面，而是以登山遠眺、高處俯瞰全局，以分散移動的視點和視向來組織畫面，以構成氣韻生動的藝術作品。戲劇創作也是這樣的，以點線的結構分成起、承、轉、結等大處焦點，起頭點美的動人，承轉中間點要豐富宏偉厚實，結局能扣人心弦，首尾連貫。故事發展安排力求起伏變化，使組成劇情主軸上的各情節點是以疏密相間、隱顯結合的穿插安排。在主要情節上的點，如對劇情、主題的表達、人物性格的刻畫、正面的矛盾衝突和對立，則作密實、突顯的處理，以求強調主題思想、誇大渲染衝突的動作；非焦點情節的部份則做疏淡、隱暗輕描淡寫的處理。因此，劇情主軸線上的點與點、點與線的關係，就變得十分清楚，所表現出來的戲劇會呈現劇情的線條流動、人物情感意志內在節奏的流露、以及舞台上空靈的形聲象動態美。同時，中國虛實相生的舞台美學觀對舞台表現藝術所呈現的時空概念，也有相當大的影響。例如，實物佈景道具的使用和虛擬的唱、做、唸、舞的動互相結合表達時間和空間的概念。舞台上唱很久可以表示十分鐘的情境，唱一句可以說明過了一天或一個月。舞台繞一圈可以一天、十天或十里、百里。虛實相生的內涵完全隨個人思想情感的瞬息變而有不同意義。

㈡舞台結構與審美藝術

戲劇產生的美感包括劇本結構的、演員表演的、舞台佈置設計的等來自多方面結合的整體表現藝術之美。換句話說，舞台結構之美是指舞台表現出藝術之美。舞台結構是指廣義的舞台，任何一種舞台動作在時空中的組織形式，表達形式都屬於舞台結構。因此，觀衆看到演員精湛演技、優雅的唱打動作，同時，也透過詩、音樂、舞蹈、繪畫等形式看到有生命空靈的舞台、並觀賞、形、聲、象、高度美化、藝術化聚煉後的成品。美感由舞台向四周發射，美感也在觀衆的視、聽感官上連續起伏盪漾，這種視聽刺激的強烈效果能震撼觀衆的心靈，使他們感受到創作者精密的思維和詮釋人、事、物所具有的獨到細膩情感。這種美感回應反響在創作和觀賞的心靈中，但更普遍存在人們過去概括凝煉的經驗中，同時，美感也反映在外形和諧的創作中。總之，美的舞台結構反映在三種，層次：1.演員表現形式的層次，2.創作者運用美學原理傳達情感的層次，3.觀衆審美的心理層次（註二五），今將各層次討論如下：

1.表現形式之美

表現形式包括⑴音樂舞蹈，⑵唱、做、唸、打等動作熟練的程式性，⑶舞台表演時動作、物象、表情的虛擬性，和⑷分場景的敘事性。

⑴音樂、舞蹈性：戲劇在舞台上表演一定包括音樂和舞蹈，兩者是舞台的語言。音樂形式有：歌唱的旋律（希臘歌唱隊的表演）、有節奏的道白，講究押韻、聲調和韻律的吟誦，唱腔的處理（中國戲曲表演）。

舞蹈動作能延伸舞台的空間感，舞蹈要求優美的身段、動作的律動以展現曼妙空靈。事實上，舞蹈是音樂的外化形式，而音樂、舞蹈兩者都是情感外化表現的動作。

(2)程式性：這是範圍廣闊的事、物、象、感所表達時的嫻熟性。程式性意指任何事物都有其規範，舞台表現涵括時空藝術，任何傳達給視聽覺感官刺激的形、聲、象，都必以須嫻熟優美的程度加以表現。例如，唱、做、唸，打有一定的程式；口、眼、身段、步法有其必須的規範；甚至服飾、化妝、道具也有一定的準則。一般來說，程式性舞台表現目的在抒情、求美、傳神。程式性特色強調簡潔、鮮明和相對性的穩定。因為具備這三大特色，觀衆才容易在瞬息間明白地感受到藝術客體所表現出來的美感。簡潔是指對生活或事件作高度聚煉、概括與集中以去蕪存菁表現出事物主要的風貌。其次，鮮明是指對生活中的動作、事、象的原貌加以美飾，並篩選精華以突顯所欲表達藝術體的主要特徵，例如，戲曲臉譜鮮明忠奸立辨。表演飲酒，騎馬時以大幅度的動作和節奏感以求鮮明易辨。至於相對的穩定是指動作不因劇情、情境、場景等舞台時空變化而改變，例如，開門、關門、上馬、騎馬等常見舞台動作在中國戲曲中有穩定的表現方式。在西洋劇中某些動作會因風格、技巧、派別而有較大幅度的變動，因此，相對的穩定性小(註二六)。

(3)虛擬性：一般而言，中國戲曲舞台表演的法則是利用意象表現以求情感發抒。在講究情與美的傳達，凡是與人物角色感情有關的動作、物象、表情一概以虛擬的舞蹈動作。相對的，不與角色情感相關的則不用虛擬，改以實物表現如場景道具。

(4)敘事性：中國戲曲分場不受舞台時空限制，可以任意延長或縮短，主角的說、唱、唸、打動作可以在某一場中特別長。舞台時空不固定會隨演員而變，例如一張桌子和兩把椅子可以表示家中客廳，也可以表示官府衙門，沒有固定的時間地點。相對的，西洋劇舞台時間、地點通常是獨立存在的，只要場景不換，就是指同一地方或情境，不論演員進出多少次都仍然表示同一場的敘事。

2.美學原理傳達美、情、神

美學原理包括求美、傳情、傳神：

(1)求美：中西戲劇對舞台美的追求不同，表現方式因而有差異。中國的追求美抽象，不作生活上逼眞的模仿，爲了創造具有潤飾的藝術美，表演時的形象和動作都經過美化處理，只求表現出詩情畫意般的整體美感呈現，並不拘泥物象逼眞與否。因此，不論內在劇本結構或外在表現形式，都講究美，以之爲最高目的。表現形式如推窗、騎馬、繡花等動作，不論身段、移步、舉手或投足都必須是經過舞蹈美化的，至於唱吟則要聲腔圓、音韻美。就連舞台佈置色彩和圖案都力求鮮明對照，空間佈局如人物的站姿、移位也都講究立體的美感。甚至於在劇本結構上也相當講究情節佈局疏密相間、點線排列，以求節奏之美。另一方面，西洋的則追求眞，以眞實生活爲師，以形眞形象爲美，從舞台的佈景、道具到演員的動作，都要像眞實生活中的節奏、速度、順序一樣。

(2)傳情：演員在舞台上演戲的目的在傳情，感動觀衆的心以引起情感擴大效應，如此，才能台上台下情感共鳴。中國戲劇從利用文學、音樂、舞蹈、繪畫、表演等綜合藝術，到題材選擇、情節安排、性格刻劃、語言選用、演員唱腔動作，佈景設計等技巧運用，都是爲發抒情感，按照人物感情的邏輯把內在細膩的情感表現出來，當演員透過表演形式把細緻情感外在化時，情感的感染性會增強並持續擴大範圍，進而產生戲以美的形式傳情。相對的，西洋的則比較重視傳達情感中所表現的理性和哲理的意涵。因此，西洋的情節內容通常按照人物行動的邏輯來安排，強調以眞傳情，但情中含有理的意義。

⑶傳神：舞台表演呈現美的形以達傳情目的，但最高極致則是綜合美與情以達美學原理中創作的最高層次—傳神的境界。演員的表演能夠到傳神的意境，則已到相當高的表現層次。傳達神韻是相當高難度的表現境界，因爲神韻是藝術創造者內心情感高度精煉的寫照，透過高度美化的形式，使濃郁強烈的情感和形式融合到渾然天成的境界，但是這種美和情的融合，是需要表演者有敏銳觀察力和良好的藝術修養，因爲表演者對所要表現的人物角色的內在本質、特徵、精神、風貌都要有精微的體察，才可能把這些特質加以精緻美化、外在化，使它成爲藝術的風貌，不但具有傳遞概念內涵的作用，更能傳達高遠的神韻和意蘊（註二七）。

3.觀眾審美藝術的心理

從表現形式、到創作的美學原理，最後要討論的是觀眾的審美心理。藝術創作的表現形式與美，境界再傳神，若無觀眾的欣賞品味，創作者的情感、思想、理念和意念是無傳遞的、舞台的美感和創作品的美學價值需要觀眾給予肯定。觀眾審美的心理活動是長期累積起來的，是一種培養而成的能力。就個人而言，觀眾長期對藝術作品的型式投射、凝聚而產生感性機智性的評估觀念。這種審美的心理、能力或素養是一種普遍性的能力，會受某一時期的文化藝術創作所影響，但是與隨社會、文化、內容思想而不斷在創作形式上作調整的藝術品相比較，審美心理則呈穩定的發展，是人類共有的，是經歷過歷史性的過濾、篩選，沈澱而累積成的多元性評估能力。

觀衆審美藝術品的心理層次可分成：1.求美，2.情悅，3.入境，4.品味。這四個層次與西洋Wrighe（註二八）所提出的欣賞藝術創時會經歷四個階段，雖然審美的形式上有差異，但本質却不謀而合。根據Wright對審美心理的歷程階段的分析有：1.理智，2.感覺，3.感覺的心象，和4.情緒、思想、精神和心氣等四個階段。首先，觀衆欣賞戲劇藝術時要求美化的形式表現，從內容、語言到動作表演，中國的觀衆要求形態上的優美、詩意般的優美；西洋的則強調以理證、知能力表理解內容、認識人物、並注意情節動作的邏輯性。其次，當演員在舞台上作優美的動作表演以傳遞情感的訊息，這種美的傳情必要條件是觀衆一定能感受到，而且能浸淫在情感的氣氛中，才能隨演員的傳情而有喜、怒、哀、樂的變化，當觀衆被情節內容和表演所感動，這時戲就是讓衆衆有所感覺。

觀衆由理智、感覺階段進入感覺的心象時，也就是從求美、傳情的審美心理進入欣賞藝術創作品的神韻階段。入境時觀衆會隨劇情懸疑——人的遭遇、性格矛盾與其他人衝突等心理上有緊張、焦慮的情緒，生理上會有肌肉拉緊、呼吸急促和情緒不穩的變化，這是觀衆由觀賞表演物象影響到自己情感的內感，也是所謂的內模仿（註二九）。此外，當觀衆專注看戲進入更深一層的心理反應時，自我的主體情感會外射、投射到藝術客體上，這就是所謂美學的藝術客體和審美主體兩相發生情趣的互動，由物及我、物我交流、到物我同一的融合境界，這就是所謂移情作用，觀衆已由觀賞產生移情的幻覺，入戲幻化自己是劇中的人物，身歷其境地將自我經驗和角色結合。這就是入境，也是西洋的感覺心象階段的審美心理。

最後，觀衆欣賞進入情緒、思想、精神和心氣的階段，也就是經過形式美感、情感精微流露和深刻體驗的階段，開始對整個藝術創作，作品味的享受，體會其氣韻神情之外，觀衆需要運用各種可能形式的想像力，並且組織精密的思維能力，從事再創造的心理活動，將原作者的創造活動再揣摩、思索，由舞台表現所提供的感覺基礎上再猜測、思索、聯想，把戲劇中由物及我、我外射物的關係自作驗證，並感受原創作者的情緒、意念和自己再創造的情緒、意念是相融合的，這種物我相融爲一的再創美感正是審美最高的境界，也是所謂的提高審美能力的過程，不僅可以提高觀衆的藝術修養、豐富想像、精練思維推理能力。這種境界也就是看到悲劇所產生莊嚴肅穆氣氛能產生情感昇華、心靈淨化的效果；看喜劇時，幽默、諷刺、滑稽所製造的笑聲外，也能有溫馨、舒暢的心靈感覺和產生嚴肅認眞的思想與意念。

六、結　語

從戲劇結構和美學原理的互動特質檢視西洋悲劇和中國喜劇的特質，可以得到一個簡單的結論是藝術創作不論中外，不管是任何形式，一定是表達思想、情感、意念，創造美的感覺和意境，但任何的創作品都需要觀賞者的情感投入和心靈回應才能有美的價値，觀衆是這個藝術創作生命的評鑑者。

悲劇模擬人生、喜劇諷刺人生，所共同產生的特點是觀衆情感的昇華、淨化與心靈的渲洩舒暢。

不論那一種形式的創作，利用那些創作技巧和表現風格，所欲表達的目的都是娛樂觀衆、教化觀衆；以內在主觀的表現，透過藝術美化的形式，喚起群衆的共鳴，淨化心靈，提昇人生境界，幫助人們了解人生眞義。

歌德曾提出戲劇創作審美的三大原則：劇作家要表現什麼？他表現的如何？表現的値得嗎？作爲觀衆，除了求美、情悅、入境和品味的審美意念外，是否也檢視劇作家是否成功表現作品的內容、形式、技巧和他的目的達到了嗎？而這些創作値得嗎？是否在觀察的精神、情感和心靈上引起迴響，奧尼爾的「榆樹下的慾望」和白樸的「牆頭馬上」，正是經得起歌德劇作三大原則檢驗的傳世佳作。

【附　註】

註　一　詳見姚一葦《戲劇原理》第一章，頁十五—二一。書林書局，民八十一年出版。

註　二　同註一。

註　三　詳見E. A. Wright《現代劇場藝術》第二章，頁六七—八八。石光生譯。書林書局，民八十一年出版。

註　四　同註三，摘錄自頁一一五—一一六。

註　五　同註一，頁一七三—二〇九。

註　六　同註一，頁一七三—二〇九。

註七　同註一。

註八　詳見孫惠柱《戲劇的結構》第一章，頁一—六三。書林書局，民八十三年。

註九　同註八。

註一〇　見註八。

註一一　見註八。

註一二　林國源譯《戲劇的分析》書林書局，民八十二年。

註一三　見註一。

註一四　見註三，頁八九。

註一五　見註三。

註一六　詳見蘇國榮《中國劇詩美學風格》頁一八七—二〇〇。丹青圖書有限公司，民七十六年。

註一七　見註一四。

註一八　見註一四。

註一九　吉川幸次郎《元雜劇研究》藝文印書館，民七十六年。

註二〇　曾永義《中國古典戲劇選注》國家出版社，民八十三年。

註二一　見註八。

註二二　見註八。

註二三　見註八。
註二四　張庚、蓋叫天《戲曲美學論文集》丹青圖書有限公司。
註二五　藍凡《中西戲劇比輪論稿》學林出版社。
註二六　見註二五。
註二七　見註二五。
註二八　見註三。
註二九　見註八。

論元雜劇征戰情節中的「探報」

林鶴宜

運用「探報」的方式敷陳劇情中的征戰場面，在現存元雜劇劇本中可以找到十個例子，是元雜劇在處理征戰題材上的一大特色。

所謂「探報」，指透過戰爭中獨有的人物——探子之口，無論雜劇原來主唱者爲何人，皆改爲「正末扮探子」獨唱一整套北曲，以軍營中等候消息的軍師或大臣爲對象，在一問一答的配合下，從側面，對戰爭之始末細節，做通盤的描繪。這樣的呈現方式，被認爲是元雜劇從「說唱」蛻變爲「戲曲」過渡中烙生的印記。（註一）

事實上，以「探報」刻劃征戰場面，淵源固然與說唱有關，但絕非戲曲在發展轉型的過渡階段中「不經意」留下來的痕跡；數量相當的「探報」套曲，更絕非只有因循蹈襲，供編劇搪塞省事的負面意義而已。（註二）它應該被當作一項特殊的敘事手法來重新理解和認識。

本文首先剖析元雜劇「探報」在文學與音樂上的敘事規則、組織結構與既定模式，來掌握此一手法的具體特質；其次，循著歷史源流往上探求，追索「探報」的曲牌體套曲本身和穿插其間、引人注目的整齊詩讚，最早運用來刻劃征戰的淵源和傳統；最後，闡明「探報」敘事手法透過劇場和文學修飾性效果的完成，在戲曲美學上展現的諸多意義。

一、元雜劇運用「探報」刻劃征戰場面的敘事手法

元雜劇運用「探報」刻劃征戰場面的劇本，共計十種，分別是：尚仲賢《氣英布》第四折、《柳毅傳書》第二折、陳以仁《存孝打虎》第四折、無名氏《單鞭奪槊》第四折、《鎖魔鏡》第四折、《老君堂》第三折、《飛刀對箭》第三折、《衣襖車》第三折、《暗度陳倉》第三折和《陰山破虜》第三折。（註三）做爲「代言體」戲劇中極端特出的敘事手法，「探報」在刻劃征戰場面中，主要表現出重疊敘事、詩讚與曲牌交錯、固定敘事模式與用語、固定宮調聯套等特點。

㈠先「主觀」後「客觀」的重疊敘事

戲劇由於是「代言體」，事件須透過演員在劇場上直接呈現出來的，它是「非敘述性」的。因此從外在形式來說，它可以說最具客觀性（註四）。但由於雜劇規定「一人主唱」，在征戰的情節中，如果由實際參與戰爭的任何一方來敘述（演唱），那麼，必然所見所感都將限制在當事人的視覺當中，這就難免帶有主觀色彩。反之，以探子向軍師或大臣描述征戰經過——即所謂「探報」，由於置身征戰之外，因而能夠維持一定的「客觀」性。一般來說，旁觀者的敘事視野通常較爲全面、遼闊，情感也比較沒有偏袒。

思考「探報」敘事的優點，通常也從這個角度出發。王志武在鑒賞《氣英布》一劇時指出：「後面通過探子之口講述英布與項王交戰情形也很有特色，既節省了筆墨，又從側面表現了英布的英勇善戰。」（註五）

正由於「探報」是「旁觀」的，所以它的描寫是「側面」的。「側面」的描述可以節省筆墨，由「出征」直接跳到「勝利消息傳來」，客觀地說明人物的英勇。

然而，事實和構想是有一段距離的。像《氣英布》雜劇那樣，從主將出征直接切入「探報」，由探子來交代戰爭結果的，竟是唯一的例子。其他九個劇本都先搬演了征戰的過程，然後再由探子出場。個別情況分述如下，這些簡單的說明並將做爲以下各節討論的基礎：

《柳毅傳書》第二折寫柳毅千里迢迢來到洞庭傳書，錢塘火龍聞言大怒，頓開鐵鎖，直奔涇河與涇河小龍交戰。劇本以道白、動作「調陣子科」以及火龍追趕小龍的兩度上下場來表現征戰經過。最後錢塘火龍將涇河小龍一口吞了，結束了這場戰爭。錢塘火龍下場後，涇河老龍隨即上場，傳來派往充當探子的電母，獨唱〈越調鬥鵪鶉〉套曲，報告征戰失利的經過。

《老君堂》第三折前先有楔子，寫秦王李世民奉命率劉文靜、秦叔寶、段志玄（賢）、馬三寶等名將南征蕭銑。用大段對白寫兩軍陣營，至「衆將一齊戰科」，由李世民扮正末唱兩支〈仙呂賞花時〉，演交戰經過，李世民刀劈蕭銑「敲金鐙齊唱著凱旋歌迴」；馬三寶又刺死截路的高熊，大勝回朝。第三折才由探子獨唱〈黃鍾醉花陰〉套曲，向等候在朝中的李靖報告李世民戰勝的經過。

《飛刀對箭》第三折前先有楔子，交代高麗上將蓋蘇文，官封「摩支利」，與唐朝軍隊交戰，打敗唐總管張士貴。正追趕之際，由正末扮薛仁貴出場唱〈仙呂賞花時〉二支，演述薛仁貴用三支箭對了摩支利的三口刀，大敗摩支利。第三折才由探子獨唱〈越調鬥鵪鶉〉套曲，向等待在高麗營中的高麗大將報告摩支利敗陣的經過。

《衣襖車》第二折由正末扮劉慶唱〈南呂一枝花〉套曲，演劉慶在酒店遇狄青，告知所押五百輛衣襖車被河西國李滾手下番將劫走，催促狄青追趕，將功贖罪。目睹狄青在杏河邊一箭射死番將昝雄；又在野牛嶺一刀劈死了史牙恰。第三折才由探子獨唱〈商調集賢賓〉套曲，向等待在番營中的李滾報告二番將被殺的經過。

《單鞭奪槊》第三折由正末扮李世民唱〈越調鬥鵪鶉〉套曲，演李世民觀看洛陽城，遇單雄信領兵追趕。徐茂公以私誼勸阻無效，只得回營搬請尉遲相救，李世民逃入榆園，正危急之際，尉遲恭趕至，一鞭將單雄信打得吐血而逃。第四折才由探子獨唱〈黃鍾醉花陰〉套曲，向徐茂公報告尉遲得勝的征戰經過。

《存孝打虎》第三折由正末扮李存孝唱〈越調鬥鵪鶉〉套曲，演李存孝奉李克用之命，率領十萬雄兵、千員猛將，擊跨黃巢手下張歸霸、張歸厚的百萬雄兵；又殺退黃巢之弟黃圭。第四折才由探子獨唱〈黃鍾醉花陰〉套曲，向營中的李克用報告戰況。

《鎖魔鏡》第三折由正末扮那吒唱〈越調鬥鵪鶉〉套曲，演那吒同二郎神率領天兵，擺開陣勢，設下天羅地網，終於捉回從鎖魔鏡逃出的牛魔王和百眼鬼。第四折才由探子獨唱〈黃鍾醉花陰〉套曲，向驅邪院主報告征戰經過。

《暗度陳倉》第二折由正末扮韓信唱〈越調鬥鵪鶉〉套曲，演韓信帶兵明修棧道，並打敗在連雲棧防守的楚軍。第三折才由探子獨唱〈黃鍾醉花陰〉套曲，向劉漢軍營中的張良報告征戰經過。

《陰山破虜》第二折由正末扮李靖唱〈越調鬥鵪鶉〉套曲，演李靖帶兵遠征陰山，生擒北番首領平章頡利可汗與其兒疊羅施。第三折才由探子獨唱〈黃鍾醉花陰〉套曲，向唐朝廷大臣房玄齡報告征戰經過。

由以上陳述，可以見到這些作品就如同一般的征戰劇，依照情節的進展將戰爭經過「演」出來，有時候只用對白交待（二例），但大多數使用一整套曲（五例）；起碼是一個楔子（三例），由參與征戰的一方來主唱。先經過這般演述之後，再令探子重疊敷陳一遍，這是元雜劇運用「探報」刻劃征戰場面的第一個特點。

(二)「詩讚體」與「詞曲體」的交錯結構

除了探子；和探子搭配的那位等候消息的軍師或大臣，是元雜劇「探報」敘事手法中另一重要人物。探子以獨唱一套北曲來報告軍情；軍師或大臣則負責以賓白「問探」。

「問探」的賓白除了口語散句，還運用許多韻文，體裁豐富而多變。齊句詩讚是主要的形式，而有時是加了襯字的詩，有時並不嚴格押韻，有時則是嵌字的文字遊戲，也有〈西江月〉詞體、四六辭賦之類的韻句。形式方面的表現留待最後一節詳述；以下將討論重點放在「問探」的內容結構。

令人驚異的是，代表「問探」一方的「詩讚體」道白內容分量，和代表「探報」一方的「曲牌體」套曲內容分量幾乎是旗鼓相當的。元雜劇「探報」敘事手法不僅在形式上是屬於「詩讚體」與「詞曲體」的交錯結構，在內容上亦如此。

問者通常以「怎生相持厮殺」、「怎生擒拿」、「怎生交鋒」、「怎生排兵布陣」、「那一家敗，那一家勝」之類的問題做開始。

像《存孝打虎》中的李克用那樣，完全依隨探子的報告內容，純粹只是詢問接下來的戰況發展：「你喘息定，慢慢說一遍者。」算是最「保守」的。絕多數的問探者，在探子每唱完一支曲牌後，會根據曲牌內容，以詩詞將戰況再口讚一遍，例如《老君堂》雜劇第三折探子唱〈出隊子〉：

六員將雄如虎豹，逞英雄秦叔寶。皮楞鐵鐧將難逃，蕭虎登時該命夭。（云）俺段志玄，（唱）劍斬蕭彪陣上倒。

述說唐將秦叔寶和段志玄分別殺了蕭虎、蕭彪的情形。李靖聽了以後說：

俺秦叔寶仗著唐元帥的威風，鐧打死蕭虎；段志玄顯大將的英雄，劍斬了蕭彪。好相持也！
叔寶英雄不可當，全憑鐵鐧保封疆。
打翻蕭虎難逃命，更有將軍段志玄，
劍斬蕭彪魂魄散。陣前蕭銑大開言，

單搠秦王雙戰鬥，今朝目下定江山。

俺秦叔寶段志玄殺翻了蕭虎、蕭彪。那蕭銑在陣前厲聲高叫，奈俺元帥怎生相持，探子你慢慢的再說一遍者。

從這段說白中，讀者們注意到，李靖不僅將曲牌〈六隊子〉的內容讚述了一遍，還將探子尚未報告的內容先講了出來。「蕭銑單搠秦王」，是下一支曲子〈刮地風〉的演唱內容。這樣的情形也見於《衣襖車》第三折，河西國李滾派去的探子先用商調〈集賢賓〉、〈後庭花〉、〈雙雁兒〉三支曲牌寫兩軍交戰，驚天動地，血流成河。李滾聽了，未卜先知似地，先提起狄青箭射雄昝的事：

昝雄在杏子河飲馬，那狄青怎生發箭來，你再說一遍來。

正末唱〈醋葫蘆〉：

昝雄那裡飲戰馬，狄青背後隨。昝雄他英名赳赳豎神威，狄將軍怒將金鐙踢。不離了今日，界河的這兩岸要相持。

李滾云：

那狄青急取雕翎箭，忙拈寶雕弓，連珠箭砲窩裡飛來，一點油絃頭上迸出。探子你喘息定慢慢地說一遍。

正末唱〈醋葫蘆〉：

狄將軍將玉轡提，相對敵。走獸壺順手取金鈚，鳳翎箭水光端的直。弓彎著神背，更壓著漢朝李廣養由基。

李滚云：

那狄青右手兜絃，左手推靶。弓開似那曲律山頭蟒，望著鼻凹一點星。你慢慢説一遍。

正末唱〈醋葫蘆〉：

狄青將右手兜，左手推。斟量著遠近覷箇高低，則他那猿猱臂膊使著氣力。撼山般威勢，轉回頭斜望著昝雄射。

在這裡，問探者完全倒過來掌控敘事的主導地位。雖然並未參與戰爭，卻對戰爭內容瞭如指掌，甚至比探子還清楚似地牽引著探子的敘述。像這樣「不合情理」的內容爲什麼會出現？

從《單鞭奪槊》（《元曲選本》）第四折徐茂公聽取探子陳述段志賢敗陣，尉遲恭及時趕到後的道白，可以得到答案。探子唱〈出隊子〉：

兩員將刀回馬轉，迎頭兒先輸了段志賢。唐元帥敗走，恰便似箭離弦。單雄信追趕似風送船，尉遲恭傍觀，恰便似虎視犬。

徐茂公云：

誰想段志賢輸了也，背後一將厲聲高叫道：「單雄信不得無禮！」你道是誰？乃尉遲敬德出馬。好將軍也！（詩云）

他是那虎體鵷肩將相才，六韜三略貯胸懷，

遇敵只把單鞭舉，救難慌騎剗馬來。
捉將似鷹拏狡兔，挾人如母抱嬰孩。
若非眞武臨凡世，便是黑煞下天台。

這根本是說書人的口吻！原來，這些「問探者」夾帶著大量韻文的賓白，正是說唱人「說」的轉化；而「探子」獨唱描述征戰的大套北曲，則是說唱人「唱」的轉化。

金元時期，那些專寫說唱和演劇底本的書會才人們，利用發展成熟的北曲套數，吸收講唱文學豐富的故事內容，奠立了元雜劇「大戲」的格局。（註六）由於雜劇作者可能同時是平話或詞話的作者（註七），兩個文類間又有血脈相連的關係，元雜劇保留了說唱的痕跡是很自然的事。雜劇中歷史征戰類的題材是大量吸收自平話、詞話的，因此就出現了「探報」這樣的形式，結合了戲曲與說唱兩者的精奧，形成了兼具曲牌體抒情性和詩讚體朗誦性之妙的敘事手段。

㈢固定的敘事模式與用語

元雜劇的「探報」還有一個明顯的特點，那即是，它的敘述模式是有跡可循的，部分用語甚至是固定的。徐扶明先生會將「探報」情節視爲「舊套」（參（註二）），有一定的事實基礎。

「探報」一開始，必定是問探者上場唸上場詩，例如：「帥鼓銅鑼一兩敲，轅門裡外列英豪。三軍唱罷平安喏，緊捲旗旛不動搖。」（類似的上場詩出現在《存孝打虎》李克用上場及《單鞭奪槊》徐茂公上場），然後說明兩軍相峙，「未知輸贏勝敗，使得個報喜（或言「能行快走」）的探子打探去了，這早晚敢待來也。」一句話帶引探子上場，探子上場第一句話定是：「一場好廝殺也呵！」（註八）跟著開始唱曲。有時會先大略形容兩軍昏天黑地的戰況，有時則敘述趕路的辛苦。

問者通常接著說：「好探子也，從那陣面上來，你看他喜色旺氣……」有趣的是，連失敗的一方如《衣襖車》的李滾、《柳毅傳書》的涇河老龍、《飛刀對箭》的高麗將也都說「喜色旺氣」；事實上探子帶來的是個悲慘的消息。然後問探者通常會以一段詩讚對前來報告的探子形容一番。舉《存孝打虎》爲例，李克用一見探子，讚道：

一張弓彎秋月，兩枝箭插寒星，
三尺劍掛小貂裘，四方報喜問探子，
五花營中來往有如攛梭，六隊軍中上下有如蛟龍，
七尺軀肩擔令字旗，八角紅纓桶子帽，
久久等待許多時，實實數說軍情事。

完全相同的文字又見《飛刀對箭》；而《氣英布》、《單鞭奪槊》對探子的讚語亦與此相近。這些形容文字通常以「兩陣相當分勝敗，盡在來人啓口中。」作結來導引出探子的報告。

如前所述，問探者雖未參與征戰，但對戰事卻似乎瞭若指掌，通常每在探子唱完一個曲牌，就以詩讚或詞或賦將戰況重疊描述一遍；有時甚至超過探子的報告，先替接下去的戰況提個頭，導引探子以曲牌唱出。

以整齊詩讚穿插者，通常通篇出以整齊詩讚；用辭賦則通篇辭賦，然亦有詩讚間以辭賦或〈西江月〉詞者。而除了戰況，有時也出現對征戰英雄穿著、武器、坐騎的造型描述，爲了下文比對的方便，茲舉《飛刀對箭》中，高麗將在聽取探子唱〈寨兒令〉，報告兩軍出馬情形後的回應爲例：

俺摩支利，戴一頂描星辰、晃日月、籠海獸、玲瓏三角稟鄒紫金冠。披一副遮的刀、迎的箭、黃金打、柳葉砌成的龜背獍猊鎧。穿一領晃日月、耀人目、猩猩血染西川十樣無縫錦征袍。跨下騎一匹兩耳尖、四蹄輕、胸膛闊、尾靶細、日行千里胭脂馬。輪一口獸吞頭、蘸金鑲、冷颼颼、逼人寒、百斤合扇大桿刀。

比上引還要細瑣、繁複的英雄造型說明，出現在《陳倉暗度》對韓信的形容，而最極端的例子，則是《氣英布》中對英布的形容（詳下文）。英雄武藝造型的描述在各劇本中是少不了的；但篇幅通常比較節制。

探子報告完畢，照例有賞。賞物照例是羊和酒，有時還有銀，或者「十日（或三十日）不打差」「十個免帖」之類的休假優侍。探子叩謝下場，整折戲才算是結束。

(四)黃鍾、越調套曲與元雜劇征戰情節的密切關係

在元雜劇十個「探報」套曲中，有七個用的都是〈黃鍾醉花陰〉套；另有兩個〈越調鬥鵪鶉〉套，一個〈商調集賢賓〉套。而根據前面第一小節的介紹，有二分之一的劇本，在探子報告戰爭勝敗結果之前，會先用一整套曲由參與征戰的一方主唱，演出整個征戰過程。其中，有四個例子用的都是〈越調

鬥鵪鶉〉套。

針對元雜劇十個有「探報」情節的劇本，可以看出〈黃鍾醉花陰〉套和「探報」似乎有特別密切的關係；而〈越調鬥鵪鶉〉套則似乎特別受到征戰場面的青睞。這究竟是什麼原因呢？

從最基本的宮調性質來探求。用在元雜劇做爲劇套的九個宮調，還原到古樂八十四調，根據曹安和《我國古代樂譜簡介》「宮調與律的關係」表格推算，（註九）五宮剛好是五個「宮調式」，四調是四個「商調式」。（註一〇）而黃鍾是無射均的宮調式；越調則是無射均的商調式。二者皆屬「無射均」。這樣一個古遠的共通點的連繫，或者有一定的意義。然而，依照音樂學者楊蔭瀏的研究，雜劇的宮調實際上只是借用了「燕樂二十八調」的調名而已，並不具備規範曲牌的調高和調式的作用。（註一一）如此說來，上述種種都只能聊備參考而已。

元代芝庵在《唱論》中曾提出「聲情說」。（註一二）黃鍾宮是「富貴纏綿」；越調則是「陶寫冷笑」。芝庵關於聲情的描述本來就極抽象，就字意來看，無法理解它和戰爭情節有什麼關係。

至於曲牌聯套的使用習慣，許之衡《曲律易知》：「論排場」、王季烈《螾廬曲談》卷三第四章「論劇情與排場」在武劇套數裡，都並沒有特別強調黃鍾或越調與武劇的關係。此二書所論乃崑劇之聯套，大抵北曲無論何宮調，總是比崑腔的流麗悠遠不同，都可以用在崑劇中敷陳征戰場面。

許子漢有《元雜劇聯套規律研究》，根據現存的元雜劇曲套，連繫劇中情節，逐一比較，歸納出其中的聯套法則。（註一三）他的研究成果爲這個問題提供了可貴的參考。該書第七章第一節「黃鍾宮」指出，用在「探報」的黃鍾套曲，都是採用最簡短的套式：〈醉花陰〉＋〈喜遷鶯〉＋〈出隊子〉＋〈刮地風〉＋〈四門子〉＋〈古水仙子〉＋〈尾聲〉。即鄭騫先生所謂的「聯套基型」。只有《存孝打虎》一劇在〈尾聲〉之前多加了一支〈寨兒令〉，但對套式類型並無影響。許氏比較了同樣用此套曲的其他戲，如《西遊記》第五本、《黃花峪》、《瀟湘雨》、《倩女離魂》、《灰欄記》等，歸納出使用此套的劇情都是「加上科汎以表示動作之型態」（頁一五四）。

在第五章「越調」中，許子漢歸納越調聯套具備了「變化極少，且多為短套」的特點。尤其重要的是：「用越調之折有約三分之一用於戰爭場面之表演，其他三分之二的劇例亦多有打鬥、嬉鬧、或類於群戲、鬧場之表現。」（頁一三二）（註一四）

再看許子漢第九章的總結，他指出，仙呂、越調和黃鍾三個宮調的共同點是：「皆用於情節較無變化，較無段落區隔之形態。」至於黃鍾宮與越調的差異，在於：「黃鍾之聯套單位主在演出此種且唱且舞之特定表演形態，而『探子出關目』之例可為其典型。」「越調主要使用單位則在於表演武戲、群戲、鬧場等形態」（頁二〇四）。

許子漢還指出：「黃鍾宮探子報告之情節不用黃鍾者另有三折，此三折皆為戰敗一方之探子所唱，用黃鍾之折皆為勝利一方之探子所唱，……此或所以言其『富貴』之故。何以言『纏綿』則不得而知。」（此說或可商，詳本文第三節）

元雜劇在明代中葉已無人能唱（《沈寵綏》「度曲須知」）。因此，關於宮調套式的使用和形成因素的諸多問題每不可得而解。許氏論點係根據《全元雜劇》共二百二十五種之套式九百四十六套逐一比對、歸納而來。這些具體、嚴密的研究，對於塡補元雜劇聯套規律認識上的空白有極大的助益。對於本文在一片空乏之中尋求黃鍾、越調套曲與征戰情節關係的問題上，尤其提供了重要的訊息。

二、元雜劇運用「探報」敷陳征戰場面的歷史淵源

從以上論述可知，元雜劇運用「探報」敷陳征戰場面，詩讚體文學不僅在形式上，更在內容上和曲牌體套曲形成交錯的敘事結構。同時，在敘事模式和敘事用語上，都有一定規律可循。它的來源和根基是什麼？曲牌體本身對於征戰題材的描述是否也有它的歷史基礎？下面分講史類俗講變文、詞話和諸宮調三方面探尋。

㈠「講史類」俗講變文的征戰描寫

除了少數例外（註一五），元雜劇運用「探報」刻劃征戰場面，都出現在「講史類」的劇本中。這些劇作的題材本事即是長期以來流行市井述說歷代興亡的「講史」。南宋說話，根據耐得翁《都城紀勝．瓦舍衆伎條》的記載，有四「家數」：一、小說，又稱銀字兒，包括「煙粉、靈怪、傳奇、說公案，皆是樸刀杆棒及發跡變泰之事。」二、說鐵騎兒，「謂士馬金鼓之事」。三、說經、說參請、說諢經。四、講史書，「講說前代書史文傳興廢爭戰之事。」（註一六）

上述家數中，涉及征戰情節的，有說鐵騎兒和講史二家。根據胡士瑩在《話本概論》中的說法：「講史講的是前代的史；而鐵騎兒所說的卻是本朝的事。」（頁一〇二）「鐵騎兒顯然是以民族戰爭中的英雄爲主體而不是以一朝一代的興廢爲主體的。」（頁一〇七）胡氏並且指出，在晚出的《醉翁談錄》與《應用碎金》中，說話所以只剩三家，少了說鐵騎兒，乃是因爲「被當政者所鉗制而取消了」（頁一〇三）。這使得說鐵騎兒後來不得不和講史合流，成爲講史的一部分。因此，它的名稱不再出現；作品也沒有流傳下來。「說鐵騎兒」的作品雖已不存，流傳元代的許多宋代的講史故事，可能正是它們的化身。探討元雜劇征戰場面的敍事淵源，講史作品很自然地成爲第一個注意的焦點。

在那些以一個完整套數借「探子」之口詳述征戰過程的元雜劇中，我們看到的，除了雄渾的北曲大套，還有就是交錯在一支支曲牌間的齊句詩讚。北曲套數本是元雜劇的主體；引人好奇的，是那些占據相當篇幅，義涵豐富，形象生動，修辭熟練的詩讚。這些詩讚對征戰的描寫，無論內容的連續性或重要性，都強過於講史平話或演義中做爲「點綴」用的「詩云」或「有詩爲證」。

不管「宋人舊編元人增益」或「元人編刊」的平話，前者如《新編五代史平話》；後者如《全相平話武王伐紂書》、《新全相三國志平話》，都是說話人用的底本。這些作品人物缺少刻劃，語言也較粗糙。尤其重要的是，它們是以「散白」來敍述故事的，除了前後「開場詩」和「散場詩」，全書以詩讚如「有詩爲證」等刻劃的地方其實十分有限。這一事實促使筆者將探尋的觸角，更往宋代以前延伸。在那些吸收了唐代講唱歷史故事的俗講變文中，找到了線索。（註一七）

敦煌變文中，出現征戰描寫的作品包括：《伍子胥變文》、《漢將王陵變文》、《李陵變文》、《張義潮變文》、《張淮深變文》、《韓擒虎話本》、《破魔變文》等。其中除了被認爲可以用來證明唐代已有「說話」技藝的《韓擒虎話本》（註一八）通篇以散文敘事外，都用篇幅可觀的詩讚，對征戰進行刻劃，例如《伍子胥變文》中，有一段描寫兵馬行進的浩瀚場面：

將軍馬上卓紅旗　兵士各各依條貫
先鋒踏道疾如風　即至黃河東北岸
先鋒引道路奔騰　排批舟船橫軍渡

至於征戰過程，尤爲這些講史變文描寫的重點所在。以下僅舉《漢將王陵變》中的一段詩讚爲例。這一段文字寫灌嬰從王陵之計，單憑二人之力，潛入霸王軍中「斫營」的經過。寫得形象生動，如在目前：

羽下精兵六十萬　團軍下𨚫五花營
將士夜深渾睡著　不知漢將入偷營
王陵抬刀南伴斫　將士初從夢裡驚
從帳下來猶未醒　亂煞何曾識姓名
暗地行刀聲劈劈　帳前死者亂蹤橫
項羽領兵至北面　不那南邊有灌嬰

灌嬰揭幕蹤橫斫　直擬今霄作血坑
項羽連聲唱禍事　不遣諸門亂出兵
二將驀營行數里　在後唯聞相煞聲

這一場斫營的成績是：「二十萬人總著刀箭，五萬人當夜身死」，單憑二人之力，這樣的描寫，算是夠誇張了。

「講史類」俗講變文的詩讚文字，雖然還帶有早期語言樸拙文采不彰的特性。但是在形式、規模，特別是在功能上，已經爲詩讚文字的征戰敘事奠定了重要的基礎。

㈡詞話中的征戰描寫

俗講變文中的詩讚，最直接的影響，便是可能形成於宋代，而盛行於元代的詞話。尤其像《季布罵陣詞文》那類通篇無一散句，一韻到底，名稱又相近的作品，被認爲是詞話的直接源頭。（註一九）最早關於搬演詞話的記錄，是元完顏納丹編纂的《通制條格》。該書卷二十七《雜令》有這樣一條資料：

至元十一年十一月中書省大司農呈：河南河北道巡行勸農官申：順天路東鹿縣鎮頭店聚約百人，搬唱詞話。社長田秀等約量斷罪外，本司看詳：除係籍正式樂人外，其餘農民、市户、良家子弟，若有不務本業，習學散樂，搬唱詞話，並行禁約。都省准呈。

至元十一年，是西元一二七四年，世祖忽必烈在位，元朝政權剛剛建立，甚至還未攻陷南宋都城臨安（註二〇），年代相當早。後來編纂的《元史》中也有這條禁令（註二一）。禁令中明說的是：「搬唱」、「演唱」詞話。可見指的不是話本，即使「詞話」曾被人用來泛稱「話本」（註二二），那也只能說明「說話」受到俗講變文、詞文包含大量詩讚的影響，逐漸產生了「詞話」這種說話與唱詞高度結合，而以唱爲主的新形式。《通制條格》中的「『搬唱』詞話」，以及《元史》中的「『演唱』詞話」指的就是這種又唱又說的表演新形式。

詞話既然在元初已經盛行，那麼，可想而知，它在宋代必定有相當一段時間的發展；儘管詞話之名並不見於宋代的文獻之中。胡士瀅在《話本小說概論》第六章第六節「詩讚系的詞話」中提出宋代「陶眞」、「彈唱姻緣」等曲藝的說唱方式都可能是屬於詩讚系詞話型的推測，是頗具參考價值的。（註二三）

無論宋代有沒有「詞話」，元初盛行詞話卻是不爭的事實。除了上引兩條禁令，最爲人熟知的是關漢卿雜劇《救風塵》第三折趙盼兒對周舍唱〈滾繡球〉〈么篇〉曲文：「那唱詞話的有兩句留文：『咱也曾武陵溪畔曾相識，今日佯推不認人。』」詞話深入生活，成爲生活用語，它對元人的影響由此可見。元雜劇中大量存在的「詞云」「詩云」被認爲吸收自詞話，葉德均、胡士瀅都持這樣的看法。（註二四）葉氏並且以《元曲選》爲例，統計百種曲中有詞話的計九十二種，共一百八十八處。葉氏認爲這樣龐大數量的引用，說明「兩者必然是有傳承和發展的關係存在著」，「宋元南戲和元雜劇本是從說唱諸宮調及詞話改變而來。」（〈宋元明講唱文學〉頁六六三）

元雜劇運用「探報」敷陳征戰場面的套曲中，詩讚詞句的穿插，較之雜劇其他地方出現的「詞云」「詩云」尤為整齊精緻，其最近的淵源正是詞話。

現存最早的詞話作品，是一九六七年在上海嘉定縣宣姓婦人墓中發現的《成化說唱詞話》十七種。這幾部詞話都是成化年間永順書堂以版刻印刷刊行的。（註二五）民間作品從成形、流傳到刊刻出版，需要相當一段時間。因此這批詞話的實際流行年代可能在元代或甚至更早。

成化詞話十七種中，以「講史」為內容的有《花關索出身傳》（四種）、《石郎駙馬傳》和《薛仁貴跨海征遼故事》。特別在《花關索出身傳》的前、後、續、別四集當中，充斥著大段大段詩讚的征戰描寫。《關索傳》是永順堂在成化十四年以舊版「重刊」的，從版式的擁擠及上圖下文的狹長版畫看來，其年代有可能比其他幾部詞話都來得早。（註二六）《關索傳》敘述花關索以驍勇善戰受到矚目，終能子承父志的出身經過。全文以唱詞為主體，碰到大大小小的征戰場面，諸如「十二強人投關索」、「收太行山二強人」、「關索射包王」、「關索大戰鮑三娘」、「關索殺廉康」、「關索收蘆塘寨主」、「關索戰廉旬」、「關索舞劍殺呂高」、「關索與張琳舞劍」、「關公戰陸遜」、「關索引兵征吳」、「關索戰顏昭」、「關索殺鐵旗曾霄」等（上引插畫標題，《關索傳》原不分段落）莫不以詩讚唱詞描摹對陣廝殺的經過，散說起的只是牽引出詩讚描寫，連繫情節的作用而已。這些幾乎占據了《花關索》詞話主要篇幅的「純詩讚」征戰敘事，讓我們看到整齊出現於元雜劇「探報」套曲中的詩讚背後豐厚的基礎。

另外兩部作品《石郎駙馬》和《薛仁貴》，除了征戰，還包含更多家庭親情及人物心理的刻劃。其中特別値得一提的是《薛仁貴跨海征遼故事》。這部詞話像《花關索》一樣有精彩的詩讚刻劃征戰，如：「秦懷玉戰巴彥能」、「莫支利飛刀對劍」、「白袍將救駕」、「尉遲恭鞭打葛蘇文」等。引人注意的是，在整個故事說唱完了的最後，有一篇長達一千三百字「攢十字」體的「薛仁貴告御狀」。從薛仁貴「家住在降州城龍門縣裡」說起，如何從軍，如何殺敵救駕立功，如何被張士貴汚蔑搶奪功勞等由頭到尾重說了一遍，令聽衆（讀者）重新「複習」了薛仁貴故事的經過。無獨有偶的，在「告御狀」之後，有「唐太宗受准御狀」，將薛仁貴事蹟較簡略地以兩百六十六字七言齊句詩讚又述說了一遍。這種重疊敘事的手法，和元雜劇「探報」套曲對前頭已敷演過的征戰場面，借探子之口再重述一遍的作法如出一轍。正是說唱曲藝以口頭敘述傳播，爲了加強聽衆印象所使用的手段。

令人驚訝的是，「太宗受准御狀」，在太宗宣敕內容中，竟包含薛仁貴的裝束造型和英勇殺敵的描述，由於這段文字很有代表性，引錄全文如下：

太宗准受冤詞狀　龍眉鳳目看虛眞
聖旨一見容顏怒　拍案高聲罵歹臣：
「敕你領兵都帥首　卻在船中飲杯巡，
仁貴幼小英雄莽　正是擎天柱一根
頭帶鮮明盔一頂　一撒紅纓似火雲

白綾戰袍穿一領　呼風喚雨鬼神驚
左帶鐵胎弓一把　右揰鑿山箭百根
腰繫一條獅蠻帶　方天畫戟手中論
賽過蛟龍并大蟒　有如猛虎奔山林
大喝一聲遼軍退　開弓放箭似流星
大叫一聲言道著　箭去弦聲響似鈴
正中遼軍薛太子　番身倒在地埃塵
鐵扒崖土來索戰　也著一箭透前心
二將番身落下馬　化作南柯一夢人
上崖追殺遼東敗　虧了白袍夢裡人
你做總兵爲元帥　故賴功勞瞞寡人
本待送下西台問　王法依條罪不輕
朕今看眾臣僚面　喝在金階下面存」
太宗賞賜薛仁貴　敕封征遼大將軍

文采表現雖然還是民間的本色，較之變文，已成熟流利甚多。說唱者藉太宗之口（似乎完全不顧太宗的皇帝「立場」），對薛仁貴這位英雄人物盡情吹捧了一番。

最後，還有「莫支利怎生披挂」、「薛仁貴怎生披挂」的兩段文字，是用來「說」的長短句。茲引錄前段（莫支利）的文字如下：

頭戴凱卒冠，身披絳紅服，腰繫獅蠻帶，懸十二錕吾劍，更有打將鞭，脊背上五口飛刀。頂頭盔，光閃閃；身披袍，猶如血，征人戰騎別無色，連人和馬一抿紅。就地紅雲起，托出太陽眞腦頂，殺氣三千丈，四下裡威風，五百步闊。

倪鍾之在他的《中國曲藝史》中指出，這是「藝人演唱的底本」「至今在許多民間藝人自己存留的底本中，仍有這種現象。就是把書中的「人物贊」或「披挂」集中抄在一起，作自己背誦之用；在記錄書中情節時就可以不再重覆。」（註二七）其後，還有一段描述兩將開打的七言齊句唱詞，性質也類似。

這就是答案！——爲什麼元雜劇「探報」套曲有一定的敘述模式，無論問探程序、探子裝束、英雄人物造型、征戰描寫，甚至敘事用語都和演義小說一樣，令人有似曾相識之感。（註二八）原來，這正是講史、說唱的傳統！以固定的敘事模式編撰劇情，刻劃人物，對表演者（作者）而言，主要是爲了方便；對觀衆也有一定的意義。（詳下文）

附帶須要提到的是，比對上引成化說唱詞話《薛仁貴跨海征遼》中「莫支利怎生披掛」，和本文第一節第三小節引錄元雜劇《飛刀對箭》高麗將對摩支利的造型描述，兩者仍有距離。成化說唱詞話中所見到的，還不是整齊的詩讚。像元雜劇「探報」中所出現的那些整齊而鋪張的人物讚賦，必須到明代后期諸聖鄰所作的《大唐秦王詞話》中才見得到。而《秦王詞話》中的人物讚賦卻是受到元明間講史演義的影響而形成的。

對於這之間相互傳承、影響的情況，有必要先在這裡理出個頭緒。今天我們所見到的元雜劇劇本，除了元刊雜劇三十種之外，像「脈望館」、「古名家」、「息機子」、「顧曲齋」等版本，雖然都還算是「未經大量改動的」「舊本」（註二九），但都在明代中、後期刊刻，在刊刻的過程中，受到明人部分潤飾是可能的。穿插在元雜劇「探報」中的那些配合曲牌、連續描述征戰過程的詩讚，並不符合散說爲主的講史平話之敘事形式，其淵源顯然來自詩讚韻文體的講史類變文和詞話；至於少數特別精緻而鋪張的人物讚賦，則是受到元明間流行的演義小說影響，在明代刊刻元人劇本時被增益進去的。（註三〇）不過，即使如此，在變文、詞話、乃至演義中，都沒有出現過以「探報」來交代整個征戰情節的情形。那是因爲說唱者本身已是「第三者」，採用的本來就是旁觀的敍述，在雜劇中，說唱者的「說」被轉化爲問探者的賓白；說唱者的「唱」則被轉化爲探子獨唱北曲，所不同原來的齊句詩讚唱詞，被長短句的曲牌套數所替代。這一點將從曲牌系的說唱諸宮調談起。

(三)諸宮調中的征戰描寫

元雜劇由不同宮調的四套曲組成。這些成熟的劇套，最早是以說唱諸宮調爲基礎，經過散套階段在規模上加以富豐擴張，再吸收說部豐富的故事內容，搬上舞台，漸漸發展形成的（參（註六））。諸宮調較之同時代其他詞曲系說唱最大的進步，是突破單曲重覆的體例，出現了同宮調內不同曲牌組成的套數。（註三一）雖然這些曲套通常極爲短小，或由同宮調的幾支曲牌組成；或甚至只是單曲加尾成爲曲組。但它們是元雜劇的主幹——套曲的根源基礎。因此，尋求元雜劇「探報」套曲的敘事淵源，諸宮調是不能忽略的一個因素。

元雜劇的劇作家們利用北曲「五宮四調」一共九個宮調的劇套，敷演各式各樣的題材，其中自然也包括歷史征戰戲劇。另一方面，較之南曲，北調聲情趨向雄健高亢，尤常常被南曲戲劇刻意運用來刻劃特別熱鬧的場面，諸如征戰、狩獵、節慶、宴會、比賽等等。在讀者們的印象中，北曲劇套敷陳征戰場面，是很尋常的事情。

然而，檢視《全元散曲》，卻充斥著志情、花間或市井描摩的內容，極少有歌詠歷史人物或人物英勇事蹟的作品出現。（註三二）往更早的根源探尋，現存的三部金元諸宮調作品，包括：金董解元《西廂記》一個全本，和無名氏《劉知遠諸宮調》、元人王伯成《天寶遺事諸宮調》兩個殘本，對征戰場面的描寫也都相當有限。

《西廂記》諸宮調卷三開頭，用越調（〈鬥鵪鶉纏令〉＋〈青山口〉＋〈雪裡梅〉＋〈尾〉）和般涉調（〈牆頭花〉＋〈尾〉）兩個短套共六個曲子，譜寫白馬將軍杜確帶領軍士「森森排劍戟，密密列干戈。」「把業龍擒捉，猛虎倒拖。」打倒了前來強親的孫飛虎，算是篇幅最長，也寫得最靈活生動的敘事文字。（註三三）《天寶遺事諸宮調》對征戰場面一筆帶過，把筆墨全放在明皇、楊妃、安祿山三人的情愛糾葛上。對於祿山兵變，只用了越調〈耍三台〉〈么篇〉兩支曲子描寫「破潼關」。至於《劉知遠諸宮調》，目前只保存四十二頁，分別是頭、尾的五個殘回，並未見到征戰場面的描寫（註三四）。

說唱諸宮調的作品裡頭，征戰題材果眞如此貧弱嗎？從側面的線索來看，事實並非如此。《西廂記》諸宮調卷一開首有仙呂調〈醉落魄纏令〉一套「引辭」，提到：「話兒不提朴刀桿棒，長槍大馬。」「曲兒甜，腔兒雅，裁剪就雪月風花，唱一本兒倚翠偷期話。」看來，當時說唱諸宮調似乎和小說一樣，也有「朴刀桿棒，長槍大馬」等俠義和征戰題材，而非僅限於「風花雪月」的戀愛故事。另外，石君寶《諸宮調風月紫雲庭》雜劇，描寫諸宮調藝人韓楚蘭的愛情故事。第一折仙呂套曲中，韓楚蘭唱道：「我勾欄裡把戲得四五迴鐵騎；到家來卻有六七場刀兵。我唱的是《三國志》先饒十大曲；俺娘便《五代史》續添《八陽經》。」（〈混江龍〉）（註三五）又，「我唱的那七國裡龐涓也沒這短命，則是個八怪洞裡愛錢精。」（〈賞花時么篇〉）更具體地說明了當時的諸宮調已有《三國志》、《五代史》、《八陽經》、「孫、龐故事」等歷史征戰題材作品。事實上，《劉知遠》諸宮調正是一本「講史」諸宮調，只是征戰的部分不爲今人所見罷了。

曲牌系曲體由各個曲牌的長短句構成，旋律性強，曲情豐富，本來就有利於刻劃抒情性的題材；反之，詩讚系曲體則由七言或十言的齊句組成，通常僅使用少數幾個調子，利用主調變奏和節奏變化來表達不同的情感，因此旋律較爲貧弱。但相對地，其節奏性強，朗誦性佳，有利於長篇敘事，適合敷陳歷史故事。（註三六）這是曲牌系和詩讚系曲體的兩個不同的傾向，也許可以用來幫助說明爲什麼諸宮調中講史征戰類的內容沒有被保存下來；爲人所知的，儘是些「倚翠偷期」的篇章。

至於元雜劇，由於係屬結合歌唱、舞蹈、賓白、做表、雜技的綜合表演藝術，自然能夠突破種種限制，以不同的表演手段加以豐富，使任何題材都能得到應有的發揮。諸宮調原來既有的講史傳統，就由北曲雜劇繼承並且發展了。

三、元雜劇運用「探報」刻劃征戰場面在戲曲美學上的意義

元雜劇運用「探報」刻劃戰爭的敘事手法，具備了重疊敘事、詩讚與曲牌交錯、固定敘事模式與用語、固定宮調聯套音樂等特點。這些特質往往招致「僵化了的化石」（參（註一））、「沿襲舊套」（參（註二））、甚至「多餘的贅瘤」、「畫蛇添足」等惡評（註三七）。事實上，其所以成爲「化石」或「舊套」，正因爲在劇場及文學上都擁有正面的條件和作用。特別從藝術修飾性的這一角度來看，對戲曲美學有一定的意義。

(一)鋪張戲劇排場

「探報」的敘事是將舞台上已呈現過的劇情，再安排其他不相干的劇中人以旁觀口吻重述一遍，而且占了全劇本四分之一的篇幅，或者說占了全部演出四分之一的時間。以西方講究情節緊湊的編劇規則來看，無疑是極不妥的。然而中國古典戲劇是結合歌、舞和對白動作而成的「戲曲」，和西方以對白爲主的舞台劇完全不同，因此，它的審美準則也有很大的差異。

押韻的曲文，廣義而言也算是「詩」，在傳統戲曲中占有最重要的地位，因此有人將古典戲曲稱爲「劇詩」。正因爲這樣的組成特點，使得中國古典戲曲的戲劇動作（action）（註三八）常有內化的象現，戲劇的最高衝突亦往往內化而透過「抒情」來表現。蘇國榮在《中國劇詩美學風格》「戲劇動作的內在性」（註三九）一節說得很清楚：

戲劇動作發自人物內心的意志和情感，由內心動作轉化爲外部動作，這是戲劇動作的一般規律。……中國劇詩則更多地側目於內心意志的展示，強調外部動作的形成過程，把舞台空間騰給人物靈魂深處的內心排徊。……由此形成了我國劇詩在戲劇動作上的抒情風格。

在我國古典戲曲中，很多戲劇從它的整體來看，並不是抒情戲劇，但它最精彩的場子，它的高潮，往往是抒發自內心情感的抒情場面。

正因爲這種戲劇動作「內化」的傾向，當一場征戰進行時，往往並非戲劇的高潮所在，征戰過後，才是戲劇的重點。

在歷史劇中，英雄人物的被肯定，有時候完全靠贏得一場征戰（大的戰役或小一點的格鬥），那麼這場征戰就變得十分要緊了。這樣的情況之下，單單只表演對陣的過程，對於注重排場的中國劇場而言，顯得太單薄。由探子再次敷陳征戰經過，成爲鋪張戲劇排場的最佳手段。前引許子漢對雜劇聯套的研究，認爲在「探報」演出中，「可以想見其表演場面爲一說一唱，探子同時在台上有相應之科汎動作，表現戰爭之行動狀況。」（前揭書頁一五四）是很可取的。

事實上吳瞿安早已提過這樣的看法，他在「《義勇辭金》跋」中提到其中的探報場面，說：「第三折用探子歌唱，而以魏武作陪，雖變元體格，而仍末用末唱，亦正兩全之道，一則令末角可以休息，二則排場較熱鬧，此深于劇情者當知之。」（註四〇）

《義勇辭金》的作者是明藩王朱有燉，他的那些貴族風格的雜劇作品，本來就以注重排場為特色，對於「探報」鋪張排場的效果，理所當然大肆發揮了一番。誠齋雜劇中的「探報」包括：《關雲長義勇辭金》第三折〈越調鬥鵪鶉〉套，寫探子向曹操報告關公斬顏良的經過；《文殊菩薩降獅子》第四折〈越調鬥鵪鶉〉套，寫探子向護法報告文殊菩薩降青獅之經過；《福祿壽仙官慶會》第四折〈黃鍾醉花陰〉套，寫探子向和合二神報告鍾馗收鬼之經過；《得騶虞》第三折〈黃鍾醉花陰〉套，寫探子向藩王報告護衛官率軍隊捕獲騶虞瑞獸之經過；《天香圃牡丹品》第三折〈黃鍾醉花陰〉套，寫探子向藩府報告牡丹花開的種種情形等。

這些在貴族王府裡演出的「探報」，除了元雜劇「探報」原有的特質，還有創發之處：

①每一場「探報」皆由五名探子擔任，只有一人主唱。

②似乎打破了元雜劇勝利一方的探子皆用黃鍾套曲之例。

③出現了與征戰場面無關的「探報」之例《牡丹品》。

一場有五名探子的探報，其場面將會有多麼熱鬧！只有一人主唱，那麼其他四人可想而知必以類似群舞的特技在一旁配合。眞是形式主義的極端表現！

《義勇辭金》和《降獅子》皆捨黃鍾而用越調套曲報告勝利的消息，這提醒我們注意一個問題：在元雜劇中，失敗一方的「探報」雖無使用黃鍾套曲之例，但場面皆極熱鬧。敗方的問探者在聽完探子的描述之後，只有痛失愛子的涇河老龍打算復仇，其他如李滾、高麗將等，莫不對「天朝」——中國歌功頌德一番，可見這其實是借敗方襯托勝利榮耀的寫法。因此，究竟是否只有勝者可以用「富貴」的黃鍾套曲（前引許子漢說），還有待商榷。

明代著名傳奇劇作家湯顯祖《南柯記》第二十六齣「啓寇」，運用探子向檀蘿國四太子報告金枝公主選花的情形，很明顯沿襲《牡丹品》的「探報」而來，內容已完全脫離了戰爭。

另一個較典型的傳奇受雜劇影響而用「探報」之例，是明代王濟的《連環記》傳奇，該劇第十六齣「問探」寫探子向呂布報告劉關張出兵來伐的情形，保留元雜劇探報的特點，包括①重疊敍述了第十四齣「起兵」的情節。②敍事與詩讚交錯，其中對劉關張三人造型的文字描述，皆來自《三國演義》。③敍事模式與雜劇探報同。④使用黃鍾套曲（基型）。這個折子並且被清朝宮廷大戲《鼎峙春秋》所吸收，成爲「中軍帳探子施威」一折。

京劇中的「探報」都比較簡單（註四一），唯《起布問探》例外，劇中以探子爲主，由武丑擔任，至今已鮮少上演，其劇本即來自《鼎峙春秋》的「中軍帳探子施威」。《京劇知識辭典》「耍旗」條對此劇演出情形有所記錄：「《起布問探》劇中，探子在向呂布回報軍情時，用串指、穿腕、撇挑、耍花等特技，描繪戰局的變幻。」（頁一一二八）（註四二）。雖然各朝代各劇種表演技藝一脈相承，究竟到什麼樣的限度，自今已不可考，但這一實例確爲元雜劇「探報」演出保留了一絲珍貴的線索；同時，也爲我們瞭解「探報」之鋪張戲劇排場，提供了形象的基礎。

戲劇除了「演員」演出「劇本」，還有一個不可忽略的因素，那就是「觀衆」。沒有觀衆，戲劇的演出就失去了對象，那麼戲劇就無法完成。因此，衡量戲劇表演藝術效果，探討戲劇美學成就，觀衆心理和情感反應的考慮，是相當重要的一環。

㈡吸引觀衆注意

元雜劇中「探報」的敘事模式和部分用語是固定的。連音樂都固定採用黃鍾基型套曲，不然就是〈越調鬥鵪鶉〉套。因此被認爲「沿襲舊套，關目雷同」。事實上，這是「民間文學」的共同現象。拿現代的、比較嚴格的戲劇編劇標準來看待，它確實使得劇情結構拖沓，且缺乏新意。但是對一個靠口耳相傳的藝術，對於中國古代特有的劇場文化而言，它卻是吸引觀衆注意力的一種手段。

朱自清在《中國歌謠》討論歌謠的結構時，曾列「套句」一項。說：「歌謠中有許多常見的句子，可以稱爲套句，像〈四季〉、〈五更〉、〈十二月〉等是小調裡常用的方便的結構一般，套句是歌謠裡常用的方便的表現。」又說：「歌謠雖爲個人所作，而無個性；他總用民衆習知習用的語句，來表現他們與他所共有的情思。因此套句便多了。」（頁一九二）（註四三）

因爲是「民衆習知」，自然容易被民衆所接受，也就容易在民衆之間傳播。元雜劇發生並盛行於民間，雖然曾經「文士化」洗禮，但它的根基是民間的，自然也就具備了這種沿用「陳語」「舊套」

的習慣。

清人梁廷枏《曲話》卷二，歸納了許多元雜劇使用舊套的情形，首先是「度脫劇」：「元人雜劇多演呂仙度世事，疊見重出，頭面強半雷同。馬致遠之《岳陽樓》即谷子敬之《城南柳》，不惟事蹟相似，即其中關目、線索，亦大同小異，彼此可以移換。其第四折，必於省悟之後，作列仙出場，現身指點，因將群仙名籍，數說一過，……諸劇皆然。」梁氏並將《岳陽樓》、《城南柳》、《鐵枴李》、《竹葉舟》及散曲〈堯民歌〉中之數說群仙名藉之文字羅列，以見其雷同。其次，梁氏提到「公案劇」，凡是「演宋包待制開封府公案故事，賓白大半從同……」再次是「發跡變泰」之劇，如何困頓、如何受激勵幫助，如何發跡，模式也都如出一轍。

有趣的是，梁廷枏還指出，公案劇的雷同是「臨時添造」；發跡變泰之劇的雷同則是「故尙雷同」。（註四四）所謂「臨時添造」，係因為演者熟悉，觀衆亦熟悉，信手拈來，也就大同小異，這在民間戲曲是常有的現象。那麼「故尙雷同」又為的是什麼呢？梁氏並沒有進一步說明。

許金榜《元雜劇概論》下篇「藝術論——元雜劇的戲劇情節」二、「雷同性」引美國的古詩歌研究者帕利（Milman Parry）和勞德（Albert B.Lord）的說法。指出（註四五）：

民間口頭文學在立意謀篇時經常運用彼此相同的構思方式，……聽衆因習慣於這種套式，一聽開頭便可引起迅速反應，預想和期待以後的情節。套式正是抓住聽衆的這一心理特點，撥弄聽衆的心弦。同時由於這種套式具有簡明易懂的特點，所以也容易使群衆感到親切、熟悉。

當元雜劇的觀衆們觀賞舞台上搬演的征戰情節時，「探報」這個「舊套」，正好很輕易可以喚起他們的熟悉感，在聽得明白曲文障礙完全消解的情況下，快速進入戰爭的假想氣氛之中，將情緒帶到觀賞的高潮。而這樣一個令觀衆熟悉的描述戰爭的套式，又是雜劇作家從衆人原本耳熟能詳的說唱「舊套」中提煉加工出來的。

㈢變更敘事觀點，加強刻劃情境

先「當事」而後「旁觀」；先「主觀」而後「客觀」，元雜劇「探報」的重疊敘事，不僅在劇場上有鋪張排場的作用；在文學上，亦因敘事觀點改變，視野改變，而加強了戰爭情境的刻劃效果。小說的寫作最常運用「人稱的轉換」，來改變視點、視域，以求得更多的觀照角度。根據金健人《小說結構美學》中所論，（註四六）由第一人稱向第三人稱轉換，大致上有幾個特點：

①增大了敘述者與敘述對象之間的距離，多少總隱藏著作者要把敘述者從主體事件中拉出來的用心，以便集中筆墨刻劃敘述對象。

②敘述者與敘述對象之間的距離愈大，敘述者視點對材料的限制則愈小。

③自然方便地引出故事，交代材料的來源，以增強作品的眞實性。

這些論點同樣適用於元雜劇。當征戰由參與者主唱時，劇作者總要表現主唱者的人物性格、內心感受等；運用「探報」敘述征戰，則可以拋開這些，把筆墨集中在征戰事件本身，所以雖然重疊，觀點是完全不同的。

再者，探子因爲是旁觀者，不涉入當事者的感情，演述較具「客觀性」，所以這種側寫手法往往較具說服力。另一方面，由於探子並未實際參戰，他和征戰者的距離較大，相對地視野亦因而拓展。徐扶明先生在他的《元代雜劇藝術》第七章第五節論雜劇戲劇結構「沿襲舊套，關目雷同」的通病時，首先肯定了「問探」在敘事效果上的正面意義：「由於舞台空間的限制，不可能表現大規模的、激烈的戰爭場面，所以就用間接描寫的手法，從探子報告戰況來介紹。」

戲劇故事必須在舞台上直接呈現出來，由於劇場的時間、空間、表現媒介都是有限制的，因此，事件呈現的眞實感也會受到限制。雖說中國戲劇的人物動作是「虛擬性」的，中國劇場注重的是「寫意」而不是「寫實」。但是，套用現代戲劇學的說法，在「戲劇幻覺」的刺激上，中國戲劇的演出，一定程度上仍然受制於劇場。

「戲劇幻覺」是以觀衆爲基礎建立的說法。根據姚一葦先生的解釋：（註四七）

> 當觀衆進入劇場……他們爲戲劇所吸引時，他們各自的差別性便消失了，而形成一個共同的心理狀態、共同的人格、這個共同的心理狀態或人格可以說是戲劇所造成的幻覺。……戲劇是假的，但是就在那一刹那間，觀衆忘記了它是假的，而把它作了眞實的。這不是眞實，而是眞實的幻覺（illusion of reality）

由探子以旁觀口吻描述戰爭，雖然仍有劇中人在舞台上演唱曲牌，本質上，已經將戰爭的描述，從「代言」轉化爲「敘事」了。觀衆的「幻覺」從此無限拓展，無限延伸，完全擺脫了舞台小框框的局限。因此，從海角直戰到天邊，英雄的武藝出神入化，一場殺人成山，血流成河，血腥殘酷的戰爭，就在探子口中不費吹灰之力地完成了。

(四)高度發揮文學形式美

元雜劇「探報」合「曲牌」與「詩讚」爲一體。前面論述兩者在內容上的交錯結構及敘事用語時曾有所舉例，以下再就其形式表現稍做補充。

以整齊詩讚配合曲牌一唱一唸地交錯敘事，出現在《老君堂》、《單鞭奪槊》、《陰山破虜》等劇本，前面對《老君堂》中的整齊詩讚已略有所引，這裡要談的是詩讚中較特出的例子。《老君堂》第三折，有一段出現在探子唱〈喜遷鶯〉曲牌之後，李靖詠讚兩軍廝戰的文字：

六員將頓劍搖環，六匹馬踴跳彎奔，
六軍勇衝圍破陣，六人戰膽戰心寒，
六般兒滲人兵器，似那六天兵降下天關，
六沉鎗闊劍巨斧，六丁神混戰人間。

全篇八句，每句皆以「六」字開頭。不僅形象生動，並且展現了文字在形式表現上的巧妙。另外如前引《存孝打虎》對探子的形容，全文共十句，分別嵌進了從一到十的數字，都兼顧了內容的生動與形式的修飾。

疊字也是通俗詩讚所愛用的，例如，《陰山破虜》一段文字寫軍士之勇：

颸颸壯士顯英才，高展神威天外來。
靄靄半空豪氣勇，滾滾征塵遍九垓。

除了齊句詩讚，又有長短句，如詞牌〈西江月〉。《氣英布》、《柳毅傳書》中皆可見。茲引前例，寫英布與項王對陣：

兩陣旗門相對，軍前各舉戈矛。高聲英布楚亡囚，怎敢和咱爭鬥。畢竟交鋒深處，是誰奪得贏籌。君王側耳聽根由。專待捷音宣奏。

詩讚的變體，也出現長短句，從六字對到八字對，自有其妙。見《衣襖車》中問探者李滾詠讚狄青的武藝：

飛魚袋內拈弓，走兕壺中取箭。（六字對）
弓開得十分滿，箭去得九分疾。
弓開如半彎秋月，箭發似一點流星。（七字對）
使臂力忙將弓靶推，虎金絃迸出紫金鈚。（八字對）
雕翎箭撞開樓領帶，三思台呑滿畫桃皮。

至於「四六」辭賦，尤爲常見。最典型的例子要算是《暗度陳倉》中對陳倉古道的描述：

山如翡翠雄雄起，峰插青霄萬丈高。潺潺澗水響零零，似奏瑤琴；颯颯寒風吹瘦竹，如同樂韻。猿猱難度，愁攀那老檜枯枝；虎豹難行，怕遇那巔崖峻嶺。勝如那三百重大華高峰，壓賽那五百處天台山岳。娥媚嶺下攀藤攬葛採樵人，瞿塘澗邊過水穿林尋藥叟。休言山徑十分惡，都在將軍掌握中。

一條做爲戰爭背景的古道，寫得險峻逼人，頗能烘托緊張氣氛。至於最能表現戲曲韻白對形式甚至內容的「誇飾」作用的，筆者以爲當屬人物讚賦，且看《氣英布》中問探的張良對英布造型的形容。以下特別將名詞前的修飾成分（定語）括弧起來，以見其雕飾之繁複：

俺這英元帥出馬，怎生打扮？戴一頂〔描星辰、晃日月、插雞翎、排鳳翅、玲瓏三角叉、柬穰紫金〕盔。披一付〔湯的刀、避的箭、鎖魚鱗、俺月鏡、柳葉砌成的龜背狻猊〕鎧。襯一領〔攝人魂、耀人目、染猩紅、奪天巧、西川新十樣無縫錦征〕袍。繫一條〔拆不開、組不斷、裹香綿、攢綵線、緊緊妝束的八寶獅蠻〕帶。穿一對〔上殺場、踢寶蹬、剌犀皮、攢獸面、吊根墩子製、呑雲抹綠〕靴。輪一柄〔明如雪、快如風、沁心寒、逼齒冷、純鋼打就的宣花蘸金〕斧。跨一匹〔兩耳小、四蹄輕、尾巴細、胸膛闊、入水如平地捲毛赤兔〕馬。

說穿了，英布不過和其他將領一樣，「戴一頂盔，披一付鎧，襯一領袍，繫一條帶，穿一對靴，輪一柄斧，跨一匹馬。」經過文字符號累積了形象的重量，英布一出場，果然不同凡響。

無論是齊句的詩讚、變體、詞牌、四六辭賦、不僅充分發揮了文學刻劃功能，並呈現了形式上的巧妙，將戰爭場面鋪陳得雄壯盛大。另一方面，當然，作者的才情也在此顯露無遺了。

結語

運用「探報」刻劃征戰場面，是元雜劇在處理征戰題材上的一大特色。現存十個擁有完整「探報」演出的元雜劇，在探子以旁觀身分對征戰作客觀敘事之前，皆先安排參與征戰的一方主唱或演出征戰過程（《氣英布》例外），造成所謂「重疊敘事」；而除了探子所唱的曲牌體套曲之外，問探者以詩讚在內容和形式上與之配合，和套曲占有相同的分量，則形成所謂「交錯結構」；無論征戰的朝代、人物，場面、戰情如何變化，「探報」的敘事模式和敘事用語都是固定的；甚至連使用的音樂，都獨鍾〈黃鍾醉花陰〉套和〈越調鬥鵪鶉〉套。這是元雜劇「探報」敘事手法的四個特點。

從內涵和形式往上探求，「探報」敘事手法根源自說唱，而講史類俗講變文、詞話和諸宮調是三個主要的源頭。明人大量刊刻元代雜劇，經由這樣的途逕，也滲入了元末明初才發展起來的講史演義的影響。

「探報」雖然保留演員在舞台演出的形式，本質上，已經將原來直接呈現事件的戲劇「代言體」，轉化爲口頭描述的「敘事體」，以此之故，常出現問探者未目睹戰爭即知戰爭細節的說書口吻，確實帶有濃厚的說唱的影子。而模式固定的敘事方式，也確實因「沿襲舊套」而缺乏新意。然而，若將古典戲曲放回中國戲劇獨有的審美體系之下；將元雜劇還原到當時的劇場文化之中，將發現元雜劇「探報」的敘事手法，在劇場藝術上達到了鋪張排場、吸引觀衆注意力的效果；在文學表現上，則完成了深入刻劃，發揮形式美的功能。從藝術的修飾性的這一角度來看，可以說是中國文學從說唱走到戲曲的一次唯美的結合。

【附　註】

註　一　例如葉德均在〈宋元明講唱文學〉第四節「詩讚系講唱文學：詞話」中提到元雜劇中探子的報告，便說：「這類僵化了的化石說明戲曲是從敘述體的說唱發展而來的有力證據。元雜劇中大量應用敘述體的詩讚證明它是從詞話而來，所以保存了所由蛻化而來的詞話成分。」見《戲曲小說叢考》頁六六四，一九七三年五月北京中華書局出版。

註　二　徐扶明先生《元代雜劇藝術》在第七章「戲劇結構」第五節談到戲劇結構的通病之第二種：「沿襲舊套，關目雷同。」便以「問探」套子爲例。（頁二四三）唯在其中，徐先生亦肯定「問探」側面描寫的效果。（詳本文第三節第三小節引）上海文藝出版社一九八一年一月第一版。

註　三　關於這十個劇本，本文使用的版本如下：《氣英布》（《元曲選》本，參考元刊本）、《柳毅傳書》（《顧由齋木》參考《元曲選》本）、《存孝打虎》、《衣襖車》、《暗度陳倉》、《陰山破虜》（脈望館本）、《單鞭奪槊》（脈望館本參考古名家《元曲選》本）、《鎖魔鏡》、《老君堂》、《飛刀對箭》（孤本元明雜劇校印脈望館本）。

註　四　就戲劇的內在而言則不然，因爲戲劇要讓觀衆產生何種「幻覺」（illusion），激發什麼情緒，必須是演出者、導演、演員以及劇場工作人員首先決定好的。因此，它可以說是絕對主觀的。參見姚一葦《戲劇原理》第一編第四章「戲劇幻覺論」，台北書林出版有限公司民國八十一年二月出版。

註　五　參見王志武著《古代戲劇鑒賞辭典》頁五一三，陝西人民出版社一九八八年五月第一版。

註　六　北曲是先有「散曲」，後有「劇曲」。此一發展過程的理解認識，已經獲得學界的大致認同。其說參見張庚〈北雜劇聲腔的形成和衰落〉一文，《戲曲研究》第一輯，頁一一—三六，吉林人民出版社一九八〇年一月第一版。

註　七　羅貫中就是最典型的例子，他作有元雜劇《宋太祖龍風雲會》、《忠正孝子連環諫》兩本雜劇。《三國志傳》、《大唐秦王詞話》一部分、簡本《水滸傳》的一部分、《隋唐兩朝志傳》《殘唐五代演義傳》等都可能是他的作品。參見柳存仁《羅貫中小說的眞僞性質》，《和風堂文集》頁一四一八—一五二五，上海古籍出版社一九九一年十月第一版，原刊香港中文大學《中國文化研究所學報》第八卷一期（一九七五年）。

註　八　只有兩個例外，《鎖魔鏡》探子云「一場好鬥勝也呵！」《柳毅傳書》電母云：「這一場廝殺非同小可也呵！」。

註　九　據《中國音樂詞典》「宮調」引，頁一二一、一二二，北京人民音樂出版社，一九八五年六月第一版。

註一〇　雜劇五宮四調分別是：正宮（「黃鍾」鈞「宮」）中呂（「夾鍾」鈞「宮」）南呂（「林鍾」鈞「

宮」）仙呂（「夷則」鈞「宮」）黃鍾（「無射」鈞「宮」）大石（「黃鍾」鈞「商」）雙調（「夾鍾」鈞「商」）商調（「夷則」鈞「商」）越調（「無射」鈞「商」）。所謂均，相當於西樂的一個八度音程，如果以黃鍾一律爲固定音階之主音，則所謂「正宮」即黃鍾均之宮聲，依此類推。

註一一　參見楊蔭瀏《中國古代音樂史稿》第二十三章「雜劇的音樂」，北京人民出版社一九八一年二月第一版。

註一二　《中國古典戲曲論著集成》第一輯收錄，中國戲劇出版社一九五九年七月第一版。

註一三　許子漢《元雜劇聯套規律研究——以關目排場爲論述基礎》台灣大學中文研究所碩士論文，民國八十二年六月。

註一四　根據許子漢的統計，以越調套曲描寫戰爭場面的共有三十一個例子。

註一五　除了《柳毅傳書》、《鎖魔鏡》外，包括有「探報」情節的另八種雜劇皆以講史爲內容。

註一六　關於《都城紀勝》這段敘述南宋說話家數的文字，究竟該如何斷句和掌握，學者們頗有些不同的意見。此處根據的是胡士瑩《話本小說概論》第四章第三節「南宋說話四家數」的說法。台北丹青出版社民國七十二年五月初版，書前有趙景深一九七七年出版序，頁九六—一〇三。

註一七　講史的來源有「淵源於民間講說的歷史故事」和「淵源於晚唐的詠史詩」兩種說法。胡士瑩認爲前者才是正確的，但強調「不能因此誤認講史淵源於俗講變文」「從敦煌所發現的作品來看，只是說明它們中的一部分曾被俗講所利用，因而得以和大量宗教性變文一同在石室保存下來而已。」參見

註一八　胡氏前揭書第十七章第一節「講史的起源和發展」（頁六七六—六八八）

註一九　《韓擒虎》原無篇名，文末有「畫本既終，並無抄略」八字，因以爲名。見倪鍾之《中國曲藝史》第三章第三節第三小節「唐代話本的分類和內容」（頁九三—九九）。春風文藝出版社一九九一年三月第一版

註二〇　參見胡士瑩前揭書第六章第六節（頁一七一—一九四）

註二一　元至元十三年，西元一二七六年，南宋恭帝自臨安出降。遺臣文天祥立端宗於福州，殘宋開始。

註二二　《元史》卷一〇五《刑法志》第五十三刑法之四「禁令」云：「諸民間子弟，不務生業，輒於城市坊鎮，演唱詞話，教習雜戲，聚衆淫謔，並禁治之。」

註二三　例如《喻世明言·蔣興哥重會珍珠衫》中就說：「看官，則今日聽我說《珍珠衫》這套詞話。」台北鼎文書局民國六十九年九月三版。

註二三　見胡氏前揭書第六章第六節，頁一七八。但胡氏將詞話可分「樂曲系」和「詩讚系」兩類，並把諸宮調歸入「樂曲系」詞話，則不免將「詞話」一稱用得太過泛濫。同時，對於宋代是否有詞話，也有人持反對看法，參見倪鍾之前揭書第五章第五節頁二八六。

註二四　參見葉德均《戲曲小說叢考》〈宋元明講唱文學〉一文。頁六二五—六八八。及胡氏前揭書第六章第六節。

註二五　《花關索出身》傳前集末頁有「成化戊戌十四年（一四七八）仲春永順書堂重刊」的牌記；《石郎

駙馬傳》末頁有「成化七年(一四七一)仲夏永順書堂新刊」的牌記;《薛仁貴跨海征遼》末頁有「成化辛卯七年(一四七一)永順堂刊」的牌記;《包龍圖公案斷歪烏盆傳》有「成化壬辰八年(一四七二)歲季秋書林永順堂刊行」的牌記;《富貴孝義傳》末頁有「成化丁酉十三年(一四七七)永順堂書坊印行」的牌記。見《明成化說唱詞話叢刊》,台北鼎文書局民國六十八年六月初版。

註二六　上圖下文的狹長型版畫,是建安書坊的版型。古代書籍中木刻版畫的發展,是先有這種狹長型的版畫,才擴張爲整頁,甚至連頁繪圖的。參見鄭振鐸〈中國古代版畫史略〉第五「明初的木刻畫」、第六「光芒萬丈的萬曆時代」,頁三五九—三七六。《鄭振鐸藝術考古文集》一九八九年九月北京文物出版社第一版。

註二七　見倪鍾之前揭書第五章第五節。

註二八　柳存仁在〈羅貫中講史小說之眞僞性質〉一文中指出,《殘唐五代史演義》和《隋唐志傳》都採用了許多《三國演義》的情節和文字。根據柳氏的比對研究,《殘唐五代傳》甚至有不少人物讚語和對陣文字,與一百回本的《水滸傳》相同。

註二九　鄭騫先生認爲元雜劇版本可分四個系統,屬於舊本的兩種是1.元刊本。2.息機子等版本。屬於改動較大的有:3.《元曲選》本。4.古今名劇合選。參見〈臧晉叔改訂元雜劇本議〉一文,《景午叢編》,台北中華書局,民國六十一年一月初版。

註三〇　在十個「探報」劇本中,只有《氣英布》有元刊本,經過比對,元刊本《氣英布》第四折「探報」

曲文和明本相差不多，卻沒有賓白；然既有「正末拿砌子扮探子上」，自然有「問探」之人，換言之必有對白。元刊本雖較古遠，但缺漏甚多（參鄭騫前揭文）所以這樣的比對僅供參考，意義不大。

註三一　對此，學界亦有人持不同看法。李昌集《中國古代散曲史》以爲諸宮調之爲元曲之祖，主要的意義在匯集俗曲，提高北曲，對於北曲聯套沒有實質的影響和意義。參見該書第一卷第一章第二節第二小節「北曲套數形成的歷史軌跡」，頁四一—六八。華東師範大學出版社一九九一年八月第一版。

註三二　參見李昌集前揭書。翻閱《全元散曲》只有李好古般涉調〈哨遍〉套數「項羽自刎」和孔文卿南呂〈一枝花〉套曲「祿山謀反」詠英雄征場。另有無名氏越調〈柳營曲〉「題章宗出獵」二首，寫章宗「御駕親征」「御林軍前插金鈚」的雄壯場面。餘皆花間、市井、志情之作。漢京文化事業民國七十二年十二月初版。

註三三　這段情節出現在《西廂記》雜劇的第二本時，只在第一折後面的楔子裡，以道白和「飛虎引卒子上開」「將軍引卒子騎竹馬調陣拿綁下」的科白說明交代了事。參見《西廂記董王合刊本》台北里仁書局民國六十九年九月初版。

註三四　參見凌景埏、謝伯陽校注《諸宮調兩種》，齊魯書社一九八八年二月第一版。

註三五　胡士瑩對這段曲文有不同的解讀，他認爲《三國志》、《五代史》、《八陽經》都是講史平話，見胡氏前揭書第十七章第一節「講史的起源和發展」（頁六八五），然而此處所引的〈混江龍〉曲文和下引〈賞花時么篇〉曲文都明白地說是「唱」，平話雖有少數詩詞，大抵以說爲主，故胡氏的說法可議。

註三六 參見拙著《晚明戲曲劇種及聲腔研究》第七章第三節「梆子腔藝術表現的幾個特點」，台大中文研究所博士論文，一九九一年七月。

註三七 許金榜《元雜劇概說》下編「藝術論——元雜劇的戲劇結構」提到《老君堂》雜劇「插入李世民破蕭銑及探子報告戰爭的經過，實是多餘的贅瘤。」（頁一九五）之後提到《存孝打虎》「第三折寫李存孝與黃巢部將作戰的情況，第四折又以探子重述戰鬥經過，也完全是畫蛇添足。」（頁二一四）齊魯書社一九八六年六月第一版。

註三八 「動作」一詞由亞里士多德提出，它是「心靈的活動之能形於外者」，是「情節的核心部分，是情節所從而模擬的。」參見姚一葦前揭書（註四）。

註三九 台灣丹青出版社民國七十六年六月初版。頁二三—二六。

註四〇 見《中國古典戲曲序跋彙編》二，頁八五四，齊魯書社一九八九年十月第一版。

註四一 如《空城計》、《連環套》中的探子是比較重要的，演出也只是說白爲主。

註四二 天津人民出版社一九九〇年十月第一版。

註四三 朱自清《中國歌謠》，台北世界書局民國七十四年十一月六版。

註四四 梁廷枏《曲品》，見《中國古典戲曲論著集成》第八集，中國戲劇出版社一九五九年七月第一版。

註四五 見許金榜前揭書頁一七五。

註四六　參見金健人《小說結構美學》「人稱轉換時的視點變化」（頁二三二—二四九）台北木鐸出版社，民國七十七年初版。

註四七　參見姚氏前揭書第一編第四章第三節，頁一四三。

重重藏筆終探驪，疊疊春雲起臥龍

——對《三國演義》諸葛亮出場描寫的解讀

陳瑞秀

一、前言

三年前從香港回到國內教學，本學年開授《三國演義》以來，轉眼一學期已過。在上學期結束前，同學們告訴我輔仁大學邀請我做一場演講，既然在我們討論過的諸問題中，大家好像對《三國演義》中諸葛亮的出場描寫特感興趣，在三百多位同學的報告中，討論此題者竟然占了絕大多數，很多人的論點相當新穎、有創意。因此我就想，何不以此爲題，和大家分享一些我們的感受！因爲是代表了大多數同學的論點和思想傾向，也頗有所謂「讀者反應美學」的味道吧？再者，在我們全班師生天天激光互射之下，我驚覺到我們的一些想法和觀察角度似乎是和前人以及時賢都有略爲不同之處。在論述的過程中，我們會引述其中較具創意的一些觀點或創構的新詞，並且注出提出此觀點及新詞的同學的芳名。這當然一者表示我們是言之有據、吾道不孤，表示我們是一整個讀者群。再者，也應該讓同學們的觀點由「小衆」而走向「大衆」。經過三月十七日在輔大演講，獲得不錯迴響，認爲我們提出了一個解讀古典小說的新方向，因此撰寫成文，覺得可以在這次的會議中就教於大雅方家，以眞正收到切磋激勵之效。

在我們解讀諸葛亮出場描寫文字的過程中，又會把興趣的核心圍繞在《三國演義》的作者、書中人物和讀者這三者上。古今中外的偉大作家，莫不自覺或不自覺的把「讀者」擺在他們心目中崇高的地位，大文豪托爾斯泰對「讀者」的絕對尊重和無比信任是動人的，他說：

讀者就是我的想像、經驗和知識所理解的一個普通人，他是與我的作品的主題同時產生的。讀者的性格和對讀者的態度，就決定著藝術家創作的形式和比重。讀者就是藝術的一個組成部分。（註一）

「讀者就是藝術的一個組成部分」，這是不容忽視的一句話。金聖嘆在讀到《水滸傳》描寫林冲被高俅迫害的那些章節中，一再批道：「寫英雄在人廊廡下，欲說不得說，光景可憐。」「令人落淚。」「爲之浩嘆。」「一字一哭，一哭一血，至今如聞其聲。」「令人大哭，令人大叫」……後世的讀者在讀帶有金聖嘆批的《水滸傳》時，往往也不免受到這位前代讀者的影響。而熟悉《紅樓夢》的人都會津津樂道《紅樓夢》的作者和他作品的最早讀者脂硯齋和畸笏叟之間密切的關係，以及這兩位特別的讀者如何的使作者數易其稿，終至在很大程度上影響了《紅樓夢》的創作。《三國演義》的成書過程更是較爲獨特及複雜的，因爲自西晉初武帝太康元年（A.D. 280）統一天下、三國時代正式告終爲始，一直到羅貫中（羅貫中生活年代衆說紛紜，今日三國學研究者已大致公認魯迅《中國小說史略》之說，定爲A.D. 1330-1400）寫定《三國志通俗演義》爲止，經過了千餘年漫長的時間，它的創作素材來源，除了如《三國志》、《後漢書》、《資治通鑑》等史傳文學以外，還取自於魏晉六朝的文人筆記、小說如《世說新語》、《裴子語林》以及民間傳說三國故事之類。隋朝的水上三國雜戲，唐、宋詩人對三國人物事件的歌詠，宋對三國故事的說唱藝術，元的戲劇表演等等，等等。廣義的說，這千餘年間都可視爲《三國演義》之終被寫定的醞釀創作過程。這是一種史傳文學V.S.通俗文學、創作主體V.S.欣賞主體、作品V.S.讀者（或欣賞者）、而作品的創作過程V.S.作品本身文學價値實現的過程……的一種熱鬧有趣的過程。在這醞釀千餘年「雙向建構」的成書過程中，自然形成了一個龐大無比的讀者群，他們有些是著名的史學家、戲劇家、文學家，有些是無名的民俗藝人——民間說唱藝人以及平話說書人等等——還有三教九流各行百業的讀者、聽者、觀衆，乃至民間傳說三國故事的千千萬萬的人們，眞是包羅萬象，無所不備。尤其到了宋代，三國故事進入到說唱藝術的天地，說書人爲了主要是招徠生意的種種原因，往往很注重聽者、觀衆的意見。欣賞過程中，有人會要求故事情節能夠曲折生動，人物形象必須鮮明欲活，這就牽涉到審美問題；有人認爲聖君、賢相應該如何如何，這又是從道德倫理角度來著眼；又有在文化層次上關心的，譬如說，諸葛亮作爲中國人智者的代表，他定不是像西方哲人亞里斯多德之類的人物，而卻必須是兼具「智慧」、「忠貞」、「儒雅」等等中華人文特質的人物……等等、等等。因此就會自覺或不自覺的把無論是史傳文學、通俗文學還是民間傳說故事加以改動，以創造出更爲大衆喜聞樂見的故事情節與人物等等……凡此種種，終究爲《三國演義》的最後被寫定，奠定了它「博取百家，熔於一爐」的深厚基礎（註二）。

明白了上述欣賞與創作、讀者與作品的互動關係以後，更能清楚我們現在在這裡講談《三國演義》，狹義的來講，講者似可充當暫時的創作者，而聽衆就是欣賞者；但廣義的來說，我們又同時都既是《三國演義》的欣賞者，又可能是它的創作者，因爲欣賞詮釋本身就是一種對作品的再創作。這就是我們在講話一開始時說明的，上了一學期的《三國演義》，全班同學交了讀書報告，又儼然形成了一群既是欣賞又是創作的群體，正如今天各位之共同參與，也將形成又一群這樣的群體同理。

以閱讀活動本身而言，讀者自然是觀照作者、作品——包括書中人物——全局的主人。今天我們的議題是《三國演義》中諸葛亮的出場描寫，我們關心的方向自然也是多面的：以審美角度觀之，我們會注意作者如何描繪書中主角諸葛亮的出場，是否生動、曲折、引人、是否合情合理？以實用角度觀之，我們會注意這本專講智術謀略的巨著，在對諸葛亮出場描寫的藝術中，對我們個人將產生怎樣的智慧的啓迪，對現行社會將產生怎樣的價值或效應？以心理角度觀之，我們又不禁設身處地爲書中主角諸葛亮設想，希望藉由作者的文字描寫來進入他的內心，作者如此描繪他的出場，是否符合他的心理和性格？是否適應全書的內容和情節的需要？等等、等等。所有這些都是我們探討的範圍。

二、《三國演義》本書的出場

因爲《三國演義》本書的內容、性質是和本論文的中心論題——諸葛亮的出場——息息相關的，因此在介紹諸葛亮的出場以前，倒應先介紹《三國演義》本書的出場。對此，必須承認，我們只是就所知平鋪直敘的簡介一番，並沒有任何特殊的設計。作此贅言，是爲了說明有別於《三國演義》作者對書中主角諸葛亮的出場安排，那是經過苦心孤詣的特殊設計，務求一「現」驚人的！

《三國演義》是我國長篇歷史小說的開山之作，也是我國文學史上第一部章回體的長篇小說，問世六百餘年來，它的流傳之廣大，影響之深遠，沒有任何一部小說可以與它相比並。而在雅俗共賞、老少皆愛這一點上，甚至連已經造成世界「紅學」研究奇觀的《紅樓夢》，也難以與它抗衡。在中國，固然是「大概沒有人不知道諸葛亮」，而「說曹操，曹操到」、「司馬昭之心，路人皆知」、「萬事皆備，只欠東風」、「周瑜打黃蓋，一個願打，一個願挨」等等，幾乎是婦孺皆知的口頭禪。諸葛亮成了智慧的化身，曹操成了奸詐的代名詞，劉備、張飛、趙雲、孫權、周瑜、司馬懿等也都成了家喻戶曉的人物，而關羽更成了遍於城鄉的廟宇中的「神」！（註三）

在外國的情形也是如此。根據一位鮑昌先生說：

出國訪問時，一位德國漢學家對我說：「中國的幾部古典小說早都譯介到歐洲了。據我所知，《三國演義》和《水滸傳》的讀者比《紅樓夢》的要多。因爲《紅樓夢》裡的生活內容對歐洲讀者比較陌生，而《三國演義》、《水滸傳》的人物情節都能抓住讀者……」（註四）

在東方的日本，那情形就更是使人驚奇，下面是一些有趣的數據：

……鄰邦日本，《三國》熱多次席卷全國，數以百計的「三國迷俱樂部」吸引著成千上萬的人。日本人對《三國》人物如數家珍，日本企業家把《三國演義》奉爲「經營教科書」。日本學者曾寫出《三國與人學》、《三國與統率學》等著作。據日本青少年研究所一九九〇年初發表的統計結果，諸葛亮是中學生心目中的第九位英雄人物，他的名次被排在當今世界各國領導人之上。有關《三國》的遊戲軟件，銷售量高達五十萬盒，《三國》連環畫已售出二五〇〇萬冊，仍然供不應求。（註五）

說到日本發行的《三國》遊戲軟件和《三國》連環畫，台灣的電腦遊戲玩家和連環畫讀者，對它們一定毫不陌生，而喜愛的程度，相信比之日本人只有過之而無不及。因爲《三國演義》說到底畢竟是我們自己的文化珍品啊！這方面相信不必提出什麼特別的證據，也應該可以得到大家的首肯的。

至於大陸方面，據我們得到的一些資料顯示，學術界發表大量有關《三國演義》的研究論文可追溯到一九五二年或更早（註六），並且從此對它的研究綿延不斷。一九八三年更成立了「中國三國演義學會」，每年定期召開學術研討會——其中大部分且升高到國際性的高度，參與的學術界、藝文界研究人員，都發表了數量可觀的論文及專著（註七）。尤其去（一九九四）年在太湖湖畔「三國城」舉行的「《三國演義》與電視連續劇《三國演義》國際研討會」，以及緊接著該劇集的播放，似乎更一時造成了所謂「三國熱」！寒假以前收到了大陸友人的一封信。它說：

……在大陸已掀起《三國》熱，各地報紙紛紛載文報導，有評論，有知識競賽、猜謎、問答等等，十分熱鬧、有趣。（註八）

我們分析造成這種情況的原因，必須歸因於這部作品的兩個方面，鄭鐵生在他的專著《三國演義藝術欣賞》中說得好：

一部偉大文學作品的藝術魅力，應包括兩個方面：一是作品本體自身的文學價值；另一是在歷史浮沈興衰中，作品本身與社會價值體系的「大本體」之間相互作用的效應。《三國演義》不論就其本身豐富的內涵，還是歷代欣賞者對其價值不同層次的發掘，都可以稱得上是一部經得起文學藝術長河不斷淘漉的「眞金」。它將會越來越光彩灼灼，其生命力與歷史並駕齊驅。

（註九）

在第一方面：作品本身的文學價值而言，從清康熙年間著名評點家毛宗崗對它的專門評點到今世的《三國演義》研究專家，都多有所論述，這部作品的文學價值之受肯定，可說已是無庸置疑，而本文也將在下節文字中討論此點。值得玩味的是第二方面：作品本身與社會價值體系的「大本體」之間相互作用的效應，亦即是歷代欣賞者對其價值不同層次的發掘，以這點來講，《三國演義》更可以說是一座取之不盡、用之不竭的寶藏！有一家文化事業公司的廣告文字稱《三國演義》是「好讀的歷史，好用的智慧」、「一段中國人最愛看的歷史」。廣告文字更把《三國》的內涵精神引而伸之，大作其「三國史、台灣情」的文章。請看下面一段有趣的話：

三國史．台灣情：不同的年代，相同的遭遇。台灣的處境就像三國時代的蜀國一樣，承襲漢文化的正統，卻避難於中國的一隅和強敵孤軍奮戰。爲求國家生存，全國人民努力的在國

重重藏筆終探驪，疊疊春雲起臥龍

際上為台灣打拼。就史學觀點上看，台灣人的奮鬥傳奇，必將在中國歷史上被譽為第二個「三國志」，傳頌後代子孫……（註一〇）

當然，這段文字是以這樣的兩句話作為結束：「這就是國內許多父母推薦這套漫畫給孩子閱讀的原因，將來歷史命脈是掌握在孩子手裡！」而且「看三國、學三國，全家都聰明！」我們不擬在此爭辯上段文字所表達的觀點，也無意評論其所包含的商業意義，但不得不承認，今人這樣熱衷的為《三國》故事繪製漫畫以及文化公司這樣為它大作廣告，就可以證明《三國演義》本書之眞正不朽！這正是它本身和社會價值體系交相互動的結果效應。

二十世紀末的今天，由於資訊傳媒以及空中交通的發達，全球已頓成幾乎可以朝發暮至的地球村，在全世界性的工商業化之下，《三國演義》所包含的智慧更最足以為今人的借鑑。試看以下一段文字：

羅貫中的《三國演義》一書，……作為一部藝術化的兵書，逼眞的描繪了驚心動魄、千姿百態的戰爭畫卷，成功的塑造了一批多謀善斷、處世嚴謹的以諸葛亮為代表的出色謀略家的典型形象，藝術的凝集了我國古代謀劃、策略思想的精華，蘊涵文韜武略，飽含大智大勇，為我國古代許多政治家、軍事家所推崇。由於經濟領域裡的競爭與軍事鬥爭在某種意義上的共通性，身處現代企業的管理者，特別是企業經營的決策者，完全可以從《三國演義》中汲取智慧的營養，借用謀略的武器，啓迪制勝的思路。事實上，中外一些企業家的成功實踐，已經證實了這一點。（註一一）

以上這段話說得多麼透徹，把《三國演義》的時代價值說得多麼明白！這也印證了以下的一句話：「……這些作品（指像《三國演義》之類者）是取之不盡的寶藏，每一個時代都能領會它們，而並不歪曲它們的本質……」（註一二）所要補充的只有兩點：其一是上段話中說明可以受惠於《三國演義》的人時，特別強調是那些「企業的管理者」和「企業經營的決策者」一類人。我們想要補充的是，在人人都不能自外於整體工商業化體系的今日社會，從大至企業創建人或領導者，小至求職的個人，都完全可以從《三國演義》中得到各自所需的智慧營養，更好更有效的去應付並解決各自所面對的問題，以爭取最大的效益。其二是上段話中所述「中外一些企業家的成功實踐已經證實了這一點」，我們以爲最明顯的例子莫過於日本了。身爲第二次世界大戰戰敗國的日本，經過了二、三十年的努力，搖身一變，居然以超級經濟強國的姿態，重新活躍於國際舞台上，它的經濟成果是如此的震撼了整個西方世界，使得他們紛紛的加入研究所謂「日本管理方式」或「日本經驗」的行列！觀乎本文前述日本對我國《三國演義》早人一步的熱愛與研究，不能不說其中沒有一種神祕的連繫吧？

《三國演義》的迷人之處還在於，歸根究底，它本身還是一本文學美學價值極高的作品，而不是一本硬梆梆的專講謀略的理論或觀念的書。綜覽《三國演義》，就可發現，作者羅貫中以極其細膩感性的筆觸，向讀者陳述著一段段娓娓動聽的歷史故事，其中充滿著栩栩欲活的各類人物，曲折動人的種種情節，感人肺腑的眞情摯意以及引人入勝的智慧展現。作者均運用了出神入化的文學藝術技巧，清雅雋永的修辭和文字，處處動人美感，時時引人遐思——尤其是所謂虛、實、藏、露，襯托渲染之法——使人不由自主的墜其彀中，翩然驚鴻一瞥，似覺無意間窺見了作者、書中人物、以及讀者之各自內心世界和它們相互之間微妙的互動關係，而欲一探其間的奧祕究竟。在探索的過程中，有時又體驗到一種瞻之在前、忽焉在後的迷離之感——在前一刻似幡然若有所得，而在下一刻又似恍然若有所失——而就在這樣意會於心、幡然若得、忽焉若失的迴環反覆中，《三國演義》展現了它最獨特的風姿，而讀者在得到了無盡的審美享受外，還可能得到意想不到的人生智慧的啓迪。

以下我們就以與諸葛亮登場有關的「三顧草廬」和「隆中決策」兩節文字描寫爲例，來做一次我們前所揭櫫的心理探祕吧。

三、作者對「諸葛亮出場」設計的演進過程

先說「出場」：在中國的無論是傳統戲曲藝術裡的角色「亮相」，還是古典小說中的人物「出場」，都被當作該種藝術最重大的事件來處理或加以設計。李希凡先生在他的《論中國古典小說的藝術形象》一書〈性格、情節、結構和人物的出場〉篇中有兩段話，摘引如下：

在中國的傳統戲曲藝術裡，角色出場的亮相和身段是很有講究的。表面看來，這似乎是爲了吸引觀眾的注意，但是，你如果仔細詢問一下有經驗的老藝術家，他們就會告訴你很多「路子」。看來，這出場的一刹那間給觀眾留下的印象，並非只是爲了吸引觀眾的注意力，不同的亮相和不同的身段，都總是和角色性格與劇情需要有關。

中國古典小說人物的出場，作爲作家的藝術構思中藝術處理的一種手段來看，它不僅關聯著人物性格的創造、情節發展的需要，同樣的，有時也關聯到結構的需要。（註一三）

角色的出場亮相至少牽涉到以下一些問題：第一，既云「亮相」，那自然首要的是要展現最漂「亮」的「相」貌身段，以收一「亮」驚人之效——尤其是對主角人物。第二，必須在第一次出場就能讓觀眾或讀者看到這個角色最明顯的性格特徵。第三，根據這個角色所「亮」出來的「相」，以及與之相應的身段、和或「明」顯、或「暗」示出來的性格特徵（與相貌身段以及言行等等緊密相關），觀眾或讀者才能循之而揣測出來，這個人物在劇中或書中所扮演的角色，對全書情節發展可能有的影響、或對全書結構建構可能起的作用。偉大的戲曲表演家必能藉由他的藝術演繹、偉大的文學作家必能藉由他的文學技巧，來達到以上標出的三點藝術任務。那麼，他們靠的是什麼呢？演藝家靠的是勤學苦練（註一四），而作家就有賴於傾全力的精心構思和設計了。

說諸葛亮是《三國演義》全書的第一男主角，是全書的最中心靈魂人物，應該是毫不爲過。事實是，《三國演義》乃至《三國志》之所以得名，都因爲有「三國」鼎立這個事實的存在！有「三國」鼎立這個事實的存在，是因爲天下「三分」，而天下之所以三分又源於諸葛亮的「隆中決策」——這在史書《三國志》中是明明白白的大書特書著的（註一五）。所以在《三國演義》第三十八回的回目赫然乃是《定三分隆中決策》！可以這樣說，沒有諸葛亮，就沒有隆中決策；沒有隆中決策，就沒有天下三分；沒有天下三分，就沒有「三國」鼎立的產生，而也就沒有史書的《三國志》以及演其義而產生的《三國演義》了。所以說，諸葛亮簡直就是那一整個時代之所以形成的總工程師。說諸葛亮是《三國演義》全書的第一男主角，是全書的最中心靈魂人物，相信沒有人會反對。

這麼一個第一中心靈魂人物，他的出場亮相絕對的必須達到上述的三項藝術效果，否則就算是作者的敗筆！首先在性格方面，綜觀全書，我們可以清楚的看到，作者是刻意的把他塑造成一個「千古第一賢相」（註一六），一個集「智慧」、「忠貞」和「儒雅」於一身的最高典範！這麼一個人物，他出場時所佔的章回——第三十七回〈司馬徽再薦名士，劉玄德三顧草廬〉和第三十八回上半〈定三分隆中決策〉——自然在全書的結構中佔據著樞紐的地位。而這個作爲智慧象徵人物的出場，在專講智術韜略的巨著《三國演義》中，作者又要怎樣的設計才能在他出場的一刹那間，帶給讀者符合這個特殊人物的個性、身份、品局，以及最重要的——智慧的展現呢？

一如前面簡述《三國演義》的成書過程，它既是一部以歷史的眞實爲根據再加上作者的虛構寫成的小說（註一七），因此，第一自然是乞靈於史書。可惜翻開《三國志》的《諸葛亮傳》，有關「三顧草廬」的記載，卻只有這麼的兩句：

由是先主遂詣亮，凡三往乃見。（註一八）

其次是諸葛亮自己的名篇〈出師表〉，但也只不過下面這樣簡潔的回顧：

臣本布衣，躬耕於南陽，苟全性命於亂世，不求聞達於諸侯。先帝不以臣卑鄙，猥自枉屈，三顧臣於草廬之中，咨臣以當世之事，由是感激，遂許先帝以驅馳。（註一九）

再循著《諸葛亮傳》往下看，在孔明發表了他的隆中決策以後，出現了這麼一段文字：

先主曰：「孤之有孔明，猶魚之有水也，願諸君勿復言。」羽、飛乃止。先主曰：「善」！於是與亮情好日密。關羽、張飛等不悅，先主解之曰：「孤之有孔明，猶魚之有水也，願諸君勿復言。」羽、飛乃止。

這段記載多出了兩個人物——關羽和張飛——他們之間的對話以及一些情緒表現，雖然也還僅止於此，但已使人可以想像三顧前後劉關張等諸人的反應。唐宋以來的詩人對「三顧」此事雖多謳歌讚嘆——像杜甫的「三顧頻煩天下計，兩朝開濟老臣心」、李白的「魚水三顧合，風雲四海生」、白居易的「魚到南陽方得水，龍飛天漢便爲霖」……等等；乃至胡曾的「蜀王不自垂三顧，爭得先生出舊廬」，以及陸游的「隆中魚水三分業，江山風雲八陣騰」……等等（註二〇），這些詩歌比起那些乾巴巴的史籍記載，多了由衷的景仰欽佩和感人的激情，但對「三顧草廬」和「隆中決策」人物形象的塑造和情節的設計而言，卻終究少了那分創造——雖然這也絕不意味著這些美麗而富於激情的詩歌對作者沒有啓迪感發的作用。相反的，「它會在作家心裡，形成一個潛在的欣賞群體，隱祕的激發作家，按照對心中潛在欣賞群體的認識，調整觀察視角，開拓想像空間，和進行藝術概括」。（註二一）

到了《三國志平話》，那情況就大大的改觀了。它已經將「三顧草廬」三次往訪的時間、節令標明；不但有了關、張兩個人物，還加上他們的對話；此外，孔明和他的童子之間也分明有了表情、動作和語言，甚至劉備還大作其詩……總之，構成小說情節的要件，它都已全部具備了——不，應該說，它本身已經儼然就是成篇的小說了——然而也就正是在這一點上，我們認爲要把這段文字作一檢視，因為唯有這樣，才能明確的看出，作為我們今日讀到的《三國演義》中「三顧草廬」一節的前身，兩者在文字的工拙、情境的雅俗上，有著怎樣的不同！而從文學與美學的觀點言之，一篇作品內涵情境的或高超不凡或卑瑣塵俗又遠遠超過於文字工拙的要求，一如魯迅論《紅樓夢》所言：「自有《紅樓夢》出來以後，傳統的思想和寫法都打破了——它那文章的旖旎和纏綿，倒是還在其次的事。」（註二二）我們認為這說法完全適用於我們所要論到的論點上。為了後文討論的方便而又能不占正文的篇幅，我們把《三國志平話》有關文字綴於附註中（註二三）。

《平話》文字今日看來，確是可發一噱。和《三國演義》相對應的文字對照來看，那思維境界的高下，眞是不言自喻的。這裡所要指出的是：第一，《平話》的作者為了強調劉備「三顧」的求賢之「誠」，不但把劉備寫成了一個動輒吟詩作賦的騷人墨客，還因顧這小「此」而失那大「彼」，這我們很快就可以看到。也許作者的初衷是要把劉備的文才拔高到足以與曹操並駕齊驅的程度而卻完全不去考慮，一者，曹操的「登高必賦，臨景必詩」（註二四）不但為史籍所記載，而且還有眞實的詩篇留傳至今日；二者，作為一個領導人物並不是非要具備詩才不可的。然而最重要的一點卻是，如此特別偏向側重的結果，卻整個的「犧牲」了孔明的形象。第二，因為要處理的是「三顧」這樣的題材，顯然《平話》的作者也意識到了必須用「藏」的手法——至少要把孔明「藏」到第三顧時才能讓他露面，這是普通的常識。但只要讀一讀《平話》原文，我們便馬上能感受到，這位作者「藏」的技術實在不能算高明：除了明白道出「孔明本是一神仙……」這樣的無稽之談來增加孔明的神祕性外，他所設計的孔明與道童之間那種公然串演的「雙簧」的動作與語言，只徒然的彰顯孔明的黔驢技窮，實在使人啼笑皆非！孔明和玄德見面之後，立即引咎道歉，但卻把所有責任推到童子身上，說什麼「非亮過，是道童不來回報」之類的推諉套語，更是太不像話了！這豈止是「狀孔明之多智而近妖」（註二五），而簡直是「狀孔明之智窮而要賴作怪」了！……總之，這位作者並非是不想「藏」，然而他「藏」的技術實在叫人不敢恭維。明眼人在兩相對照之下，自然一目了然。

同樣人物同樣情節的「三顧草廬」和「隆中決策」的文字到了《三國演義》裡，立即像脫胎換骨似的面目一新。在這裡，「三顧」變成既顯劉備求賢之「誠」，又寫諸葛孔明之「賢」，兩者不但不相衝突，相反的，卻是成了一種「正襯」的關係，是如魚得水，是相得益彰：越是寫劉備求賢的「誠」，就越是襯托出諸葛孔明的「賢」；越是寫諸葛孔明的「賢」，就越感劉備求賢之誠是值得的。同樣的情形，「藏」字訣到了羅貫中的《演義》裡，也另翻了一遍全新的手法！

四、《三國演義》作者對諸葛亮出場的「雙贏」寫法

前面我們有好幾次提到了「藏」乃至我們作為標題的「藏筆」這個字眼，在此似是應對這關鍵字詞有所說明的時候了。就讓我們以在極大程度上觸動我們靈感的一段文字來作為「入話」吧：

> 宋代畫院曾出過一個畫題，叫做「深山藏古寺」。有的應試者就在山上畫了一座廟宇，這種構思當然很糟糕，因為它根本沒有把「藏」字畫出來。有的應試者不正面畫廟，而是在山後

露出廟的一角，或者露出廟中的一根旗杆，這種構思稍好一些，但也很平淡。最高明的應試者則根本不畫廟，而是畫深山中有一條小徑通到溪邊，一個和尚正在那兒擔水，這種構思就很妙。因爲它很好的運用了隱而愈顯的辯證法，使觀眾能夠突破有限的畫面，想像到更爲深遠的意境。（葉朗《中國小說美學》，里仁書局，頁一七六）

葉文接著說「這是藝術表現中的隱和顯的辯證法，也就是直接和間接、有限和無限的辯證法，廣義的說，各門藝術都有這個問題」。明代的唐志黎在〈繪事微言〉中所言：「善藏者未始不露，善露者未始不藏」更加深了上說的思辯色彩。在敍事作品中，作者在顯露的文字中留有藝術空白，在藝術空白中潛藏著某種深意，這種偷寫暗示的筆法，它看似「羚羊挂角，無跡可尋」，而運用得妙卻能取得「不著一字，盡得風流」的藝術效果，因爲它給讀者的想像力提供了自由馳騁的寬廣天地，這種特殊筆法就是所謂的「藏筆」。「藏露結合」、「虛實結合」原是我國小說的傳統藝術技巧，歷來的小說家和小說評點家都十分重視筆法的研究，如何運筆，在我國古代文論中佔據重要的地位，有著豐富的內容。而其中討論所謂「虛實」、「隱顯」、「藏露」等等與我們論題有關的篇章，更是洋洋大觀，這只要翻翻那些帶評點的所謂「奇書」的名著，就可以一目瞭然，在此就不贅述了。

不能不承認毛宗崗確是一個具「巨眼」的出色讀者，他一讀《三國演義》「三顧」的文字，便能指出作者對孔明的描摹純用「藏」筆來虛寫，看他在三十七回的回前總批中說道：

此篇極寫孔明，而篇中卻無孔明。蓋善寫妙人者，不於有處寫，正於無處寫。寫其人如閒雲野鶴之不可及，而其人始遠；寫其人如威鳳祥龍之不易睹，而其人始尊。且孔明雖未一遇，而見孔明之居，則極其幽秀；見孔明之童，則極其古淡；見孔明之友，則極其高超；見孔明之弟，則極其曠逸；見孔明之丈人，則極其清韻；見孔明之題詠，則極其俊妙。不待接席言歡，而孔明之爲孔明，於此領略過半矣！玄德一訪再訪，已不覺入其玄中，又安能已於三顧耶？（註二六）

這確是一段極有識見的話：「極寫孔明，篇中卻無孔明」、「不於有處寫，正於無處寫」。我們後代的讀者，讀到了《演義》中「三顧」的文字，也會深有所感：覺得作者羅貫中對諸葛亮出場時的佈局和寫作手法，眞可以說是挖空了心思，出盡了點子，似乎所有的寫法都不足以饜足他對諸葛亮的嚮慕禮讚之情，所謂「窮則變，變則通」，戲法於是從「有」變到「無」，而正是這樣，作者卻創出了這「無」中而生「有」的寫法。

就好比畫一個月亮，人們最直接的想法是：畫渾圓的一圈，代表滿月；或畫上彎下曲，代表上弦月，上曲下彎，代表下弦月；再不然，把線條彎一彎，畫出不同形狀的缺月——然而現在卻有人另用一種畫法：他不用任何現條作畫，他只用各種不同的色彩，在他心目中的月亮周圍塗抹，其中有暗色有亮色，有深色有淺色，有暖色有冷色……這樣用繽紛斑爛的各種色彩，一再塗抹，一再渲染，直到把他心目中的月亮盡態極妍的畫出來爲止！

《三國演義》作者寫諸葛亮的出場，大概也用這種「烘雲托月」的寫法吧。要寫出孔明的「遠」，孔明的「尊」，乃至孔明的「幽秀」、「古淡」、「高超」、「曠逸」、「清韻」、「俊妙」……諸種特質，作者無疑的需要集中全部的力量來刻劃，「這個道理沒有錯，可是未必能寫得完全成功，反而會在某種程度上失敗，因爲你不知道輕重、正反、死活，你用了平均的力量對待。好比打鼓，鼓面是最主要的，小學生也都知道要敲鼓心。可是如果老敲鼓心，人聽了也受不了，因爲那不是藝術，好的鼓師就不是光敲鼓心，而是同時運用鼓邊」（註二七）。只是從「正面」「實筆」來寫，那充其量也只能從身裁寫到穿著、從面貌寫到神情語言，這樣一直寫下去，「諸寫止於其身」，不但無法寫出眞正的孔明，這種太落言詮的寫法，終會予人一種似若強加硬灌之感而產生單調、枯燥之弊。

現在作者一改這種有類於「嘵嘵自辯」的寫法，改由孔明周遭的人、事、物下手，把孔明暫時撇在一邊，不說孔明如何如何，而卻娓娓的訴說著孔明周遭之人每人各自的故事，有意無意的描寫著途中經過各自不同的季候景色，而讓讀者的想像自由馳騁於廣闊的天地中，自己去涵泳體會，自己去感受到：「斯人也而居斯鄉也」、「斯人也而得斯友也」、「斯人也而有斯弟也」、「斯人也而作斯詠也」。……等等、等等，直到讀者自己去「悟」出：孔明是何等樣人、爲什麼劉備要對他求之若渴、而作者又是怎樣的描述這兩者之間的必然互動關係……等等、等等。而另一方面，因爲這是由讀者自己「感受」到的，而且在他感受的過程中，不但得到尋幽探勝之樂，而且因爲由讀者自己更創一片花團錦簇的世界，所以作者也不但當然不必負半分的「文責」，又提供了讀者無窮的樂趣——如此這般，自然而然的，不但造成「書中」兩主角——劉備和孔明「雙贏」的局面，而「書外」的兩主角——作者和讀者也同時雙雙而贏！這豈不是「省力又討好」的上乘寫法嗎？

五、藏之又藏——「三顧」文字描寫的前襯（第三四回—三七回）

在我們就《三國演義》中有關諸葛亮出場的文字循序漸進的作一實際的賞析之前——還必須先看「三顧」文字之前的先行鋪襯。

《劉玄德三顧草廬》的回目出現在第三十七回，但孔明眞正露面卻要等到第三十八回，這時全書已過了一二〇回的將近三分之一了，毛批也忍不住的說眞正是令人「心癢難熬」了。但，且慢！就算是這引孔明登場的「三顧草廬」，作者也還是作了重重的「鋪墊」，把這重重的鋪墊一層層往前挖深掘細，我們會赫然發現，其實早在第三十四回時，作者已在那裡閒閒的安根伏線、調兵遣將了。

在第三十四回裡，劉備在依附劉表、遭受蔡瑁疑忌迫害、而跳過了那深具象徵性的「躍馬過檀溪」的神奇一跳（註二八）後，就跳到了第三十五回的水鏡莊上。水鏡先生司馬徽是第一個向劉備舉薦諸葛亮的人——因爲他這「舉薦」的身分，作者自然不能輕易放過他，而須對他好好刻劃。看：首先，他長得「松形鶴骨，器宇不凡」；他的居處是「架上堆滿書卷，窗外盛栽松竹」、「橫琴於石床之上，清氣飄然」；他有極端敏銳的感知能力，他彈琴正當「琴韻清幽」之際，「音中忽起高抗之調」就就能預知到「必有英雄竊聽」，——甚至連他的徒弟都能吹奏極其悠揚動聽的短笛樂曲！見面後，首先他指出，劉備並非他所自稱的「命途多蹇」，只是「左右不得其人」，「關、張、趙雲，皆萬人敵，惜無善用之人」，建議劉備「今天下之奇才，盡在於此，公當往求之」。接著宣稱「伏龍、鳳雛，兩人得一，可安天下」！到了這裡就嘎然打住，絕不肯再透露鳳雛是誰、伏龍何人？——這是故作驚人之筆的虛寫，在劉備和讀者的心目中，埋下了伏龍和鳳雛的種子，只聞其名，不見其人——不，事實是，並連其人之名亦竟不知！眞正是如墜五里霧中。

不久之後，新野市上出現了一位「葛巾布袍，皀條烏履」的歌者，引起了劉備「此人莫非水鏡所言伏龍、鳳雛」的懷疑。邀入縣衙，問起姓名，卻是單福。在作者的精心安排下，單福曾幫助劉備用奇計襲了樊城，擊敗了曹仁的軍隊。但因爲單福在這裡只不過扮演了諸葛亮出場的墊場人的角色，「後文有孔明無數神機妙算，此先有單福小試其端以引之」（註三九），因此使劉備初嘗了有軍師的甜頭後，就忽然像曇花一現似的，因爲曹操挾其母威逼而必須離開——直到這時，單福才透露他自己的本名實爲徐庶，字元直！——在不忍相離的情況下，徐庶走馬薦諸葛，他對劉備說：

此人不可屈致，使君可親往求之，若得此人，無異周得呂望，漢得張良也。

以某比之，譬猶駑馬並麒麟，寒鴉配鳳凰耳……此人有經天緯地之才，蓋天下一人也！

此人乃瑯琊陽郡人，複姓諸葛，名亮，字孔明……亮與弟諸葛均躬耕於南陽，嘗好爲《梁父吟》。所居之地有一崗，名臥龍崗，因自號爲臥龍先生。此人乃絕代奇才，使君極宜枉駕見之……

徐庶對孔明的極口稱讚，是在第三十五回水鏡先生舉薦伏龍鳳雛後，對孔明的多才大能的又一次「皴染」。自從第三十四回司馬徽提到了伏龍鳳雛之後，作者就把「諸葛亮」及「孔明」這幾個字一直「藏」到了兩回以後的第三十六回，才借由徐庶之口來透露！若原先水鏡先生給孔明所加的是朦朧的暗色冷色的話，那麼徐庶此時所加者就是清朗的亮色暖色了。再者，我們只要回想一下就不難發現，不但「諸葛亮」、「孔明」幾個字，就連作爲墊場人的「徐庶」這兩個字，作者也是同樣的加以珍「藏」！——眞眞是「藏之又藏，無所不藏」啊！而在這一臨別之際、意切又情殷的舉薦中，徐庶傾洩了他對孔明的由衷讚美之情：他毫不保留的以「呂望、張良」、「天下一人」、「絕代奇才」等等讚詞來評價諸葛亮，這是否溢美過譽呢？作者並未說明一字，但借由第三十五、六回徐庶的智慧才能展現，從側面來「渲染」他所要舉薦之人，這卻是作者對諸葛亮才質之美最高明的「不寫之寫」——當然，這又是一種「藏」！

受到了徐庶「使君急宜枉駕見之」的敦促，劉備已決心去訪求孔明，諸事已緊鑼密鼓的準備就緒。這時，忽有人報門外有一先生「峨冠博帶，道貌非常」，特來相探。劉備聞報以後，脫口而出的一句話「此莫非即孔明否？」似乎可以說明自劉備下定決心訪賢以後，他的心中、目中、耳中、意中，無時無刻不有一孔明在的殷切之情。相見之下，才知原來卻是司馬徽來訪。

在這次的訪談中，司馬徽對孔明作了第二次的舉薦。繼上次徐庶之後，司馬徽進一步說明孔明與崔州平、石廣元、孟公威、徐元直四人爲密友。並對孔明與四友作了這樣的品評：

此四人務於精純，唯孔明獨觀其大略。嘗抱膝長吟，而指四人曰：「公等仕進可至刺史、郡守。」眾問孔明之志若何，孔明但笑而不答。每常自比管仲、樂毅，其才不可量也。

某聞管仲、樂毅乃春秋、戰國名人，功蓋寰宇，孔明自比此二人，毋乃太過乎？

以某觀之，不當比此二人。我欲另以二人比之，……可比興周八百年之姜子牙，旺漢四百年之張子房也。

不知其人看其友，名士自有高人薦，一如前面徐庶走馬之薦，薦人者的高才大能、清雅博識本身就是一篇最佳的薦賢書。在此，司馬徽的爲人，自然又是不言自喻的作了諸葛亮的「墊襯」了——這「墊襯」自然是另種形式的「藏」。

六、「三顧草廬」的正文及情節簡介

接下來，才是三顧草廬。一顧是在建安十二年深秋（註三〇）。劉備和關公張飛等人來到隆中，先是聽到農夫唱歌：

蒼天如圓蓋，陸地如棋局；世人黑白分，往來爭榮辱。榮者自安安，辱者自碌碌；南陽有隱居，高眠臥不足。

一問之下，知是臥龍先生所作，又探聽到臥龍崗之所在。到了莊前扣了柴門，童子出問時，大概是深恐被拒吧？情急的劉備巴不得把平生所有頭銜一股腦兒的報出，卻遭到對方「我記不得許多名字」兜頭的一盆冷水！後來得知孔明「今早已出」。問到他的去處及歸期時，又是冷冷的幾句「蹤跡不定，不知何處去了」「歸期亦不定，或三五日，或十數日」等不著邊際的話，孔明之童，眞是「酷」得可以！在關、張的催促下，劉備於再三請童子致意後才無可奈何的道別。而臨行之際，又對隆中景物戀戀不捨的回顧一番：

果然山不高而秀雅，水不深而澄清，地不廣而平坦，林不大而茂盛。猿鶴相親，松篁交翠。

眞是「清景非常」！確是一處鍾山水靈秀之地，聚宇內才美之所。正在「觀之不已」，忽「見一人，容貌軒昂，豐姿俊爽」，劉備以爲是孔明——這已是他第三次的錯認——卻原來是孔明之友崔州平，發表了一篇幾乎是從盤古開天闢地起始的「順天者逸，逆天者勞」、「數之所在，理不得而奪之；命之所定，人亦不得而強之」的長篇論說文，劉備卻在那裡興味盎然的洗耳恭聽……當然，可想而知，這一顧誠如張飛所說眞的是：「孔明又訪不著，卻遇此腐儒，閒談許久」！

二顧時，張飛已稍許不耐，說「量一村夫，何必哥哥自去，可使人喚來便了。」劉備搬出孔孟之道向他作了「對牛彈琴」式的教訓——應該可以意會得到，三顧是一幕求賢得賢的喜劇——之後，兄弟三人又上路了。「時値隆冬，天氣嚴寒，彤雲密佈。行無數里，忽然朔風凜凜，瑞雪霏霏」，關、張二人忍不住發出了不願「天寒地凍，尙不用兵，豈宜遠見無益之人」的怨言，劉備此時不得不說出他「正欲孔明知我殷勤之意」的類似於小小「苦肉計」的想法，正在小爭小議之間，卻聽到又深奧又冗長的兩首歌——這兩首歌，相信除了求賢若渴的劉備之外，不但是關、張，就算是讀者也是受不了而會趕快跳看過去的——開頭和結尾不外乎是什麼「壯士功名尙未成，嗚呼久不遇陽春」、「兩人（按指輔佐周文王的呂望和匡助漢高祖的酈生）非際聖天子，至今誰復論英雄」、「獨善其身終日安，何須千古名不朽」之類所謂「隱者」之歌——原來卻是酒店中兩人「上首者白面長鬚，下首者清奇古貌」所唱，唱完後還「撫掌大笑」！劉備又以為是孔明——這是他第四次的誤認，誰知又不是——當然不是！卻是孔明的另二友石廣元和孟公威。

等到劉備誠心誠意的邀請他們時，比起崔州平起碼還發了一篇隱士的腐儒之論而言，他們更乾脆，索性說：「吾等皆山野慵懶之徒，不省治國安民之事，不勞下問。明公請自上馬，尋訪臥龍」。求賢若渴的劉備又碰了個軟釘子。

三顧時，總算是有幸進入草廬了，也看到了那有名的對聯「淡泊以明志，寧靜以致遠」，恭聽了在堂上讀書的「先生」高吟：

> 鳳翱翔於千仞兮，非梧不棲；士伏處於一方兮，非主不依！樂躬耕於隴畝兮，吾愛吾廬。聊寄傲於琴書兮，以待天時。

喜滋滋的道出了衷曲：「備久慕先生，無緣拜會。前因徐元直稱薦，敬至仙莊，不遇空回。今特冒風雪而來，得瞻道貌，實為萬幸。」滿心以為這次準沒錯是孔明，誰知又不是，卻是其弟諸葛均！——這是第五次的誤認——但也略有收穫，多知道了臥龍之兄諸葛瑾現在江東孫權處當幕賓的這件事。然當滿懷希望的想從諸葛均那裡聽些其兄的「熟諳韜略，日看兵書」的情景時，卻被貌似煦煦然的諸葛均以簡潔的一句「不知」擋了回去！因為怕張飛粗魯失禮，只得趕快留了一封文情並茂的書信，然後「再三殷勤致意而別」！

二顧的另一意外收穫是遇到了孔明的丈人黃承彥老先生，唱著其中有「疑是玉龍鬥，紛紛麟甲飛」句子的詩歌，使得劉備認定「此眞臥龍也」！誰知又不是！——這是第六次的誤認——劉備也只得「辭別承彥上馬而歸」！這時喜劇的情調已不覺滲入些許鬱鬱愁情——因「正値風雪又大」，「回望臥龍崗，悒怏不已」。

終於「光陰荏苒，又早新春」，正是萬象更新、希望無窮的季節，可巧卜者又得大吉之期。於是劉備愼重的「齋戒三日，薰沐更衣」，準備再到隆中拜謁。這時連穩重剛毅的關公也忍不住說出：「想諸葛亮有虛名而無實學，故避而不敢見」的疑惑來勸阻；張飛更是連「量此村夫，何足爲大賢？今番不須哥哥去，他如不來，我只用一條麻繩縛將來」這樣的話都抖了出來。而劉備也逼不得已透露出自比齊桓公、周文王求賢的心曲，堅定此行決心，於是，三人又踏上了三顧之路。

眞是一次比一次恭敬，這次在離草廬半里外，劉備等人就下馬來步行了。在門外巧遇諸葛均，由他親口告知其兄「昨暮方歸，將軍今日可與相見」。當然，「若使諸葛均一見玄德，便連忙回轉報孔明迎門相揖，則不成其爲臥龍兄弟矣」（註三二），自是飄然而去。然而，最値得安慰的是，到莊後，原本很「酷」的「仙童」告知，這次臥龍是千眞萬確的在家，「但今在草堂上晝寢未醒」！

於是兄弟三人只好苦等。劉備因思賢若渴，早入了「衣帶漸寬終不悔，爲伊消得人憔悴」如醉如癡的境地，所以對於侍立階下，簡直是求之不得、甘之若飴。關、張兩人可就急瘋氣炸了！尤其是性急的張飛連連嚷著「等我去屋後放一把火，看他起不起」！

好像眞要考驗三人的耐性似的？臥龍臥在那裡，卻還是花樣百出。一會兒「翻身將起，忽又朝裡睡著」；童子欲報，玄德又不肯——又立了一個時辰，好不容易醒來，卻又要先吟一首詩：

大夢誰先覺？平生我自知，草堂春睡足，窗外日遲遲！

好不容易吟完了詩，又問了一句話：「有俗客來否？」被告知「劉皇叔在此立候多時」後，他卻又要「更衣」了，因此而轉入後堂「又半晌，方整衣冠相見」！

七、臥龍現形記——「出場」的一剎那

臥龍終於現形了——長久以來蓄勢待發的一切聲、光、電，在這刻不容緩的千鈞一刻，忽然整個的一齊釋放！

玄德見孔明身長八尺，面如冠玉。頭帶綸巾，身披鶴氅，飄飄然有神仙之概。

以上所引的二十幾字確有雷霆萬鈞之力，作者用略貌取神之法，在不凡的衣著襯托下，把孔明的英勃之氣、睿智之風、飄飄然的神仙氣韻勾勒了出來，在玄德眼中出現的這一幅神韻非凡的肖像，從此爲諸葛亮在中國文學、戲曲、乃至今日影視的人物畫廊裡的崇高地位奠定了基礎。這是一種偉男子的風骨，有中國人欣賞的丈夫氣，就是今日的我們看來，也不禁發出由衷的讚羡：「啊！中國人的形象，可以這麼高大！」才美俊逸給人留下的印象是動魄驚心的！

然而，瞬間的震撼還沒過，接下來又經歷了幾乎如前的挫折：從初次見面，不肯賜教，到再三懇

請終於賜教，但又不肯相助，到最後劉備「淚沾袍袖，衣襟盡濕」方允出山……這一番波折，爲了行文方便，我們姑名之爲「六曲六折」（註三一）。

這才等到那千古絕唱的「隆中對」：定三分的「隆中決策」，作者把諸葛亮「觀其大略」的智慧以及自比管、樂的才華謀略和雄心大志，集中的、像運用特寫鏡頭似的推給了讀者。針對劉備一天到晚空嚷嚷的什麼「復興漢室」、「欲伸大義於天下」的空洞口號，提出了「先成鼎足，後圖中原」的論斷：具體分析：

自董卓造逆以來，天下豪傑並起——曹操勢不及袁紹而竟能克紹者，非惟天時，抑亦人謀也。今曹操已擁百萬之眾，挾天子以令諸侯，此誠不可與爭鋒。孫權據有江東，已歷三世，國險而民附。此可用爲援，而不可圖也。

的客觀形勢，並取出那戰略總指導的——西川五十四州地圖！加以總結：

將軍欲成霸業，北讓曹操占天時，南讓孫權占地利，將軍可占人和。先取荊州爲家，後即取西川建基業，以成鼎足之勢。然後可圖中原也！

當然，配合著這種戰略總指導，還明確的指出荊州如何可取，益州如何可得的準確可行之道，使得劉備原先「復興漢室」「伸大義於天下」朦朧的總體追求，從此變得具體化、階段化以及現實化了。

劉備至此，頓開茅塞，如撥雲霧而見青天。作者忍不住讚嘆道：

只這一席話，乃孔明未出茅廬，已知三分天下，眞萬古之人不及也。

這已是極高的評價，但作者意猶未足，接下去又再引後人詩歌兩首，反覆讚頌諸葛亮「縱橫舌上鼓風雷，笑談胸中煥星斗」的韜略才美，和「身未升騰思退步，功成應憶去時言」的胸襟智慧。

年僅二十七歲的諸葛亮，從此成爲不僅是中國人，相信以讀過《三國演義》的讀者而言——也是不分中外之人普遍的一種智慧的象徵，雖然他才剛剛出場！

八、「三顧草廬」文字描寫的藝術手法

綜觀上述文字，我們試著歸納出作者對諸葛亮出場的描寫——在「三顧」之前以及「三顧」本身——究竟用了哪些藝術手法：

(1)在「三顧」的文字描寫之前，作者已在似有若無、外弛內張的營造諸葛亮將要出場的氣氛，一如毛宗崗在三十五回回前所點出的：

> 此卷爲玄德訪孔明，孔明見玄德作引子耳。將有南陽諸葛廬，先有南漳水鏡莊以引之；將有孔明爲軍師，先有單福爲軍師以引之。

不但是這樣，作者更運用文字本身的「魔力」，做了種種象徵隱喻的暗示——如在第三十四回中敘述曹操平定袁氏諸子後，夜宿冀州城東角樓上，忽見一道金光從地而起，掘之卻得一銅「雀」，因此而築銅雀台，並又以「金龍玉鳳」二橋連通三座樓宇。同回劉備的甘夫人在「鶴」鳴之夜產下了劉後主阿斗；再來，又有劉備的「的盧『馬』」在檀溪的傳奇性的跳躍，引出了蘇學士「波中忽見雙『

龍』飛」的詩句；前此，蔡瑁欲陷劉備而僞作的反詩中又有「『龍』非池中物」之句；第三十五回水鏡先生也引述了荊、襄童謠有「泥中蟠『龍』向天飛」的句子，接著說出「伏龍、鳳雛，兩人得一，可安天下」，這才把「眞龍」給點了出來！凡此種種，經由作者特殊設計的文字，使讀者強烈的感受到，在臥龍將出未出的前三四回書文裡，似乎天地間忽然充滿著各種珍禽異獸的異象，而空氣中也瀰漫著一種使人興奮、騷動的莫名的氛圍，使人似乎不但能用心感受到「臥龍」將出的周遭情境，似乎鼻中也嗅得出「臥龍」的存在——作者將他藏之又藏，讀者卻感到他無所不在——臥龍將出，萬獸也將爲之齊舞，天地也將爲之變色！眞正是所謂的愈露愈小而「愈藏愈大」啊！

劉備在檀溪的「躍馬」，更象徵他從此擺脫之前無立足之地、到處依人作嫁的「孤窮」困境，一切都顯示：他已爲迎得臥龍歸準備好充分的條件以通過資格考試——而這，也是對孔明的一種「堆高」！

以上我們簡單指出，作者巧妙的將臥龍「藏」在這幾回文字中的蛛絲馬跡。

(2)所謂的「藏」，除了前所述氛圍的營造以外，還有用各種人物來對孔明作種種的「堆高」的工作。作者固然是動員了幾乎是孔明的所有親朋戚友、童子農夫外，還意有未足，更借由孔明的兩個重量級朋友徐元直和司馬徽調動了古往今來的天兵天將來相助：「常自比管、樂」，「管仲、樂毅乃春秋、戰國名人，功蓋寰宇，孔明自比此二人，毋乃太過？」（第三十七回關公語）「以吾觀之，不當比此二人，我欲另以二人比之，……可比興周八百年之姜子牙，旺漢四百年之張子房也。」（第三十七回司馬徽語）這樣便把孔明重重的籠罩在中國古人中最偉大的軍事、政治、謀略家管、樂、姜、張的光圈之中！再加以其他人物的言行襯染，又作了級級上升：由農夫而童子、而崔州平、而石廣元孟公威、而孔明之弟諸葛均、而孔明丈人黃承彥……由遠而近、由外而內，最後才逼近核心人物——孔明！

(3)作者的善「藏」以及喜歡藏，還有一段有趣的寫法。他不但要「藏」「人」，連人的「名字」也要「藏」——一如上節文字所述，司馬徽提到了「伏龍、鳳雛」但卻藏起了他們的「名字」；同回徐庶夜訪水鏡莊，劉備只竊聽得徐庶的字——元直，司馬徽則連徐庶的人及「名字」都一併藏起，只說「此吾友也」，使得劉備不知接著投效他的單福就是徐庶，也就是他在水鏡莊上失之交臂的「元直」。甚至連鳳雛龐統的名字，分明已由水鏡的童子道出，偏偏水鏡就是不肯指出他就是鳳雛，這一切都直要等到徐庶接到母親的書信（僞書）必須離開劉備，臨別的前一刻，才不得不一一道出！作者爲何這樣做？我們猜想，除了給書中人劉備心理上強烈的震撼外，毛批說是爲使讀者感到「隱隱躍躍，如簾內美人，不露全身，只露半面：令人心神恍惚，猜測不定」，「至於『諸葛亮』三字，通篇更不一露，又如隔牆聞環珮聲，並半面亦不得見，純用虛筆，眞絕世妙文」（註三三）。

(4)作者要用「三顧」的文字寫出劉備求賢若渴的「誠」，當是一大任務，但讀罷全文，書中明白道出「誠」字的只有一個地方：就是三顧的最後，隆中對以後，劉備力邀孔明出山相助、六曲六折後，終於「孔明見其意『誠』」，這「誠」作者還不明言，而是由孔明自己感受到；再來是字不同意同的「吾正欲使孔明知我殷勤之意」。其他劉備的「誠」，「藏」在他對農夫之歌的眞誠讚美中、他對童子的「酷」不以爲意、他對孔明的親戚畢恭畢敬、他對孔明那些古裡怪氣的朋友極盡優禮——必須憑心而論，像崔州平那篇冗長又無甚新意的論說文，石廣元、孟公威那兩首乏味的歌，在漫長的三顧途程裡，在酷寒的天氣情況下，在屢遭失望打擊的沮喪心情中，還能欣而賞之，一再的說「此隱者之言也」、「眞隱居之士也」……這一切，作者雖不點明，而其實，劉備的「誠」，就盡「藏」於其中，這眞眞是無所不藏了。

(5)一切就是因爲作者要把孔明藏之又藏，不到無可再藏的最後關頭，絕不讓他曝光，因此才出現了「三顧」這樣極盡曲折能事的情節設計。文中陷阱處處，每次都讓人以爲孔明就要出現了，情緒一度提高後，又猛然的摔將下來！一如我們上節文字所述，作者前後安排了司馬徽、崔州平、石廣元和孟公威、諸葛均和最後的黃承彥等人，次次用各種的形容詞，如「峨冠博帶，道貌非常」「容貌軒昂，豐姿俊爽」……等等，等等，故佈疑陣，在這些過程中，讓讀者和劉備一同感受由輕微失望、感覺被吊了胃口、對作者反覆編弄此法的無奈、乃至到了童子明言「先生現在堂上讀書」而原來卻是諸葛均的擺明了騙人，到最後的居然誤認黃承彥老先生爲孔明的誇張荒謬！劉備望孔明之急，確是到了如西廂曲云：「風動竹聲，只道金珮響；月移花影，疑是玉人來」那樣失魂落魄的可笑境地。幸好作者也適時的穿插了關、張，而且讓他們保持應有的清醒，是冷眼旁觀人。同學中很多人也已指出，在很大意義上來講，關、張是代表了讀者的觀點和心情，否則作者這樣的一再故技重施，播弄劉備和讀者的情緒於股掌之中，若不是有這兩個人物的設計和代言，相信不悶死、氣死也會棄書而逃！尤其是到了最後臥龍晝寢，明明近在咫尺卻還要這樣的「興風作浪」，使得熱血沸騰的張飛爆嚷出「等我到屋後放一把火，看他起不起」的憤怒吼聲，這莽漢竟要「班門弄斧」的用火把一生最善火攻的孔明燒醒來！這時讀者的耐性也已到了極限，張飛的適時發作正是替所有人大大的出了一口鬱卒之氣！這種情節設計是非常富有戲劇張力的，正是這樣的情節設計，把孔明難於一睹的「尊」加以極度的「皴染」。

在另一方面，明眼人也多指出，作者正是要借用張飛的種種言行，來為劉備求賢的誠作一「反襯」——因為劉備的所作所為確乎已到不近人情、超乎常理的荒誕地步——不但張飛的急躁不耐，事實上是，其他如童子的「酷」、孔明諸友的或冷淡或迂腐、孔明之弟的「曠逸」失禮、孔明丈人的雖溫藹卻又實際無所助……等等，等等，也在在反襯出劉備的「熱」和「誠」！

(6)合於美學心理的季節安排：「三顧」的季節安排，似也不難見出作者的匠心獨運。初訪時，書中沒隻字道及節候，但從種種跡象推測，其時節似應在建安十二年的深秋。二訪明言是隆冬，三訪則是次年早春。以二、三訪之間時間的頻密，推前第一訪為前一年的深秋，才能表出劉備思賢若「渴」之情，此其一也；以作者喜歡「前呼後應」的結構筆法而言，對照第一〇四回後文〈秋風五丈原〉漢丞相歸天的情節，初訪的時季也安排在深秋以為前呼，似屬合理？此其二也。再來，純就書中的情境，書中人的心情來考量：秋天，一方面是一個彩色斑爛、金黃豐收的季節，而另一方面卻又可能是「秋風蕭瑟天氣涼，草木搖落露為霜」這樣一個令人興發感慨、愀然不樂的季節。不管如何，在秋高氣爽的曠野田疇中，看到劉、關、張弟兄三人和從人往隆中而去的身影，似乎覺得是很令人賞心悅目的天然圖畫，因爲是初訪，心情無得也無失，無喜也無憂，反而因爲沿途豐收的田疇、幽雅的景色而蘊蓄隱隱的一股希望。二訪在隆冬，漫天的大雪，侵人的酷寒，不由人心情不凜冽肅殺，再訪不遇再加上嚴峻天氣的威逼，關、張二弟的嘖有煩言，怪不得玄德「回望臥龍崗，悒怏不已」。三訪在春光明媚的早春，大地春回，萬象更新，對桃園三結義的弟兄而言，更是充滿新希望的季節，而果然就在這「桃花也含笑映祭台」（註三四）的春天裡，把風華絕代的臥龍先生請回了新野！

這樣，由「三顧」巧妙的季節安排，搭配著周遭不同的景色，反映著人物不同的心境，而也帶出不同的境遇，應該不會是無意的吧？

(7)「三顧」文字描繪諸葛亮的出場是符合書中人的性格和心理的，諸葛亮性格中有一特質是，他必待人「求」之而後動，像他出山後不久的〈荊州城公子三求計〉（第三十九回）固是如此；就算是應該是他自己有求於人的「舌戰群儒」和「智激周瑜」（第四十三、四十四回）他都能用計扭轉形勢，使得本當他自己有求於人而變成人家有求於他……這種性格特徵在他一出場的同時就顯露無遺，因爲「三顧」如作者所設計及表述，本身就是明主「求」賢——而非賢才「求」職——的喜劇嘛；作者安排他的隆中決策和他本人一起出場，更使得他那「蓋天下一人也」、「此人乃絕代奇才」的美譽得到最具體的彰顯。臥龍方一出場，緊接著就到江東舌戰群儒，形成赤壁大戰中孫、劉兩家聯合抗曹的陣線，更因赤壁一戰，天下鼎足三分的大局乃告底定，所有這些都可證明，作者對諸葛亮出場情節的設計及文字的描寫，是完全適應《三國演義》全書的內容、情節和結構需要的。

九、作者已稱其職，讀者意猶未盡——謀略家對自己出路的謀略？

如果我們前此的論述可以成立的話，必須承認，《三國演義》的作者借用「三顧」的情節設計以及文字藝術來寫出劉備求賢的「誠」，和諸葛亮的曠代的「賢」是成功的，眞已達到所謂「不著一字，盡得風流」的藝術至境，他已盡其作者之職了。但身爲讀者的我們，在觀賞了這千古佳話的求賢喜劇後，是否就此完完全全的饜足了呢？不會覺得作者在表象的故事敘述之外還想透露出一些什麼嗎？甚至，不會感覺隱約之間，作者的筆端似乎總帶著一些輕微的反諷的意味嗎？

「諸葛一生唯謹愼」！被譽爲絕世奇才——尤其是偉大的謀略家——的諸葛亮，如故事所述，在「擇主」的這一件事上，竟然是完全站在被動的地位，竟然完全是就衝著此「三顧」之恩，「由是感激，遂許先帝以驅馳」！在「當今之世，非但君擇臣，臣亦擇君也」（註三五）的群雄割據、逐鹿中原的多頭競爭、多樣選擇的情況下，身懷「經天緯地之才」的諸葛亮，竟會是原本完全超脫於紅塵之外的隱士，準備終老林泉，「只因感」劉皇叔的三顧之恩——而不是經過仔細的比較、計算及推敲——就毫不自覺的幡然改變了自己人生的方向，姑且一試的隨劉備而去！雖然後來故事的發展，一如衆所皆知，他和劉備賓主之間是「如魚得水」異常相得，而諸葛亮更從此就死心塌地的「鞠躬盡瘁，死而後已」！……然而畢竟「此是後話」。我們所要追究的是，在還未出山之始，一生都強調「人謀」的偉大軍師，竟然似乎是如此輕率的把攸關自己一生的大事，完完全全的「聽天命」而爲之，這是否人物性格的眞實反映？如其不然，這又意味著什麼？或進而言之，作者是否要讀者在他表面文字的敘述以外，去發掘更深層的一些什麼？……凡此種種，都是耐人尋味之處。

較爲切近的閱讀「三顧草廬」和「隆中決策」兩回文字以及我們前節評論文字的分析，再深切回味一下，似乎總讓人有點「別有滋味在心頭」之感？感覺在「三顧」過程之中，作者對情節之中人、事、物的佈局，未免都太井然有序了一點吧：一如我們前文所指出的「斯人也而居斯鄉也」、「斯人也而得斯友也」、「斯人也而作斯詠也」、「斯人也而……」、「斯人也而……」……以至於一顧不見大賢諸葛亮卻遇小賢崔州平；二顧途中先遇石廣元和孟公威，更幾乎「誤中副車」式的見到諸葛均和「巧遇」黃承彥，三顧時雖別無奇遇，但諸葛均又出其不意的在接近草廬的途中再次出現……儼然竟有些像是兵法中的所謂「十面埋伏」？更有諸葛亮出山以後調兵遣將的影子在！一次是偶然，二次是偶然？但豈能次次是偶然？這不能不啓人重重疑竇、深深反思……？難道……？難道……？

讓我們再從頭來看「三顧」前後整個的過程：

在第三十四回末，劉備在間不容髮的一瞬，躍馬檀溪，逃過一劫，到了水鏡莊上，正自「似醉如癡」之間，聽到牛背上牧童悠揚悅耳的笛聲，這不奇，奇在牧童「熟視玄德」以後所說的第一句話：「將軍莫非破黃巾劉玄德否」？這一問實在是太突兀太露骨了些吧？作者似乎也有感於此，趕快用下一句：

玄德驚問：「汝乃村僻小童，何以知吾姓字？」

來平息讀者的「驚」疑——因爲讀者既和玄德剛剛一同經歷過那波翻浪滾的躍馬檀溪的驚險，這時又忽然面對一個村僻小童冒然稱名道姓的指認，能不和玄德同感吃「驚」嗎？幸好，這也不奇，答案馬上就有了，是因爲：

常侍師父，有客到日，多說「有一劉玄德，身長七尺五寸，垂手過膝，目能自顧其身，乃當世英雄也」……

隱士喜愛高談闊論，觀人論世，有何不可？然而，對某「特定」人物——就說劉玄德吧——的外貌特徵描寫，竟到了這樣「繪影圖形」的地步，這就未免有些過份？倒好像他們師徒友朋一天到晚在談論這個劉玄德？或起碼剛剛還在談論這個劉玄德似的？

「閒、冷」的隱士水鏡先生司馬徽，表現得不但對天下大事似若瞭如指掌，並當即向劉備舉薦「伏龍、鳳雛」，但當劉備問起他們是誰時，水鏡又不肯說，既不肯說，那之前又爲什麼「今天下奇才盡在於此，公當往求之」、「兩人得一，可安天下」的極口稱讚？到了夜間，來了一個叫「元直」的神秘客，和水鏡談了一會兒劉景升「善善而不能用，惡惡而不能去」、「徒有虛名」臧否時人的議論後，水鏡先生不但讚來人「懷王佐之才」，鼓勵他「宜擇人而事」，並還乾脆捅破了說「英雄豪傑只在眼前」——擺明了「此地有銀三百兩」！——要叫那偷聽的人聽個痛快不可！大家心目中最超塵脫俗的標準隱士水鏡先生，在他剛出場的短短半天功夫，竟然連續兩次做這「極熱、極忙」的舉薦之事？這難道還不夠使人起疑嗎？此外，這一切夜間的隱祕對話，又剛巧被「玄德起床密聽之」而得……，撇開其他枝節不說，難道不會覺得「這」一幕和後來「蔣幹中計」夜間「無意中竊聽」到周瑜和部屬對話的「那」一幕，不無某種「神似」之處嗎？只要在這兩者之間細細尋繹，就可思過半矣！

新野單福「求明主得明主」是一齣旋律輕快的小小喜劇，不但使劉備初次嘗到有軍師的甜頭，更使他暫時拋開了「伏龍」。可惜來得快去得也快，單福（後來知道是徐庶）的不得不匆促離開，以至他臨別薦諸葛亮，對劉備而言，自然是像「救溺之木」（註三六），使得他不得不趕快抓緊不放了。徐庶對劉備的三顧草廬自是適如其份的起了「催化」作用；從另一角度來看，徐庶這樣的「求明主得明主」已經使得玄德這個明主這樣傾心了，那要是讓玄德自己去三番幾次求得的，不就更……了嗎？

就在劉、關、張兄弟三人準備好一顧的前夕，水鏡先生司馬徽忽然來訪，當然此行不爲舉薦任何人而來，而是因「聞徐元直在此，特來一會」。隱士的消息得到得慢些？因此連他的好友徐庶（元直）爲劉備立了赫赫戰功（計取樊城）的整個過程中，他都不曾來訪，卻「偏」在好友離開後才來訪，實在使得讀者爲他遺憾！他來純粹爲訪友而來，應是無可疑的了，和劉備所致歉詞：「備自拜別仙顏，日因軍務倥傯，有失拜訪，……」能有關係嗎？總不能說司馬徽是因爲等得不耐煩了特來探聽動靜的吧？既來之，則談之，「又逢」劉備熱切打聽「孔明」消息，因此向劉備「順便」做第二次的舉薦，難道不是順理成章的事嗎？司馬徽臨出門前丟下了「臥龍雖得其主，不得其時，惜哉」的這句話而去，聽來很像是隨口而發的感慨，但只要再往深處想，就會發覺，這種感慨毋寧更像是他長期在觀察某事而今得到印證的無限感慨！再者，他這臨別話中之意，似乎和他此行目的——訪徐元直——有些對不上？

那麼，他此行是爲了什麼而來？就値得追究了。但也不必追究了，作者不明而白之的利用回目名稱《司馬徽再薦名士》告訴讀者了嗎？那麼，司馬徽又爲什麼要用訪徐庶來做此行的幌子？以一個大隱士做這跡近於掩耳盜鈴的勾當，人家（讀者）不懷疑也難。

一顧途中，遇到農夫唱歌，所唱之歌雅得很，這也不足奇，因爲「乃臥龍先生所作」嘛！仙莊之中，若設指路標就太不搭調了，因此就順便向這農夫問了臥龍崗的所在而去。

孔明童子之「古淡」，一如我們前文指出，本也應該，但是否又實在有些過分了點？如果他的主人沒有事先特地吩咐，實在有些難以想像，孔明之童這樣的「失禮」！二顧回途中遇到的孔明好友崔州平，這樣氣定神閒的大作其天命啊人事啊的論說文，難道他眞的不知道，劉備此時所關心的，就只有經世濟民的一套確實可行之道嗎？毛宗崗在這裡批說：

妙在極忙、極熱之時，偏聽此極閒極冷之語，……

「妙在」、「偏聽」兩詞，難道不是也帶有些許的反諷意味？爲什麼那麼「妙」？又爲什麼那麼「剛剛好」（偏）？難道這一切不是「偶然」的嗎？

二顧途中遇到石廣元、孟公威的情形也和遇到崔州平的情形差不多，但若說如出一轍，那又是對作者才氣的一大不敬——人家作者還是兵法專家呢，連出兵還要分不同兵種，用不同兵器，有時不可戀戰，有時又要糾纏……別說是寫文章——因此，當然，崔所作的是議論文，孟、石二人所作則是詠懷詩，並且後二人也更顯閒些、冷些。

二顧時孔明之弟諸葛均的態度，似覺比之前幾人，又更覺閒、更覺冷，然而他卻又在之前吟出「非梧不棲，非主不依」這樣相反的調子，不知又是爲何？當劉備問他孔明「何處閒遊」時，均的回答：「或駕小舟……，或訪僧道……，或尋朋友……，或樂琴棋……」使人當下聽了的直覺是，不但諸葛均答得好辛苦，似乎孔明也遊玩得好辛苦，倒好像孔明「……於江湖之中」、「……於山嶺之上」、「……於村落之間」、「……於洞府之內」不是去遊玩，而是去工作！做些什麼呢？該不會是去畫那西川五十四州圖吧？（註三七）

再次誤認黃承彥爲孔明，我們不再質疑，而願意妥協的接受，這是作者要慰勞他的讀者，因此特別安插此段幾近「荒誕」的誤認，以孔明與其岳父年齡的差距——前此見孔明之弟諸葛均應該更加強這種差距——來增加誤認的喜感吧！

若說未見孔明之前，已經有本節文字指出的種種令人疑惑之點，那麼既見孔明之後，這種情形卻只有過之而無不及！試看：孔明醒來吟詩後問：「有俗客來否？」被告知何人後，他卻又要爲這位「俗客」特地的去「更衣」！順著歷來一般習慣的想法，當然這又是孔明的故要大牌，故意刁難；但反過來看，又何嘗不是孔明對來客的重視，所以要這樣慎重其事的「更衣」？否則他在此刻還是儘可以不予相見的啊！初見不肯馬上賜教，卻先要「聞將軍之志」！這不好像今天的雇主，在談一切之前，先要聽聽應徵者對工作的抱負嗎？這可一切都反了！劉備這位雇「主」，不但自己送上門來，還要接受應徵者的「面試」！孔明不賜教則已，一開始賜教卻又不能自已，暢論天下形勢、代爲劃策立國，口說之不足，還隨之「命童子取出畫一幅，挂於中堂」，來一個「圖文並茂」！如果說他的「隆中對策」可以憑機智當場道來，那西川五十四州地圖可不能立等可取的吧？這像是一個不問天下事矢志歸隱之人的所作所爲嗎？……然而當劉備懇請他相助，他卻又忙不迭的推辭：「亮久樂耕鋤，懶於應世，不能從命」！一直要等到劉備「淚沾袍袖，衣襟盡濕」的爲天下蒼生請命了，他才勉強應允「將軍既不相棄，願效犬馬之勞」。出廬以前，他再鄭重聲明此去乃是「受劉皇叔三顧之恩，不容不出」！既已願效犬馬之勞，乃至後來所力行的「鞠躬盡瘁，死而後已」，但臨別又絕不忘囑咐家人「汝可躬耕於此，勿得荒蕪田畝，待吾功成之日，即當歸隱」……（註三八）

所有的這些矛盾衝突和疑點，使我們很願意相信只有一種情況才足以解說之，即，孔明——和／或他的親友——實際上是「主導」或「部份主導」、或起碼是「半主導」了「三顧」這幕求賢得賢喜劇的全過程！——至於他主導的成份的輕重以及其階段性，事實上也反映了他「出世」和「入世」兩種矛盾心態交戰的過程。帶著這種新的認識，讓我們的思緒翺翔於來時路的時光隧道中，許多的現象也才有了它的意義。對於入世從政與否，明察的讀者必定不會忽略孔明有過一次直接而且明白的表態，那是在第三十六回末徐庶辭別劉備奔曹營途中特去勸說他出山輔助劉備時，他勃然作色，說：「君以我爲享祭之犧牲乎？」此時，他把入世爲官看作是對自身的背叛，是作官場的祭品，竟拂袖而去！這也許可以部份的說明爲何之前在水鏡莊上，司馬徽舉薦伏龍鳳雛時那種欲進又退、欲言又止的情形，作爲孔明的師友，畢竟水鏡先生的言行也可視爲孔明言行的反射吧？

若是以上的小小論點可以成立的話，不妨說，三十六回末的這次表態可以看作是孔明出世、入世兩種矛盾心態的分水嶺，因此而三十七回的上半，才有司馬徽再薦名士的事實發展，這也反映了孔明心態的逐漸傾向於入世的一面，否則司馬徽實不能過份拂逆孔明之意而自行作第二次推薦的？……如此這般，大致言之，隨著時間的推進，孔明對於入世爲官的抗拒感也逐日消滅——但，又絕不是完全的撤除心防——這樣就太不像一個「唯謹愼」的偉大謀略家了！——這樣一直到，當面感受劉備之誠，應允出山相助，但還保留心理最後的防線——即臨行前囑咐家人的一段……等等、等等。

我們的現代青年讀者不少傾向於認同這種想法，不但對孔明出山前後較隱祕的深層心態有所窺探，議論中且能表現身爲謀略家應有的瞻前顧後、精打細算的本色的，已不在少數；甚且還有表現得更積極、更進一步的，也贏得更廣大青年讀者的共鳴，茲舉其中一篇〈三顧草廬的行銷意義及理念〉爲代表，摘錄其中較重要片段如下：

……第二，既有意合作的情況之下（並無關乎最後決與否），要如何取得主導地位，便是要同步進行的另一課題。就歷史角度來看，劉備是主，自容易居於選擇位置，而諸葛孔明要如何扭轉，從被選擇到選擇，其中造勢的工作便更加重要。徐庶薦諸葛亮，對劉備而言如同救溺之木，自會暫時緊捉不放。但一個可以選擇的人落至別無選擇之地，其安全後，自會有信心上的動搖。要如何穩固，便是諸葛亮在此佈局中的一大妙處。《三國演義》中，諸葛亮一方面以此安排了考慮合作的可能性，又佈局使劉備從唯一選擇成爲狀似自由選擇，又以此使自己的被選擇地位轉化成考評全局的主動地位。三顧草廬，看似劉備爲主角，遍訪隱士，卻不知實爲諸葛亮在掌握企機（元直走馬薦諸葛）後最佳的安排與佈陳。最完整的掌握，最主導的選擇地位，不正是商業中最講求的低風險投資嗎？（註三九）

此外更有些跡近於天馬行空式的、屬於這一代青年讀者的「解讀」，於是一些「便宜沒好貨」、「得不到的永遠是最好的」以及「好酒沈甕底」等等俗語；以及諸如「自我包裝術」、「爲選戰造勢」、「發表選戰政見」、以至於把故事中的農夫稱爲「唱選戰歌」的「工耕農」等等現代新名詞也一一出籠，諸如此類的，在此暫以〈諸葛亮狂想曲〉一詞爲之歸檔（註四〇）。我們在此也不打算對以上說法做出價值判斷，只是反映這樣的事實：這是現代青年讀者讀《三國演義》的反應，而由這種反應也可看出本書的生命力或許正在於，它在不同時代的不同社會中，其意義及價值都能和當代社會的價值體系交互作用，並使當代的人們在審美的享受以外，更能得到某種智慧的啓示。

十、結 語

姚一葦先生有一小段解釋「讀者反應理論」的話說：

讀者反應（Reader Response）理論，……只能說是一種批評的方法與態度。他們所強調的爲讀者對作品的反應。例如吾人要討論一首詩，不能離開它對讀者所產生的效應（effects）而把握。此種心理的效應對其意義的正確描述殊爲重要。蓋意義的有效性僅具現於讀者的心靈中。（註四一）

「意義的有效性僅具現於讀者的心靈中」，這是一句發人深省的話。一直以來，我們就對於作者、書中人物、讀者這三者之間既有所區別又緊密聯繫的互動關係深感興趣。本文就是本著「作者未必然，而讀者未必不然」的精神，嘗試分由這三種不同立場的人物來對諸葛亮出場的描寫文字，或提出一些問題，或作出不同的詮釋和解讀。我們認爲經由這些解讀，確可看出：作者對諸葛亮出場的情節設計足可使《三國演義》這本書無愧於「藝術化的兵書」的美稱；另一方面，作者對諸葛亮出場的描寫藝術更使人深深體會《三國演義》這本書同時又是一部文學美的傑作，有關此點，使我們不由得想起李厚基先生的這麼一段話，他說：

形象化的畫面是不斷處在變化之中。或行或止，或順或逆，或逕直，或插入，這多種描寫，都給人們創造了一個自由進行藝術思維的天地，讓讀者既循著作者構思的順序，向前推進著；同時，還啓發著人們期待、回憶、思索、探求……藝術思維的積極性，去開掘外部形式的美和隱蔽著的內在的美，來完成對這部偉大作品的認識、理解和欣賞。（註四二）

《三國演義》作者對諸葛亮出場的藝術描寫，很可以爲上面的這段話作背書！走筆至此，也使我們倍感惶惑，因爲議論性的文字，要做到「越藏越大」似乎有其難爲處，相反的倒可能輕易落入「越露越小」的褒貶呢！就此打住。但是作爲讀者，我們期待更多的讀者作出更完美的詮釋，更創新的解讀。

附誌：本文所引用的《三國演義》原文及其回目，均取自羅貫中著、毛宗崗批、金聖嘆鑑定、精印《三國演義》，台北老古事業公司出版。

【附註】

註　一　語出托爾斯泰《論文學．談談讀者》，轉引自李厚基《漫話紅樓夢的作者和讀者——紅樓藝苑掇瑣之一》一文。收在《紅樓夢藝術論》，台北里仁書局，頁四六三。

註　二　見台北里仁書局《三國演義校注．前言》，以及鄭鐵生《三國演義藝術欣賞》，北京中國國際廣播出版社，頁三。

註　三　見冒炘主編《三國演義與企業領導謀略．導論》，中國礦業大學出版社。

註　四　見同註二。

註　五　見吳鎔《煥發新時代企業家的風采——三國演義與企業領導謀略序》，中國礦業大學出版。

註　六　請參閱河南省社會科學院文學研究所編《三國演義研究論文集》書後所附《三國演義》研究論文索引（一九四九—一九八四），北京中華書局，頁五三二—五四七。以及河南省社科院文研所選編《

「三國演義」論文集》書後所附一九八三年《三國演義》研究論著、論文索引，河南省中州古籍出版社，頁四八五—四八九。

註　七　該次會議在無錫太湖湖畔蠡湖賓館舉行，議期為八、十九—八、二三，由中國《三國演義》學會、中國中央電視台以及電視連續劇《三國演義》無錫基地攝製組聯合主辦。筆者亦受邀參加該次會議。

註　八　見《三國演義》電視連續劇總導演王扶林先生致筆者函（一九九四、十二、三）

註　九　同註二、註四。

註一〇　民國八三、十、十七《聯合報》第三十三版（廣告版）。

註一一　請參閱郭濟興、李世俊著《三國演義與經營謀略．序》，廣西人民出版社。

註一二　見同註三、四、九。

註一三　請參閱李希凡《性格、情節、結構和人物的出場——談古典小說中幾個人物出場的藝術處理》。收在其專著《論中國古典小說的藝術形象》一書中，上海文藝出版社，頁二三。

註一四　註三同文中指出，藝人蓋叫天在其《粉墨登場》中談到「吊場」的時候曾經說過：「所謂『吊場』就是上場一亮相走三步，站定，一手平舉，三抖袖，整冠、理鬚，然後手端玉帶，不戴玉帶的，右手略提衣襟，上前再邁三步，走到台口念引子話白，返身歸正中坐下。這是每齣戲每個人物出場差不多都得這麼表演的動作。這些動作看似簡單，可不容易做得好，有演幾十年戲，也不一定能走好這幾步路的。人物的身份、品局，要打出場一個吊場就得讓人感覺出來。

註一五　見《三國志》蜀書卷五〈諸葛亮傳第五〉，本文所引《三國志》文字皆出於蘇淵雷主編、湖南師範大學出版社出版《「三國志」今注今譯》一書，下皆同，不再另作說明。「隆中決策」文字請參閱上書頁一八七四。

註一六　請參閱毛宗崗《讀三國志法》：「古史甚多，而人獨貪看三國志者，以古今人才之衆，未有盛於三國者也……吾以爲三國有三奇，可稱三絕，諸葛孔明一絕也，……鞠躬盡瘁，志決身殲，仍是爲臣爲子之用心。比管、樂則過之，比伊、呂則兼之，是古今來賢相中第一奇人。」

註一七　清劉廷璣《在園雜志》卷三釋「演義」云：「演義者，本有其事而添設敷演，非無生有者比也。蜀、吳、魏三分鼎足，依年次序，雖不能體《春秋》正統之義，亦不肯效陳壽之徇私偏側，中間敘述曲折，不乖正史，但桃園結義、戰陣回合，不脫稗官窠臼。」丘振聲認爲這個說法很不嚴密，但有一點值得重視，「那就是，它指出了『演義』是以歷史爲題材的文學作品，它與史學既有聯繫又有區別。作爲文學的『演義』，要有歷史事實的依據，不能憑空捏造，無中生有；它要做到『不乖正史』，但又必須『添設敷演』，允許使用『稗官』手法，『敘述曲折』，使它具有感人的藝術性。」見丘振聲《三國演義縱橫談》，台北曉園出版社，頁七六。

註一八　見同註十五。

註一九　見諸葛亮〈出師表〉。

註二〇　參照鄭鐵生《三國演義藝術欣賞》以及王基《三國演義新論。論諸葛亮文化》（河南大學出版社）

所引歷代名詩人歌詠諸葛孔明——尤其是與「三顧」有關之詩篇，爰錄數首以饗讀者：

丞相祠堂何處尋？錦官城外柏森森。
映階碧草自春色，隔葉黃鸝空好音。
三顧頻煩天下計，兩朝開濟老臣心。
出師未捷身先死，長使英雄淚滿襟。
——杜甫〈蜀相〉

功蓋三分國，名成八陣圖。
江流石不轉，遺恨失吞吳。
——杜甫〈八陣圖〉

諸葛大名垂宇宙，宗臣遺像肅清高。
三分割據紆籌策，萬古雲霄一羽毛。
伯仲之間見伊呂，指揮若定失蕭曹。
運移漢祚終難復，志決身殲軍務勞。
——杜甫〈詠懷古跡五首〉之五

……

赤伏起頹運，臥龍得孔明。
重重藏筆終探驪，疊疊春雲起臥龍

當其南陽時，隴畝躬自耕。

魚水三顧合，風雲四海生。

武侯立岷蜀，壯志吞咸京。

——李白〈讀諸葛武侯傳書懷，贈長安崔少府叔封昆季〉

先主晦跡臥山林，三顧那逢聖主尋。

魚到南陽方得水，龍飛天漢便爲霖。

——白居易〈詠史〉

隆中魚水三分業，江山風雲八陣騰。

——陸游〈諸葛書台〉

世亂英雄百戰餘，孔明方此樂耕鋤。

蜀王不自垂三顧，爭得先生出舊廬？

——胡曾〈詠史〉

三顧茅廬問，高才天下知。笑當時諸葛成何計。

出師未回，長星墜地，蜀國空悲。

不如醉還醒，醒還醉。

——馬致遠〈雙調・慶東原・嘆世〉

註二一　見同註一二。

註二二　見魯迅《中國小說的歷史的變遷》。

註二三　《三國志平話》對「三顧」描寫原文：

話說中平十三年，春三月，皇叔引三千軍同二兄弟，直至南陽鄧州武蕩山臥龍崗前下馬，等候庵中人出來。

卻說諸葛先生，庵中按膝而坐，面如傅粉，唇似塗朱，年未三旬，每日看書。有道童告曰：「庵前有三千軍，為首者言是新野太守漢皇叔劉備。」先生不語，叫道童附耳低言，說與道童。道童出庵，對皇叔曰：「俺師父從昨日去江下，有八俊飲會去也。」皇叔不言，自思不得見此人。便令人磨得墨濃，於西牆上寫詩一首。詩曰：

獨跨青鸞何處遊，多應仙子會瀛洲。
尋君不見空歸去，野草閑花滿地愁。

太守復回新野。至八月，玄德又赴茅廬謁諸葛，庵前下馬，令人敲門。臥龍又使道童出曰：「俺師父去遊山玩水未回。」先主曰：「我思子房逃走圯橋，遇黃石公，三四番進履，得三卷天書。又思徐庶言伏龍勝他萬倍，天下如臂使指。」皇叔帶酒悶悶，又於西牆題詩一首。詩曰：

秋風初起處，雲散暮天低；雨露凋葉樹，頻頻沙雁飛。
碧天唯一色，征棹又相催；徒勞二十載，劍甲不離身。

重重藏筆終探驪，疊疊春雲起臥龍

獨步新野郡，寒心尚未灰；知者十餘輩，謁見又空歸。

我思與關張，桃園結義時；故鄉在萬里，雲夢隔千山。

志心無立托，伏望英雄拳；臥龍不相會，區區卻又還。

皇叔與衆官上馬，卻還新野。張飛高叫言：「哥哥錯矣！記得虎牢關三出小沛，俺兄關公刺顏良，追文丑，斬蔡陽，襲車胄，當時也無先生來。我與一百斤大刀，卻與那先生論麼！」皇叔不答。卻說諸葛自言：「我乃何人，使太守幾回來謁！我觀皇叔是帝王之像，兩耳垂肩，手垂過膝。又看西牆上寫詩，有志之輩。」先生日日常思，前復兩遍，今正慮間，道童報曰：「皇叔又來也。」

詩曰：

世亂英雄百戰餘，孔明此處樂耕鋤。

蜀王若不垂三顧，爭得先生出舊廬。

「三謁諸葛」話說先主，一年四季，三往茅廬謁臥龍，不得相見。諸葛本是一神仙，自小學業，時至中年，無書不覽，達天地之機，神鬼難度之志；呼風喚雨，撒豆成兵，揮劍成河。司馬仲達曾言：「來不可口，口不可守，困不可圍，未知是人也？神也？仙也？」今被徐庶舉薦，先主志心不二，復至茅廬。先主並關、張二弟，引衆軍於庵前下馬，亦不敢喚問。須臾，一道童至。先主問曰：「師父有無？」道童曰：「師父正看文書。」

先主並關、張直入道院，至茅廬前施禮。諸葛貪顧其書。張飛怒曰：「我兄是漢朝十七代中山靖王劉勝之後，今折腰茅庵之前，故慢我兄！」雲長鎮威而喝之。諸葛舉目視之，出庵相見。禮畢，諸葛問曰：「尊重何人也？」玄德曰：「今劉備是漢朝十七代玄孫中山靖王劉勝之後，見新野太守。」諸葛聽畢，邀皇叔入庵侍坐。諸葛曰：「非亮過，是道童不來回報。」先主曰：「徐庶舉師父善行，兵謀欺姜呂。今四季三往顧，邀師父出茅廬，願爲師長。」諸葛曰：「皇叔滅賊曹操，復興漢室？」玄德曰：「然。」言：「我聞趙高弄權，董卓挾勢，……（以下略）……

註二四　《三國志．武帝紀》注引《魏書》載曹操：「文武並施，御軍三十餘年，手不捨書，晝則講武策，夜則思經傳，登高必賦，及造新詩，被之管弦，皆成樂章」。《三國演義》第四十八回〈宴長江曹操賦詩〉把曹操文采風流的詩才表現得淋漓盡致。那是赤壁大戰的前夕，他在主帥的船上，大擺酒席，歡宴群僚。面對著浩瀚無垠的長江，迷人的月色，以及櫛比鱗次的戰船，不免詩興大發。他喝得酩酊大醉，橫槊對諸將說：「吾持此槊，破黃巾，擒呂布，滅袁術，收袁紹。深入塞北，直抵遼東。縱橫天下，頗不負大丈夫之志也！今對此景，甚有慷慨！吾當作歌，汝等和之！」作者把曹操不知寫成於何時何地的那首著名的〈短歌行〉巧妙的移植到這裡。情節雖屬虛構，但虛構得好，眞實動人。尤其是〈短歌行〉以及曹操其他很多著名詩篇都是眞實的。曹操的詩才由此可見一斑。

註二五　魯迅評《三國演義》曰：「……至於寫人，亦頗有失，以致欲顯劉備之長厚而似僞，狀諸葛之多智而近妖，……」見《中國小說史略》，魯迅作品全集二十六，台北風雲時代出版，頁一五八。

註二六　羅貫中著、毛宗崗批、金聖嘆鑑定精印《三國演義》。毛宗崗第三十七回回前總批，台北老古文化事業公司，頁五一四。

註二七　語見周汝昌《「紅樓夢」的筆法》，收在其專著《獻芹集》，山西人民出版社，頁二九八。

註二八　第三十四回毛宗崗回前總批：「光武過滹沱之馬，安行水上；昭烈過檀溪之馬，幾陷水中。李世民過澗之馬，卻有三跳；劉玄德過溪之馬，只是一躍。金太祖混同江之馬，按轡而行；劉先主檀溪之馬，超越而過。宋高宗渡江之馬，死馬當活馬騎；漢昭烈過溪之馬，劣馬作神馬用。讀書至此，眞千古奇觀。」頁四七四—四七五。

註二九　見同上註，頁四九九。

註三〇　請參閱美國，浦安迪《三國志演義——義士氣概的局限》：「在其他三部小說中出現的時間佈局之另一重要方面是把小說關鍵場景與四季循環中富有意義的時節聯繫起來。可想而知，這種手法最多用於故事中明屬虛構的情節。例如，劉備揀在白雪皚皚的時節三顧茅廬以及在春光明媚時作第三次成功的訪問，都不是史有明文記載的細節。」見浦安迪著《明代小說四大奇書》，中國和平出版社，頁三三五。但，二顧、三顧的時序節令在《三國演義》小說中倒是標明了的，在下文我們並將據以推斷初顧茅廬的時節當在建安十二年深秋。

註三一　見第三十八回毛宗崗行間雙行夾批，頁五三二。

註三二　「六曲六折」一語是我們自己定的，想法卻來自於第三十八回毛宗崗回前總批：「玄德第三番訪孔明，已無阻隔。然使一去便見，一見便允，又徑直沒趣矣！妙在諸葛均不肯引見，待玄德自去，于此作一曲。及令童子通報，正値先生晝眠，則又一曲……」就這樣，未見以前的曲折有六。「及初見時，玄德稱譽再三，孔明謙讓再三，只不肯賜教，於此作一曲……」而既見以後的曲折也有六！因此稱爲「六曲六折」，見同註卅三，頁五二九。

註三三　見同註二九、三一，頁四八七。

註三四　電視連續劇《三國演義》第一集〈桃園三結義〉插曲歌詞。

註三五　第廿九回周瑜引用東漢初年馬援語，見《後漢書．馬援傳》，香港中華書局，頁八三〇。

註三六　請參閱註三九。

註三七　第三十八回「言罷，命童子取出畫一軸，挂於中堂。指謂玄德曰：『此西川五十四州之圖也』」下有毛宗崗雙行批：「正不知先生幾時覓下此一軸畫？可見其一向高臥，非眞正睡著也，頁五三五。

註三八　藉此註點清題名下句〈疊疊春雲起臥龍〉，請參閱註三二。

註三九　吳書和同學（學號二八〇〇一二四）提出報告《三顧草廬的行銷意義及理念》。

註四〇　題名爲NC五A吳淑瑜同學提出。

註四一　見姚一葦爲鄭樹森《文學理論與比較文學》一書所作〈序〉中之言論，台北時報文化出版企業有限公司，頁《序》五。

註四二　見同註一，頁四八一。

沈三白的審美意識抉微

王仁鈞

「不管生命是什麼樣的內容，它總是一個經驗。不管這經驗是什麼樣的情況，它總是一個時間的流痕，是一個過程，是永恆中多采多姿的一個插曲。」美學者愛德門（IEDMAN）藉著這句話，在他寫《美學導論——藝術與人生》（ARTS AND MAN, A SHORT INTRODUCTION TO AESTHETICS）時，便點明了他討論有關美的諸問題之切入點，是以具體經驗爲主要對象的。

姑不論此一觀點在美學理論上，有怎樣的建樹或障礙，但類此對「具體經驗」的注意，畢竟是掌握美感反應的一個環結；我們固可據以梳理出一條審美感受的線索，亦可據以開發一條審美意識的管道。進而對作品也好，對作家也好，都可能從中攝取到相當可靠的訊息，來商略其存在價值的定位。

職是之故，我遂逕以《浮生六記》一書，做爲探討其作者沈三白審美意識的材料。一方面，該書既是作者呈現其具體經驗的傳記式作品；再方面，該書也是作者現存的唯一作品；另方面，該書的內容，多少反映了一部分中國文人，迄今仍遺留著的，某些傳統文化影響下的生活態度和觀念。

一、心緒的迷惘和安頓

自從莊周在〈齊物論〉中揭發了對生死相涵的透察之論：「夢飲酒者，旦而哭泣；夢哭泣者，旦而田獵。方其夢也，不知其夢也。夢之中，又占夢焉，覺而後，知其夢也。」再加上他緊接著又以其極富魅力的筆觸，編織了「蝴蝶夢」的寓言，前後相與映發，於是，「夢」，在某種情況下，便成了人生的譬喻，並且深入人心。特別是在文人敏感的生活觸動下，眞幻轉替、活龍活現，乃有「浮生若夢」一語的大行於世。

首先拈出「浮生若夢」的是李白，他於〈春夜宴從弟桃花園序〉（註一）劈頭劈腦便說：「夫天地者，萬物之逆旅也；光陰者，百代之過客也。而浮生若夢，爲歡幾何！」逮沈三白撰《浮生六記》，很明顯的，引用了這一文典以爲所作命名，當然意欲表明：這是他一生際遇起伏浮沈的記錄。儘管，他只摘取了「浮生」二字，但如果就「藏詞」或「借代」的修辭手段加以考究，「如夢」的含義，其實仍然具在。何況在卷一中，他更援用東坡「事如春夢了無痕」的詩句，並申明了「苟不記之筆墨，未免有辜彼蒼之厚。」的意圖。因此，假若我們說：沈三白著《浮生六記》是以夢醒者自居，乃將自己定位成夢境之外的旁觀者，在重新反顧夢境種種生滅變化，而一一予以評述，應是不致有曲解過當之虞的。

但是，誠如前引莊文所言：「方其夢也，不知其夢也。……覺而後，知其夢也。」，他既能反顧夢境，肯定已是「知其夢」了，那麼，在某種過程的意義上來說，亦必已經跨越了「覺而後」的時段，我們自可指謂沈三白作《浮生六記》，實出於其能將「其夢」與「其覺」做了分割的辨識之故。

就「夢」與「覺」的分割而言，一般的理解，大多以其發生的先後次第爲準，於是通常便用時間分割法，將「覺後」所上追的某一時段，歸列「夢中」，視此時段種種現象爲「夢境」。據此觀察，沈三白在歷經喜樂艱困之後，再追敘前緣，或以惋惜，或以悔恨，或以警戒，或以憎怨。自有其因時過事遷，繫之感慨，傷流光之倏忽，哀歲月之蹉跎，於是乃時時透出抒發鬱積，踪懷往昔之思。可證沈三白的「夢」、「覺」關係，似乎便是根植於時間分割的基礎上。而萌生於此一時間分割的「夢」、「覺」感情，每每傳達出來的多屬熱切眷戀的成分，較少冷峻洞燭的定力，恰恰形成一般心理狀態隨興隨滅的情緒波動之布白，落入「夢之中，又占夢焉。」的糾結裡。很容易使「夢」與「覺」之間，出而復入，割而未分的困窘常存，所以莊周才會在前引之語下，更鄭重的提出：「且有大覺而後知其大夢也。」的警告！

目前流傳坊間的《浮生六記》，儘管存在着後二記僞摻的問題（註二），但依前四記的全部文字，及後二記的標題屬性加以推斷，沈三白確有以時間先後處理「夢」、「覺」的顯明跡象。可是，沈三白終究不願只以時間分割「夢」、「覺」，讓《浮生六記》滯於近似「夢中占夢」的粗糙結構中，而努力表現了另一種「夢」與「覺」的分割方式——空間分割法。

所謂空間分割法，乃是將垂直關係的「夢」與「覺」，轉換爲平行的安置，形成映對地位，將事件和經歷事件的主體加以分隔，一如觀衆面對戲劇，讀者面對小說一動止貼合而痛癢疏離。沈三白手著的卷五卷六文字，雖因佚失而難窺究竟，不過，以管貽葄〈分題沈三白處士浮生六記〉（註三）所見原文的眞實觀感之描述語氣文意爲佐證，則略可溯臆三白於前後六記之記述用語，頗有激烈平靜兩種截然不同之差距存在，以致管氏題吟時之心情語調，亦不免受其影響。試觀管氏六首七絕：

劉樊仙侶世原稀，眥眼風花又各飛；嬴得紅閨傳好句，「秋深人瘦菊花肥」。（君配工詩，此其集中遺句也。）

烟霞花月費平章，轉覺閒來事事忙；不以紅塵易清福，未妨泉石竟膏肓。

坎坷中年百不宜，無多骨肉更離披；傷心替下窮途淚，想見空江夜雪時。

秦楚江山逐望開，探奇還上粵王臺；游踪第一應相憶，舟泊胥江月夜杯。

瀛海曾乘漢使槎，中山風土紀皇華；春雲偶住留痕室，夜半濤聲聽煮茶。

白雪黃芽說有無，指歸性命未全虛；養生從此留眞訣，休向嫏嬛問素書。

前三首猶見惋嘆嗟惜之語，至後三首則歆羡嚮往之情隱約可察。若再以卷四的記述次第來看，〈浪游記快〉自十五歲迤邐而下，至四十五歲爲止，順時作敍，毫無穿插跳越之筆。反觀前三記，則循情錄事，歲時每有顚倒，尤以〈記樂〉、〈記趣〉最爲紛雜疊沓，逮乎〈記愁〉猶有紜漫，可想三白執管纂組，越到後來，越趨平靜，迄於卷五、卷六，一爲重董舊作，一爲舒展新懷，意識型態的樣式，當與管氏六詩若合符節。如是，則其心態實已居於與「夢境」隔離旁觀之自覺中，莊周所謂「至人之用心若鏡，不將不迎，應而不藏，故能勝物而不傷。」（註四）亦正在於能將身受種種，一一化爲對照之映象，排除掉責任的負累牽絆，而成其主體的鏡外之鑑，完成道家鑑賞人生的美感效應。沈三白既能以「體盡無窮而遊無朕」（註五）做爲其判讀一生遭遇的尺度，復將其過往歷程依此尺度描繪出來，不也是基於同樣的審美意識之甦發嗎？

根據筆者個人研讀《浮生六記》的了解和推測：他正式認眞寫作的時間可能是在四十二歲以後，寫作動機是由於其妻其父之喪所引起的追懷激蕩的感情衝動，這正符合以時間分割「夢」「覺」的需求。卷一的〈閨房記樂〉，卷二的〈閑情記趣〉和卷三的〈坎坷記愁〉，便是在此一心境下陸續完成的。唯是，故這三卷中常能嗅到沈三白著意於喜樂，情趣，悲憤，怨懟，乃至痛恨的傳述，時時會發現到他在感情抒發時有心誇耀或隱諱的痕跡。這一階段延續到四十五歲（註六），沈三白的不平之氣，一來因長時間宣洩而漸次平復，二來因修養的導因而頓告平穩，於是著手卷四的〈浪遊記快〉，整理卷五的〈中山記歷〉和補充卷六的〈養生記道〉。當然，主要推動他寫作後三卷的力量，是因爲處事心態和人生觀念的改變，所以在後三卷裡不復再見激越之詞冷靜寧定，全屬以空間分割夢覺的架式。

以常情設想，全部寫作告一段落後，作者必會將全部稿件做一番檢視整理；而增刪飾潤的依據，在意識上必和當時的觀念緊緊扣合。於是沈三白自會面臨出入於「夢」與「覺」的時間分割和空間分割之間，而踟躕徘徊盤桓往復在追憶的感懷以及映對的賞鑑之糾葛心緒之下。因而，當他以《浮生六記》命名這本著作時，其安頓此一畢生主要運會的思考，應是相當複雜的。

平心而論，就一個人一生的際遇而言，沈三白在《浮生六記》所表白的愛惡，所經歷的起伏，所宣達的順逆，固然在他自己是入骨沁脾的大事。可是，在旁觀者，則終只是局限於百年之內，家庭之間，瑣瑣屑屑，平平常常，牽涉不廣，影響不遠，規格不宏，旨意不強，企望不高，實算不得驚天地泣鬼神的巨構。然而從問世以來，確也深受讀者的喜愛推崇，俞平伯就曾經說過：「說它是信筆寫出的固然不像；說它是精心結構的又何以見得？這總是一半兒做著，一半兒寫著的；雖有千雕百琢一樣的完美，卻不見一點斧鑿痕。猶之佳山佳水，明明是天開的圖畫，然彷彿處處吻合人工的意匠。當此種境界，我們的分析推尋的技巧，原不免有窮時。在記所錄所載，妙肖不足奇，奇在全不著力而得妙肖；韶秀不足異，異在韶秀以外竟似無物。儼如一塊純美的水晶，只見明瑩，不見襯露明瑩的顏色！只見精微，不見製作精微的痕跡。」（註七）的確，妙肖、韶秀、明瑩，正是《浮生六記》裡裡外外的好處，然則沈三白遇之，摭之，擇之，組織之，記錄之，而能恰得其妙肖韶秀明瑩者，必有可待我們更進一步去分析推尋的潛存素質在，縱然不免有窮，也不妨挖掘下去。

二、人情的觸動和圓成

《浮生六記》以情著，乃衆所共識的該書特色。沈三白筆觸所及，莫非其感情生活的鈎勒刻畫，舉凡愛情、親情、友情、物情、世情，甚至對自身生命的珍攝之情，全都是他關注的重心。而且也因爲如此，方能在其誠摯心態的涵潤下，把這些不同質性、不同狀況、不同源頭、不同開展的經經緯緯，相互綰接編組起來，使其疏密濃淡各如其分，讓整個作品成爲一張情網。鍾情處固然歡樂哀愁、愉悅苦悶，無不相干；忘情處亦能水淨月明，雲淡風輕，廓焉自化。信手拈得，分明是零落漫散，也分明是整合渾融；分明是人間世景，也分明是天理自然；分明是身旁餖飣的取樣，也分明是生命全盤的流瀉；分明是現實的紛紛擾擾，也分明是期盼的舒舒暢暢。無論灰黯，無論鮮亮，無論籠被，無論開脫，他皆能於意念深處抽拉出一份眞切的情懷，呈現其無法遏止的感動。

(一)夫妻間的濃密相得——

最膾炙人口的，當然要數沈三白和芸娘鶼鰈款款的恩愛了。你看他，寫芸娘的才，寫芸娘的藝，寫芸娘的情，寫芸娘的禮敬，寫芸娘的雋慧，寫芸娘的曠放，寫芸娘的細膩體貼，寫芸娘的機靈敏巧，寫芸娘的貞定堅韌。從婚前的吃粥事件，齋素事件，到婚後的我取軒論文評詩，滄浪亭烹茶賞月，西跨塘撿石造景，賓香閣獻珠補殘，金母橋聯吟消夏，水仙廟喬妝遊園，蕭爽樓編簾製盒，南園春煮酒煖肴，太湖晚踞舟暢飲，青浦居翠釧盟妓，書畫舖帶疾繡經，東高山活花作屏。乃至乙巳年的初受翁疑之含屈，庚戌年的再失姑歡之蒙冤，壬子年的代罪被斥之受慫，丙辰年的激憤發病之自責，庚申年的倉皇去家之狼狽，以逮丙辰年的顚沛逝世之纏綿。一樁樁，一件件，詳述精敘，穿插梳織，把芸娘的生命張力賦予無限延伸的可能，惹得林語堂竟不得不說出：「芸，我想，是中國文學上一個最可愛的女人。」（註八）那種充滿激賞意味的讚語。

當然，芸娘自身確有其值得欽戴惜愛的諸般優越資質。不過，這些美好，亦必有待於沈三白與之相應相契的同情、共識、了解、牽攜，才能夠獲致如此完整的宣露張揚。

如果我們稍稍自沉緬於他們夫妻生活的漪漣蕩漾中分出神來，則不難發現，他們之間除去原有興致相投易合的氣性，亦頗有沈三白在有意無意裡，以自身的喜樂憧憬，去觸動芸娘所潛藏的情懷而使之彰顯的例子。像他們相處的親蜜，常同行並坐，不避別人耳目，原非持敬如賓的芸娘習行；實是三白不斷粘纏，才能以情愛的熾熱熔解芸娘夙有的拘禮。再像芸娘喬扮男裝，參遊「花照」廟會，尤其行徑突兀大悖風氣；其實早就有三白對她說過：「苟能化女為男，相與訪名山，搜勝跡，遨遊天下，不亦快哉！」（註九）的預期；又有屆時「冠我冠、衣我衣。」的代謀；加上「密去密來，焉得知之！」的慫恿；在受到「愛」與「美」的雙重敦促下，芸娘的矜持豈能堅守！更如：論文評詩、談花品月，芸本緘默，喜聆聽却少插言，也因三白時時調引，始趨流利——所以有「余調其言，如蟋蟀之用緯草，漸能發論。」的案據可考。即如招素雲、盟憨園等，芸娘與三白邀妓褻遊的再再犯俗脫忌；而前此三白邂逅蘭官、喜兒的幾番冶狎，未必不會對芸娘產生一些萌啓作用。以上猶是犖犖著者，沈三白所說：「其癖好，與余同；且能察眼意，懂眉語，一舉一動，示之以色，莫不頭頭是道。」透露的消息，自不僅於以上所引出的諸端而已。

(二)家人間的恩怨相繫——

與三白夫妻甜蜜生活成為強烈對比，給讀者們另一個面相感覺的，是三白天倫間之齟齬暨尷尬。〈坎坷記愁〉開筆便說：「人生坎坷何為來乎？往往皆自作孽耳。余則非也！多情重諾，爽直不羈，轉因之爲累。況吾父稼夫公，慷慨豪俠，急人之難，成人之事，嫁人之女，撫人之兒，指不勝屈；揮金如土，多爲他人。余夫婦居家，偶有需用，不免典質；始則移東補西，繼則左支右絀。諺云：處家人情，非錢不行。先起小人之議，漸招同室之譏。」寫來怨氣深沉，似乎有許多的不平亟待申訴。細閱卷三，現實果然坎坷，履歷常涉愁境，謀生的蹇困和家務的糾葛，交互錯疊，猛烈撞擊，從芸娘失愛于姑開始，直到三白痛遭子喪爲止，十餘年間顚沛紛擾，幾乎隨歲增熾。三十四十，本應事業日旺，家庭日興，正是人生開展美好希望階段，其奈他面臨的却是飄搖艱辛，靦腆境地，如是一般常人，當會何等難堪？然而，他在字底行間，對兄弟的貪婪作爲，親戚的冷漠態度，雖不免時有微詞。但凡有關失歡於父母的部分，率以誤會結事，未嘗有片言逆忤；有關子女的部分，無不自攬過愆，未嘗有隻語推諉。縱然齟齬尷尬相與煎逼，但沈三白只將之歸咎命運的不濟，至於人爲的衝突，他一方面既自覺無以排遣，唯有噴潑於筆下，即情表白；一方面復欲極力寬解，平復於心，故處理這些事態，多採「淡出」，「和入」的方式。

比若：他們夫婦被逐離家，暫居蕭爽樓後，便有「越兩載，吾父漸知始末。適余自嶺南歸，吾父自至蕭爽樓，謂芸曰：前事我已盡知，汝盍歸乎？余夫婦欣然，仍歸故宅，骨肉重圓。」的轉圜解說；在三白冒雪奔波向姊丈索債而僅得二十圓後，乃有「余本無奢望，遂諾之。」的寬宥想法；芸娘葬後，以及叩別其母時，前有「攜木主還鄉，吾母亦爲悲悼。」後有「吾母囑曰：汝弟不足恃，汝行須努力，重振家聲，全望汝也。」謙敬恭遜的記述；尤其對啓堂，三白曾在文中多番揭發他燃其之急切，但終究仍不過是經女兒青君之手「於行囊之外，轉得吾父所遺圖書、硯台、筆箒數件。」言中竟有額外收穫的驚喜之情，不只「所遺房產不下三四千金」分毫未取，且把甫由代筆書券所得的二十金，「擬傾囊與之」。……諸多證明，沈三白儘管受創被壓，然更有時移事遷便不復計較的豁達大度。

似此以「和」、「淡」行事的態度，寬厚面對生活壓力之主要動源，應該把它歸之於「德操」呢？抑還是把它歸之於「情操」呢？恐怕，無論如何，都不該忽略掉那分憧憬著融諧和與之美的潛在力量吧！

(三)友伴間的交往相適——

「吾父稼夫公喜認義子，以故余異姓弟兄有二十六人；吾母亦有義女九人。」〈閨房記樂〉卷中明載此語，則無論天稟遺傳或是環境教養，都有理由造就三白成爲一個好客樂友，亟求嚶鳴的人。果然，在他關顧一生的經歷路程裡，誼友之義，聲氣之投，確成爲貫串六記幅面最廣著筆最多的素材，其重要性簡直不下於他對芸娘情愛的濃烈以及對家人感受的深切。

只須稍加梳櫛，即能發現：從卷一以下，與三白或芸娘直接間接產生影響牽連，有名有姓，有形有像，斑斑可指的關係人物，總在七八十名之間。有的一人一事：船女素雲出現於三白夫婦太湖遊的事件中；有的一事多人：三白夫婦寄居蕭爽樓時涉及魯半舫、楊補凡、袁少迂、王星瀾、夏氏兄弟、繆家昆季、蔣韻香、陸橘香、周嘯霞、郭小愚、華杏帆、張閑憨諸君子；有的一人多事：夏揖山先後在三白南園郊遊、葬父辭母、遯居禪寺，及沙田收租裡相與相共；有的乍現即隱：顧金鑑、史燭衡等；有的一見再見：夏淡安、張閑憨等；有的交往浮泛：章蘋江、程虛谷等；有的情誼深隆：石琢堂、魯半舫等；有的解危急：華大成、胡肯堂等；有的同歡愉：許秀峰。丁實初等；有的相照顧：泰州曹翁、張禹門等。……林林總總，開張閉合，固然主意在襯映情節、舖陳行跡，但何嘗沒有印徵烙刻鮮明，宣微響幽旨於唱和應酬提攜扶持之表的作用？

特別如：「王（二姑）癡憨善飲，俞（六姑）豪爽善談。」「顧姓名金鑑……爲人慷慨剛毅，直諒不阿。」「華名大成……人極樸誠。」「丁字實初……司會計者姓王；俱豪爽好客，不拘禮節。」根本就是三白本人性格的反射；如：「船家女名素雲……人頗不俗……即以象箸擊小碟而歌。」「友人魯半舫……善寫松柏梅菊，工隸書，兼工鐵筆。……楊補凡名昌緒，善人物眞；袁少迂名沛，工山水；王星爛名巖，工花卉翎毛……」「星爛彈梅花三弄……憶香亦興發，袖出鐵笛，嗚嗚而吹之。」簡直就是三白自己擅長的翻版；如：「（史）燭衡澄靜緘默，彬彬儒雅。」「身材狀貌有類余婦芸娘……名喜兒。」「竹逸寡言靜坐而好客善飲。」「琢堂名韞玉……極著勞績……清風兩袖。」活脫似芸娘複現，烏屋之愛，移情投影，皎爾可知；至於敘邂逅喜兒事，而謂「余四月在彼處共費百餘金，得嘗荔枝鮮果，亦生平快事。」敘蕭爽歡聚事，而言「拔釵沽酒，不動聲色，良辰美景，不放輕過。」敘中保受累事，而稱「友人某向渠（西人）借五十金，乞余作保。」敘曹翁急難事，而誌「惠來以番餅二圓授余，即以贈曹，曹力卻，受一圓而去。」敘阿雙捲逃事，而謀「今當一面呈縣立案，以杜後患可也。」敘助張禹門事，而言「張亦失館，度歲艱難，商於余；即以餘資二十金（本留爲芸娘扶柩返鄉之費）傾囊借之。」輕描淡寫，草草帶過，相對於詳說許秀峰之偕商靖海門，魯半舫之邀居蕭爽樓，華夏氏之接寓東高山，夏蕙𦬊家族之戮力相濟，石韞玉父子之鼎力安頓……則三白在簒記報饗受惠時，那分拿捏人情的襟抱氣象，已自其筆端的含蓄與渲染比較下，布露無遺。而友伴的俠腸義氣，三白的熱衷摯懷，也在互爲盤根錯節，參差疊砌中，愈加顯得渾厚淵渟了。

前面分述三白在夫妻、親人、友伴三種系統生活裡實踐的狀況，約略可用溫柔、敦厚、熱忱作爲概括。而溫柔、敦厚、熱忱，也恰是他成就人情之好的要件，是以順遂也罷，歡樂也罷，舒適也罷，困頓也罷，阨急也罷，悲愁也罷，三白都能藉這三者醞釀的愛，徜徉其中而未被溺陷於絕境。今日我們披閱《浮生六記》，苟能爲其平凡平實所感，爲其眞誠淳質所動，或許不能不歸功於他在人情觸動方面的妥貼敏銳，以及人情歸屬方面的灑脫圓成吧！不過，三白在人情的觸動和圓成上，他那溫柔的愛，敦厚的義，熱忱的心，始終被他一向潛有的人格特質所拴繫靡引。

只是，此一人格特質，表現在「過程性」的現象上時，它是隱晦的，是處在幕後操縱的；唯有表現在「現象性」的現象上時，才會是顯著的，是處在直接反應的。因是，我們遂必須再進一步的探索。

三、物趣的耽嗜和提昇

在六記中，沈三白嘗多次提及他的習性：說「余性爽直，落拓不羈。」說「余凡事喜獨出己意，不屑隨人是非。」說「余……多情重諾，爽直不羈。」這種習性，通過其好惡取捨的抉擇內軸——一種判斷性的價值認定：對應到人情方面，固然形成了他無間的夫妻篤愛，不卸的天倫厚義，懇摯的友朋高誼；對應到物趣方面，更陶鑄了他深甸的詩酒喜好，精細的花木關愛，以及遄放的遊覽意興。才能在全書以「情」著而動人心絃之外，亦黏貼上以「趣」聞而發人意緒的標籤，將如虹如霓的色調光燦豐富的溢漫出來。

因此，當我們正欣羡著他的閨房艷樂之際，卻不知不覺的同時吸吮著那綠蔭芳華的馨香清涼氣息；當我們正憐惜著他的步履蹣跚之際，亦不知不覺的隨時跨進了那水闊天高的開朗曠遠境域；當我們正驚詫著他的奇想巧構之際，或不知不覺的及時跳脫了他孤孑無賴的漂泊艱澀夢魘；當我們正酣饗著他的幽賞玄覽之際，竟不知不覺的適時品餟著他披肝瀝膽的邀朋燕友歡愉。

下面，我們不妨進入他的實際物趣世界，一窺端倪。

(一)詩酒之風流蘊藉——

沈三白能詩喜酒，乃不爭的事實。十三歲即由「秋侵人影瘦，霜染菊花肥。」句，喜芸娘才思雋秀而與之結緣；十六歲即在西湖紫雲洞與同學趙緝之「解衣小酌，嘗鹿脯，甚妙。」從所記的語氣上，這兩次記詩記酒雖都是初見筆底，卻絲毫沒有初識詩酒的生澀意味，則其詩酒接觸，自當發生於更早的時日。此後，詩酒怡情，吟啜稱興，經常出現，尤其我取軒之對斟論詩，蕭爽樓之飛觴考對，乃至南園煮酒，海外賦詠，夾鵜夜酌，柳絮和唱，陶然欣然，莫不引人入勝。

詩酒之外，沈三白意興所及，尚有文章，書畫，鐫印。「國策南華取其靈快，匡衡劉向取其雅健，史遷班固取其博大，昌黎取其渾，柳州取其峭，廬陵取其宕，三蘇取其辯。」是他對芸娘的回答：「余繪無隱圖一幅，以贈竹逸；「余則日與僧人作畫；余曾爲介石畫幞山風木圖十二冊。」是他零落在十餘、二十年間作畫遣性的記錄；「余鐫『願生生世世爲夫婦』圖章二方：余執朱文，芸執白文，以爲往來書信之用。」是他在密月期間紀念結褵的示愛實況。至於在賓幕設館之餘，藉以爲謀生之資，過渡貧乏失業的壓迫（註一〇），實爲權宜之計，殆非始料之所能及。

順著這些延申出來的：諸如聽曲、喫茶、鑑賞文物，均增添了沈三白風流的內涵：「花照」餘與的「或笙簫歌唱，或煮茗清談。」不是吸引他參與而且向芸娘鼓吹搧動的背後因素嗎？「更有小艇梭織往來，笙歌絃索之聲，雜以長潮之沸。」不正是吸引他意亂情迷視喜兒如芸娘的啓端關鍵嗎？「始則折桂催花，繼則每人一令……星爛彈『梅花三弄』，飄飄欲仙。憶香亦興發，袖出鐵笛，嗚嗚而吹之。」不正是吸引他在小靜室內外耽遊至月落霜寒的理由嗎？上海借貸歸返錫山途中，「遇設篷瀹茗者就之，烹碧羅春，飲之極佳。」不正是吸引他在家庭失歡精神疲頹下亟欲抒解的無上方劑嗎？居倉米巷，與芸娘彙整「斷簡殘篇，棄餘集賞」；倩戚柳隄繪「月老紅線」，楊補凡寫「載花小影」，王星爛圖「蘭映粉壁」；遊黃鶴樓獨記楹聯「何時黃鶴重來，且共倒金樽，澆洲渚千年芳草；但見白雲飛去，更誰吹玉笛，落江城五月梅花？」不正是吸引他滿足於「轉得吾父所遺圖書、硯台、筆筩數件」而不屑「三四千金」的曠達風標之前朕嗎？

類似這方面的詩酒書畫，茗曲文物之好，揆於當時文人，大都相近，風流遺韻，所在多有，但情有所鍾而能得其樂，玩物清雅而不致頹失志操，則沈三白頗有耽而不溺，嗜而不蠱的蘊藉處，也因而讓我們見得他的光風霽月，而非酒濫詩癲。

(二)花事之精緻經營——

沈三白在卷二明白宣告：「愛花成癖，喜剪盆樹。」並且時而在他處提及《群芳譜》，可能對此一明人王象晉所撰的三十卷著作相當的熟稔。不過，《群芳譜》重在藥食功能，三白所取或在名狀類別罷了。

和花事有關的事件，卷一〈閨房記樂〉穿插四樁：一為乾隆庚子七月望日，三白與芸娘聯句遣悶，由芸娘鬢邁茉莉濃香而說到佛手，相互以小人君子為調侃成樂；二為家居春日掃墓，往時為疇盆景而假手同行者王二姑撿石，返時遊於戈園而王二姑濫折鮮花，均成三白芸娘笑謔對象；三為赴海寧前，三白鼓動芸娘參觀「花照」，喬妝遊廟，終致忘情，鬧出笑劇；四為寓蕭爽樓時，三白芸娘蕩舟太湖後，與船女素雲戲酒，茉莉濃烈，再成韻事。雖然，焦點在人花雙映，畢竟也是藉花烘人，視為三白經營花事的另一層功夫，誰曰不宜。

卷四〈浪遊記快〉於探僻尋幽中，有關花事的敘說更夥：西湖上之白蓮香氣隨風徐來，令他心骨皆清；積谿廟黃山松之蒼老古怪，令他欣然趕赴；佛山鎮之山茶花，令他細心辨識；皖山大觀亭之霜葉初紅爛如桃李，令他目凝意酣；濟南大明湖之柳蔭濃處菡萏泛馨，令他悠然魂縈；尤其是香雪海數十里之叢梅，望如積雪，咳吐俱馨，而鄧尉山四株古柏之「清、奇、古、怪」，各擅勝場，更令他若癡若醉，勃然胸臆，不禁連繪冊方十二張。

至於卷二〈閑情記趣〉，當然集中彙聚了三白在花木上的靈思意匠，以及妙手經營。

經營花木，三白約分三類：園栽，瓶插，盆剪。「若夫園亭樓閣，套室迴廊，疊石成山，栽花取勢。又在大中見小，小中見大，虛中有實，實中有虛，或藏或露，或淺或深。不僅在周迴曲折四字，又不在地廣石多，徒煩工費。」便是他的園栽原則，他把繪畫心得移作園栽美學，更把造園美學轉成栽種意匠，包攬了計成的「體、宜、因、借」說法（註一一）而更具體細膩，非徒炎炎大言者流可以並肩。「其插花朵，數宜單不宜雙，每瓶取一種不取二色。瓶口取闊大不取窄小，……起把宜緊也。……花取參差，間以花蕊……葉取不亂，梗取不強，……瓶口宜清也。……若以木本花果插瓶……必先執在中，橫斜以觀其勢，反側以取其態。相定之後，剪去雜枝，以疏瘦古怪爲佳。」便是他的瓶插細節，今日東西洋各流花道，在實際手法上也並不過此。從他所言：「楓葉竹枝，亂草荊棘，均堪入選。或綠竹一竿，配以枸杞數粒；幾莖細草，伴以荊棘兩枝，苟位置得宜，另有世外之趣。」果然實際而又脫俗，怪不得芸娘會誇獎他：子之插花，能備風晴雨露，可謂精妙入神。「至剪栽盆樹，先取根露雞爪者，左右剪成三節，然後起枝，一枝一節，七枝到頂或九枝到頂。枝忌對節如肩臂，節忌臃腫如鶴膝；須盤旋出枝，不可光留左右，以避赤胸露背之病。……點綴盆中花石，小景可以入畫，大景可以入神。一甌清茗，神能趨入其中，方可供幽齋之玩。」便是他的盆剪經驗，不獨細節不遺，同時要領精準，方向明確。試想以芸娘的慧心巧思，在他濡染薰陶之下，怎會沒有梅花盒，荷香茶，活花屏，草蟲配等等出人意想的傑作產生呢！

㈢山川之悠遊襟抱——

閑適舒暢寄託於人文修養，賴藉知識層面開展的是詩酒風流和花事經營，而沈三白並不能以是自囿襟抱，遂仍有更切近自然根性的山川悠遊和風月翫味。風生竹院，月上蕉牕，在他有永不厭倦的喜樂；群峰兀空，萬漣漪動，在他有永不膩煩的歡欣。於是中秋之夜，太湖之舟：風生袖底，月到波心，煙籠暗柳，霞染沙江，襯映了他和芸娘的姻緣恩愛；白雲精舍，來鶴靜室：崖懸薜荔，牆積莓苔，短籬曲曲，綠竹猗猗，點綴了他和遊伴的尚友情懷。至於太湖飛棹，快船騰於水表；海寧觀潮，銀浪馳於天際；龍門睹海，慶雲見於西方；東海聽濤，金鼓鳴於枕畔；總是心耳漠漠茫茫，寥落無極。朝陽台下，西湖如鏡，杭城如丸，錢塘如帶；飛雲閣外，四山抱列，一水侵天，風掀竹浪；虞山洞罅，石橫峰屹，兩壁凹凸，長縫窺天；黃鶴樓側，小艇掀播，洲渚隱約，江流滾蕩；莫不胸懷廓廓幽幽，曠放難量。

在以上摘拾的例子中，三白有時是原本閑適，因一遊而得舒暢的；有時是原本鬱悶，因一遊而得舒平的；有時是原本無意，乍然猝遇而得分外驚喜的；有時是專程探望，不期多獲而得額外感激的。總之，他在悠遊的際遇裡，內心那一股蓬勃回歸自然的自由和充實是無所而不適的。

爲了證實三白對山川悠遊的品評度量，下面用他自己的整段文字供作審斷：

其一：「渡江而北，漁洋所謂『綠楊城郭是揚州』一語，已活現矣。平山堂離城約三四里，行其途有八九里。雖全是人工，而奇思幻想，點綴天然；即閬苑瑤池，瓊樓玉宇，諒不過此。其妙處在十餘家之園亭，合而爲一，聯絡至山，氣勢俱貫。其最難位置處，出城八景，有一里許緊沿城郭。夫城綴于曠遠重山間，方可入畫，園林有此，蠢笨絕倫；而觀其或亭或臺，或牆或石，或竹或樹，半隱半露間，使遊人不覺其觸目。此非胸有丘壑者，斷難下手。城盡，以虹園爲首。折而向北，有石梁曰虹橋。不知園以橋名乎？橋以園名乎？蕩舟過，曰長隄春柳。此景不綴城腳而綴于此，更見佈置之妙。再折而西，壘土立廟，曰小金山。有此一擋，便覺氣勢緊湊，亦非俗筆。……過此有勝概樓，年年觀競渡於此，河面較寬。南北跨一蓮花橋，橋門通八面，橋面設五亭，揚人呼爲四盤一煖鍋；此思窮力竭之爲，不甚可取。橋南有蓮心寺，寺中突起喇嘛白塔，金頂瓔珞，高矗雲霄，殿角紅牆，松柏掩映，鐘磬時聞；此天下園亭所未有者。過橋見三樓高閣，畫棟飛檐，五采絢爛，疊以太湖石，圍以白石闌，名曰五雲多處；如作文中間之大結構也。過此，名蜀岡朝旭，平坦無奇，且屬坿會。將及山，河面漸束，堆竹植竹樹，作四五曲，似已山窮水盡，而忽豁然開朗，平山之萬松林，已列于前矣。」

其二：「將啓榼小酌，忽聞憶香音在樹杪，呼曰：「三白速來！此間有妙境。」仰而視之，不見其人，因與星爛循聲覓之。由東廂出一小門，折北，有石磴如梯，約數十級，于竹塢瞥見一樓。又梯而上，八牕洞然，額曰飛雲閣。四山抱列如城，缺西南一角，遙見一水浸天，風帆隱隱，即太湖也。倚牕俯視，風動竹梢，如翻麥浪。憶香曰：「何如？」余曰：「此妙境也。」忽又聞雲客于樓西呼曰：「憶香速來！此地更有妙境。」因又下樓，折而西，十餘級，忽豁然開朗，平坦如臺。度其地已在殿後峭壁之上，殘磚缺礎尚存，蓋亦昔日之殿基也。週望環山，較閣更暢。憶香對太湖長嘯一聲，則羣山齊應。」一靜一動，一景一境，一江畔一山巔，一立軸一橫卷，各陳姿媚，卻都是三白手筆，三白氣魄，三白襟抱。

物趣在趣，最忌僵死。若是一物只在盡其爲一物，則只是器械；一事只在盡其爲一事，則只是單元：如此，趣從何來？所以沈三白能得「物外之趣」，正在於他能不泥於物，不泥於事。他的早年希盼是卷一藉芸娘之口宣達的：「他年當與君卜築于此，買繞屋菜園十畝，課僕嫗，植瓜蔬，以供薪水。君畫我繡，以爲詩酒之需。布衣菜飯，可樂終身，不必作遠遊計也。」氣息口吻，簡直有如脫胎陶靖節的歸園田居，故沈三白接着便乾脆利落的，以「余深然之。」爲應。而卷二於蕭爽樓厝身時，也明明白白標幟出四忌四取：「蕭爽樓有四忌：談官宦陞遷，公廨時事，八股時文，看牌擲色；有犯必罰酒五斤。有四取：慷慨豪爽，風流蘊藉，落拓不羈，澄靜緘默。」相隔十載，初志未移，每一讀此，悉見其旨在生活物事均有可觀，心靈的美感得到滋潤，不致枯竭。這份願望，若是從他後來的物趣之掌握狀況來觀測，無疑又已提昇了一層。而這一層物趣的提昇，和他在遭遇到各種緣起緣滅的經驗之後，居然能把「夢」、「覺」之間，由垂直的分割，轉化成平行的分割，是有著決定性之影響的。

四、運會的局限和開展

現存僞篹《中山記歷》的末段，記錄了他從琉球返國時海上遇到風浪的一段故事：

不一時，北風又至，浪飛過船。夢中聞舟人講曰：「到官塘矣。」驚起。從客皆一夜不眠，語余曰：「險至此，汝尚能睡耶？」余問其狀，曰：「每側，則篷皆臥水；一浪蓋船，則船身入水；惟聞瀑布聲，垂流不息。其不覆者，幸耶！」余笑應之曰：「設覆，君等能免乎？余入黑甜鄉，未曾目擊其險，豈非幸乎？」盥後，登戰臺視之，前後十餘灶皆沒。船面無一物，爨火斷矣。舟人指曰：「前即定海，可無慮矣。」

這段敘述，可從兩種角度來看。一是保守的角度，也就是以可能眞實的事件記錄衡量它。按沈三白曾於嘉慶十三年，隨使遠行琉球，業經陳毓羆考索證實，當時正使爲翰林院編修齊鯤，副使是工部給事費錫章，三白則以從客身分參與。而齊、費二氏輯有《續琉球國志略》五卷，其中卷三載有：「初九日放洋時，天日晴霽，十二日過黑水洋，是夜颶風大作，一晝夜不止，白浪如山，飛壓船面，鍋灶皆沒，舵動搖不定，針盤亦屢移。臣等在風濤簸蕩中，虔心求禱，合船通佛號不絕。十三日黎明，風稍息，考之針路，已斜走數百里矣。」即記歸航所遇風險。所言狀況和上引僞文神肌景象，幾乎一轍，沈三白當亦確歷此厄（註十二）。則「余」在此事中所呈現的反應和態度，頗和其「落拓不羈」的性格相符——面臨危險，竟不加理會而安然入睡，事後尙談笑自如，輕鬆處置。一是假設的角度，把它當做一個譬喻性的寓言，拿所敘的情節內容架構成一種現象的模式，去比擬另一類似的現象，以便進一步的詮釋。

在這裡，我是兩者兼容並取的，既視爲三白有此親身經歷；也利用形態的類似，借用做三白一生生活態度概括的寫照。我設想的比擬如下：

海上——不安的現實世界
風浪——外表迫害的壓力
船——抗拒壓力的保障（一切應付壓力的具體作爲）
舟人——司掌命運的神
夢——某種隱蔽壓力的條件
官塘——安全地帶
驚起——隱藏壓力的條件銷除
從客——面臨迫害壓力的衆人
險——壓力所形成的危機和傷害
睡——無感於迫害壓力的狀態
篷皆臥水，船身入水——遭受不同壓力的危險程度
瀑布聲垂流不息——危險的警訊不斷
覆——毀滅
黑甜鄉——某種安樂的境域
盥——清理一番
戰臺——超越某種自衛現象的立場

灶——生存所依賴的某種機緣

爨火——生活所依賴的某些重要對象

定海——安穩的現實世界

以上分列的項目，有些是無須再加詮說的，如海上，風浪，舟人，官塘，驚起，從客，險，篷皆臥水，船身入水，瀑布聲垂流不息，覆，盥，定海等。但其餘的船，夢，睡，黑甜鄉，戰臺，灶和爨火，則喻義較爲複雜，而且和題旨關係較密，不得不再爲嘮叨一番。

船——是水上生活必須的工具，也是防禦風浪，捍衛安全的屏障。但我說的「抗拒壓力的保障」，則不只表示它有工具性的意義，也含有非工具性的作用在內。例如：三白習幕、習畫、習栽。習幕而得以謀生（工具性兀顯），應付了經濟壓力；習畫，原爲興趣（非工具性的作用），但也多次在失業的情況下賣畫（工具性兀顯）；習栽，得以與芸娘的夫妻恩愛更濃密（非工具性的作用）。所以有「一切應付壓力的具體作爲」的含義；說得清楚點，船，其實在表徵一個人應付一切生活需要所應具有的技術、知識、態度、乃至體能，習性等，屬於個人所有的「生活能力」。

夢——所謂「某種隱蔽壓力的條件」，是指一種有意不以壓力爲壓力的態度，或將壓力的度數減低的移情作爲。例如：三白在妻逝父喪的一段時間裡，各種現實的生活壓力，紛至沓來，經濟的窘澀最爲顯著，他卻能借十金予友朋於前，不爭遺產於後，便是將壓力置之一邊，不去直接面對的一種有意不以壓力爲壓力的態度。緊接著，又把好不容易獲得的代筆酬金二十金，擬傾囊交給一向在家庭內向他施壓最烈的弟弟，以及芸娘回煞那天，隻身不避犯煞，獨守靈堂，便是將壓力減低的移情作爲。它和「生活能力」（船）的區別，是在於它屬於一種特殊性的生活能力，而「船」則是屬於籠統性的。

睡——夢，對壓力是感覺到其存在而有意加以淡化的行爲；睡，則是無意於壓力存在或威脅的一種感覺上狀態。例如：三白的父親對他夫婦兩度斥逐，三白的母親對他夫婦也有失寬諒，而三白並沒有任何忤逆，甚至不強行辨白，以及從錫山遷往揚州時，華夫人曾遣婢女阿雙隨往，迨三白失業，赴靖江借貸，阿雙不耐貧苦捲逃，芸娘對此事深感不安，甚至夢囈頻頻，而三白的反應卻只是「請勿急。卿過慮矣。」並不在意，便是「睡」的功效所在。

黑甜鄉——和「睡」完全不同，和「夢」也有差別。貼實來說，睡了未必有夢，夢了未必到黑甜鄉；但既是「黑」，便和睡搭上了關連，既是「鄉」，便和夢扯上了聯繫。所以它是在有意無意間，移情昇華又復淡化更替的景況，不過，取代壓力的卻是快樂欣喜。例如：三白原本最討厭臭乳腐和蝦滷瓜，但由於芸娘喜食，並強三白啖之，結果亦覺鮮美，則原先的壓力化爲喜悅，而夫妻之愛更篤，以及三白夫妻因其父的誤會，被逐離家而居蕭爽樓，初失依憑，陡生突變，夫婦二人勉強以刺繡賣畫糊口，但這段時日，卻是他們津津樂道的「煙火神仙生活」，便是具體標準的「黑甜鄉」。

戰臺——戰臺，應是航船上爲防禦攻擊所設的一種硬體設施，通常指位於船艙上層的望臺而言。這裡只談風浪，未及爭戰，所以沈三白也只以通名稱之；而我循其意，也指作「超越某種自衛現象的立場」，意謂它仍是「船」的一部分，但居高臨下的位置，使它產生「全盤在目」的功能，可收「旁觀者清」的效用。例如：第一節裡所說，沈三白在四十五歲以後的生活觀，情愛觀，物趣觀都較以前有了大幅度的修正，便相當於從「船艙」登上「戰臺」來觀察四周一樣。

灶——原文爲「前後十餘竈皆沒」，恰恰和三白離開蘇州，浪跡他地的次數若合符節，用來比附，雖嫌牽強，卻無大礙，所以釋做「生存所依賴的某些機緣」。

爨火——炊事薪柴是生存所賴之物，沈三白用「斷矣」作謂語來描述，甚具感情聲味。事實是他在完成六記前，對他關係最親切，影響他生活方針最鉅大的嚴父、愛妻、獨子均已相繼逝世，是以順便取爲譬喩。

雖然，偌長的篇幅，只比坿了一段「莫須有」的寓義，然而相信我們會從其中更清楚的發覺，沈三白也好，《浮生六記》也好，給予我們最深刻的，最具關鍵性的，乃是一種「生活態度」的呈現。而這種「生活態度」，顯然深受著明清之際泛濫著的一些「山人」和「清言」的生活觀之牽攪（註一三），有明顯偏趨棲恬守逸的傾向。——當然也是沈三白審美意識的著重處。在他的人格特質中，既充滿這種欽羡「超世」的因子，於是無以對現實壓力正面回應的缺失，也就在其生活經驗裡畢露無遺，而局限了他生命理想的充分發展。

所幸，他於企盼圓成人情之好與提昇物外之趣的審美意識鼓舞下，誠懇的和芸娘互相激蕩，共同努力，開展了婚姻融洽的無限生機，以及夫婦情愛的貞定榜樣。終於使他的生命型態長留人間，並且激起一些喝采拊掌的聲響。

〔後記〕

本文之作，初稿僅憑臺北世界書局五十一年二月版之《足本浮生六記等五種》及現行坊間各種「足本」為說。逮研討會時，承特約討論人東海大學薛順雄教授指出：《浮生六記》現行本第五、六記為偽篡已成定論。並以陳毓羆先生〈「浮生六記」考索〉一文景本相遺，乃驚覺孤陋寡聞又復輕率定題之過失，已不容廻護。當時即擬銷毀所稿，然一因本文寫作旨意，原不在考據校勘，且行文重點所在涉及偽文者甚少，無礙大要；一因仁鈞疏漏之愆，無可隱貸。遂細讀陳文，重將草稿斟酌刪補，仍刊存於此，蓋個人毀譽，著作存廢，均猶餘事；而依憑失據，未慎檢點，斯學術研究大忌，固一時不察，亦足成終身之恥。是以特立斯以儆自責，並企得以收警惕來者之效也。

【附註】

註一 〈春夜宴從弟桃花園序〉一文題名，或為〈春夜宴諸從弟桃園序〉，或為〈春夜宴桃李園記〉，或為〈春夜宴桃李園序〉等繁簡不一。此依瞿蛻園等校注本《李白集校注》（台北里仁書局民國七十年三月景印版）

註二 見陳毓羆〈「浮生六記」考索〉（該文刊載於《俞平伯先生從事文學活動六十五周年紀念文集》中國社會科學院文研所編 巴蜀書社一九九二年三月印行）。

註三 用陳毓羆〈「浮生六記」考索九「浮生六記序跋〉之說。按陳文對「管貽萼」一名曾有考訂，認為係「管貽萼」之誤。並舉管氏所撰《裁物象齋詩鈔》有〈長州沈處士三白以「浮生六記」見示，分賦六絕句〉之作，與《浮生六記》刊行本所載〈分題沈三白處士「浮生六記」〉同。則管詩之可靠性與眞實性，愈爲無虞。

註 四　見《莊子．應帝王》

註 五　同註四

註 六　《浮生六記》卷四〈浪遊記快〉開端有「余遊幕三十年，天下所未到者……」等語，若以「辛丑秋八月……吾父呼余囑之曰：……我託汝于盟弟蔣思齋，仍繼吾業可耳。越日，思齋來，即于榻前命拜爲師。……而余從此習幕矣」推算：辛丑年三白十九歲，經三十年應爲四十八九。然同卷記初交顧金鑑文中又有「今，年且四十有六矣。」而俞平伯〈浮生六記年表〉將「作浮生六記第四卷」列於四十六歲項中：按俞先生恐誤讀且字，故誤植，特作聲明。

註 七　轉引自趙苕狂〈浮生六記考〉所引俞平伯〈浮生六記序〉。俞文未見，趙文見《足本浮生六記等五種》（台北世界書局民五十一年二月初版）

註 八　見〈林語堂英譯本序〉，文見前揭世界版書收錄。

註 九　此言記於三白夫婦彙補「棄餘集賞」之後，芸娘喬裝參遊「花照」廟會事，亦記於卷一，但中間有數事相隔。

註一〇　如居蕭爽樓時；又，自青浦返蘇州後；又，三白攜芸娘木主返蘇，而復至揚州後。

註一一　計成，字無否，號否道人。明，吳江人。擅詩畫，造園。著有《園冶》，凡三卷；「體、宜、因、借」之說，見於卷一〈興造論〉。

註一二　詳見陳毓羆〈「浮生六記」考索(七)琉球之行〉。所引資料，亦自該文轉錄。

註一三　明中葉以降，有一批文人自號「山人」，或被稱「山人」，他們崇尚隱逸修養，喜以簡潔的語句，表達含有哲趣雋味之小品，後人將之稱爲「清言」。

顧亭林詩創作藝術之特色

談 海 珠

前 言

「胸羅列宿貫三王，一首詩歌一字金。當代風騷誰領袖？開山獨讓顧亭林。」

此爲近代以抗英愛國聞名于世之詩人林昌彝「論詩一百又五首」中之第一首。其所以予亭林詩如此高之評價，蓋因亭林胸羅萬卷，是一大學問家，且品格高超，氣貫長虹，又是一位有骨氣之節士。統觀今存顧詩四百多首作品，實堪當「一首詩歌一字金」此一評語。

亭林詩非但記錄一代歷史之變遷，且又表現強烈愛國熱情與高尙之思想情操；在明清易代之際，時時眷念故國，至死不屈，不事清廷，體現凜然之民族氣節。亭林詩是愛國主義之浩歌，無愧「詩史」之稱，是紀史之詩，亦是詩化之史，既有很高之史料價値，亦有很高之文學價値，堪稱彌足珍貴之詩作。應予崇高評價與重視。

亭林詩除有高超思想境界外，藝術上亦有很深之造詣。其追蹤杜甫，藝術上接近明七子之風格，徐世昌《晚晴簃詩匯》中曰：「亭林詩初自七子入，進而益上。心摹手追，惟在少陵。」亭林自己亦曰：「絕代詩題傳子美，近朝文士數于鱗。」（《濟南》）于鱗即後七子之一李攀龍，由此可知亭林瓣香所在。當然，七子之失在于過分強調摹擬古人，而缺少自己面目，此爲亭林所不取；但七子詩之長處是氣勢較闊大，而語言較雄渾典雅，此正即亭林與七子相通之處。如亭林著名《海上》四首，寫臨海登山之所見所感，慷慨沉鬱，蒼茫樸茂，前人每比之于杜甫《秋興》八首，此詩在風格上既有杜甫沉鬱頓挫之勢，亦有七子格高調響之風。亭林詩固以古風與樂府居多，可作爲其創作代表，而其五絕七律佳作甚多，成就亦極高，則大多以此風調見長。唐代近體詩，在其筆下運用嫻熟自如。亭林雖偏愛杜甫，風格上深得老杜深厚沉鬱之旨，但其仍有自己突出之個性。張維屏謂：「亭林先生詩多沉雄悲壯之作」，又謂亭林《海上》詩「長看白日下蕪城……」，「眞氣噴溢于字句間，蓋得杜之神，而非襲其貌者所可比也。」（《聽松盧詩話》《國朝詩人徵略》卷三。）茲析論亭林詩創作藝術之特色如后。

一、愛國主義精神

在歷史上，每一個社會大變動中之思想家，其思想必針對當時社會問題而提出之。因各時代具體情況不同，故其思想必然表現出強烈之首創精神與鮮明之時代色彩。亭林所處時代正是一個「天崩地解」的時代，是社會矛盾尖銳、民族鬥爭激烈之時代，亭林曾不顧個人生死安危，投身于烽火戎馬與政治漩渦之中，面對統治者之腐敗、人民之苦難及外亂之侵凌，骨鯁在喉，情難自已，而發爲詩歌，故能卓然成爲其一家之詩，至今尚有其蓬勃之生命力。

是以時代特點與亭林本身個人遭遇，令其思想帶有強烈之愛國主義精神。此一精神構成亭林思想之核心，并引導其一生政治活動與學術生涯。而亭林詩因具有「天下興亡，匹夫有責」之愛國主義精神，故其詩通體洋溢愛國熱情，能高度結合民族性與藝術性，故而格外感人肺腑，讀之有金石之音，風雲之氣，令人魄動魂驚，誠可謂「與日月爭光」，是眞正與同胞血肉相連之時代詩人。

二、亭林詩「詩史」說

「詩大序」曰：「詩者，志之所之也。在心爲志，發言爲詩；情動於中，而形於言；言之不足，故嗟歎之；嗟歎之不足，故詠歌之；詠歌之不足，不知手之舞之，足之蹈之也。」故知詩歌之所興，乃發抒作者之情志。而作者之情志，與時代背景、家學淵源、生平際遇等息息相關。故孟子論詩，有知人論世之說，萬章篇曰：「誦其詩，讀其書，不知其人，可乎？是以論其世也。」蓋先有作者而後有作品，作品之旨趣，得自作者之思想意識；而作者之思想意識，乃得自時代與環境。是以吾人欲誦其詩，須知其人，欲知其人須論其世。「時代」既可產生作品，而作品亦可反映時代。古今中外之偉大作家，無不以反映時代爲主要職志。

潘師石禪先生謂亭林詩集出自亭林生前手訂，筆削編次，皆具深意。開卷首篇是「大行哀詩」，此即顯明寓有「國亡」而後「詩作」之深意。亭林嘗將「亡國」前早年之作全部刪去，自崇禎殉國起按年編次。意即表明詩集非吟風弄月之作，而爲「國亡」後精神生命之寄託。前人稱杜工部詩爲詩史，其實亭林詩才是眞正詩史，蓋是「國亡」不容眞史存在，而不得不用詩文以替代之眞史也。黃梨洲「南雷文集」萬履安詩序中沉痛言之：

「天地之所以不毀，名教之所以僅存者，多在亡國之人物，血心流注，朝露同晞，史於是而亡矣！猶幸野制遙傳，苦語難銷，此耿耿者明滅於爛紙昏墨之餘，九原可作，地起泥香，庸詎知史亡而後詩作乎？」

此說明亡國之人每無吐露心聲之機會。無可奈何，只有以隱晦之詩語，傳達國亡之史事。史亡詩作，即以詩代史，以詩存史，亭林以亡國之人，寫亡國之詩，存亡國之史。故其詩足爲民族精神之象徵，代表國家命脈之延續，堪稱保國復國之號角與火種。其集以「大行哀詩」爲首之意義亦即在此。亭林素好吟詠，亡國時年已三十有二。十四歲即參加復社文會，不僅篇什甚多，且詩名早著。亭林餘「集三朝紀事闕文序」，述幼年治學之經過云：

「於是令習科舉文字，遂得爲諸生。讀詩、尙書、春秋，而先帝即位。……而臣少年好游，往往從諸文士賦詩飲酒。」又文集卷六「顧與治詩序」云：

「當崇禎之世，天下多故，陪京獨完，得以餘月，賦詩飲酒。極意江山，流連卉木，騁筆墨之長，寫風騷之致。」

又餘集從叔父穆庵府君行狀云：

「自崇禎之中年，先王考壽七十餘無恙，而叔父既免喪，天下嗷嗷方用兵，而江東晏然無事。以是余與叔父洎同縣歸生，入則讀書作文，出則登山臨水，間以觴詠，彌日竟夕。……叔父不多作詩而好吟詩，歸生與余無時不作詩，其往來又益密。如是者又十年。」

又餘集先碩人行狀云：

「蓋其時炎武已齒文會，知名且十年矣（其時崇禎九年，亭林年廿四歲。）。」

又文集卷三答原一公肅兩甥書云：

「老年多暇，追憶曩遊，未登弱冠之年，即與斯文之會。隨廚俊之後塵，步揚班之逸躅，人推月旦，家擅雕龍，此一時也。」由上引亭林自述，足明亭林三十以前，詩篇必富，詩名已藉甚當時，而詩集竟不載一篇隻句，此必亭林立志以詩爲史，故毅然自刪其少作。如編次出自弟子門人，則亡國以前之作品，豈有不加收錄而一概刪削之理。蓋亭林立志以詩爲史，用意在喚起同胞，反抗敵人。（見潘師：「顧亭林詩自注發微」一文）茲論亭林詩「詩史」之特性。杜甫「戲爲六絕句」之四中有云：「或看翡翠蘭苕上，未掣鯨魚碧海中。」謂其所期望之詩壇出群之雄，應達至雄健壯偉而剛強之藝術境界之詩人。姚鼐主張陽剛陰柔並行不偏，然又謂：「溫深徐婉之才，不易得也；然其尤難得者，必在乎天下之雄才也。夫古今爲詩人者多矣，爲詩而善者亦多矣。而卓然足稱爲雄才者，千餘年中數人焉耳。甚矣，其得之難也。」（「惜抱軒文集」卷四）而亭林詩史即具崇高、豪放、與陽剛美之特性。蓋其涵有：

A、主題之民族性

亭林詩史作品可謂民族與時代之藝術紀念碑，是民族之族徽，民族之標誌，以及民族之光榮與驕傲。其以民族之社會生活、及所在地域特有之自然景物爲描寫對象；再度呈現民族所經歷之歷史道路，表達民族獨有之自然與國家社會現象之特殊理解。其對世代繁衍生息於斯之江河大地有無比深戀摯愛，並以自然風光爲背景，或對特徵性景物作大段鋪敘，充滿故土之情，及慷慨豪俠之義，及對國家民族之深沉熾熱之愛。亭林內心累積世代相傳、忠誠之民族意識，其與本民族之人民心心相印、息息相通。故亭林詩史一則描繪本民族之眞實形象，一則又能承先啓後，繼承與發揚民族精神。

B、題材之宏偉性：

亭林詩不僅表現詩人之情感，抒發詩人之歡悅、憂傷、惆悵與感慨，且其筆觸所及多關乎社會生活，聯繫影響歷史進程之事件。創作思維頗具外向性及作品內容之客觀性。

古代詩史作者最喜之題材即民族戰爭。「蓋戰爭情況中之衝突，提供最適宜之詩史情境。固在戰爭中整個民族皆被動員起來，在集體情況中經歷著一種新鮮的激情與活動。」（黑格爾「美學」第三卷下）故亭林詩史題材之宏偉性，緣於亭林具歷史眼光，正視生活之勇氣，與透徹而精闢之生活認識，故亭林同時可謂詩人、歷史學家、哲學家、與社會學家。固其從社會觀點寫人：寫人之社會感情、社會思想，並通過人來反映時代、反映社會。其非爲一己之窮通得失而吟唱，其注目與著筆者是社會性之宏偉圖景，從生活中擷取宏偉之題材，擺脫狹隘之短視，建立時代感與歷史感也！

C、**畫面之全景性**：亭林詩史能選取歷史性之宏偉題材，反映社會整體形象，表現民族性格與時代精神，頗具開闊之眼界與心胸，以及敏銳通達之識見。如唐代杜甫寫許多史詩式作品一樣，亭林許多詩，同樣亦寫出明末清初動亂年代驚心動魄之歷史場面，亭林詩，亦達到史詩式不朽之成就。透過亭林詩作，吾人可感覺到詩人對民族興亡之深切關心及跳躍於字裡行間熾烈之愛國熱情。

總而言之，亭林「詩史」之「史」，對亭林而言，是其當代生活耳聞目睹之現實，對後人而言則是「歷史」。

徐嘉謂：「先生身負沉痛，思大揭其親之志於天下，奔走流離，撫時感事諸作，實爲一代詩史，踵美少陵。」（見徐嘉：「顧詩箋註凡例」）亭林確是當之無愧矣！

三、**詩外有事，詩中有人**（註一）

白居易云：「文章合爲時而著，詩歌合爲事而作。」）（「與元九書」）所謂「詩外有事」即謂詩與詩外之客觀現實社會生活有所關連，詩即現實生活之美與醜之反映與轉化，亦即客觀之現實社會生活、時代背景即爲詩之基礎、依據與源泉。而亭林詩即能充分體現時代精神特點，強烈反映時代背景特色，其詩除具「言志」、「抒情」外，更具敘事之性質。至于「詩中有人」，即謂詩具有詩人之獨特個性、獨特體驗與獨特感受。而亭林詩即能顯現其獨特個性，抒發其獨特體驗，表達其獨特感受。舉凡其「身之所遇、目之所見、耳之所聞」（註二），皆能將亭林之人格反映於詩中。

註 一 語出黃遵憲「人境廬詩草自序」。

註 二 語出黃遵憲「與朗山論詩書」。

四、崢嶸多姿，力勁氣遒

亭林詩充滿強烈之思想感情，在藝術上又能具有深刻有力之表現，故筆勢突兀雄勁，予人有神動心搖之感。蓋亭林思想高、感情厚而藝術精，故能產生令人震盪心胸之氣勢。天高則氣爽，山高則勢雄，大作必須有大氣魄。中國古典文學批評一向重「氣」，曹丕曰：「文以氣爲主」。韓愈亦曰：「氣盛，則言之短長與聲之高下皆宜」，又明代宋濂曰：「爲文必在養氣，與天地同」。可見，歷代著名作家，皆把「氣」視爲文藝作品不可或缺之要素。

而作品是否有氣魄，並非取決於外在因素，而主要決定於內在修養。亦即闊大之題材，尚需有闊大之胸襟，方能寫出氣魄闊大之詩。亦即作品之氣魄，主要是作者胸襟在藝術上之表現。亭林歌詠壯麗山河之詩，固雄深變幻、意境闊大，而亭林之詠物詩亦能體物甚微，構思廣闊，寓意深遠。即令花鳥草木，在詩人筆下，不但毫無靡麗纖弱之態，而因貫注對國事之深刻憂慮，詩作滲透巨大感情——殷切之愛國憂民之情；而更顯辭氣磅礴，筆致蒼莽，撼人心坎。

亭林生活於急遽動盪之時代，詩人一生，大部分皆在離亂、漂泊中度過，故其詩，不免悲愁哀傷，但並未顯寒瘦衰颯，或氣喪頹唐，而仍盤桓一股沉雄激勵之氣與蒼勁健倔之筆致。蓋亭林一生所遭遇之多種苦難，不僅是其個人之不幸，亦是那一時代之不幸，故其憂傷，乃爲時代而憂，爲國家人民而傷。是以亭林在創作上表現如此一個特色：悲傷而不消沉，憂鬱而不頹廢。此乃極爲可貴之特色，古代詩人除杜甫外，尚很少有人達到此境界。如孟郊、賈島等，是著名「苦吟詩人」，因生活艱難，常處窮困之中，故其詩作，大抵囿於個人感傷，目光短小，甚少觀照廣大社會，故其氣勢局促不伸，被蘇東坡評爲「寒」、「瘦」，被元好問譏爲「詩囚」。而亭林則以困頓之身而常懷濟世之心，處窮迫之境而無厭世之想。故一樣是悲愁之作，出現在亭林筆下，則亦能呈「渾涵汪茫」、「地負海涵」景象。詩人在濃重悲傷中，依然目光四射，高歌山河壯闊，且更熱烈關注國家時事，深以天下安危爲念。此等胸襟，發而爲詩，如何得不有氣魄、有筆力？

且正因亭林具有以天下爲懷之經國大志與政治胸襟，故其所見者大，所慮者遠，而所作之詩亦即特顯天高海闊，氣格橫生；風骨剛毅，遒勁老成；思想深而感情厚，在藝術上則表現爲情致深沉，神氣軒昂；辭氣壯邁，筆力雄渾也！

五、沉鬱頓挫，統體渾成

「沉鬱頓挫」之說揭櫫者正是杜甫，而其詩作則是此美學主張之藝術實踐、杜甫于「進雕賦表」向天子進詞曰：

「……自七歲所綴詩筆，向四十載矣，約千有餘篇。……則臣之述作，雖能鼓吹六經，先鳴諸子，至于沉鬱頓挫隨時敏捷，揚雄、枚皋之流，庶可跂及也。」

由是觀之杜甫頗以其詩之「沉鬱頓挫」自負，在中國風格美學史上，杜甫爲首先將「沈鬱頓挫」作爲一種風格整體而標舉者。所謂「沉鬱頓挫」，統而言之，兼指詩歌內容與形式之風格特徵；具體言之，「沉鬱」偏指詩歌情思特點：「沉」，深沉，沉厚；「鬱」，鬱憤，即「憤念蓄積盈胸臆也。」（王逸注，「楚辭．九辨」）指濃鬱蓄積之憂憤。陳廷焯釋「沉鬱」曰：沉則不浮，鬱則不薄。」（「白雨齋詞話」），雖嫌含糊，但可見「沉鬱」與「浮薄」對立。此種深厚鬱憤之情實即屈原「發憤以抒情」（「惜誦」）楚辭精神之發揚光大。杜甫嘗聲稱「竊攀屈宋宜方駕，恐與齊梁作后塵」（「戲爲六絕句」），即表明其對楚辭精神之崇仰。「沉鬱」不同于豪放，迥異于淺露，感情之抒發注重所謂「比興」，「委婉」，故蘊藉深厚。陳廷焯道：「感慨時事，發爲詩歌，便已力據上游，特不宜說破，只可用比興體，即比興中亦須含蓄不露，斯爲沉鬱，斯爲忠厚，……慷慨發越，終病淺露。」（「白雨齋詞話」）此論對「沉鬱」之「含蓄不露」雖未免強調過分，但頗可啓發吾人認識「沉鬱」說與「淺露」對立之旨。「頓挫」偏于指詩之內容結構與語言聲律等表現形式之特徵。二者相輔相成，渾然一體。陳子昂「修竹篇序」嘗贊許「骨氣端翔，音情頓挫，光英朗練，有金石聲。」之作，杜甫之「頓挫」正與陳子昂「音情頓挫」相承。但杜甫深刻處，即在將「頓挫」與「沉鬱」相連而作爲詩之風格重要構成因素，則具更高層次之美學價值。「頓挫」即抑揚，此不僅指語言聲調之停頓、轉折、有輕重、疾徐、亢墜之韻律美，且尙指感情表現之「婉頓委挫」曲折跌宕，使感情益顯回腸九轉、含蓄深厚而「沉鬱」之至。要言之，「沉鬱頓挫」即要求詩歌以抑揚鏗鏘之韻律，跌宕頓挫之結構，含蓄委婉表現深沉濃厚、鬱憤之詩情。

亭林詩平仄協調，對仗工整，讀之抑揚鏗鏘，極富聲律之美。頓挫上口，強力表現「沉鬱」之情。且亭林詩每於短短數句中，有敘事，有寫景，有議論，有抒情，筆墨淋漓，感情深摯，統體渾成，充分體現杜詩「沉鬱頓挫」之風格。

六、蒼涼悲健、得杜其骨

「詩聖」杜甫，其詩光燄萬丈，橫跨古今，予後世無窮之沾溉，其忠愛思想，固受相當崇敬；其創作技巧，亦被後世奉爲圭臬，視爲典範。亭林一如杜甫是一尊儒術、貴德行、重名節之仁愛君子，爲人嚴謹、專一而篤實，又具愛國節操。亭林詩，蒼涼悲健，於杜最得其骨。蓋在詩人杜甫之後，其爲人與處境與杜甫多有相似之處，又善于學杜詩者，即亭林也。尤亭林之五言長律能與亭林之作先後輝映，「亭林詩集」中載有五言排律四十餘首，二十韻以上者十餘篇，詩篇多蒼莽橫絕，典重精工。五言古詩與五言排律是亭林運斤成風之一對武器，各有不少名篇。對于五排，亭林是有意以之大書特書某些莊嚴大題，亦以之三致其所敬重之師友，表愛國之忠悃，寄天下興亡之深憂，體在繩墨之中，而調出畦逕之外（仇注引胡應麟評太白、右丞等排律有所不足云：「體在繩墨之中，調非畦逕之外。」），一掃「排律原爲酬贈設」（仇注引盧世之言）不切實際之評論。如亭林「禹陵」詩結句云：「望古頻搔首，嗟今更撫膺。會稽山色好，凄惻獨攀登。」又「贈孫徵君奇逢」起句云：「海內人師少，中原世運屯。微言重舊學，懿德本先民。」與杜甫許多長律之作極爲相似！足見亭林無論在詩之風格、形式與內涵上，皆深受杜甫之影響。

七、曲筆藝術，隱現側出

古人論詩文寫作藝術崇曲忌直，主張貴有含蓄不盡之意。亭林抗清復明之志，與追懷故國之情在詩中融合一體，然詩少有陳述明示，大多借以寄託，隱現側出，意在言外，含蓄致情，此乃亭林言志抒情以曲筆藝術之手法也。又如亭林詩題每有巧妙隱含反清復明心志，其不直露胸臆而藉題曲折寄託一己之志向，可謂「詩題藏志，挈領全文」，如下列詩題：「秋山」、「賦得老鶴萬里心用心字」、「精衛」、「八尺」、「賦得越鳥巢南枝用枝字」、「賦得江介多悲風用風字」、「歲九月虜令伐我墓柏二株」、「桃花溪歌贈陳處士梅」、「浯溪碑歌」、「賦得秋鷹」、「永夜」、「賦得秋柳」、「秋雨」、「顏神山中見橘」、「一雁」、「雙雁」、「秋風行」、「瓠」、「采芝」、「井中心史歌」、「悼亡」、「古俠士歌」、「姬人怨」等皆是運用托物寄興之手法，則詩作情韻悠遠，寓意遙深。如其詠物詩，實則是言志抒情之作。如前述《賦得老鶴萬里心》即以臨風獨舞「老鶴」萬里之心表明自己之壯心不已。《賦得秋柳》即借秋柳之凋敗零落寄託故國淪喪之思。《顏神山中見橘》是詩人在北方（山東）見橘而詠橘，則想及嘗寫《橘頌》之屈原，而那傲霜鬥雪、立身于北國之橘樹，豈不是詩人自我之寫照？亭林不少詠史詩，亦是借歷史而寄託自己感情。亭林早期詩，在深厚沉鬱中時見輕捷雄放，詩一開筆，即有不盡長江滾滾而來之勢。故清人潘德輿一則謂：「亭林之詩堅實，皆非以詩為詩者。」一則謂亭林詩境「直黃河太華之高闊也。」（《養一齋詩話》卷三。）

再如亭林記遊敘歷詩或山水詩，非以寫景狀物為主，而是緣事，言外有意，含蓄雋永。「緣事顯志」之「顯」，非指顯露、直露、盡露，而是曲顯，層層顯露，露而有遺，言外有意，恰到好處。詩中隱現亭林思念追懷故國之深情與反清復明堅定之心志。紀歷山水詩有百來首，其例不勝枚舉。總之，亭林詩含蓄曲折，跌宕有致，鮮有直陳明示，大多隱而側出，出語警策，策應全篇。啓迪吾人於遊山玩水之際，毋忘山河易主，故國已滅，而萬勿沉緬遊樂之中，筆致委婉，發人深省，卒篇見志，詩盡意餘。

八、借典寓志，曲中有曲

亭林學識淵博，作詩講求精鍊，斟字酌句，故其詩用典精當巧妙；遣字造句典雅有度，工細深密。用典精當即能以簡鍊文字表達豐贍之內容，使難言之情可委婉表之，使原質直無味之詩句頓生情趣，但此亦需詩人融會貫通歷史掌故，且能運用自如，方能恰到好處，亭林即能作到此一點。

然正因博學多聞墳典史傳上之故事信手拈來，造成典故多之現象，有時不免用冷典僻典，令其詩歌晦澀難懂，但若明白典故內容，則又令人不得不佩服其用典之貼切精當。

又亭林不輕易爲詩，所以發憤而作者，多涉及明清之際歷史故實，此乃今日一般讀者之障礙。加以亭林爲避文字獄禍害，故以韻目代隱語，用隱晦曲折手法表現之。此皆爲其部份詩深奧難懂之因。但若掃除此層障礙，倒反覺其詩「淵深樸茂」而不淺薄，內容充實而詩意雋永。

如亭林之「追悼詩」與「酬贈詩」中，每借典寄寓他人之志，——是一曲；而於他人之志中又寄託亭林自己反清復明之志——又爲一曲。故亭林之志係通過借典而曲中有曲而再抒發出來。

蓋亭林詩用典，主要從表情達意之需要出發，而常能運用恰到好處，境界渾成而無生澀之感。如《瞿公子玄錆將往桂林不得達而歸贈之以詩》一首中，詩人有兩句描寫關河阻隔，致使瞿元錆千里尋父（瞿式耜）而不得之句：「崖門浪拍行人舸，桂嶺雲遮驛使關」。崖門與桂嶺，是從江蘇常熟至桂林經由之地，表面觀之，是寫路途遙遠，程途險阻，但詩人眞正目的，是要引出對于南宋最後滅亡之悲痛歷史之聯想。詩自公元一七二九年宋元崖山之戰，陸秀夫負帝蹈海之悲壯場面，一下跨至當前瞿式耜等南明殘餘力量在廣西一帶艱苦之戰爭……僅用兩句詩，即賦予讀者以豐富之聯想，且語言平實，前後渾然一體。又如《永平》詩中，用「馮驩元不曾彈鋏，關令安能強著書」以表現其「流落天涯意自如，孤蹤終與世情疏」之既自在、但又孤獨之矛盾心情，可謂恰到好處。癸卯、康熙二年（一六六三），唐王隆武十九年，亭林寫下《元旦》一詩。深情感慨：「平明遙指五雲看，十九年來一寸丹」下，詩人運用三個「十九年」典故：1.春秋時，晉公子重耳出亡十九。2.蘇武羈留匈奴十九年。3.《莊子》

庖丁解牛十九年而其刃若新發于硎。運用此三則典故，令人至少可聯想：1.重耳逃亡，蘇武流落北海，比喻詩人浪跡天涯之處境；2.蘇武身處匈奴，與詩人處于異族統治相似；3.重耳與蘇武十九年後勝利返國而自己卻仍躑躅北方，借以發抒一己之憤懣；4.借庖丁之刃表達誓驅侵略者之決心。三則典故並不生僻，在此則豐富詩之內涵，令讀者浮想聯翩。如此用典，巧之又「巧」，但並非故作奇巧，其能與全詩內容配合而加深詩主題之意境。類似此成功用典之例，亭林詩中尚可舉出許多。至於用較生僻典故，而難懂者，如「推官二子執後欲爲之經營而未得也而二子死矣」一道，亭林引用劉琨北伐，被幽州刺史鮮卑人段匹磾所拘系，贈詩別駕盧堪，引漢高祖鴻門、白登之典，希望得到解救，而未實現並遇難之典故：「不是白登詩未解，菲才端自愧盧諶」，表達自己曾答應營救顧氏兄弟但並未成功之難言之痛。此段故事，《晉書·劉琨傳》裡雖簡略提及，但一般讀者畢竟不甚熟悉，加之典中又有典，又事涉亭林寫顧氏兄弟之私交秘情，則必須要理解幾層意思方能讀懂。此詩，在短短四句中借用此一典故表達如此曲折複雜之悲痛、悔恨、抱愧交集一身之心情，確非易事。

九、聯章成篇，以盡其意

絕句形式短小，講究刪蕪就簡，因之一詩往往只達一意，極爲集中與精簡，則複雜內容，即不易表現，是其缺憾。欲彌補此憾，惟一之法即利用組詩。組詩亦稱聯章，即組合多首詩以表現同一主題，篇數少則二、三首，多則可二、三十首，不受任何限制，故而能充分發揮絕句此一形式作用（參考「文學論集」張夢機：「杜甫變體七絕之特色」一文）。亭林聯章成篇者有：

千官——二首、感事——七首、京口即事——二首、金陵雜詩——五首、秋山——二首、海上——四首、不去——三首、塞下曲——二首、推官二子被執後欲爲之經營而未得也而二子死矣——二首擬唐人五言八韻——六首、京口——二首、榜人曲——二首、贈人——二首、傳聞——二首、昔有——二首、古隱士——二首、江上——二首、元日陵下作——二首、出郭——二首、十九日追痛之作詞旨哀惻依韻奉和——三首、濟南——二首、濰縣——二首、張隱君元明於園中朝一小石龕回仙隱祠徵詩紀之——二首寄弟紓及友人江南——三首、居庸關——二首、杭州——二首、古北口——四首、應州——二首、又酬得處士次韻——二首、自大同至西口——四首、出雁門關屈趙二生相送至此有賦——二首、赴東——六首、夏日——二首、有嘆——二首、哭歸高士——四首、廣昌道中——二首、王良——二首、歲暮——二首、閏五月十日——二首、漢之君詩——三首、過李子德——四首、關中雜詩——五首、悼亡——五首、冬至寓汾州之陽城里中尉敏家祭畢而飲有作——三首、——共計有四十四篇，占亭林總詩有七分之一多。

十、借境襯志，烘托命意

亭林每憑藉自然環境，映襯其反清復明之志，及烘托其深刻命意，誠如劉勰「文心雕龍」神思篇中所云：「登山則情滿於山，觀海則意溢于海。」亭林紀歷之山水詩中，以高峻之山象徵其民氣節之崇高；以蒼勁挺拔之古松象徵反清復明之堅韌不拔。而欲遁跡山林，乃欲效「采薇而餓」之夷齊，與異族統治決裂，廣結同道，積聚力量，以圖恢復明室。登高望遠，極目京都宮闕而激起追懷故國之熾烈感情，以烘托其忠于舊朝，抵制清廷之深刻命意。在面對目下山河依舊，而已家破人亡人事全非，情以物興，則一腔故國情與滿腹遺民恨油然湧上心頭，進入出神入化之極度悲傷境界中，誠如亭林所言：「感憤之極，有時不能自止而微見其情者。」（亭林：復庵記）情由景起，景爲情染，情景相生，以壯闊之自然入詩人感情，映襯復明心曲及憂憤之情，輒有神來之筆也。

亭林雖餘事爲詩，卻深悉作詩道理。其詩意境深遠，又善于擇取爲主題所需要之景物描寫，如《秋山》詩中之秋山、秋水、紅花之寫法，還善于選擇景物描寫之角度，如《金陵雜詩》中，其以李白樓懷古爲主題，但卻不從常見之登樓遠眺來寫，而選擇戴月而歸再回首遠望之角度：「江月懸孤影，還窺李白樓」，回看夜月當空映照下之三山與高處之李白樓，美不可言。若從攝影學而言，此爲背光攝影之法，別有一種靜謐詩境。相傳李白登黃鶴樓因有崔顥題詩而輟筆，而晚登三山，前有南朝謝朓《晚登三山還望京邑》之作，留下『餘霞散成綺，澄江靜如練』之名句；唐代又有李白《金陵城西樓月下吟》，有「解道澄江靜如練，令人長憶謝玄暉」。之絕唱。而亭林則曰：「詩人長不作，千載尚風流」，對古人之題詩倍作讚頌；此乃亭林必須考慮換角度之因也。亭林最疾「文人摹仿之病」，提倡道人所未道，言人所未言，詩文要有創造性。故其許多詩，極講究取景角度，且處處扣緊，使境界渾成不亂。如《海上》皆從海上空山遠眺大陸來寫，四首詩之首聯：「日入空山海氣侵，秋光里自登臨」；「滿地關河一望哀，徹天烽火照胥台」；「南營乍浦北南沙，終古提封屬漢家」；「長看白日下蕪城，又見孤雲海上生」，可謂一絲不亂。足見亭林作詩，講求烹字煉句，凡作詩需考慮之處，皆作精心構思，故而渾樸而謹嚴。亭林不苟爲詩，凡詩必求認眞，此與亭林性格可謂一致。

十一、借古諷今，針砭時弊

亭林詩借詠史而詠懷，借詠史以針砭時弊，能「詠古人而已之性情俱見。」感情充沛眞摯，義氣豪壯，個性鮮明。

蓋亭林詩具蒼茫遼闊之境界。亭林之家國之痛，亦每與人民之感情融合一起，故其詩自有一種浩然之氣。至於亭林之諷刺詩運用借古諷今手法，在傳統詩歌中並不多見，但亭林卻大膽作此嘗試，且寫得相當出色。其以嚴厲之諷刺，紀寫歷史之側面，筆調犀利深刻，耐人尋味。

朱彝尊在《靜志居詩話》卷廿二中評亭林詩：「詩無長詩，事必精當，詞必古雅，抒山長老所云清景當中，天地秋色，庶幾似之」可概括亭林詩之特色。

十二、語言自然，聲律諧美

亭林詩通篇抒情寫景，遣詞造句，不假雕琢，極其自然，又極精鍊準確而形象生動。情感質樸深沉，景色迷離淒美，均足以動搖人心，使人低徊不已。用字巧妙恰當，不僅有助於詞之鍊意，亦加強語言之音樂美與迴環美，並提高藝術技巧之效果。

亭林詩造語典雅，朱彝尊謂其詩「事必精當，詞必古雅。」指出亭林詩用詞典雅之特點。如《贈傅處士山》中有一聯爲「臨風吹短笛，劚雪荷長鑱」，「劚雪」二字爲亭林生造，然仔細推敲，則知是有所依據者。元末詩人郭鈺有詩云：「曉圃鋤雲種蒼玉，春山劚雨尋黃精」，「劚雪」二字即由「劚雨」變化而來，但此種變化亦並非信手拈來，因下文「長鑱」二字是用杜甫《同谷七歌》中「長鑱長鑱白本柄，我生託子以爲命。黃精無苗山雪盛，短衣數挽不掩脛」之意。因郭鈺詩與杜甫詩中都有尋黃精（一種草藥）之事，故亭林將此二者結合起來，造出此看似乎淡之「劚雪荷長鑱」五字，而此正可見其造語之功力。

又亭林精於音律，其詩能擇聲調諧美者而用之。凡平仄、聲韻，皆極講究。故其詩音節諧美、聲情並茂。「一字詩歌一字金」，洵非虛美。

結語

亭林善於運用現實主義之創作方法，尤於生動形象之細節描寫，更擅勝場。其精雕細刻之現實主義手法，緣於其細緻之觀察及深刻之體會，故能記實存眞，處處傳神，確切反映時代之眞實，且將眼前景、心中事，其至口頭語，融合爲一，如在目前。而具強烈藝術感染力。

亭林詩抒情眞摯深沉，寫景細緻生動。用筆參錯回互，窮極變化。舉凡字句之照應，詞意之交叉，情景之揉合，無不層次清晰，氣脈貫串，宛如常山之蛇，首尾相應，其大開大闔處，尤見章法。且有丰富內涵，非可以純景目之。委婉敘之，曲折層深，弔人入勝。馳騁想像，眞情展衍，備足無餘。

儘管亭林詩屢遭刊削，但凡讀過其詩者，無不肯定其成就。有清一代，偏愛亭林詩者亦不少。沈德潛曰：「寧人肆力于學，窮極根柢，韻語其餘事。然詞必己出，風霜之氣，松柏之質，兩者兼有。就詩品論，亦不肯作第二流人。」（「明詩別裁」卷十一」）

潘德輿《養一齋詩話》卷之中盛讚劉基與亭林是明代首尾二位無與抗衡之詩家。徐世昌在「晚晴簃匯詩卷十一」中亦謂亭林詩「敦厚深微，亦足弁冕一代」皆有其根據者也。

總之，亭林本人雖不屑以詩人自命，但其詩確實有其傑出之成就，清代人所予「前明之後勁，本朝詩家之開山」（林昌彝《射鷹樓詩話》）之稱號，亭林足當之無愧矣。

參考書目

歷代詩話　清吳景旭撰　世界書局
說詩晬語　清沈德潛撰　中華書局
古詩平仄論　清王士禎撰　藝文印書影印清詩話本
昭昧詹言　清方東樹撰　廣文書局
峴傭說詩　清施補華撰　藝文印書館影印清詩話本

野鴻詩的　清吳雷發撰　藝文印書館影印清詩話本
晚晴簃詩匯　徐世昌　廣文書局
聽松廬詩話　張維屏　廣文書局
養一齋詩話　潘德輿　廣文書局
靜志居詩話　朱彝尊　廣文書局
明詩別裁　沈德潛　廣文書局
射鷹樓詩話　林昌彝　廣文書局
文論講疏　許文雨撰　正中書局
百種詩話類編　臺靜農主編　藝文印書館
中國詩律研究　王　力撰　文津出版社
中國詩論史　日鈴本虎雄撰　商務印書館
中國文學批評史　郭紹虞撰　明倫書局
中國山水詩研究　王國瓔、杜國清譯　聯經出版公司
古典文學　學生書局
比興物色與情景交融　蔡英俊　大安出版社
中國歷代興亡述評　王式智　黎明文化公司

亭林詩考索 潘重規 新亞研究所
顧炎武學術思想研究彙編
（清代學術思想論叢之三、存萃學社編集、大東圖書公司）
顧亭林詩文集四部刊要
顧亭林詩集彙注 王蘧常 文海出版社
顧炎武傳記資料（一）—（六） 天一出版社
新編中國文學史 文復書店
詩、詞曲的研究 黃勗吾 華聯出版社
中國文學批評史 郭紹虞 商務印書館
中國文學批評新詮 郭紹虞 元山書局
照隅室古典文學論集 郭紹虞 丹青圖書公司
遂園書評彙稿 張之淦 商務印書館
鷗波詩話 張夢機 漢光文化公司
高明文集 高明 黎明文化公司
清詩話 明倫出版社
清詩話續編 木鐸出版社

美學　黑格爾　里仁書局
論美與美感　朱光潛編譯　東美出版社
鎖中國文學發達史　劉大杰　中華書局
名家詩法彙編　朱紱　文書局
中國詩學（鑑賞篇）　黃永武　巨流圖書
中國詩學（設計篇）　黃永武　巨流圖書
中國詩學（考據篇）　黃永武　巨流圖書
中國詩學（思想篇）　黃永武　巨流圖書
迦陵談詩　葉嘉瑩　三民書局
思齋說詩　張夢機　華正書局
中國詩詞演進史　嵇哲　莊嚴出版社
中國詩學縱橫論　黃維樑　洪範書店
文學研究論叢　莊嚴出版社
中國詩歌的境界與情趣　朱光潛等　莊嚴出版社
杜詩的風格及其寫實精神　葉龍　大陸雜誌
杜甫詩及其生平　胡傳安　淡江學報第八期

泛論杜詩的內容與型式　陳香　東方雜誌

杜甫詩之情與境　潘柏世　鵝湖月刊

承先啓後的詩聖杜甫　汪中　中華文化復興月刊

古今詩話續編（詩話總龜等三十六種）　廣文編譯　廣文書局

歷代詩話　清何文煥編訂　藝文印書館

續歷代詩話　清丁仲祜編訂　藝文印書館

文藝心理學　朱光潛　開明書店

詠物詩的評價標準　黃永武　學生書局

從文學現象與文學思想的關係　廖蔚卿撰　中外文學

中國美學史論集　林月華　丹青圖書公司

詩論與詩記　鄭子瑜　華中書局

文學評論　書評書目

中國美學史資料選編　光美書局

美感的重置

——論宋代文人詞的形成

殷善培

一、從村上哲見論「詞」義變遷談起

文類研究在文學史研究中是重要的一環，文類的延續、新變、消亡，以及從而形成的文類慣例、文類意識、文類要求……在在都說明了文類與時代精神相關，特定的文類常顯出特定的時代精神（註一）。詞，這一文類的演變正可做爲此文類與時代精神相契合的例證：如詞如何從民間走向了士大夫，雅俗之間又有怎樣的緊張關係……，關於這類問題前人論述已多，本文的討論則從村上哲見論詞義變遷的觀點談起。村上哲見在〈對於詞的認識及其名稱的變遷〉一文中，曾以部份交集的兩個圓來說明詞的屬性（註二）：

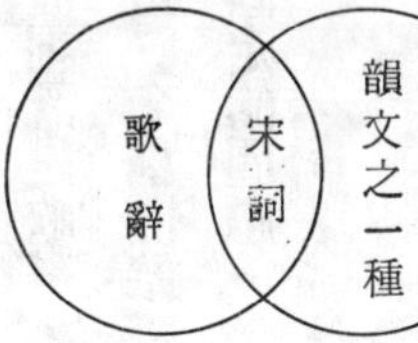

並指出：「從詞既是歌辭，同時又是與古今體詩不同的獨立的文學樣式這種認識的成立與普遍固定下來以後，詞這一名稱開始被賦予一定的明確的內容。因而，這個問題就可以被置換成這種認識在何時左右成立與固定的問題」。村上的看法是「詞」在北宋中期，也就是仁宗、神宗時代開始了明確的內容。

基本上，我們贊同村上的說法，詞確是在北宋中期成爲一種文類的，然而這一問題遠非村上所畫這二個圓這般簡單，而是必須放在整個民間文學類型的理解系統下才能得到確解，於是我們構思了這樣的一個圖表：

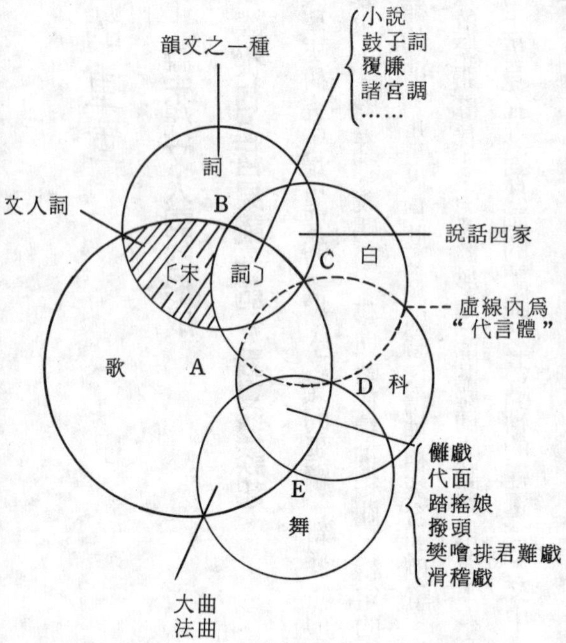

茲將此圖解說如下：

A……………………………………歌（燕樂）
B……………………………………韻文中的一種：詞（有詞牌者）
C……………………………………說話（賓白）
D……………………………………百戲（科）
E……………………………………舞
A∩B………………………………宋詞
A∩C………………………………樂曲系的講唱文學
A∩D………………………………唐、宋的雜劇
A∩E………………………………大曲、法曲、隊舞
A∩B∩C……………………………樂曲系的講唱文學
A∩C∩D……………………………唐宋雜劇
A∩D∩E……………………………唐宋雜劇
A∩C∩D……………………………元雜劇（包含B∩D＋C∩E）
（A∩C）－（A∩B∩C）－（A∩C∩D）……詩讚系講唱文學

歌．燕樂：

這裏的燕樂即是指唐宋的燕樂，包含大曲、法曲、唐宋詞調、聲詩（齊言）、流行歌曲、民間風謠及創作曲。（註三）

詞：

指文類中的有固定音律、字數的詞體，其中A∩B特指宋代的詞，宋詞基本上是可歌的，至於有沒有人拿去傳唱，那是另一回事，如沈義父《樂府指途》便云：「前輩好詞甚多，往往不協律腔，所以無人唱。如秦樓楚館所歌之詞，多是教坊樂工及鬧井做賺人所作，只緣音律不差，故多唱之」，即指詞的音樂性仍保存著，其體製以令、引、近、慢為主，若詳細說來，尚包括序子、三台、纏令、諸宮調、鼓子詞等民間類型。

B－（A∩B），即是後世不可歌的詞，也就是按格律塡詞，屬韻文之一了。

說話：

這裏的說話可以溯這唐代的俗講，甚至更早，以宋代來說，除了說話四家（小說、說鐵騎兒、說經、講史）外，還包括傀儡戲、皮影戲這類技藝。（註四）

值得注意的是，說話本以敘事體（第三人稱）爲主，但講至忘形入神處，配合動作則有代言體（第一人稱）的傾向產生，所以C∩D，特指說話中代言體的現象，而代言體的出現可以說是戲劇與曲藝最大的分野。戲劇中也偶有這種過渡的痕跡在。（註五）

再則，B∩C，可用以指「樂曲系講唱文學」，所謂樂曲系，指採用樂曲作爲歌唱部份的韻文，這些樂曲是採當時的流行樂曲，因時因地不同。這類樣式包括：

(1)小說

(2)敘事鼓子詞：鼓子詞其實就是詞牌，只不過伴奏時用鼓，現存鼓子詞最著名的是北宋趙令時《侯鯖錄》卷五所收的「元微之崔鶯鶯商調蝶戀花鼓子詞」，以十二首〈蝶戀花〉（第一首為引子，中間十首為正文，末一首是評論，形式上是先散文敘述，後韻文詠唱）。這種體製在唐代頗為盛行，敦煌曲子中即有許多五更轉、十二時之類的聯章，兩者或有關連。

(3)覆賺：北宋分纏令、纏達兩體。纏令之體，有引子，有尾聲。纏達，在引子之後，只以兩腔遞相循環。南宋時藝人張五牛吸取鼓板的曲藝，加以改良，遂成賺詞。詞與賺詞存在著緊張關係，沈義父《樂府指迷》云：「鍊句下語，最是緊要……往往淺學俗流，多不曉此妙用，指為不分曉，乃欲直捸說破，卻是賺人與耍曲矣」，這是宋代的實錄，這一問題下文會有詳述。（註六）

(4)諸宮調：諸宮調曲調的來源即燕樂，所謂諸宮調是運用套數的編組，以敘述故事（套數：集合同一宮調的曲調若干支，組合成一個歌唱的單位），諸宮調的組合方式，一般有三種情況，一類是組織二個同樣的隻曲以成的；二是組織二個或二個以上同樣的隻曲，並附以尾聲；三是組織數個不同樣的隻曲並附以尾聲者。（註七）

百戲：

百戲，就戲曲的角度看，其實就是「科」（介）。百戲又稱為散樂百戲，是自古以來的一種民俗遊戲，如雜要、角力、戲法，唐代十部伎中頗雜有百戲成分，民間更爲盛行，甚至導致玄宗開元二年下詔禁絕：「散樂巡村，特宜禁斷，如有犯者，并容止主人及村正，決三十，所由官附考奏，其散樂人，仍遞送本貫，入重役。」（《唐會要》卷三四），後則將散樂藝人編入教坊。（註八）

A∩C∩D包含賓白、科介及代言體的表現手法，其實即是戲曲了。

歌舞：

歌舞的概念較單純，無庸辭費，値得留意的是A∩E是爲大曲、法曲，這類大型的表演（註九）。D∩E爲兼俱百戲與歌舞的項目，就原始類型而言，即是儺戲，就唐代雜戲來說，則是代（面）、踏搖娘、撥頭、樊噲排君難、參軍戲、滑稽戲。宋代則是科白戲、歌舞戲、傀儡戲……等。

以五個圓的彼此交集關係來看文類的派生只是權爲方便的說解，絕無牢籠俗文學派生關係的企圖，尤其文類間的互涉本質上即無法明確地以圖表展現，我們的目的只是借爲說明詞這一文類中，與其他諸多文類互有關聯的，若如村上的圖解只以兩圓的交會表示宋詞，在這種情況下，實不能說明樂曲系講唱文學也稱爲詞（甚至部份小說逕稱爲「詞話」）的事實，也無法凸顯詞的多義性，明乎此可以轉入詞這一文類的探討了。

二、詞源諸說及其意義

承上所論，接著我們要處理的是詞的起源問題。詞起源於何時？這是從宋代就有爭議的問題，可以簡單地歸類如下：

㈠源於樂府說

詞曲者，古樂府之末造也。古樂府者，詩之旁行也。詩出於離騷楚辭，而騷詞者，變風變雅之怨而迫、哀而傷者也。（胡寅．酒邊集序）

今之長短句，蓋樂府曲之苗裔也。古律詩至晚唐衰矣，而長短句尤為清脆，如么弦孤韻，使人屬耳不厭也。（王炎．雙溪詩餘自序）

胡寅、王炎皆為宋人，兩人俱視詞為樂府之流裔，這種說法一度為主流，只不過在時間上或主南北朝、或主初、盛唐、或主晚唐，不一而足。宋代詞集也頗多以樂府命名，如蘇軾詞集為《東坡樂府》、賀鑄詞集為《東山寓聲樂府》、周紫芝詞集為《竹坡居士樂府》……，持此見解者不可謂不多，及至今人王易《詞曲史》仍視漢魏、南北朝、隋唐之樂府為詞的「淵源」，這種看法，自然是就樂府與詞的共同音樂屬性而說，今人早已辨明樂府音樂與詞的音樂是完全不同的兩種系統（註一〇），然而問題倒不是昔非今是這般簡單，因為時人曾如此認定詞的起源，其中有何意義可說，這樣的認定產生了怎樣的「文類要求」才是重點。若只將樂府與詞的關係視為只是音樂上的相似而已，這種看法恐怕是簡化了問題。事實上，文學史中的樂府乃是民間精神的表徵，是一種饒富深意的文類，我們由中唐一系列的系樂府（元結）、新題樂府（杜甫）、新樂府（元白）、正樂府（皮日休），在在可看出樂府在文學「史」上的意義，絕非單純的音樂性而已，如此則文人塡詞便不是什麼不登大雅的行為了，這也是爲什麼胡寅要將詞曲與樂府比肩，且更要上溯到詩經的原故。

(二)和聲、泛聲、虛聲填實說（詩餘）

詞是詩入樂後將演唱中的和聲、泛聲、虛聲塡入實字，這種說法在宋代也頗有人主張：

詩之外又有所謂和聲，則所謂曲也。古樂府皆有聲有詞，連屬書之，如曰賀賀賀、何何何之類，皆和聲也。今管絃中之纏聲，亦其遺法也。唐人乃以詞塡入曲中，不復用和聲。（沈括．夢溪筆談．卷五）

唐人但以詩句，而用和聲抑揚以就之，若今之歌陽關詞是也。至唐末，遂因其聲之長短句，而以意塡入之。始一變以成音律。（李之儀．跋吳思道小詞）

古樂府只是詩，中間卻添許多泛聲，後來人怕失了那汲聲，逐一添個實字，遂成長短句。今曲子便是。（朱熹．朱子語類）

主張此說者與視詞爲「詩餘」者實相表裏，宋人詞集以「詩餘」爲題者頗多，如廖行之《省齋詩餘》、李洪《芸庵詩餘》、張鎡《南湖詩餘》……，當然也可由形式之雜言體而命名爲長短句，如秦觀《淮海居士長短句》、陳師道《後山長短句》、辛棄疾《稼軒長短句》……等。

這種說法今人也已直斥其非，因爲混淆了唐代的聲詩與詞不同的分際，只會形成認識上的困擾。（註一一）

然而我們以爲，此論雖不符歷史事實，但畢竟唐詩有可入樂者，若由此角度切人研究宋詞中點化唐詩（也就是以詩入詞）者，倒不失爲一條可行之路，如：賀鑄有首〈晚雲高〉：「秋盡江南葉木凋，晚雲高。青山隱隱水迢迢，接亭皋。二十四橋明月夜，弭欄橈。玉人何處教吹簫，可憐宵。」分明是點化杜牧詩句而來。再則將自己詩句檃括入詞，在宋代也不少見，如晏殊〈假中示判官張壽丞、王校勘〉詩：

元巳清明假未開，小園幽徑獨徘徊。春寒不定斑斑雨，宿醉難禁灩灩杯。無可奈何花落去，似曾相識燕歸來。游梁賦客多風味，莫惜青錢萬選才。

與其〈浣溪沙〉詞：

一曲新詞酒一杯，去年天氣舊亭台。夕陽西下幾時回。無可奈何花落去，似曾相識燕歸來，小園香徑獨徘徊。

其間相呼應處極爲明顯（註一二），準此，詞之來源不上一途，當可思過半矣。

㈢著辭說

詞源於著辭說是近年來才受到重視的一新說，而且也是最爲有趣的一種說法，任二北先生在其《隋唐五代燕樂雜言歌辭集》中，將隋唐五代燕樂分爲講唱、大曲、曲子、琴歌、謠歌五大類，每一類又各有統屬，曲子一項則統有（註一三）：

- 曲子
  - 琴歌曲
  - 民間歌曲
  - 教坊曲
  - 著辭曲
    - 送酒著辭
    - 改令著辭
    - 拋打著辭

所謂「著辭」，指的是「一種特殊的曲子品種，在唐代人的用法中，其涵義是指酒筵上的依調唱辭或依調作辭……送酒著辭即勸酒歌唱，是最爲常見的一種著辭形式……它有三個特點：第一，它是相互酬唱……第二，勸酒人所致的令歌，與飲酒人所還的答歌，須同依一調。第三，歌時常兼舞，其次序亦是先令舞後答舞。拋打著辭即指與拋打令結合的歌舞……改令著辭則是以曲調爲令格的撰辭戲……改令著辭是最終導致詞律形的一種特殊的文學創作」。（註一四）

任二北先生提出「著辭」說後，王小盾針對此一問題深入探討，撰成《唐代酒令藝術——關於敦煌舞譜、早期文人詞及其文化背景的研究》（台北．文津．民國八二），綜觀任、王兩氏所論，著辭爲詞體——尤其是小令——的起源是可以相信的。

如上所述，無論主張詞源於樂府或和、泛聲塡實或著辭說均有其可信度，然則詞的起源究竟爲何呢？

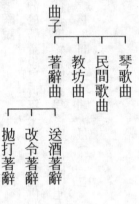

我們以爲，歷來探究此一問題者，多半在尋求一個單一的來源，拒斥多種來源的可能，事實上，詞既與音樂有關，樂有雅樂、燕樂、胡樂各種系統，故詞的來源本就不可能只有一途，這點由詞牌中其實很清楚可以看出：〈菩薩蠻〉、〈唐多令〉與胡樂有關，〈水調歌頭〉、〈八聲甘州〉則源自大曲、法曲系統，〈漁歌子〉、〈搗練子〉應是來自民間生活的寫照……視詞爲一開放系統，只要合樂能歌者，所唱、所寫的文字都是一種詞——曲子詞，如此，或能略爲釐清詞的起源問題。畢竟「起源」所涉及到的是定義問題，而定義又是隨著界定者的意圖而有多種可能（以功能、用途、本質……界定），範圍也會隨之變化，將詞還原到原始面目，便可見其來源非一（註一五）。

三、從民間詞到文人詞——由接受理論的觀點看

詞的來源既非一，流傳在民間的種類自然也就多端，趙萬里在曹組〈箕穎詞記〉提到：

《碧雞漫志》：政和間曹組能文，每出長短句……又云：今少年不學柳耆卿，則學曹元寵（組）。其貶之也如此。蓋以其專工謔詞故也，謔詞見於小說平話者居多，當時與雅詞相對稱，宋世諸帝如徽宗、高宗均有其體，《宣和遺事》、《歲時廣記》載之。此外尚有俳詞，亦兩宋詞體之一，與當時戲劇，實相互爲用，此談藝者所當知也。

將此一說法配合前二節的圖表及分析可知，詞本是一籠統泛指合樂能歌的作品。然而這種說法與文學史習慣認定的詞仍有一段差距，若以雅俗對揚的分法，可以發現宋代對詞的這種雅俗觀念，乃至循此

而來的緊張關係是長期存在的，而這一問題也就牽涉到詞（文人詞）何時成爲一種文類的問題。讓我們先看一些宋人的講法：

詞婉於詩，蓋聲出鶯吭燕舌間，稍近乎情可也。若鄰乎鄭、衛，與纏令何異也！（張炎《詞源》）

詞之作難於詩……下字欲其雅，不雅則近乎纏令之體……。（沈義父《樂府指迷》）

換言之，稍一不愼，「詞」就墜入民間的纏令、纏達一類民間詞（樂曲系講唱文學），而文人塡詞必須抗拒這種雅鄭不分的現象，我們以爲若要解答詞何時才爲文人所接受，則一定要正視此一問題，而藉由「接受理論」的部份觀念，或可以讓我們更清楚這一課題（註一六）。

「接受理論」是廣義讀者反應論的一環，在六〇年代興起於德國康士坦茨，隨後並拓展到歐美諸國，主要代表人物爲姚斯Robert Jauss、伊塞Wolfgang Iser及美國的費許Stanley Fish。接受理論主張文學史就是文學接受史，其中姚斯針對此一命題提出了「期待視野」的觀念，以爲文學的藝術特性就是期待視野與新作品所需求的視野變化之間的距離。一種新文類的出現有待於讀者視野變化後方能接受，而接受又可分爲「垂直接受」與「水平接受」兩種，前者是從歷史的角度考察文學作品被讀者接受、產生作用以及對其評價的情況，而後者則是指某歷史時期、集團、階層對一部作品的接受狀況。

藉由接受理論中「期待視野」、「視野變化」、「垂直接受」、「水平接受」等觀念，我們可以檢討詞何時成爲一種文類以及宋人對詞體的要求（文體）的問題（註一七）。

先讓我們研究宋人對詞的看法：

子野詩筆老妙，歌詞乃其餘波耳……而世俗但稱其歌詞。（蘇軾．張子野詞跋）

柳耆卿樂章集，世多愛賞該洽，序事閒暇，有首有尾，亦間出佳語，又能擇聲律諧美者用之。惟是淺近卑俗，自成一體，不知書者尤好。予嘗見比都下富兒，雖脫村野，而聲態可憎。（王灼．碧雞漫志）

（晏殊）賦性剛峻，遇人以誠，一生自奉如寒士。為文贍麗，應用不窮，尤工風雅，閒作小詞。其末子幾云：「先公為詞，未嘗作婦人語也。」（毛晉．珠玉詞跋）

叔原往者浮沈酒中，病世之歌詞，不足以析酲解慍，試續南部諸賢緒餘，作五七字語，期以自娛，不獨敘其所懷，兼寫一時杯酒聞見，所同游者意中事。（晏幾道．小山詞自序）

乃獨嬉弄於樂府之餘，而寓以詩人之句法，清壯頓挫，能動搖人心，士大夫傳之，以為有臨淄之風耳。罕能味其言也……至其樂府，可謂狹邪之大雅，豪士之鼓吹。其合者，高唐、洛神之流，其下者，豈減桃葉團扇哉！余少時間作樂府，以使酒玩世，道人法秀獨罪余以筆墨勸淫，於我法中，當下犁舌之獄，特未見叔原之作耶！雖然，彼富貴得意，家有倩盼惠女，而主人好文，必當市致千金，家求善本。曰：獨不得與叔原同時耶！妙年美士，近知酒色之娛，苦節臞儒，晚悟裙裾之樂。鼓之舞之，使宴安酖毒而不悔，是則叔原之罪也哉？（黃庭堅．小山詞序）

昔人作七夕詩，率不免有珠櫳綺疏惜別之意。惟東坡此篇，居然是星漢上語。歌之，曲終，覺

天風海雨逼人。學詩者當以是求之。（陸游・跋東坡七夕詞後）

大抵倚聲而爲之，詞皆可歌也。或者譏方回好學能文，而惟是爲工，何哉？余應之曰：是所謂滿心而發，肆口而成，雖欲已焉而不得者。若其粉澤之工，則其才之所至，亦不自知也。（張耒・東山詞序）

在上述引文中，對詞多採取欲拒還迎的態度，或以爲詞有助於詩法，或試著爲塡詞的舉動尋得解釋，詞在讀者的「期待視野」中尙屬不登大雅之堂的作品，但較之五代十國，這種情況已有所改善（註一八），但，雅俗之辨的卻是不容稍減的，這種現象表現在對張先與柳永的評價上最爲明顯，如張舜民《畫墁錄》載有：柳永見晏殊，殊問柳永做曲子否，永答云亦如相公做曲子，而晏殊答以「殊雖作曲子，不曾道：『綵線慵拈伴伊坐』」，又如吳曾《能改齋漫錄》也說：「柳三變好爲淫冶謳歌之曲」（卷十六），刻意與柳詞劃清界限；但對張先詞則是一致給與好評，如：

（張）先能爲詩詞，（晏）公雅賞之，每張來，令侍兒出侑觴，往往歌子野所爲之詞。（道山清話）

張子野郎中，以樂章擅名一時，宋子京尚書奇其才，先往見之，遣將命者謂曰：尚書欲見『雲破月來花弄影』郎中。子野屏後呼曰，得非『紅杏枝頭春意鬧』尚書耶？（苕溪漁隱叢話・卷卅七）

其中關鍵就在「雅化」二字（註一九），而張先正居此中關鍵地位，村上哲見曾推論當時的杭州、湖州「已形成一個以張子野為中心的愛好詞的文人社交界」，而且「張子野的詞，經常以官僚文人的日常生活為背景，以在這種體驗中所產生的感懷為主題，因而整個作品的基調比較平淡。這恐怕也顯示了當時的一般狀況，即到了北宋中葉，詞已漸漸滲入官僚文人生活之中，取得了作為日常性的文學活動之一種的位置，可以認為，張子野便是這種新風潮中的一個中心人物。」（註二〇），是否眞有此一「文人社交界」容可再議，但張先詞的轉變卻是一個無可爭議的事實。換言之，此時的士大夫階層基本上已逐漸視詞為一固定的文類，只是與民間俗曲有別也。

若就「期待視野」言，詞逐漸形成一種文人詞類，而文人也漸漸改變視野而接納之，但仍頗有斟酌，及至東坡出，則是讀者對詞的視野改變的完成，達到「水平接受」，這點贊揚者譽之為「指出向上一路」（王灼．碧雞漫志），以詩為詞，詞開始有了地位，得與正統文學的詩並行而不悖，然而問題是，東坡的創新詞風雖造成讀者期待視野的改變，但詞至《花間集》以來所形成的寫作典範則有瓦解的可能（註二一），這對詞這一文類的建立則是有害的（連帶的詞的「文體」也無從完成），於是同時代就有不少非議產生，在這些非議中最值得留意的是李清照的〈詞論〉，李清照品評北宋諸詞家，以為：「晏元獻、歐陽永叔、蘇子瞻學際天人，作為小歌詞，直如酌蠡水於大海，然皆句讀不葺之詩爾，又往往不協音律者，何耶？蓋詩文分平側，而歌詞分五音，又分五聲，又分六律，又分清濁輕重……本押仄聲韻，如押上聲則協，如押入聲則不可歌矣。」以能歌與否為詞的一項判準，而東坡在此點上是不太講究的，這有仁智之見之譏。

再就「垂直接受」的觀點看，自《花間集》標舉「詩客曲子詞」，經南唐二主、馮、韋諸公的試作，詞的內容已稍有擴展，初步與民間詞有別，入宋之後，在太祖、太宗朝雖一度黯淡不彰，待柳永出，在體製上、內容上將詞帶入一高峰，引起文人正視，於是「衆聲喧嘩」（借用對話批評理論術語），將文人詞的自覺意識喚起，使得仁宗朝時詞即確定成爲一種可以接受的文類，且以《花間集》所形成的美爲詞體典範，隨後東坡以詩爲詞，建立起另一典範，於是形成對既有典範的挑戰，文體之辨也就在此時展開，從而直貫穿了整部詞史，環繞在柳永其詞的一些正反評價若從此一角度觀察，當可清楚展現柳永詞風在詞史上的重要意義（註二三）。

若由「水平接受」的觀點看，詞至北宋，也就是晏殊、柳永、張先、歐陽修寫詞時，這一文類已經隱然分爲雅俗二體，「詞」甚至有專指文人詞的傾向，東坡詞一出，則正如胡寅〈酒邊詞序〉所云：

（詞）唐人爲之最工，柳耆卿後出，掩衆制而盡其妙，好之者以爲不可後加。及眉山蘇氏，一洗綺羅香澤之態，擺脫綢繆宛轉之度，使人登高望遠，舉首高歌，而逸懷豪氣，超然乎塵垢之外。于是花間爲皁隸，柳氏爲輿臺矣。（胡寅．酒邊集序）

於是詞在文學史上的地位就再也不可動搖了，然而詞賦小道的觀點仍然不時顯現在文人意識中，如陸游在其〈長短句序〉中提到：

雅正之樂微，乃有鄭衛之音。鄭衛雖變，然琴瑟笙磬猶在也。及變而爲燕之筑，秦之缶，胡部之琵琶、箜篌，則又鄭衛之變矣。風、雅、頌之後，爲騷、爲賦、爲曲、爲引、爲謠、爲歌，千餘年後，乃有倚聲製辭，起於唐之季世。則其變愈薄，可勝嘆哉！予少時汩於世俗，頗有所為，晚而悔之。

雖有這種「壯夫不為」的悔歎，但這種聲音卻無顛覆詞體之虞，畢竟文人詞已站穩了在文學領域中的地位，各種抗衡之聲只會使文人詞與民間詞愈行愈遠，於是及乎近世詞也就幾乎成為文人詞的專稱了。

【附註】

註　一　文類與文學史間的關係，陶東風《文學史哲學》（河南．河南人民．一九九四）中有篇〈文類演變與文學史〉論述頗詳，張漢良《比較文學理論與實踐》（台北．東大．民國七五）亦收有〈文類研究〉篇。

註　二　村上哲見，《宋詞研究．唐五代北宋篇》（日本．京都．昭和六一），第一章。此文亦收在王水照編《日本學者中國詞學論文集》（上海．上海古籍．一九九一），頁一－三。

註　三　參見任半塘．王昆吾，《隋唐五代燕樂雜言歌辭集》（四川．巴蜀．一九九〇），下冊，頁一七八五。

註　四　說話四家為那四家這也是一個爭議焦點，這裏我們採用的是胡士瑩的說法。見氏著，《話本小說概論》（台北．丹青．民國七二），頁九六－一〇四。

註　五　參見李家瑞〈由說書變成戲劇的痕跡〉，王秋桂編，《李家瑞先生通俗文學》（台北．學生．民國七一），頁二五－四五。亦收在羅聯添編，《中國文學史論文選集》，第四冊，（台北．學生．民國六八），頁一五三九－一五五二。

註　六　「賺」體在俗文學中是一個相當複雜的概念，它的形式甚至可說是導導套數出現的重要因素，李昌集《中國古代散曲史》（上海．華東師大．一九九一）以為賺之稱名，涵有三義：一是曲體之賺，二是歌法之賺，三是曲牌之賺，纏令、纏達即為賺之發展，頁四七－五八。

註　七　關於「樂曲系講唱文學」，參見葉德均，〈宋元明講唱文學〉，收在葉氏著《戲曲小說叢考》（不著出版時地），及鄭振鐸，〈宋金元諸宮調考〉，《中國文學研究》（坊間本）。葉氏以為樂曲系一類是採用樂曲作為歌唱部份的韻文，詩讚系則是源自唐代的俗講偈讚詞，用韻較寬，平仄不嚴，和正式的詩不同。

註　八　詳見傅起鳳、傅騰龍《中國雜技史》（上海．上海人民．一九九一）。

註　九　丘瓊蓀以為法曲是，「出自清商，以清商為基礎再融合部分的道曲佛曲以及若干外族音樂而成的一種新樂。其中有純粹的清商曲，有道曲佛曲化或胡部化的中國樂曲，也有華化的外來樂曲，清樂約有十之七八，朝化約為十之二三」（《燕樂探微》，上海．上海古籍．頁九九）

註一○　施議對，《詞與音樂關係研究》（北京．中國社科．一九八五），即是一本有關詞與音樂的專著。

註一一　唐代有聲詩，這是任二北先生的主張，任氏且蒐集了相關資料，輯為《唐聲詩》（上海．上海古籍．一九八二）兩冊，文中對這些說法便有詳細的駁議。

註一二　劉石對以詩句入詞、以詩為詞等問題曾有番探討，參見氏著《蘇軾詞研究》（台北·文津·八一），頁七二—八九。唯本文採取的觀點與劉氏並不相同，我們以為詞的來源中確實有將泛、和聲填實者，而這種觀念在北宋前、中期詞的確有所實證。

註一三　任二北，《隋唐五代燕樂雜言歌辭集·下》（四川·巴蜀書社·一九九〇），頁一七八五。

註一四　前揭書，頁一八〇五。

註一五　劉尊明《唐五代詞的文化觀照》（台北·文津·民國八三），以宮廷文化、城市文化、民間文化來說明不同的空間對詞發展上的影響，其說頗為可取。

註一六　本文所據各項接受理論論點，主要參考朱立元《接受美學》（上海·上海人民·一九八九）、《讀者反應批評》（北京·文化藝術·一九八九）、李壽福《西方現代文藝理論研究》（浙江·杭州大學·一九九一）、赫魯伯《接受美學理論》（台北·駱駝·民國八三）等書。

註一七　文體、文類的糾葛想要尋得共識恐非易事，這裏我們不涉入其間的論辯，僅權為義界如下：文類是就文學「形式」（語言樣式）上的分類，而分類的標準可以多元化，音樂、時間、字句、語言、結構、用途、題材均可成為分類依據。如詩這一文類，可以依空間分為中、外，中國詩又可依時間分為傳統詩與現代詩，傳統詩又可分為古體、今體、近體，其中近體依篇幅又分為絕句、律詩、排律……。換言之，不論分類所依據的標準是什麼，只要不涉及意義、情感者則稱之為文類。但若講文類而強調「恰如其分」的要求時，文類就成為「文體」，文體是結合結構形式與意義形式而加以考處者，兩者間有其互動辯證關係在，既束縛作者，亦為作者所約束（束縛作者是因為文體乃是一種歷史性的文類，有其約定俗成的慣性），一旦作品不符合一種文體的慣性則可能被譏為「失體」，但在某些情況下則也可能受譽為「創新」，大家如老杜、東坡均是如此。

註一八　孫光憲《北夢瑣言》載：「晉相和凝少年時好為曲子詞，布于汴洛。洎入相，專托人收拾，焚毀不暇。然相厚重有德，終為艷詞玷之。契丹入夷門，號為『曲子相公』。所謂『好事不出門，惡事行千里』，士子得不戒之乎？」可知五代十國期間對詞是鄙視的。

註一九　張先詞的雅化問題，詳見趙曉蘭〈論張先詞的雅化〉，四川師範大學學報（社會科學版），一九九三，第一期。趙氏以為張先的詞，多用題序，著力意境，工功精美，這種文體的自覺，是張先創作成熟的標志，也是詞體本身發成熟的標志。

註二〇　仝註二所引書。

註二一　東坡所建立起的新詞風，可稱為「東坡典範」，這與《花間集》所代表的「花間典範」是很不一樣，這點劉石有詳細的分析，仝註一二所引書。

註二二　對柳永的非議，王灼《碧雞漫志》的一段話是很有代表性的：「東坡先生以文章餘事作詩，溢而為詞曲，高處出神入天，平處尚臨鏡笑春，不顧儕輩。或曰：長短句中詩也。為此論者，乃是之柳永野狐涎之毒。」稱東坡詞為長短句中詩本是李易安〈詞論〉的說法，這裏也歸於柳永的影響，足見柳永竟也成了箭垛人物，這正反映出張先、東坡、柳永在詞史中的對比意義來。

文學與美學學術研討會議程表

本屆議題：中國古典文學中之「唯美文學」　會議地點：淡江大學校本部國際會議廳

日期	時間	主席	主講	特約討論	論文題目
八十四年四月二十八日（星期五）	9:30 10:00	開幕典禮			
	10:00 — 12:10	傅錫壬 淡江大學	蕭麗華　臺灣大學	杜松柏　故宮博物院	從禪悟的角度看王維自然詩中空寂的美感經驗
			陳慶煌　淡江大學	陳松雄　中央警官學校	臺閔文學的集大成—論「楚望樓駢文」屬對之技巧
			鹿憶鹿　東吳大學	林修澈　政治大學	傣族敍事詩中的顏色
	12:10 13:00	午餐			
	13:00 — 14:30	王國良 東吳大學	高柏園　淡江大學	龔鵬程　中正大學	莊子思想中的唯美性格—以勞思光、徐復觀爲中心之討論
			蕭振邦　中央大學	莊耀郎　師範大學	由孔子的美學觀探究中國「唯美」的初始模式
	14:30 14:50	休息			
	14:50 — 17:00	高柏園 淡江大學	邵曼珣　東吳大學	簡恩定　空中大學	金聖嘆詩歌評點中的美學問題—隔的觀照與文的自娛
			林素玟　師大博士班	衣若芬　臺大博士班	論晚明「賞鑑」的審美思維
			周益忠　彰化師大	廖棟樑　輔仁大學	詩家總愛西崑好—重新解讀西崑體

日期	時間	主席	主講	特約討論	論文題目
八十四年四月二十九日（星期六）	9:30—11:50	袁保新 中央大學	趙衛民 彰化師大	鄭志明 淡江大學	道家美學
			林朝成 成功大學	李正治 淡江大學	唯美的眼光與形式的追求—宗白華美學思想初探
			謝大寧 中正大學	林安梧 清華大學	中國的美感境界及其存有論的意涵
	11:50 12:40	午　餐			
	12:40—14:50	王仁鈞 淡江大學	石素錦 臺北師院	楊振良 花蓮師院	從戲劇結構與美學原理談西洋悲劇和中國喜劇的特質—兼論尤金奧尼爾「榆樹下的慾望」和白樸「牆頭馬上」
			林鶴宜 淡江大學	丁洪哲 淡江大學	從說唱到戲曲的唯美結合—談元雜劇征戰情節中的「探報」
			陳瑞秀 淡江大學	洪淑苓 臺灣大學	重重藏筆終探驪，疊疊春雲起臥龍—對三國演義諸葛亮出場描寫解讀
	14:50 15:00	休　息			
	15:00—17:10	黃湘陽 輔仁大學	王仁鈞 淡江大學	薛順雄 東海大學	沈三白審美意識抉微
			談海珠 臺北師院	許清雲 東吳大學	顧亭林詩創作藝術之特色
			殷善培 政大博士班	陳滿銘 師範大學	美感的重置—論宋代文人詞的成立
	17:10 18:00	總　結　報　告			

第五屆「文學與美學」學術研討會大會組織

主辦單位：
淡江大學中文系所

名譽顧問：
林校長雲山
張副校長家宜
張副校長紘炬
芮副校長涵芝
傅院長錫壬

籌備會召集人：
高柏園、周彥文

籌備委員：

丁洪哲、王久烈、王　甦、王仁鈞、王文進、王麗華、古苔光、申時方、何金蘭、李元貞、李正治、林保淳、林鶴宜、段世革、施淑女、范月嬌、倪台瑛、馬銘浩、曹淑娟、陳廖安、陳瑞秀、陳慶煌、傅錫壬、鄭知明、韓耀隆、黃麗卿、黃千修、陳立蘋、郭文雄、簡夏蘭

（以上姓名按筆劃順序排列）

執行小組：

總負責　陳建安

論文組　邱白麗、杜方立、張玉珍、張滿萍、江雅玲、蔡文村

議事組　陳建安、賴琇君

秘書組　彭瑞君、黃蘊綠、胡蘊玉

總務組　謝湘麗、徐秀慧

接待組　康靜宜、呂文翠、羅月華

會計組　陳立蘋